致谢：北京市维诗律师事务所

中文社会科学引文索引（CSSCI）来源集刊

私法

Private Law Review

第21辑 · 第1卷
（总第41卷）

易继明 / 主编

知识产权出版社
全国百佳图书出版单位
—北京—

图书在版编目(CIP)数据

私法．第21辑．第1卷:总第41卷/易继明主编．—北京:知识产权出版社,2023.2
ISBN 978-7-5130-8457-4

Ⅰ.①私… Ⅱ.①易… Ⅲ.①私法—研究—丛刊 Ⅳ.①D90-55

中国版本图书馆CIP数据核字(2022)第217203号

责任编辑： 齐梓伊　　**责任校对：** 谷　洋
执行编辑： 杨　帆　　**责任印制：** 刘译文
封面设计： 宗沅书装·李宗燕

私　法
第21辑·第1卷（总第41卷）
易继明　主编

出版发行： 知识产权出版社有限责任公司　**网　址：** http://www.ipph.cn
社　址： 北京市海淀区气象路50号院　**邮　编：** 100081
责编电话： 010-82000860转8176　**责编邮箱：** 471451342@qq.com
发行电话： 010-82000860转8101/8102　**发行传真：** 010-82000893/82005070/82000270
印　刷： 天津嘉恒印务有限公司　**经　销：** 新华书店、各大网上书店及相关专业书店
开　本： 710mm×1000mm　1/16　**印　张：** 15
版　次： 2023年2月第1版　**印　次：** 2023年2月第1次印刷
字　数： 320千字　**定　价：** 78.00元
ISBN 978-7-5130-8457-4

《私法》
编辑委员会

迎接黄金十年(代序)

2022年开启,两年前暴发的新冠肺炎疫情并未结束,新冠及其变异病毒仍在全球肆虐,导致国内疫情防控形势持续紧张。雪上加霜的是,近年来美国利用"知识产权大棒"打压中国,继而要跟我们"脱钩",并进一步采取"同盟制华"政策,导致我国发展的外部环境并不乐观。中国老百姓虽然已经做好了"过紧日子"的打算,但收入下降、消费抑制、出行不便、持续的不确定性因素等,似乎都在暗示:2022年并非一个好的启航。

不过,我认为,2022年开启的是未来黄金十年。

如果说我们大多数人对2021年感到失望的话,那么2022年是我们面对现实之后重新认识生活,重新启航的一年。支持这一论点,我个人有十大理由。

一、我们将学会与病毒相处。2022年新冠肺炎病毒不会被消灭,但新冠大流行不再会让人们惊慌,疫苗、新药帮助我们抗击新冠肺炎疫情,中国基层社会治理卓有成效,我们也将学会与病毒共存、共处。因此,疫情虽然对未来市场有一定的影响,但投资者不再将疫情作为主要的担忧因素,而且积极的财政政策也能够在一定程度上给市场带来信心。

二、新的自强运动已经开启。新型科技创新举国体制已经开启,2021年全国九大国家实验室布局完成,整合资源开展基础科学研究和重大技术攻关。未来,一批批"卡脖子"关键技术将逐渐获得突破,基础研究和原创技术取得突破性进展,并适应中国场景进一步外溢,参与国际大循环。事实上,围绕人工智能、芯片、6G技术和量子技术的科技竞赛是一场多线战争,在科技公司之间,在政府之间,在科技公司与政府之间,这场看不见硝烟的战争都在展开。中国近代以来的奋斗史和国民意识,强化了政府和民间的自强精神,这是中国未来可期的原动力。

三、知识产权融合经济社会全面发展。中国高质量发展进入新阶段,知识产权要素进入经济社会发展各行业、各领域、各方面,成为助力中国发展转型升级的重要因素。与此同时,经济增长质量提高,产业发展的国际话语权增强。2021年9月22日发布的《知识产权强国建设纲要(2021—2035年)》的实施,2022年承上启下。数字化是未来十年的动力,数字经济进一步推动华为、腾讯、阿里巴巴、字节跳动等科技巨头成长,5G标准必要专利中中国专利占比已三分天下有其一。

四、绿色开启未来。减碳、脱碳政策推动市场进行绿色重组,电池行业、过滤二氧化碳的科技行业、文娱产业、生态休闲等,一方面开启绿色科技创业潮,另一方面开启绿色生活的黄金年代。绿色经济与“大政府”时代相结合,中国政府将更有作为。

五、金融与货币政策在监管中常态化。绿色金融、科创金融、知识产权金融嵌入传统金融体系,货币政策在监管中保持一定的通胀率,稳中求进,总体上趋于常态化。

六、产业附加值增加和经济韧性增强。技术赋能,促进供给侧结构性改革进一步深化,产业附加值增加。同时,供应链逐步恢复,制造业体系进一步完备,中国经济发展韧性也进一步增加。

七、中美“脱钩”格局下的商谈论。短期内,中美“脱钩”压力依然存在,美国“同盟制华”政策进入2.0版,中国面临美国制裁的结构性压力。但是,中国经济规模和国际竞争力持续增强,美国“无晶圆企业”(典型的如苹果公司,自己没有制造能力,只负责产品企划和市场营销)模式推进,对中国企业存在较大的依赖,而供应链重建又非一日之功。因此,在全球化背景下,中美出现沟通与合作的迹象如落实《中美第一阶段经贸协议》等,“商谈”会成为后续的主要交往模式,也为重建互信奠定了基础。

八、中国自主外交契合欧洲“战略自主”。中国2001年加入世界贸易组织后获得了十年发展的黄金期,那是中国适应全球规则的过程。2022年是在适应规则之后,“自主意识”觉醒,进一步确立“自主外交”的新开始。这可能给世界造成一些不安,但却是大国必然的选择。或许,这一过程也契合了“美国第一”所导致的世界各国主权意识的觉醒,甚至给中国发展同欧洲各国、韩国、日本、印度等国平等外交、自主外交提供了契机。北约秘书长延斯·斯托尔滕贝格2021年12月6日在美国《防务新闻》周刊网站撰文指出,世界正变得更具竞争性、更不稳定和更不可预测,未来一年要开启“北约2030”战略(2021年6月北约峰会提出),在更加不确定的世界中确保安全和自由。这对美国而言,能够起到加强同盟合作的作用,但对中国来说,也不失为一个新的机会。

九、助力发展中国家发展与共赢。“一带一路”建设、中非合作等为中国与发展中国家共同发展提供了平台,中国通过助力发展中国家,也获得了自己的发展和国际地位,扩大了中国的国际影响力。

十、中国社会治理模式给未来发展的“不确定性”带来了确定性。未来发展中,社会风险进一步加大,全球不确定性因素进一步增多,但中国社会治理模式网格化、精细化,基本面比较稳定,为未来发展带来确定性,也构成未来发展的基石。

值此之际,《私法》与知识产权出版社也开启了合作之旅。我相信,我们是黄金搭档,我们的合作也会助力中国法治事业的发展!

2022年1月9日

CONTENTS 目录

民法典时代产品跟踪观察义务规则的体系性解读〔1〕

高完成*

摘　要　产品跟踪观察义务的理论基础在于生产者负有的交易安全义务，该项法定义务的履行能够有效预防现代工业社会可能出现的大规模缺陷产品致害风险。《中华人民共和国民法典》第1205条确立的预防性责任与第1206条第1款规定的产品跟踪观察义务在规范功能上相互衔接，均旨在要求生产者、销售者对投入流通后的产品的潜在危险采取应对措施，共同彰显了损害预防理念在产品责任领域的具体适用。在产品跟踪观察义务中，售后警示措施应当适用于危险程度较低的产品缺陷类型，召回措施则应当适用于危险程度较高且具备普遍性的产品缺陷类型。生产者、销售者违反产品跟踪观察义务的责任性质仍宜界定为产品责任的范畴，其履行该项义务的法律意义在于使其能够对受害人提起的产品责任诉讼进行抗辩以及避免承担过重的惩罚性赔偿责任。

关键词　产品责任；跟踪观察义务；售后警示

目　次

---

* 高完成（1992—），郑州大学法学院讲师，郑州大学私法研究中心研究员，西南政法大学法学博士，主要研究方向：侵权法。

〔1〕本文系2021年度河南省哲学社会科学规划项目“人工智能产品致损责任的法律挑战与应对研究”（2021CFX048）阶段性成果；2022年度河南省软科学研究计划项目“人工智能产品发展中的风险防范法律机制研究”（222400410396）；中国博士后科学基金第72批资助项目（2022M722858）阶段性成果；2022年度司法部法治建设与法学理论研究部级专项任务项目“风险防范视域下人工智能产品跟踪观察制度体系研究”（22SFB5053）。

随着工业技术的发展和生产方式的革新,人类的社会生活呈现出科技化与危险化的趋势。在大量生产、大量消费的社会环境中,产品因所具有的缺陷可能对广大消费者的人身、财产安全造成严重的损害后果。近年来,我国产品安全事件屡次发生,甚至构成大规模产品侵权责任事故,产生了恶劣的社会影响,暴露出产品责任领域愈加突出的问题。从世界范围内产品责任法律体系较为完备的国家立法经验来看,强化缺陷产品致损责任的预防与救济功能,对于维护消费者权益、促进产品安全以及降低企业风险等具有至关重要的作用。我国早期的产品责任法律规范分散规定在《中华人民共和国民法通则》[1]《中华人民共和国产品质量法》《中华人民共和国消费者权益保护法》《中华人民共和国食品安全法》等多部法律之中。2009年通过的《中华人民共和国侵权责任法》(以下简称《侵权责任法》)第5章规定了"产品责任"一章(第41—47条),在特殊侵权责任类型之下专门对产品责任制度进行规范。其中,《侵权责任法》第46条初步确立了生产者、销售者将产品投入流通领域后的警示、召回等跟踪观察义务,以此督促生产者、销售者采取有效补救措施预防缺陷产品致人损害事故的发生。在《侵权责任法》第46条的规范基础上,2020年5月28日颁布的《中华人民共和国民法典》(以下简称《民法典》)第1206条、第1207条分别对生产者、销售者履行产品跟踪观察义务规则进行了重要的创新和发展,不仅增加规定产品跟踪观察义务的履行方式,而且还对违反产品跟踪观察义务的损害责任做了修改与补充。

在《民法典》实施的背景下,有必要对产品跟踪观察义务的最新法律规则进行体系化解读,尤其需要厘清《民法典》第1206条第1款规定的产品跟踪观察义务与第1205条确立的预防性责任之间究竟存在何种逻辑关联,二者在具体适用时应当如何有效衔接;生产者、销售者履行售后警示、召回等产品跟踪观察义务的具体方式如何与产品缺陷的类型相适应,从而使企业预防成本与产品缺陷引发的损害风险不至于显著失衡;此外,生产者、销售者违反产品跟踪观察义务将承担何种侵权责任,以及此种责任的性质与责任承担方式也有待被准确认识。关于前述问题,当前理论界与实务界存在诸多争议,这可能会在一定程度上削弱法律赋予生产者、销售者产品跟踪观察义务的规范价值。基于此,本文拟结合《民法典》的相关条文,运用体系解释的方法对产品跟踪观察义务的相关问题进行研究,希望能对产品跟踪观察义务规则的理解与适用提供有益参考。

一、产品跟踪观察义务的理论基础及适用意义

(一)产品跟踪观察义务的理论基础

产品跟踪观察义务,是指生产者在将产品投入流通领域之后,负有持续观测产品安全状况以了解产品是否存在缺陷,并根据具体情况应当采取警示、召回等

---

〔1〕 自《民法典》颁布实施后,本法已废止。关于此类问题,本书不再另行标注,已废止的法亦不用原××法提示。《民法通则》《合同法》《侵权责任法》《担保法》等也做同样处理。

补救措施，以避免缺陷产品致损后果的义务。学理上对产品跟踪观察义务的界定存在狭义和广义之分：狭义上的产品跟踪观察义务，仅指生产者负有持续观测产品安全状况以了解产品是否存在缺陷的义务；广义上的产品跟踪观察义务，不仅包括对售后产品可能出现危险状况的持续关注，而且还包括积极采取相应的补救措施以避免缺陷产品的危险的义务。本文采用广义上的产品跟踪观察义务概念。

产品跟踪观察义务的理论基础主要在于生产者负有的交易安全义务。交易安全义务在产品责任领域体现为生产者的产品安全义务，具体包括提供产品前的安全制造义务、安全设计义务与指示说明义务，以及提供产品后的跟踪观察义务。生产者的交易安全义务并不因产品投入流通而终结，而是相应地从提供产品之前延伸至提供产品之后。产品制造人有义务使其产品于设计上、制造上及借由相关警告指示符合流入市场当时最新科学技术水准应具备的安全性，制造人依据一般侵权行为法的规定更负有系统地去审查其产品在实际运用中是何情形的义务。〔1〕生产者在将产品投入流通后，有义务对已投放市场的产品进行观察，对其可能的危险发展予以监测，并根据情况应当进行产品召回或者至少应当警告这种危险。〔2〕

产品跟踪观察义务的理论依据在于生产者将产品投入流通领域这一行为开启了缺陷产品致人损害的危险源，并且能够从产品的市场交易活动中获得利润，生产者为此应当承担必要的法定义务，以积极采取必要措施预防产品致人损害事故的发生。同时，产品跟踪观察义务还能够弥补作为产品责任抗辩事由的发展风险可能存在的、对消费者保护不足的局限性。发展风险是指，产品通常根据当时的技术水平设计和制造的，但随着后来的技术发展才显露出产品存在的潜在危险。在这种情形下，生产者将免于承担产品责任。发展风险抗辩事由的存在无疑是为了鼓励产品创新，但却在一定程度上削弱了对消费者的保护力度。通过让生产者履行产品跟踪观察义务，当产品出现潜在危险时，生产者便能够及时采取补救措施从而避免损害发生，以克服发展风险带来的弊端。如果生产者违反产品跟踪观察义务造成他人损害的，则不能以发展风险为由主张抗辩。由于产品跟踪观察义务具有预防缺陷产品损害发生的作用，能够有效应对现代工业社会可能出现的大规模产品风险，因此被大多数国家的产品责任立法所接受。

（二）产品跟踪观察义务的适用意义

产品跟踪观察义务作为生产者、销售者在将产品投入流通领域后的一项法定义务，其在产品责任领域的适用具有十分重要的意义。

其一，适用产品跟踪观察义务有助于督促生产者、销售者及时采取预防措施以避免缺陷产品致损事故的发生。根据传统的侵权损害赔偿责任的规制效果，

〔1〕郭丽珍：《论制造人之产品召回与警告责任》，载苏永钦等：《民法七十年之回顾与展望纪念论文集（一）：总则·债编》，中国政法大学出版社 2002 年 9 月版，第 199 页。

〔2〕埃尔温·多伊奇、汉斯-于尔根·阿伦斯：《德国侵权法——侵权行为、损害赔偿及痛苦抚慰金》（第五版），叶名怡、温大军译，中国人民大学出版社 2016 年 4 月版，第 133 页。

如果行为人对他人造成了损害,法律通常要求行为人对损害支付赔偿金,侵权行为人可能会因此尽量避免、造成较少的损害事故。但是,法律规制人们从事安全行为的效果,更准确的解释是建立在经济原则之上的。如果行为人采取预防措施的成本小于损害的成本,他们就会采取预防措施防止损害发生;但是如果采取预防措施的成本大于损害的成本,则行为人将不会采取预防措施。[1] 由此可见,作为传统损害赔偿机制的侵权责任制度发挥有效性主要取决于潜在的侵权人是否具有采取有效措施以提前预防损害发生的意愿,这对于处于被动地位的受害人而言是不利的。在产品责任领域确立生产者、销售者负有产品跟踪观察义务及其违反该义务的侵权责任,也就相当于赋予了受害人要求潜在侵权人主动采取有效措施避免缺陷产品可能造成损害后果的请求权基础,这无疑有助于督促生产者、销售者提前采取预防损害发生的必要措施。

其二,适用产品跟踪观察义务有助于为受害人提供及时的民事救济手段,实现救济的效率原则。产品跟踪观察义务的履行并不以行为人具有过错为前提,只要生产者、销售者投入流通后的产品存在缺陷即可满足适用要件。从整个权益保护的法律救济体系来看,预防性请求权的首要意义体现在防止将来的潜在损害,只是令行为人不再从事威胁他人的特定行为,消除此种潜在的法律后果对行为人往往仅构成相对较小的负担。[2] 尽管产品责任中的惩罚性赔偿也具有威慑和预防效果,但是其适用要受到侵权人主观恶意、客观严重损害后果等严格法律要件的限定。因此,其相较于召回等产品跟踪观察义务措施,对于缺陷产品致损的预防效果要"稍逊一筹"。就此而言,售后警示、召回等产品跟踪观察义务能够实现最佳的预防效果,为受害人提供直接和便利的预防途径。

其三,适用产品跟踪观察义务能够有效预防大规模缺陷产品侵权责任事故。在现代工业社会,大规模的风险往往是由产品的大规模制造、大规模销售所造成的,在产品的设计、制造和警示阶段消灭产品缺陷及其损害风险几无可能。[3] 产品跟踪观察义务中的召回制度作为针对缺陷产品潜在损害的一种补救措施,具有补救性与预防性的双重特征。缺陷产品召回制度是指生产者针对所有同一批次产品有关的不特定消费者而采取的修理、更换、退货等补救措施,对于有效消除缺陷产品可能带来的潜在损害方面具有独特的预防功能。[4] 因此,生产者、销售者在将产品投入流通后发现存在缺陷的,若其能及时和有力地采取以产品召回制度为代表的预防性补救措施,将能够有效预防大规模产品侵权责任事故的发生。

---

[1] 彼得·凯恩:《阿蒂亚论事故、赔偿与法律》(第六版),王仰光、朱呈义、陈龙业等译,中国人民大学出版社2008年3月版,第457页。

[2] 海尔姆特·库齐奥:《侵权责任法的基本问题(第一卷):德语国家的视角》,朱岩译,北京大学出版社2017年6月版,第21—22页。

[3] 李友根:《论产品召回制度的法律责任属性——兼论预防性法律责任的生成》,《法商研究》2011年第6期,第41页。

[4] 王利明:《关于完善我国缺陷产品召回制度的若干问题》,《法学家》2008年第2期,第70页。

二、《民法典》中产品跟踪观察义务与产品预防性责任的关系

我国现行法在产品责任领域确立了损害预防的责任方式。为了正确适用缺陷产品预防性责任规范，首先有必要厘清《民法典》第1205条所确立的停止侵害、排除妨碍、消除危险等侵权责任与第1206条第1款所规定的停止销售、警示、召回等产品跟踪观察义务之间存在何种逻辑关系。

损害赔偿和损害预防共同作为侵权责任法的两项机能而存在。如果法律仅赋予公民损害赔偿请求权，却不使其有机会制止即将发生的损害则很难令人接受。损害预防在侵权责任承担方式中的制度实现机制主要体现为预防性责任的具体规范。预防性责任是私法中侵权责任法的一部分，并且是必要的和先于损害赔偿制度的那一部分。对于个人来说，如果法律保护在发生损害之前即可介入，并且可以尽量避免所面临的法益损害，那么这种法律保护才是更为有效的。随着法经济学理论的发展，损害预防的功能逐渐开始被重视。王泽鉴先生甚至认为，在侵权责任领域，损害的预防胜于损害的补偿。[1] 损害预防为侵权责任法适应社会发展而进行必要的更新、重构，以克服责任危机提供了理念支撑。[2] 合理的侵权责任法规则通过形成减少事故成本的威慑机制，将能够有效预防损害事故的发生。

我国《侵权责任法》第1条开宗明义地将损害预防作为立法目的之一，彰显了损害预防功能所具备的独特法律价值。《民法典》第1167条明确将停止侵害、排除妨碍以及消除危险等预防性责任作为一般性的侵权责任承担方式，同时，《民法典》第1205条还特别规定这种预防性责任方式适用于缺陷产品领域。依据《民法典》第1205条的规定，当产品存在缺陷危及他人人身、财产安全时，生产者、销售者应承担停止侵害、排除妨碍、消除危险等侵权责任，以防止缺陷产品致人损害事故的发生。该条规定强调和凸显了产品责任中的损害预防功能，以强化对消费者全面保护的价值目标。

此外，我国《民法典》第1206条第1款还对生产者、销售者在将产品投入流通后发现存在缺陷所应当采取停止销售、警示、召回等补救措施及承担侵权责任进行了规定。由于科技水平或者其他某种原因，生产者、销售者在产品投入流通时也许未能及时发现产品有缺陷，但在此之后发现缺陷的，仍负有采取补救措施的义务，不能撒手不管。《民法典》第1206条第1款规定的主要目的就是明确生产者、销售者负有的产品跟踪观察义务，停止销售、警示、召回的意义正在于防患于未然。因此，尽管《民法典》第1206条第1款规定的是关于生产者、销售者的产品售后跟踪观察义务，但实质上仍然发挥了类似消除危险等预防性侵权责任方式的损害预防功能。

实际上，停止侵害、排除妨碍、消除危险等预防性侵权责任与产品跟踪观察

---

〔1〕 王泽鉴：《侵权行为》(第三版)，北京大学出版社2016年4月版，第10页。

〔2〕 龚赛红、王青龙：《论侵权法的预防功能——法经济学的分析视角》，《求是学刊》2013年第1期，第109页。

义务在规范功能上相辅相成。有学者进一步认为,产品预防性侵权责任和产品跟踪观察义务之间为并列关系。前者规定了产品非损害赔偿请求权,作为个体的被侵权人可以通过私益诉讼获得预防性救济;后者规定了生产者、销售者的售后召回义务,维护不特定消费者的公共利益与公共安全。[1] 笔者认为,《民法典》第1205条所确立的停止侵害、排除妨碍、消除危险等侵权责任与第1206条所规定的产品跟踪观察义务之间相互衔接,二者具有殊途同归的内在契合性。无论是停止侵害、排除妨碍、消除危险等侵权责任的承担方式,还是产品跟踪观察义务中的停止销售、警示、召回等补救措施,都旨在要求生产者、销售者对存在危险的缺陷产品及时采取必要的应对措施,以消除缺陷或者降低产品的安全风险。就终局的规范意义而言,《民法典》第1205条和第1206条规定的内容都彰显了损害预防功能在产品责任领域中的具体适用。

当然,倡导损害预防的理念不应局限于对已经发生的损害如何增加损害赔偿救济路径的问题,而且也可以考虑针对预防目标采取更多的措施。在产品责任领域,损害预防的理念还能够得到更广泛的应用。以当前发展势头迅猛的人工智能产品为例,由于人工智能产品具有自主决策能力和深度学习能力,一旦人工智能产品存在缺陷,可能造成广泛性、突发性、严重性的损害后果,易诱发大规模产品侵权责任事故。[2] 因此,对于人工智能产品致损的侵权责任应对,更应当注重预防损害的基本理念。尤其是在人工智能产品的研发阶段,通过运用算法程序规则,尽可能预防损害事故的发生。人工智能产品损害预防的设计理念,本质上体现了人类中心主义的伦理原则与保障人类安全的优先价值。

三、《民法典》中产品跟踪观察义务的履行规则

我国《民法典》第1206条设立了生产者、销售者履行产品跟踪观察义务的规则。从该法律条文的字面意思来看,在原来规范警示义务和召回义务的基础上新增了"停止销售"义务。所谓"停止销售",是指在所有销售渠道和环节停止销售缺陷产品。[3] 对正在销售的产品采取下架措施,可以避免侵权行为的扩大化,能够最大限度地减少新产生的损失。但是,《民法典》第1206条未直接规定狭义上的产品跟踪观察义务,即对产品潜在危险持续关注的义务。笔者认为,该条中所谓"发现存在缺陷"的表述,应当理解为其实际上已经蕴含了生产者、销售者关于产品投入流通后的持续关注义务。"发现"既可能是生产者、销售者主动获取和分析与自身产品缺陷有关的信息,也可能是生产者、销售者通过消费者就其遭受产品不合理危险的损害事实进行投诉或起诉因而知悉其产品确实存在缺陷。法律规定生产者、销售者负有产品跟踪观察义务的主要目的在于要求其对投入

---

〔1〕 杨彪:《论侵权责任法对产品损害预防体系的改造——基于产品非损害赔偿请求权的确立》,《法商研究》2011年第3期,第35页。

〔2〕 高完成、宁卓名:《人工智能产品致害风险及其侵权责任规制》,《河南社会科学》2021年第4期,第59页。

〔3〕 张新宝:《中国民法典释评·侵权责任编》,中国人民大学出版社2020年8月版,第146页。

流通后的产品不能撒手不管，而是应当继续跟踪服务，以便及时采取措施预防产品缺陷可能带来的风险。因此，以售后警示义务和召回义务为典型的补救措施在产品跟踪观察义务的内容体系中发挥着更为重要的作用。基于此，下文将主要围绕售后警示义务和召回义务展开论述。

(一)售后警示义务的履行规则

售后警示义务是与售前警示义务相对应的概念，它是指生产者对投入流通后的产品所存在的危险或者产品的正确使用方法给予提醒和说明，防止或减少产品使用者因产品危险而可能遭受的损害。

美国商务部颁布的《统一产品责任示范法》较早地对生产者的售后警示义务进行了规定。但是，美国早期司法判例普遍不认可生产者负有售后警示义务，而是将其视为生产者的售前警示义务的一部分，直到 20 世纪 90 年代中期才开始认可售后警示义务的独立法律地位。[1] 美国《侵权法重述第三版：产品责任》第 10 节在总结司法判例的基础上，对生产者的售后警示义务进行了规定。从美国司法实践来看，大多数售后警示义务是在产品销售之后，有关产品使用或消费风险的新信息提交给销售者并引起其注意的情况下而产生。当事故风险不是在事实上提交销售者引起其注意的时候，要让其在有关领域检测售后产品品质效果、主动发现有关风险，难免负担过高，而无法进一步提升售后警示义务的履行。然而，当存在合理理由令销售者怀疑到目前为止可能有某种未知的风险存在，尤其是当该风险较大时，合理谨慎的义务可能就会要求销售者着手调查。对于像处方药物和医疗器械这类产品，法院在传统上就要求销售者履行售后继续测试和监控产品以发现有关产品风险这项合理谨慎的持续义务。因此，美国司法实践关于售后警示义务的标准采取的是客观性标准，即一个理性的产品销售者在通常情况下应该会采取的警示。[2] 在以德国为代表的欧洲大陆法系国家，生产者的售后警示义务是由法院通过一系列司法判例的方式确立的。[3] 生产者的交往安全义务并不因为将产品投入流通而终结，如果生产者在产品投入流通后才知悉产品缺陷可能引发的危险，仍有义务将此种危险向消费者予以警示。

我国《侵权责任法》第 46 条在总结相关法律规定与司法实践的基础上并充分借鉴国外的做法，初步确立了生产者、销售者的售后警示义务。在《侵权责任法》出台之前，《中华人民共和国消费者权益保护法》第 18 条对经营者的警示义务也有所规定，只是在时间点上更加侧重于对产品销售之前的警示义务。《民法典》第 1206 条继受了《侵权责任法》第 46 条中的产品售后警示义务。实际上，《民法典》第 1206 条中的售后警示义务主要针对的是产品存在售前警示缺陷的情形。通常而言，售后警示义务不应适用于产品制造缺陷与设计缺陷，因为对于

[1] 张民安：《美国侵权法上的售后危险警告义务研究》，《北方法学》2008 年第 6 期，第 43—44 页。

[2] 美国法律研究院：《侵权法重述第三版：产品责任》，肖永平、龚乐凡、汪雪飞译，法律出版社 2006 年 8 月版，第 274—275 页。

[3] 马克西米利安·福克斯：《侵权行为法》，齐晓琨译，法律出版社 2006 年 10 月版，第 122 页。

这两种产品缺陷类型,仅采取售后警示的补救措施往往不足以有效消除危险、预防损害发生。申言之,对于产品售后警示或召回等补救措施的选择适用,需要结合不同产品缺陷类型所可能导致的危险程度,从而尽可能最大限度地发挥预防功能。

一般而言,售后警示在于使产品使用者警惕产品可能存在的潜在危险,以提醒产品使用者在使用时保持谨慎态度以及采取正确的使用方法,防止产品不正当使用所带来的可能的危险。售后警示发挥损害预防的功效主要还是有赖于使用者的注意行为,并不能从根本上消除产品的潜在危险。因此,售后警示措施应当适用于危险程度较低的产品缺陷类型。相较于售后警示,产品召回对于防止潜在危险转化为实际损害显得更具有彻底性。产品召回能够将市场上存在缺陷的同一批次产品予以收回,对于消除产品缺陷以及降低安全风险具有“釜底抽薪”的功效。因此,召回措施通常应当适用于危险强度较高且存在普遍性的产品缺陷类型。

生产者履行产品售后警示义务应当符合一般理性人的标准。合理性标准的灵活度能够适应存在冲突的社会价值目标,不但能为产品使用者提供完整产品信息,同时还能防止对生产者施加不平等或者不合理的压力。具体而言,一个案件中的特定事实,如伤害的严重程度和可能性,受影响的人员范围,以及发现与联系目前产品用户在经济上和现实上的问题,与认定一个生产者是否令人满意地履行了售后警示义务具有相关性。[1] 关于产品售后警示义务的对象、内容以及形式,均与售前警示义务具有相似性,只是对于售后警示义务的信息传达需要注意采取特别的方式。关于产品的售后警示信息,如果既属于商业信息又属于公共信息的,应当以公众得以知悉的商业信息传播方法予以公告,[2]也可以借助政府信息公开途径进行传播,如通过在国家市场监督管理总局缺陷产品管理中心网站发布产品售后警示信息。

(二)召回义务的履行规则

1. 召回制度的法律性质

关于产品召回制度的法律性质,理论上存在不同的观点。其一,法律义务说。该观点认为,召回产品是生产者承担的一项法定义务,而不是生产者违反义务的后果。[3] 其二,法律责任说。该观点认为,应当将产品召回制度理解为一种新型的预防性法律责任,能够适应现代社会法律责任的新发展。[4] 其三,折中说。该观点认为,召回措施是《侵权责任法》上的一项作为义务,同时还构成一种

---

[1] Victor Schwartz,“The Post-Sale Duty to Warn:Two Unfortunate Forks in the Road to a Reasonable Doctrine”,*New York University Law Review*,58(1983),p. 896.

[2] 马一德:《论生产者的产品后续安全保障义务》,《法学》2015年第6期,第48页。

[3] 杨立新、陈璐:《论药品召回义务的性质及其在药品责任体系中的地位》,《法学》2007年第3期,第92页。

[4] 冉克平:《产品责任理论与判例研究》,北京大学出版社2014年8月版,第163页。

侵权预防责任。[1] 笔者认为，将召回定位为一项法律义务较为合理。主要理由如下：

第一，将召回理解为一项法定义务，更加契合该项制度的理论基础及法律性质。召回是产品跟踪观察义务的重要内容之一，是生产者在发现产品存在缺陷后采取的补救措施，以预防缺陷产品可能的潜在损害风险。产品跟踪观察义务是侵权责任法上典型的交易安全义务。按照这种层层递进的义务关系可知，召回也应当属于一项义务，而非一项法律责任。依据我国《民法典》第1206条第1款前段的规定，召回是生产者、销售者应当主动实施的补救措施，受害人通常无权直接请求强制实施召回。生产者、销售者未履行召回义务，如果产品仍存在危及人身、财产安全但尚未造成实际损害的，受害人可以依据《民法典》第1205条主张令生产者、销售者承担停止侵害、排除妨碍、消除危险等预防性责任；如果造成实际损害的，受害人可以主张令生产者、销售者承担损害赔偿责任。由此可见，召回本身应当是属于一项法定义务，只有在违反召回义务造成损害的，才应当承担相应的法律责任。

第二，将召回措施理解为一项法定义务，更加符合法律义务与法律责任之间的逻辑关系。召回措施作为一种事前的危险预防机制，旨在防患于未然，尽管有些类似于消除危险的侵权责任承担方式，但是召回措施与消除危险是有区别的。召回是通过生产者、销售者将缺陷产品从流通环节中撤回，阻断可能发生的危害，并不同于消除危险的责任方式。[2] 尽管有学者主张召回是一种新型的法律责任，但是该种主张本身难以逻辑自洽。召回是生产者、销售者在将产品投入流通后发现存在缺陷而主动采取的产品安全风险预防措施，是法律督促生产者、销售者积极采取补救措施的一项要求。当生产者、销售者实施产品召回时，其并未处于违法者的法律地位，这与作为民事违法行为法律后果的民事责任性质明显不同。另外，民事责任通常可以依被侵权人的请求主张侵权人承担，但是《民法典》第1206条事实上并未赋予被侵权人的召回请求权。因此，召回措施并不符合法律责任的一般特征，将其归入法律责任的体系过于牵强，并将导致法律义务与法律责任内在关联的紊乱。

第三，将召回理解为一项法律义务，更有利于督促召回义务人积极采取召回措施，从而有效预防和降低缺陷产品安全风险。产品跟踪观察义务是要求生产者、销售者对投入流通后的产品进行跟踪服务，而不能撒手不管。召回是跟踪观察义务中对于预防缺陷产品的潜在危险较为有力的一项补救措施。将召回措施定位为一项法律义务而非法律责任，更有利于促进生产者、销售者积极对市场上的产品进行持续的监测，及时对消费者反馈的产品缺陷信息进行调查处理，从而有针对性地实施召回措施。从现行关于产品召回规范的立法目的来看，实际上是在鼓励和督促召回义务人在法定情形下主动实施召回措施，即使召回义务人

---

〔1〕 郗伟明：《论我国汽车召回制度缺漏及民事责任完善——以速腾车辆召回案件为例》，《当代法学》2015年第3期，第105页。

〔2〕 黄薇主编：《中华人民共和国民法典侵权责任编解读》，中国法制出版社2020年6月版，第165页。

未主动实施召回措施的,有关主管部门则会通知召回义务人实施召回甚至责令其实施召回措施。如果将召回义务定位为一项法定义务,则有助于激励召回义务人主动实施召回并积极树立良好的企业外部形象,从而更加有效地采取召回措施以预防产品潜在危险。

2. 召回义务的实施

召回分为主动召回和责令召回两种方式,这两种召回方式的性质存在差别。主动召回属于私法层面上的民事义务,而责令召回具有行政强制性,应归属于行政法的调整范畴。《民法典》第1206条规定的召回措施应当限定为主动召回的方式,即生产者、销售者负有的一项民事义务。

依据《民法典》第1206条第1款前段的规定,召回义务的实施主体是产品的生产者和销售者。需要说明的是,由于产品是由生产者进行设计和制造的,生产者对于产品缺陷的调查、分析以及维修等事项更为专业,因此召回义务通常由生产者实施更为妥当,销售者多是以召回辅助人的身份履行该义务。生产者履行召回义务应当同时具备以下条件:第一,产品已投入流通领域。只有进入市场的缺陷产品,才有必要实施召回措施。第二,产品存在普遍性缺陷。召回的对象是具有普遍性缺陷的产品,即同一批次的产品中普遍存在危及人身、财产安全的不合理危险。如果产品缺陷仅具有个别性,则不适用于召回措施。因此,召回应当主要适用于设计缺陷的类型。第三,产品缺陷对公共安全已经构成不合理的危险。由于产品召回对于生产者而言意味着要付出不小的成本,为了协调生产者与消费者之间的利益关系,因此只有当缺陷产品对公共安全造成了潜在危险时,才有必要实施召回措施。

《民法典》第1206条第2款新增规定了实施召回措施所支出必要费用的负担问题。在此之前,关于消费者是否应当支付必要的交通费用等问题,理论上存在争议。[1] 2013年修改后的《中华人民共和国消费者权益保护法》第19条对商品召回的费用负担进行了明确,规定由经营者承担召回所产生的必要费用支出。2019年国家市场监督管理总局通过的《消费品召回管理暂行规定》第15条第2款进一步明确规定:"生产者应当承担消费者因消费品被召回支出的必要费用。"在《民法典》的编纂过程中,立法机关充分吸收了上述有关召回费用负担的相关规定,第1206条第2款新增了对于产品召回费用负担的规定,明确由召回义务人承担召回的必要费用。

在我国司法实践中,对于存在普遍性缺陷的产品,法院可以依法判令生产者实施召回等补救措施。如在"重庆大力医疗设备有限公司与王某孝产品生产者责任纠纷案"中,法院指出:"通过对涉案净水机现场勘查,无法证明涉案净水机系合格产品,相反如将该产品投入实际使用,将存在诸多安全隐患……作为生产厂商,上诉人应当及时发现该批净水机存在缺陷,并采取相应的补救措施……应当依法召回存在缺陷的XKY型净水机。"[2]

---

〔1〕 周友军:《论侵权法上的产品跟踪观察义务》,《法律科学》2014年第4期,第130页。

〔2〕 参见吉林省通化市中级人民法院(2017)吉05民终708号民事判决书。

四、《民法典》中违反产品跟踪观察义务的侵权责任

我国《侵权责任法》第46条并未明确规定生产者、销售者违反售后警示、召回等产品跟踪观察义务应当具体承担何种侵权责任，这就导致长期以来有关此种侵权责任的性质及承担方式处于不清晰状态，在一定程度上减损了法律施加产品跟踪观察义务的规范价值。《民法典》第1206、第1207条分别对生产者、销售者违反产品跟踪观察义务的责任做出了新的规定。为此，在《民法典》实施的背景下，也有必要对违反产品跟踪观察义务的侵权责任承担问题做进一步探究。

（一）违反产品跟踪观察义务的基本类型

依据《民法典》第1206条第1款的规定，生产者、销售者违反产品跟踪观察义务的形态主要包括3种基本类型：不履行产品跟踪观察义务、采取补救措施不及时与采取补救措施不力。

第一，不履行产品跟踪观察义务。生产者、销售者不履行产品跟踪观察义务，一方面包括未尽到对售后产品安全状况应有的持续监测义务，导致应当发现而未能发现产品存在缺陷的情形；另一方面包括虽了解到产品存在的缺陷事实，但是基于生产经营成本的考虑及市场占有率降低的担心等应当采取停止销售、售后警示、召回或其他补救措施而未采取，导致损害结果发生的情形。[1]

第二，采取补救措施不及时。生产者、销售者采取补救措施不及时，是指在发现产品存在缺陷后，未能在合理期限内采取相应的补救措施及时消除产品缺陷，从而阻断产品缺陷致人损害事故发生的情形。依据2019年国家市场监督管理总局通过的《消费品召回管理暂行规定》第19条第2款的规定，生产者应当自召回计划报告之日起的3个工作日内采取适当的方式发布召回信息。在针对上述有关消费品的召回措施中，如果生产者未能在所规定的3个工作日内发布召回信息，造成损害扩大的，亦是对产品跟踪观察义务的违反。

第三，采取补救措施不力。生产者、销售者采取补救措施不力，主要表现为其虽然采取了相应措施，但是并不能有效预防损害事故的发生。[2] 判断所采取的补救措施是否有效充分，应当以是否能够消除产品缺陷为标准。在2021年上半年发生的多起且备受社会关注的“特斯拉汽车召回事件”中，特斯拉汽车公司在召回进口 Model 3 电动汽车后检查发现B柱安装孔螺纹及D形环出现了损伤，如果采取的补救措施仅仅是对B柱安装孔螺纹进行维修，却未对D形环进行维修或更换，那么所采取的补救措施实际上并未有效解决安全隐患。[3] 在上述召回事件中，由于特斯拉汽车公司所采取的补救措施并未有效消除缺陷，因而实

---

〔1〕 张云：《违反产品后续观察义务的侵权责任构成及抗辩》，《法治研究》2018年第5期，第96页。

〔2〕 王竹、王毅纯：《论违反产品普遍性缺陷流通后补救义务的侵权责任——以〈侵权责任法〉第46条为中心》，《北航法律评论》2011年第1辑，第181页。

〔3〕 佚名：《特斯拉汽车(北京)召回部分进口 Model 3》，https://www.sohu.com/a/471090250_118790，访问日期：2021年6月16日。

际上并未尽到适当的产品跟踪观察义务。

(二)违反产品跟踪观察义务的侵权责任之归责原则

关于生产者、销售者因违反产品跟踪观察义务而承担侵权责任应适用何种归责原则,理论上存在不同的认识,主要存在以下3种观点。

其一,过错责任说。该观点认为,违反产品跟踪观察义务的责任是不作为的责任,此种解释将有利于减轻生产者的责任。[1] 其二,过错推定责任说。该观点认为,鉴于消费者与生产者之间的实力对比,以及生产者在产品跟踪观察义务履行中的积极地位,先推定违反产品跟踪观察义务的责任是由于生产者存在不作为而产生的,然后由其反证不存在此种过错的情形。[2] 其三,无过错责任说。该观点认为,关注个别性缺陷引致的消费者个体利益受损所设计的产品责任经由报偿理论、危险控制理论、危险分担理论等相关理论为基础而建立了无过错责任,那么关注产品的系统性缺陷而保障公共安全和消费者群体利益的产品跟踪观察义务则更应当被确立为无过错责任。[3]

笔者认为,过错责任说更为合理。从《民法典》第1206条第1款中"未及时采取补救措施或者补救措施不力"的表述来看,明显是在针对生产者、销售者的产品售后行为表现。这表明立法者重点关注生产者、销售者是否妥善履行必要的跟踪观察义务,只有过错才真正是生产者、销售者依据本条规定承担侵权责任的法律基础。从比较法的相关规范来看,对生产者是否违反产品跟踪观察义务的判断,通常依据理性人的标准,即坚持过错责任的原则。[4] 我国对于产品跟踪观察义务的立法规定在相当程度上借鉴了域外制度的有益经验,对此也应当持相同的解释立场。

(三)违反产品跟踪观察义务的责任承担

关于违反产品跟踪观察义务的侵权责任之性质,理论上也有分歧。一种观点认为,违反产品跟踪观察义务的责任严格来说并非是产品责任,只能认定为是与产品责任有关的责任。其理由在于产品责任是以产品缺陷为核心而构建的严格责任,而违反产品跟踪观察义务的责任是以义务的违反为核心构建的过错责任。[5] 另一种观点认为,违反产品跟踪观察义务的责任实质上仍然是缺陷产品责任,承担责任的方式包括产品责任的各种形式。[6]

笔者认为,违反产品跟踪观察义务的侵权责任并非是其他的侵权责任类型,

---

〔1〕 焦艳玲:《论产品售后义务——兼评〈侵权责任法〉第46条》,《重庆大学学报(社会科学版)》2016年第2期,第164页。

〔2〕 杨立新:《侵权责任法》(第三版),法律出版社2018年2月版,第341页。

〔3〕 张云:《突破与超越:〈侵权责任法〉产品后续观察义务之解读》,《现代法学》2011年第5期,第180页。

〔4〕 克雷斯蒂安·冯·巴尔:《欧洲比较侵权行为法》(下卷),焦美华译,法律出版社2004年5月版,第348页。

〔5〕 周友军:《民法典编纂中产品责任制度的完善》,《法学评论》2018年第2期,第145页。

〔6〕 王利明:《侵权责任法研究》(第二版)(下卷),中国人民大学出版社2016年4月版,第275页。

还应当属于产品责任的范畴。《民法典》第 1206 条规定产品跟踪观察义务的目的在于督促生产者、销售者对投入流通后的产品持续关注，当发现产品存在缺陷时，及时、有效采取相应的补救措施，以预防损害的发生。如果生产者、销售者违反产品跟踪观察义务，未能有效阻却缺陷产品的潜在危险实际发生，由此产生的侵权责任仍然属于产品缺陷所造成的产品责任。申言之，被侵权人遭受的损害事实与生产者、销售者违反产品跟踪观察义务之间不具有侵权责任构成要件意义上的因果关系。被侵权人的损害事实与产品缺陷之间的因果关系才是违反产品跟踪观察义务的侵权责任成立意义上的因果关系。对于生产者和销售者而言，其履行产品跟踪观察义务的法律意义在于能够对抗受害人提起的产品责任诉讼以及避免承担过重的产品责任。

一方面，生产者、销售者尽到产品跟踪观察义务的，能够对抗受害人提起的产品责任诉讼。产品责任并非是绝对责任，生产者对于不能预见的发展风险将免于承担责任，发展风险抗辩的存在依据正在于此。但是，发展风险抗辩的援用也受到生产者负有产品跟踪观察义务的限制。易言之，产品跟踪观察义务与发展风险抗辩之间存在密切的逻辑关联，前者相较于后者能够发挥功能上的补救作用。由于发展风险的客观存在，产品在投入流通时的科学技术水平或许并不能发现缺陷，但是如果一直允许生产者主张发展风险的抗辩，则对受害人而言就有失公允。法律要求生产者适当履行产品跟踪观察义务，就是为了弥补发展风险抗辩可能带来的损害，从而起到预防危险的作用。如果生产者、销售者依据产品投入流通时的科学技术水平尚不能发现产品存在缺陷，但是在产品投入流通之后能够发现产品存在缺陷，却未及时有效采取补救措施的，那么对由此造成的实际损害，则不能再主张发展风险的抗辩以逃避责任。如果他们遵守了产品跟踪观察义务的所有要求，但客观上仍造成了某种损害后果，则生产者、销售者无须对该缺陷造成的损害承担侵权责任。当然，对于产品投入流通时的科学技术水平能够发现的产品缺陷造成损害的，生产者、销售者并不能以其在投入流通后所采取的补救措施为由进行抗辩。

另一方面，生产者、销售者尽到产品跟踪观察义务的，能够避免承担过重的产品责任。首先，在违反产品跟踪观察义务的损害赔偿范围方面，《民法典》第 1206 条对《侵权责任法》第 46 条的规定进行了修改，生产者、销售者对违反产品跟踪观察义务导致“扩大的损害”也应当承担侵权责任。此处应当理解为生产者、销售者承担的损害赔偿责任不限于缺陷产品直接造成的损害后果，并且还要对未履行产品跟踪观察义务而造成的其他相关扩大损害后果承担侵权责任。其次，违反产品跟踪观察义务的侵权责任本质上属于产品责任，那么生产者、销售者在发现产品存在缺陷后未采取相应的补救措施、放任缺陷产品潜在危险的发生，其在主观上便应被认定为具有恶意，对由此造成的严重损害后果应当承担比补偿性赔偿责任更重的产品责任，甚至是惩罚性赔偿责任。在《民法典》起草之前，《侵权责任法》第 47 条对产品责任惩罚性赔偿进行了规定，即只要生产者、销售者在主观上具有恶意且在客观上造成严重人身伤亡的损害后果，则应当承担相应的惩罚性赔偿责任。因此,对于生产者、销售者明知产品存在缺陷却未采取法定补救措施,造成严重人身伤亡后果的,从逻辑上也应当能够参照《侵权责任法》第47条的规定适用惩罚性赔偿责任。值得注意的是,《民法典》第1207条在《侵权责任法》第47条的规范基础上已经明确增加规定了生产者、销售者未采取法定补救措施的惩罚性赔偿责任。如果生产者、销售者尽到了产品跟踪观察义务,在发现产品存在缺陷后,依法采取了补救措施,则不承担相应的惩罚性赔偿责任。

由此可见,违反产品跟踪观察义务的侵权责任仍属于产品责任的范畴,因此生产者、销售者应承担的责任方式包括产品责任的各种形式。如果尚未造成实际损害的,生产者、销售者应当承担预防性责任;如果已经造成了实际损害的,生产者、销售者应当承担损害赔偿责任;如果造成了受害人死亡或者健康严重损害的,则还应当承担惩罚性赔偿责任。

五、结语

相较于《侵权责任法》有关产品责任的规定,《民法典》侵权责任编产品责任一章具有创新性的内容,其中主要体现在对产品跟踪观察义务规则的修改和完善方面。《民法典》第1206、第1207条的相关条款丰富了产品跟踪观察义务的履行方式,明确了产品召回义务的费用负担,廓清了违反产品跟踪观察义务的责任性质,使得产品跟踪观察义务的规范价值得到进一步的凸显。产品跟踪观察义务作为生产者、销售者在将产品投入流通领域后的一项法定义务,有助于督促生产者、销售者及时采取预防措施以避免缺陷产品致损事故的发生。对于停止销售、警示或召回等补救措施的选择适用,需要结合不同产品缺陷类型可能导致的危险程度,从而尽可能最大限度地发挥预防功能。如果生产者、销售者违反了产品跟踪观察义务,则不能再以发展风险抗辩事由主张免除责任,其可能承担的侵权责任包括惩罚性赔偿在内的各种责任形式。

外观设计立法保护模式研究〔1〕

易继明*
陈柏维**

摘　要　自《中华人民共和国专利法》颁布实施以来，“三合一”的思想便一直贯穿于中国的发明、实用新型和外观设计的立法、司法以及行政的各个层面。然而，《中华人民共和国专利法》实施至今近40载，外观设计制度在彰显其作用与价值的同时，也正不断要求我们对原有的立法模式、框架与内容进行重新审视。从专利法的发展历史看，将外观设计制度纳入专利法体系之下具有一定的时代特征性与历史偶然性，但随着实践经验的积累，外观设计与发明在同一部法律中不相契合的问题逐渐凸显。这些问题不仅体现在法律的立法宗旨及规则设计上，也体现在司法审判、行政审查以及创新主体的不断加强外观设计保护实践当中，而上述问题均由发明与外观设计本质上的差异所导致。

外观设计作为以“造型美感”为创新价值导向的知识产权客体，将其纳入具有技术指向性很强的专利法当中，不仅在主观上削弱了外观设计作为一种独立知识产权门类的地位，在客观上也造成了外观设计与技术类发明创造理解上的混同，干扰了公众对外观设计的正确认识，从而对外观设计制度的发展形成了一定阻碍。当前，在我国对知识产权保护、工业设计发展的重视程度日益提升的背景下，探索外观设计保护事业的未来发展方向，充分发挥外观设计在经济与产业发展中的重要推动作用，建立“中国特色、世界一流”的外观设计制度，已成为现阶段我国建设面向社会主义现代化知识产权制度任务中的重要一环，而对外观设计应采用何种立法模式则是其中急需解决的核心关键问题。对此，本论文从历史回溯、理论分析、实践分析以及国际比较等方面揭示当前外观设计制度存在的主要问题与症结，通过对问题进行系统性的研究、分析、比较与总结，论证当前针对外观设计进行单独立法的必要性与紧迫性，期望能够为后续单独立法的可行性研究与政策措施落实奠定坚实的基础。

关键词　专利；外观设计；立法模式；单独立法；必要性

---

* 易继明（1968— ），北京大学法学院教授，北京大学国际知识产权研究中心主任，主要研究方向：民商法、知识产权法、法理学。

** 陈柏维（1998—），北京大学法学院2020级硕士研究生，主要研究方向：知识产权法。

〔1〕 本文系国家知识产权局学术委员会2021年度重大专项课题“外观设计立法保护模式研究”（ZX202101）成果。参与本课题研究的主要成员有：钱红缨（外观设计审查部部长）、卞永军（外观设计审查部副部长）、刘悦（外观设计审查部处长）、李文琳（外观设计审查部处长）、严若菡（外观设计审查部副处长）、李玉洁（外观设计审查部三级调研员）、牛泽慧（外观设计审查部四级调研员）。本论文得到上述诸君的支持，这里特别致谢。

目次

绪论

(一)研究背景

《中华人民共和国专利法》(以下简称《专利法》)自1984年颁布起一直采用"三合一"的立法保护模式,对发明、实用新型和外观设计给予保护。《专利法》实施至今近40载,历经4次修正并逐渐趋于完善,《专利法》的修正伴随着我国从科研技术与生产能力落后的国家逐渐跻身于知识产权大国行列的发展进程。值得注意的是,随着时代进步及社会发展,现有法律制度在愈发成熟并彰显其作用与价值的同时,也不断要求我们对原有法律体系的框架与内容进行重新审视,而外观设计制度更是如此。之所以于当下对外观设计进行立法保护模式的研究与分析,主要基于以下几个方面的原因:

1. 国家方针政策的新要求

第一,满足人民美好生活需要的基本目标。2017年10月18日,习近平总书记在中国共产党第十九次全国代表大会上作报告时指出:"中国特色社会主义进入新时代,我国社会主要矛盾已经转化为人民日益增长的美好生活需要和不平衡不充分的发展之间的矛盾……人民美好生活需要日益广泛,不仅对物质文化生活提出了更高要求,而且在民主、法治、公平、正义、安全、环境等方面的要求日益增长。"[1]习近平新时代中国特色社会主义思想强调以满足人民美好生活需要为基本落脚点[2],为党一切工作的基本奋斗目标[3],而外观设计在提高人民生活水平及品质方面正日益体现出其独特的作用与价值。

在当前时代下,创意设计之于人民生活究竟存在何种意义?当经济发展达到一定水平后,人们对于物质的追求不再像从前那样迫切,转而更加关注精神文化方面的需求。在技术趋同化现象愈发明显的当下,公众对具有创意的产品设计的需求也更加旺盛。新时代社会主要矛盾的转变正悄悄改变着产业结构,在新技术、新业态的背景下,各种新颖独特的文化体验已逐渐成为人民美好生活的刚性需求。设计以人民的需要与喜好为中心,其源于人民生活,面向人民生活,从而进一步引领人民向往美好生活。从表面上看,进行产品外观设计的设计创新是为了刺激消费欲望以带动消费,但其根本目标还是在于满足人们对美好生活的需要。

第二,知识产权相关法律法规的健全完善。我国社会主义法治建设的根本目的在于更好地实现人民福祉、保障人民合法权益,切实回应人民的法治需求是

---

[1] 中国政府网:《习近平:决胜全面建成小康社会 夺取新时代中国特色社会主义伟大胜利——在中国共产党第十九次全国代表大会上的报告》,http://www.gov.cn/zhuanti/2017-10/27/content_5234876.htm,访问日期:2021年7月11日。

[2] 基本落脚点:人民网:《满足美好生活需要是以人民为中心的落脚点》,http://cpc.people.com.cn/n1/2018/0105/c415067-29747656.html,访问日期:2021年7月11日。

[3] 奋斗目标:人民网:《不断满足人民日益增长的美好生活需要》,http://theory.people.com.cn/n1/2018/0105/c40531-29747906.html,访问日期:2021年7月11日。

法治建设过程中的基本任务，也是满足人民美好生活需要的应有之意。完善知识产权法律法规一直是我国实施国家知识产权战略的基本支撑，也是人民的基本诉求。在知识经济时代的背景之下，国家对于知识产权保护的重视程度正逐年提升，通过一系列的方针政策对知识产权保护工作提出了新要求。为确保知识产权保护工作的开展有法可依，对现有法律法规进行完善具有重要意义。

习近平总书记于2020年11月30日在加强我国知识产权保护工作举行的十九届中共中央政治局第二十五次集体学习时指出，要加强知识产权保护工作的顶层设计，研究制定“十四五”时期国家知识产权保护和运用规划，明确目标、任务、举措和实施蓝图。同时，也要提高知识产权保护工作法治化水平，在严格执行民法典相关规定的同时，要加快完善相关法律法规，统筹推进《专利法》《商标法》《著作权法》《反垄断法》《科学技术进步法》等修订工作，增强法律之间的一致性。〔1〕 而中共中央、国务院于2021年9月22日印发的《知识产权强国建设纲要(2021—2035年)》〔2〕中对构建门类齐全、结构严密、内外协调的法律体系提出了全新要求。值得注意的是，《知识产权强国建设纲要(2021—2035)》首次对于外观设计专门法律法规的探索制定做出明确指示。由此看来，国家对知识产权保护的总体要求，除了将保护范围拓展至大数据、人工智能等新领域、新业态之外，未来知识产权法律体系构建的重要任务还将包括为现有知识产权提供专门化、有针对性的制度建立与规则设计，提升对专门知识产权类型的保护深度。

第三，工业设计引领产业转型的阶段部署。随着我国制造业人力成本与资源成本优势的丧失，国家提出由“中国制造”转向“中国创造”的长远发展规划。在质量强国、制造强国的建设道路上，工业设计是制造业转型升级时期的重要抓手。国务院于2014年发布的两个与工业设计有关的重要文件——《国务院关于推进文化创意和设计服务与相关产业融合发展的若干意见》(国发〔2014〕10号)〔3〕与《国务院关于加快发展生产性服务业促进产业结构调整升级的指导意见》(国发〔2014〕26号)〔4〕，从国家层面强调包括工业设计在内的设计创新对转方式、促发展、调结构的重要作用。国务院2015年印发的《中国制造2025》〔5〕在战略任务规划当中将提高国家制造业创新能力摆在了首要位置，而提升工业设计质量、培育工业设计企业、发展创新设计教育，激发全社会创新设计积极性、主动性则成为提高创新设计能力的重要途径。2016年，政府将《“十三五”国家战略

---

〔1〕 中国政府网:《习近平主持中央政治局第二十五次集体学习并讲话》,http://www.gov.cn/xinwen/2020-12/01/content_5566183.htm,访问日期:2021年7月11日。

〔2〕 国知局官网:《中共中央、国务院印发〈知识产权强国建设纲要(2021—2035)〉》,https://www.cnipa.gov.cn/art/2021/9/22/art_53_170293.html,访问日期:2021年7月11日。

〔3〕 中国政府网:《国务院关于推进文化创意和设计服务与相关产业融合发展的若干意见》,http://www.gov.cn/zhengce/content/2014-03/14/content_8713.htm,访问日期:2021年7月11日。

〔4〕 中国政府网:《国务院关于加快发展生产性服务业促进产业结构调整升级的指导意见》,http://www.gov.cn/zhengce/content/2014-08/06/content_8955.htm,访问日期:2021年7月11日。

〔5〕 中国政府网:《国务院关于印发〈中国制造2025〉的通知》,http://www.gov.cn/zhengce/content/2015-05/19/content_9784.htm,访问日期:2021年7月11日。

性新兴产业发展规划》纳入2016—2020年国家"十三五"的重点专项规划中，该文件也多次强调要强化工业设计的引领作用，鼓励企业加大对工业设计的投入，推动工业设计与企业战略、品牌的深度融合，指出要通过工业设计推动中国制造向中国创造、中国速度向中国质量转变。[1] 近几年颁布的相关政策文件(如《中华人民共和国国民经济和社会发展第十四个五年规划和2035年远景目标纲要》)指出，为推动生产性服务业向专业化和价值链高端延伸，应当聚焦于提高产业的创新力，加快发展工业设计等服务。[2]《制造业设计能力提升专项行动计划(2019—2022年)》[3]中对于加大工业设计基础研究、发展工业设计教育、建设工业设计公共服务体系、提升工业设计知识产权保护力度等也做出了重要的阶段性部署。

第四，国际合作和竞争的统筹推进。目前，融入知识产权全球治理体系、提升我国知识产权全球治理能力已成为现阶段我国知识产权领域发展的重要任务及战略之一[4]。外观设计制度在国际层面的衔接乃至引领也是我国深度融合世界知识产权发展进程，推动我国深度参与国际合作与竞争。但是，我国的外观设计制度不论在国际层面的制度衔接上，还是与世界各国进行交流、合作与竞争上，都存在一定的阻碍。

首先，在世界范围内，各国对于外观设计采取的保护模式虽不尽相同，但在立法模式上将外观设计单独立法俨然已经成为国际主流趋势。目前，英国、德国、日本以及韩国等国皆采取单独立法模式来保护外观设计，仅有我国、美国等少数国家或地区采取专利合并立法模式对外观设计给予保护。我国采取将发明、实用新型、外观设计合并于一部法律中的立法体例与国际主流趋势并不相符。

其次，我国加入《工业品外观设计国际注册海牙协定》(以下简称《海牙协定》)的重要节点日益临近，而世界知识产权组织(WIPO)的商标、工业品外观设计和地理标志法律常设委员会(SCT)也正试图积极推动《外观设计法条约》的磋商与订立事宜，以消除各国在工业品外观设计注册程序上不一致的问题，并朝着简化、统一化的方向迈进，以期在未来能形成一套更有效率的外观设计国际注册程序供申请人使用。随着国内创新企业"走出去"的脚步声渐强，为满足创新主体对外观设计国内外保护日益高涨的需求，成为《海牙协定》和《外观设计法条约》的缔约国，必将作为推动我国外观设计进一步发展，推动我国成为世界设计强国的阶段性目标。为符合各项国际条约的要求，我国外观设计制度必然需要做出不少适应性修改，而目前处于专利法体系下的外观设计制度届时能否及时做出回应仍有待进一步观察。

---

[1] 中国政府网:《国务院关于印发"十三五"国家战略性新兴产业发展规划的通知》，http://www.gov.cn/zhengce/content/2016-12/19/content_5150090.htm，访问日期:2021年7月11日。

[2] 中国政府网:《中华人民共和国国民经济和社会发展第十四个五年规划和2035年远景目标纲要》，http://www.gov.cn/xinwen/2021-03/13/content_5592681.htm，访问日期:2021年7月11日。

[3] 中国工信部官网:《十三部门关于印发制造业设计能力提升专项行动计划(2019—2022年)的通知》，https://www.miit.gov.cn/jgsj/zfs/gzdt/art/2020/art_8632ebcbc4584494bba286839beef781.html，访问日期:2021年7月11日。

[4] 中国政府网:《中共中央 国务院印发〈知识产权强国建设纲要(2021—2035年)〉》，http://www.gov.cn/zhengce/2021-09/22/content_5638714.htm，访问日期:2021年9月23日。

2. 工业设计及高新技术的新发展

设计与科技是影响当前时代发展较为重要的两个因素,任何创新基本上都会沿着设计创新与科技创新两条线路发展。十多年来,在国家方针政策的充分引导之下,我国的工业设计以及技术创新正朝着世界一流水平稳步迈进。

第一,工业设计能力水平的稳步提升。21世纪是知识经济时代,随着全球经济一体化进程的不断推进,中国工业设计产业迎来了高速发展的新机遇,也面临着更加严峻的竞争挑战。特别是中国成功加入世界贸易组织后,大量具有优良性能和设计的外国商品涌入我国市场,给本土企业带来了前所未有的挑战。社会对于工业设计的要求更加广泛、更加迫切,越来越多的企业将工业设计纳入中长期发展战略,并设立企业设计中心。众多的世界知名设计公司也纷纷在中国成立设计机构,中国的工业设计行业呈现出百花齐放、百家争鸣的新局面。工业设计在我国国民经济发展大局中的战略地位日趋凸显,工业设计助推我国制造业由"中国制造"向"中国创造"转变的关键作用逐渐被认识,政府持续加强对工业设计产业的扶持力度。

随着现代工业的迅猛发展,当前面临的制造业转型升级以及技术趋同化等难题均指向了一条解决路径——大力发展工业设计。我国工业设计正从模仿创新走向自主创新,逐渐走向成熟阶段,工业设计呈蓬勃发展之势,产业规模不断扩大,据工业和信息化部数据统计,2013年我国工业设计行业市场规模已达470亿元,并呈现出逐年高速增长态势,截至2017年,我国工业设计行业市场规模增长至接近1200亿元。预测2023年我国工业设计行业市场规模将突破5000亿元。[1] 我国工业设计创新氛围也逐渐从政府引导变成企业自觉,总体实力不断提升,涌现出大批高质量高水平的工业设计企业。总体看来,中国特色设计发展模式得到了快速建立,这些积累为打造经济发展新动能贡献了积极力量。

第二,设计与科技结合的创新驱动力。在第四次工业革命的浪潮下,国内催生出人工智能、云计算以及大数据等智能制造技术及信息技术带动的新兴产业,互联网、软件等传统产业也进入快速发展阶段。"设计+科技"成为这个时代下全新的创新驱动,两者的融合催化了新时代工业设计的诞生,高新技术的发展对于产品的创新改进是革命性的,不仅带来了全新的产品设计方法与模式,而且使得产品生产及设计的表现形式趋于多样化,新兴产品与新兴外观设计要素随之层出不穷,不断刷新人们对于传统设计内涵与外延的认知,而设计与科技融合的典型范例之一便是人机交互设计的出现。

高新技术的出现为工业设计带来发展机遇的同时,工业设计也正发挥其独特价值,成为沟通技术与市场之间的桥梁。现如今,随着公众审美素质以及美感要求的提高,高新技术产品若要在国内与国际市场中站稳脚跟,竞争更多的市场份额,其外观设计所带来的用户体验也成为刺激消费者购买的主要动因之一,成

[1] 观研报告网:《2019年我国工业设计行业市场规模及前景预测》,https://free.chinabaogao.com/gonggongfuwu/201906/0A4251552019.html,访问日期:2021年7月12日。

为企业推广品牌、建立形象的“名片”。外观设计在给企业产品带来附加值的同时，也证明了自身的价值，推动了外观设计产业自身的发展。目前，以华为、大疆等为代表的高新技术企业不论在技术还是在外观设计方面都已跻身世界前列，以屏幕设计为主要设计要点的产品，如电视机、笔记本、手机、智能手表等国内产品屡获国家知识产权局和世界知识产权组织共同组织评选的中国专利奖外观设计金奖，此外，中国专利奖外观设计金奖获奖产品当中也不乏如汽车、治疗设备、电子设备、智能家居等科学技术含量较高的产品。这些都体现出设计与高新技术两者的发展之间存在着一种相辅相成、相得益彰的关系，而我国不论在以设计支撑高新技术产品，还是以高新技术推动设计方面均具有一定的优势。

第三，物联网时代下的生态品牌构建。第四次工业革命使得各项技术能够融合于一体，这在一定程度上消除了物理世界、数字世界和生物世界之间的间隔与界限，尤其是在第四次工业革命下诞生的物联网技术能够将任何物品与互联网进行连接，并进行通讯及信息交换，从而实现智能化识别、定位、追踪、监控以及管理功能，这对于企业在品牌打造的认知以及方向上产生了深刻的影响。品牌概念经历了从工业时代的产品品牌，到互联网时代的平台品牌，再到当前物联网时代生态品牌的升级蜕变，与前两者不同的是，生态品牌主要依靠用户体验产生的体验经济提升价值。[1] 换言之，如今企业的经营思维模式已不再拘泥于单个产品的质量提升，而开始注重场景的构筑，即将传统产业的产品连接在一起以更好地服务消费者的智慧生活需求，从而创造出新的价值。我国当前智能家居的发展速度较快，像海尔集团、小米公司旗下的生态品牌，聚焦用户生活场景，在全屋网器互联互通的基础上，围绕家庭中的衣、食、住、娱，为用户定制无缝体验、无界生态、无感支付的美好生活。凯度集团大中华区首席执行官暨 BrandZ 全球主席王幸曾指出，生态品牌的目标是要创造终身用户，在不断满足用户体验的价值基础上，实现参与生态方的增值分享，进而吸引更多的生态方，创造更多用户体验迭代，实现价值的无限循环。[2] 诚然，生态品牌以及所谓的体验经济等在国内方兴未艾，这种注重用户体验的交互设计理念无疑为广大企业的后续设计方向提供了全新的视角与维度。

3. 社会实践主体的新需求

在当前国家政策积极推动、设计与科技各自发展却又交相呼应的大背景之下，为了使法律法规能够切实解决人民实际问题，对活跃于制度实践第一线的创新主体、司法机关及行政部门在实践过程中遇到的现实问题及需求进行深入的了解与研究，并给予积极的回应正是贯彻前述科学立法、民主立法的应有之举。

第一，创新主体的针对性保护需求。为了能够更好地提升消费者的产品体验感，增强企业市场竞争力，许多设计企业正在跟随时代发展脚步、更新设计理

---

〔1〕 张瑞敏：《于第四次工业革命中再生的新范式——生态品牌》，《中国工业和信息化》2021 年第 10 期，第 58 页。

〔2〕 王震：《生态品牌认证体系发布，可从三大视角和五个核心维度进行评估》，http://finance.people.com.cn/n1/2021/0923/c1004-32234609.html，访问日期：2021 年 7 月 12 日。

念,在"设计+科技"创新驱动模式下自觉进行设计上的自主创新与突破,随之而来的是,产品及其设计表现形式的变化会对原有的外观设计申请、审查、授权以及维权规则提出很多新的问题。例如,在保护范围方面,仍有一些外观设计客体(如装饰装潢设计、虚拟产品设计以及动态效果设计等)无法在当前外观设计制度下得到保护;在申请和审查方面,传统的二维视图无法清楚、直观、形象地展现产品外观设计的创新性特点,且产品迭代设计无法得到有效保护,单一的初步审查制度又无法满足不同类型产品的不同审查需求;在维权救济方面,由于外观设计具有易遭受侵权、侵权搜证固证难等特点,权利人在维权阶段往往无法得到预期的侵权救济。对此,能够建立更加契合外观设计特性的法律制度,为权利人提供更为友好的实体与程序规则对于创新主体的发展而言至关重要。

第二,司法机关的规则细化需求。司法保护作为知识产权全链条保护中的重要一环,司法机关在进行案件审理以及判决时不仅需要考虑如何有效保证当事人利益上的平衡,也要考虑该案的审理结果对后续判决甚至社会整体创新氛围与环境的影响。为了维护司法公正性、提升司法公信力,司法机关希望在制度层面能够制定出更为明确、统一的法律规则。例如,指导其区分设计特征的功能性与装饰性,指引其掌握现有设计的范围等,减少法官自由判断与裁量的空间,增强规则的可操作性,进而提升判决结果的可预见性以及确定性,提升知识产权案件审理质效,推动行政执法与司法保护标准的统一,构建良好的知识产权司法保护环境。

第三,行政部门的提质增效需求。为了贯彻落实习近平总书记关于提高知识产权审查质量和审查效率的重要指示以及国务院深化"放管服"的改革部署,积极响应"推动知识产权高质量发展"的工作要求与目标,全面配合开展"提质增效"攻坚任务,提高审查质量和效率已成为知识产权事业发展的主旋律。[1] 行政审批作为权利保护的源头,以及制度得到有效运行、成果得到有效利用与开发的重要基础,审查模式的选用于其中无疑占据重要的核心地位。而我国目前的初步审查制对于提高当前外观设计质量有局限性,也难以满足创新主体对于不同类型产品在审查周期、保护方式等方面的差异化需求。此外,现有审查制度在引入人工智能、大数据等高新技术以提升审查工作智能化水平方面存在提升的空间,需要为社会公众提供优质的服务。在国际合作方面,随着知识产权保护国际化发展进程的稳步推进,各主要知识产权局之间在审查业务方面也将开展更为广泛的交流与合作,而初步审查制度设置在笔者看来显然无法使我国在外观设计的国际规则制定当中获得更多话语权。

(二)研究目的

习近平总书记在中国共产党第十九次全国代表大会上作报告时指出,我国当前的社会主要矛盾已转变为人民日益增长的美好生活需要和不平衡不充分发

〔1〕 国家知识产权局:《申长雨接受科技日报专访:全面加强知识产权保护 加快建设知识产权强国》,https://www.cnipa.gov.cn/art/2021/1/7/art_53_156084.html,访问日期:2021年7月11日。

展之间的矛盾。[1] 在上述国家政策与产业技术发展的综合推进之下，设计水平同人民生活水平、科技水平呈现出一种相互促进、相得益彰的关系，而创新主体对于产品外观设计的保护需求也更加迫切。首先，本论文将充分阐述说明外观设计制度此前未曾体现出的特殊价值。其次，实践主体的需求直接折射出现行制度实际上存在着某些问题。制度上的问题既有可能是立法技术层面的，也有可能是立法模式层面的，那么外观设计制度存在的问题是否与立法模式的关系更为密切也是本论文需要明晰的关键点之一。最后，目前在世界范围内主要存在着 3 种外观设计立法模式，有如我国与美国采取的专利合并立法模式，也有如法国采取的整合式知识产权法典立法模式，还有如日韩等国采取的单独立法模式，经过对域外不同立法模式的比较研究，明确外观设计单独立法相对于其他立法模式是否具有更为突出的优势也是本论文希望达到的目的。

一、我国外观设计法律制度的发展历史

（一）1949 年中华人民共和国成立前外观设计制度的萌芽

1. 晚清时期——专利思想的萌芽

19 世纪 40 年代，随着西方列强以坚船利炮打开了中国的大门。中国原先自给自足的自然经济基础受到了严重的冲击与摧残，逐渐沦为半殖民地半封建社会。但这也促使林则徐、魏源等仁人志士睁眼看世界，意识到只有学习西方的先进科学技术，才能挽救处于危难之中的中国。洪仁玕是太平天国后期的领导者之一，他被认为是中国近代最早的专利思想提出者。其早年滞留香港期间，受到世界各国先进科学知识与资本主义思想的熏陶，于 1859 年提出的中国第一个近代化方案《资政新篇》。《资政新篇》中包含了力图效仿西方，建立专利制度的思想。他认为，鼓励机械的发明创造应以"益民"为原则，应当将专利分为"大专利"（即"发明创造"）与"小专利"（即"实用新型"），并在保护期限和奖赏方面做了不同规定。这代表中国的专利思想处于萌芽状态。[2]

19 世纪 60 年代，由于受到两次鸦片战争与太平天国运动的影响，洋务派提出"师夷长技以自强"的观点，认为应当"采西学，制洋器"，兴办近代工业。在甲午战争以前，以洋务派主导的近代工业发展多以制船、制炮、修械等军事工业与工矿交通运输业为主。然而，虽然一些专利在此期间得到了零星批准，但中国近现代第一部专利相关法规——《振兴工艺给奖章程》，直到 19 世纪末的"百日维新"时期，在维新派"发展民族工商业，实行专利保护，反对仿制"的积极建议下，在光绪帝决定"除旧布新"后才得以颁布。《振兴工艺给奖章程》摒弃了洋务派一

---

[1] 中国政府网：《习近平：决胜全面建成小康社会　夺取新时代中国特色社会主义伟大胜利——在中国共产党第十九次全国代表大会上的报告》，http://www.gov.cn/zhuanti/2017-10/27/content_5234876.htm，访问日期：2021 年 7 月 11 日。

[2] 孙羽、宋子良：《从洪仁玕到〈振兴工艺给奖章程〉——中国曲折发展的专利制度》，《自然辩证法通讯》1998 年第 2 期，第 25 页。

味仿制外国先进器械的思想,打破了洋务派的垄断经营权。[1] 虽然该法规最后因戊戌变法的失败而夭折,但无疑是中国专利发展史上的一个转折点,是发明创造受到法律保护的开端,是萌芽中的专利制度向近代专利制度过渡的桥梁。

可见,晚清时期的专利虽有衍生出“独占权”这层新含义的迹象,但仍然是以政府给予某企业在一定年限和区域的特许权为主,[2]且没有形成一套西方专利制度完整的申请、审查、授权、保护的制度体系,因此与西方专利制度的含义差别较大。另外,此时我国的专利制度注意力并未延及外观设计,主要原因在于晚清时期的闭关锁国政策以及政治腐朽使我国错过了两次工业革命带来的发展机遇,彼时的中国无法吸收先进的制度文化与科学技术,阻碍了生产力的发展和社会进步。此外,自清王朝的大门被敲开以后,为了抵御西方列强的肆意侵略,在“师夷长技以制夷”的思想主导下,官办工业的生产制造重点更多还在于船、械、枪、炮等兵工业上,而对于用以守卫国土、抵御外辱的坚船利炮而言,外观显得没有那么重要。

因此,虽然从封建社会沿袭下来的“重农抑商”思想在晚清逐渐开始转化为“惠商劝工”,生产力低下以及外患的侵扰使生产制造一直聚焦于生产规模以及实用性上。诚然,在制造的过程中,将不同物质进行穿插组合的结构性安排,以及出于加强功能性的考虑而对制品外在进行打磨、雕琢等活动总能在不经意间使制品产生一定的视觉美感,但外观上是否具有美感和吸引力始终不是当时生产制造的侧重点,“实用至上”的主导观念使得对制品的外观设计进行保护无从谈起。

2. 辛亥革命时期——“新式样”的出现

自辛亥革命后,政府颁布了一些有利于经济发展的政策与法令,而这些政策与法令也基本得到了北洋政府的沿用,再加上第一次世界大战对国际局势的推动,中国在1912年至1926年期间迎来了经济发展的一个黄金时期,专利制度探索也随之逐步得到建立。1912年,当时的工商部颁布了《奖励工艺品暂行章程》,为新产品授予5年专利权。11年后,农商部于1923年颁布《暂行工艺品奖励章程》,将奖励对象扩大至新产品与新方法,并授予3年与5年的专利权。

1927年,政府开始实行有利于民族经济发展的内外政策。在民族资本主义经济得到快速发展、法治建设取得突破的背景之下,专利制度也取得了进一步的发展。1928年由农工商部颁布的《奖励工艺品暂行条例》进一步延长了新产品与新制造方法的保护期限。1932年公布的《奖励工业技术暂行条例》规定的更加详细,在规定了奖励对象与保护期限的基础上,进一步规定了审查机构与相关程序等内容。[3] 值得强调的是,实业部于1931年草拟此条例时,出于促进国内生产的发展并减少外国舶来品输入的考虑,曾提出加入“新型”及“新式样”(我国法律

---

〔1〕 徐海燕:《中国近代专利制度萌芽的过程》,《科学学研究》2010年第9期,第1297页。

〔2〕 杨华山:《中国早期现代化建设的二难困境——晚清专利与官利制度述评》,《安徽史学》2002年第2期,第41页。

〔3〕 文希凯、陈仲华:《专利法》,中国科学技术出版社1993年11月版,第26页。

中最早的外观设计概念雏形)专有权,并于当时另外拟订的《奖励工业新品暂行条例》中规定:"对工业上物品之形状、模样、色彩、构造或组合,首先别出心裁,改进为实用的、美观的新颖形式者,得依本条例呈请奖励。"[1]但由于当时对有关奖励工业的条例与办法提倡以"务实简单,整齐划一"为原则,坚持以技术发明为主要保护对象,因此二者未能被纳入其中。7年后,经济部认为应当从多方面对发明创造进行推进,因此在1939年条例的修订中首次将保护范围扩展至"新型"与"新式样"专利。[2] 概言之,我国采用发明、实用新型以及外观设计"三合一"的立法模式雏形便是形成于这一时期,该模式对我国现有制度的构建在一定程度上产生了影响。

1940年11月,政府设立了专门的专利管理机构,并成立专利法筹议委员会专门负责专利法的起草工作。该专利法经历了近4年的起草与审议,最终于1944年5月得到颁布,成为我国历史上第一部较为完整且正式的专利法律。该专利法基本沿用了先前的"三合一"立法模式,在第2章与第3章参照了有关"发明"章节的内容规定了"新型"以及"新式样"的特殊规则。[3]

综上可知,随着商品经济的不断发展,人们的审美观念也随之提高,对商品外观进行美化成为刺激消费的途径之一,尤以纺织、花边等工业为甚。因此,为了推动发明创造的产出以进一步促进经济发展,立法者开始用专利制度对"新式样"予以保护。自1939年"新式样"被纳入保护范畴至1944年第一部较为完整的专利法诞生期间,总共批准的3种专利数量在350件左右,平均算下来每年批准70件左右。从批准数量上来看,较先前虽有进步,但囿于当时的社会、政治以及经济、科技等发展条件,仍处于低水平阶段,专利制度在此背景下并未发挥其应有之功效,在促进工业上发挥的作用也不足为道。此外,专利制度主要以"发明"为核心,整体导向属于"重发明而轻外观设计",因此在专利制度本身并未受到高度重视的情况下,分摊到"外观设计"的关注度自然是少之又少。

(二)1984年《专利法》颁布与外观设计制度的建立

1.《专利法》的诞生背景概况

(1)国际层面

首先,自我国实行改革开放政策以来,我国便开始与世界各国进行经济贸易往来与技术交流。然而,不论是企业之间签订的贸易与技术合作合同,还是国家之间签订的贸易与技术合作协定,必然涉及与高新技术相关的专利保护问题。中美双方于1979年签订的《中华人民共和国和美利坚合众国贸易关系协定》中规定:"缔约双方同意应设法保证,根据各自的法律并适当考虑国际做法,给予对方的法人或自然人的专利和商标保护,应与对方给予自己的此类保护相适应。"

---

[1] 吴涧东:《三十年来中国发明专利》,中国工程师学会编:《三十年来之中国工程》(下),京华印书馆1948年1月版,第19页。

[2] 应振芳:《外观设计研究》,知识产权出版社2008年8月版,第53页。

[3] 张鹏:《外观设计单独立法论》,《知识产权》2018年第6期,第46页。

由此不难看出,美国意在以中国急需对外交往为契机,通过此条款将自身的知识产权高保护标准强加于中国。在这一情形下,为符合美国的高保护要求,加快探索专利制度并构建《专利法》成为解决此问题的必经之路。

其次,在《专利法》起草工作正式开展前夕,我国政府于1978年10月派代表参与了由世界知识产权组织召开的《国际技术转让行动守则》大会。在会议期间,世界知识产权组织前总干事鲍格胥与国家科委成果局前副局长关文魁就专利制度建设与参加国际组织等事宜进行会谈,鲍格胥于会谈后向关文魁副局长寄送了《会谈记录稿》,就加入《保护工业产权巴黎公约》(以下简称《巴黎公约》)相关问题做了全面且详尽的说明。[1] 因此,为推进国际交流与合作,尽快加入《巴黎公约》的目标也为《专利法》的颁布起到一定的推动作用。

(2)国内层面

首先,对于科研机构而言,在计划经济时代下,科研经费由国家拨款,科研成果也均归国家所有,且任何单位均可无偿使用。这在一定程度上不仅未给予创新人才及其成果足够的重视与尊重。而且在付出的劳动与回报不成比例的情形下,彼时的国内科研机构在科研创新中的积极性普遍不高,造成了新技术的产业化水平较低,科研与生产相脱节的现象。

其次,对于企业而言,随着市场经济的不断发展,市场竞争愈加激烈,企业需要依靠自己所掌握的高新技术研发生产新兴产品,并借此占据市场优势地位。然而,在缺少专门制度保驾护航的情况下,为了保证自身的技术优势与产品竞争力,防止市场竞争对手的仿制与盗用行为,企业只能通过采取封锁保密的方式进行自我保护。这一现象不仅普遍存在,而且在当时还有着愈演愈烈的趋势,任凭其继续发展下去必然会阻碍我国的技术进步与经济发展。

如此一来,一方面,国内科研机构与企业希望能够建立一套满足自身利益需求的专利制度;另一方面,国家又需要激发社会主体的创新活力以推动社会经济的发展。由此可见,借改革开放之势,在"尊重知识,尊重人才"的主导思想下,制定和实行能够满足上述需求的专利制度便是当时经济体制改革以及科技体制改革过程中的重中之重。

2.《专利法》起草过程中的外观设计去留争议

(1)第一稿至第十一稿:外观设计专利保护的初探历程

1979年3月19日,在国家建立专利制度的指示与号召下,国家科学技术委员会(以下简称国家科委)决定组成专门小组负责专利法的起草工作,且于3个月的时间内便拟出了第一稿草案。但由于我国先前专利制度的实施经验较为匮乏,对外观设计的了解较少,再加上国外所称"专利"一般单指发明专利,因此第一稿草案中的保护对象便仅限于发明专利,且拟以"中华人民共和国发明专利法"称之,对外观设计的保护打算在法律实施一段时间并取得一定经验后再行考

[1] 赵元果、汪玮玮:《中国加入〈保护工业产权巴黎公约〉回眸》,《中国知识产权报》2010年3月19日第3版。

虑。然而,在1个多月后草拟出的第三稿中,出于提高国内企业创新能力、丰富人民生活及加强出口竞争力的考量,决定将保护对象扩展至外观设计并独立成章予以规定。第三稿在内容上不仅增加了外观设计的定义、可专利性条件与权利期限,还增加了相应的惩罚性规定。此外,该草案也将法律名称正式修改为"中华人民共和国专利法"。

1979年7月,专利法起草小组在修改出第四稿后,除了向150多个部门与单位征求意见外,还走访了当时的农业部、化工部、医药局以及工商局等13个单位。在收到的意见中就有部分意见表示新式样专利与商标关系更为密切,应当由商标局受理或者进行单独立法,放在专利法中并不妥当。

第五稿作为征求意见稿被再次发送给了150多个部门与单位征求书面意见。除此之外,起草小组成员还分别向一些部委以及一些省市的科委、基层单位当面询问意见。将前述意见向国家科委领导汇报之后,根据领导小组的意见于1979年12月修改出了第六稿。为了报送国务院审查,起草小组同时还草拟了第六稿相关的草案说明。在草案说明中,起草小组仍决定保留外观设计,理由与第三稿相同,主要还是考虑到促进我国商品式样的改进,丰富人民生活以及加强出口竞争力等益处。

此后至1981年,由于对专利法草案的内容基本上已达成较为一致的意见,第十一稿草案便上报至国务院进行审查。在报送的《送审中华人民共和国专利法(草案)的报告》中明确指出专利保护的对象包括外观设计。由于第十一稿作为送审稿,所以此次对外观设计纳入专利保护相较于先前更为正式,属于在整个起草过程中达成的较为统一的阶段性共识。

(2)第二十稿至第二十五稿:外观设计专利保护的决定历程

虽然外观设计的纳入专利保护于第十一稿送审稿中得到了阶段性确定,但有关外观设计的去留争议实际上并未就此平息,只是此争议并非后续第十二稿至十九稿的关注重点,未引起热议。但自二十稿开始,全国人民代表大会常务委员会(以下简称全国人大常委会)为了对专利法草案进行审议做好准备,法制工作委员会曾于修改第二十稿之前就"是否保护外观设计专利"等问题召集相关领域的专家进行了专题研讨。

第二十稿提至国务院常务会议进行讨论后,根据会议得出的结论,在国务院经济法规中心的指导下,专利局于1983年9月草拟出了第二十一稿并报送至全国人大常委会。在全国人大常委会进行审议前,全国人民代表大会法律委员会曾于1983年10月对第二十一稿进行研究时就提出意见,认为在当前我国科技发展较为落后、缺乏制度实施经验的情况下,若同时对3种专利进行保护,不仅会增加专利局的审查负担,而且容易产生发明专利较少,而实用新型以及外观设计专利较多的混乱现象。同时,由于外观设计种类繁多、更替较快,以专利制度对其进行保护不具有太大的价值,因此法律委员会并不倾向于将外观设计纳入专利制度的保护范畴当中。然而,针对法律委员会的意见,专利局于《对几个主要意见的解释》中进行了回应,表示外观设计关乎产品的外在造型而不是内在结构,不能与发明、实用新型进行合并保护,但由于目前对外观设计进行保护已属于国际通行做法,不对其进行保护将不利于促进设计企业的创新积极性,会阻碍工业以及外观设计的发展。此外,外观设计申请专利后需要缴纳年费,而创新主体在进行综合考量后一般不会全数申请专利,因此也很难出现所谓申请数量冗多的现象。基于前述理由,专利局认为对外观设计给予保护仍为上策。

在1983年11月至12月的第六届全国人大常委会第三次会议期间,在对《专利法》进行审议的分组会议上,有部分委员认为,外观设计并没有突出的经济效益且更新换代速度较快,在缺少专利制度实施经验的情况下,此时对外观设计给予保护或许有些不合时宜。会议结束后,法制工作委员会与专利局又于1984年1月召开了部门与专家座谈会,在座谈会上征求到的意见中,最高人民法院、中国国际贸易促进委员会以及全国人民代表大会法律委员会的部分同志也提出了类似的意见,认为在缺乏制度实施经验、易造成大量国外申请的情况下,外观设计还是应当进行单独立法,而轻工业部与工商行政管理局则对外观设计纳入《专利法》持赞成意见,认为保护外观设计有利于调动设计人员积极性,即便此时只保护发明专利,但在《专利法》颁布后也势必会产生大量保护外观设计的要求,考虑到后续另行立法的成本因素,还是当下借此机会对外观设计进行保护较为合适。

根据上述意见,在法制工作委员会及专利局的共同努力之下修改出了第二十二稿,外观设计也仍然在草案规定的保护范围之内,且由原来的分章规定变为合并规定。在此次修改的过程当中,由于对保护几种专利仍然存在不同意见,专利局原局长黄坤益特别撰写了《关于搞几种专利的请示》,倾向于对外观设计进行保护,但保护可以延后实施。黄坤益局长之所以做此决定,主要还是为我国将来加入《巴黎公约》考虑。外观设计作为公约明文规定的保护对象之一,既然我国将来会成为该公约的成员国,则势必须遵其规定,而且考虑到《专利法》一经颁布后便要立即着手展开加入《巴黎公约》的准备工作,于此时纳入外观设计确有必要。除此之外,经过对不同单位进行调研后,许多单位,尤其是轻工业、手工业、纺织业以及外贸等单位对于外观设计保护的需求较为强烈,需要及时对他人仿冒外观设计的行为进行制止,同时也需要做好国内外法律制度的衔接工作,因此倾向于认为对外观设计应予保护。

在第六届全国人大常委会第四次会议上,全国人民代表大会法律委员会原副主任委员张友渔同志在代表法律委员会对专利法草案的审议结果进行报告时指出,对于保护几种专利的问题,可维持原来草案所做的决定,不再做修改。在会议期间,对于仍然存在的不同意见,全国人大常委会原副委员长彭冲以及王任重同志于1984年3月9日再次召集了各委员与专家,专门召开了一次座谈会就此问题进行充分讨论。值得一提的是,持反对意见与赞成意见的理由与先前基本无异。

可见,在多数争议均已基本达成一致意见的情况下,外观设计是否纳入的问题直至《专利法》正式通过的前一刻仍未达成共识。但就在局面仍不明朗之时,邓小平同志对于《专利法》的颁布给予了高度重视,其与彭真委员长都希望《专利法》尽早通过。这对于《专利法》最后得以正式通过起到了关键性的推动作用。

为满足举国上下的殷切希望，外观设计的去留争议只得暂时予以搁置。最终，在对第二十四稿做了些许文字修改后，第二十五稿作为全国人大常委会的审议通过稿，于1984年3月12日第六届全国人大常委会第四次会议上正式通过，成为中华人民共和国成立以来第一部《专利法》，就此打开了我国专利制度发展的历史新篇章。

3. 外观设计纳入《专利法》的历史成因分析

经过上述梳理后不难发现，自晚清时期专利思想萌芽至改革开放后《专利法》颁布，这期间外观设计相较于发明而言并未获得与之等同的重视。此外，在外观设计是否纳入《专利法》仍存在较大争议的情况下，外观设计制度便成了"三合一"立法模式的一部分一同付诸实施。因此，可以合理地认为，将外观设计纳入《专利法》属于特定时代背景下的立法选择，受到特定时代因素的影响，具有一定的历史偶然性，其历史成因可总结为以下几个方面：

(1)立法模式的不确定性

时间是立法模式、体系结构及规则内容是否合理最好的试金石，一部法律究竟采用何种立法模式最为适宜，应当如何进行修改等问题都需要经过多年的法律实践予以检验，而这背后则需要相对稳定的社会状态为其提供一个健康、可持续性发展的土壤与环境。然而，纵观我国近代历史发展，在不到百年的时间里就历经了数次革命，社会整体动荡不安，在内忧与外患的不断侵扰之下，彼时政府的注意力明显集中于政治秩序与政权稳定，而远不在所有权和私人利益上，[1]这就决定了处于萌芽与发展初期的专利制度对于社会经济的促进作用非常有限。从孕育制度的土壤与环境的角度来看，一种新型法律秩序的形成势必要求一国的立法、司法和执法具有相对稳定的机制。[2] 倘若社会长期处于不稳定的状态之下，即使政府想要在制度建设上有所作为，企图建立一套符合自身与社会利益的法律制度，该制度也会因为政权与社会的不稳定性而早早"夭折"，甚至还未得到实施就付诸东流。社会的不稳定状态无疑是一项制度得到持续性发展与完善道路上的绊脚石。

诚然，缺乏制度实施经验可以成为拒绝将外观设计纳入《专利法》的理由之一，但值得注意的是，缺乏实施经验是专利制度整体实施层面上的缺乏，在断断续续的实施过程中，政府无法通过持续性的制度实施对专利制度进行足够深入的了解。在此期间，虽然政府也曾做过"单一保护"以及"三合一保护"的立法尝试，且主要以"单一保护"为主，但政权与社会的状态使得专利制度自始至终未能确定一个较为固定的立法模式。

可见，在1979年《专利法》起草之前，虽然我国在近代陆续颁布了许多与专利相关的法规，开展了不少值得肯定的立法探索，然而没有积累足够丰富的实践

---

〔1〕 安守廉、梁治平：《知识产权还是思想控制——对中国古代法的文化透视》，《中国发明与专利》2010年第7期，第58页。

〔2〕 刘华：《知识产权制度的理性与绩效分析》，中国社会科学出版社2004年6月版，第23页。

经验对这些法规予以检验,这是制度实施中的遗憾。专利制度应当保护什么?外观设计究竟应适用何种立法模式更为适宜?这些问题在未以实践效果作为参考并进行充分论证的情况下,实际上一直处于一种悬而未决的状态,这种状态为后续立法模式的选择提供了各种各样的可能性。依据我国当时的国情选用“三合一”立法模式对外观设计给予保护自然也是合情合理的立法策略。

(2)制度认识的局限性

中华人民共和国成立以后30年左右的时间内,我国专利制度的发展处于空白期,据时任专利法起草小组成员之一的赵元果老师回忆,其与我国著名知识产权法学家郭寿康老师虽于当时一同作为起草小组成员,但在此之前却鲜少甚至没有接触过所谓的专利制度,[1]起草小组对于专利制度的整体认知可见一斑。

除了发明专利制度以外,政府及公众对于外观设计的了解更是少之又少。在我国专利制度的近代立法史当中,以新产品及新方法为主的发明一直是立法者最为关注的重点,直到1939年修改的《奖励工业技术暂行条例》以及1944年《中华民国专利法》当中才出现了有关新式样的内容,外观设计的地位相对次要,甚至无足轻重,且该法最终也并未在中国大陆地区得到实施。从一项法律制度的成长阶段来看,外观设计制度只能说还处于立法的初步尝试与观察阶段。

到改革开放时期,在《专利法》正式起草前的制度筹建过程中,在对制度整体认识较为缺乏的情况下,我国便只能从头开始对制度建设进行调查研究。从1978年9月起,除了制度建设的可行性与必要性之外,研究工作还涉及对国内外专利制度的发展与现状进行的资料收集与调查研究。实际上,专利制度对于我国而言本就属于舶来品,由于立法的时间限制,外加本身对于专利制度与外观设计制度了解尚浅,因此在制度构建上存在相当程度的模式借鉴与路径依赖。当美国对我国的专利保护提出要求时,其采取的“三合一”立法模式对我国《专利法》的构建必然起到了一定指引与参照作用。可以说,我国在模式选择上具有一定的外来性,并非完全内生地、主动地选择了专利模式。[2] 此外,自1939年《奖励工业技术暂行条例》修改至1944年相关专利法律颁布期间,“新式样”便一直作为法律保护的客体之一,而此后我国并未再有模式选择上的理性论证以及突破性尝试,后世的立法者不免会遵从历史惯性,将最后一次的立法尝试纳入当时立法模式的选择考量当中。

(3)外观设计保护的立法需求性

外观设计保护的立法需求是外观设计纳入《专利法》的关键原因,由于当时国家以推出一部《专利法》为当务之急,框架与内容基本以满足国际与国内层面的需求为导向,对于外观设计是否应当纳入《专利法》的问题,讨论重点主要在于“保护的必要性”上,讨论方向也一直都是“外观设计是否需要保护”,而不是“外观设计是否需要由专利制度保护”。换言之,只要保护外观设计符合当时的国内

---

[1] 李树泉、谢文雄、文世芳等:《改革开放时期中国专利法的创制——赵元果访谈录》,《百年潮》2015年第10期,第6页。

[2] 朱楠:《工业品外观设计美国保护模式之演进和批判》,《科技与法律》2016第5期,第960页。

外需求，将其纳入《专利法》中就是合理的立法选择。这是持赞成意见者的主要逻辑，且针对反对意见的回应基本上也均以此为由。

第一，国际因素——符合《巴黎公约》的保护要求。在我国决定筹建专利制度以前，世界知识产权组织总干事鲍格胥便一直积极邀请我国参与相关国际组织与活动，督促我国应当尽早建立专利制度。《专利法》终究属于国内法，要想发挥更大的作用就必须参加与之相关的国际组织，即国际保护工业产权联盟，亦称巴黎联盟。要加入巴黎联盟，就必须要批准《巴黎公约》。因此，自我国于 1979 年成立专利法起草小组以来，建立专利制度的指导思想便非常明确，即实行专利制度必须加入《巴黎公约》，才能更好地适应改革开放的需要，想要真正融入国际专利的大家庭，专利制度不仅要符合国情，同时也要与国际上共同遵循的原则接轨。

应鲍格胥的邀请，我国还于 1980 年 2 月派代表参加了有关《巴黎公约》的外交会议，深入了解有关加入该公约的相关事宜。自此以后，《巴黎公约》的原则便一直为我国《专利法》的起草起指引性作用。《巴黎公约》第 5 条规定："外观设计在本联盟所有国家均应受到保护。"对此，虽然外观设计是与作品更为接近的知识产权客体种类，但我国当时还并未制定著作权法，在立法过程中也有部分意见认为应当纳入商标法的范畴，为不影响后续开展加入国际组织的工作，我国在综合权衡之下将外观设计纳入了专利法当中。纵然在起草过程中存在不少关于外观设计去留的争议，但除了草案前两稿以外，专利法起草小组以及专利局还是毅然决然地将其保留。可以说，在国际层面上，《巴黎公约》对外观设计的最终纳入具有重要的推动作用。

第二，国内因素——各行业的迫切需求。在前述立法过程的介绍中曾提到，为了证明不对外观设计给予保护将会产生大量问题，调研组曾走访了上海市轻工业局、日用化学公司以及手工业局等 19 个单位开展调研。调研结果显示，某些单位产品的新造型与花样一旦面世，其他单位为了尽快占领市场，会在发现新的设计后第一时间进行仿造，这不仅会使得原制造单位失去市场竞争优势，也有可能因为低质量的仿造对原单位商誉及消费者利益造成极大的负面影响。

要创造出一件优秀的产品外观设计通常需要企业花费大量的时间与心思，倘若新的外观设计一经公开便被他人不劳而获，长期下来将会对市场竞争秩序、创新环境以及产业发展造成沉重的打击。因此，为了维护市场主体的利益以确保市场经济的健康发展，解决产品外观设计保护无法可依的尴尬现象，对外观设计进行立法保护已是亟须解决的重要问题。

由此观之，"保护的必要性"一直是彼时外观设计纳入《专利法》最强而有力的理由。实际上，立法者也知晓外观设计与发明、实用新型并非一类客体，合并保护可能会产生一些后续的问题，但保护外观设计的必要性促使专利局仍然决定在《专利法》中对其予以保留。必须强调的是，在短短 5 年时间内反复斟酌，前后修改 25 稿并使《专利法》最终得以颁布，是一个伟大的历史性成就，这为我国经济与科技发展带来了新动力。在缺乏实践经验以及制度认知的情况下，我国当时并不具备设计一部外观设计单行法的时间与能力。考虑到时代背景,在对外观设计进行保护已成为举国上下的殷切希望,我国又急需与国际先进制度接轨的情况下,若从回应保护需求的角度来看,秉持"宜粗不宜细"的立法理念或许是立法者进行充分权衡后作出的合理选择,但若从制度契合性的角度看,外观设计究竟是否应当由《专利法》保护又是另一个问题,这个问题在当时并未得到回应。现在,在社会条件与立法水平已显著提高的当下观之,彼时立法的合理性与契合性确实有待进一步的论证。

(三)1985年《专利法》实施后外观设计制度的发展

1. 外观设计制度的前两次修正

自1984年我国《专利法》成功颁布并于1985年开始实施以后,极大地激励了国内单位与个人的创造积极性。根据国家知识产权局提供的1985年至1992年的各年专利统计年报显示,专利申请量一直呈每年20%—30%的稳定增长趋势,外观设计虽然增幅较小,但也呈逐年增长趋势,其申请量在1992年达到了占比12.4%。在中美知识产权谈判以后,受双方之间达成的中美知识产权谅解备忘录的影响,全国人大常委会于1992年9月通过了《专利法》第一次修正案,《专利法》第一次修正中涉及外观设计方面的修改包括将外观设计专利权的保护期限从5年可续展3年延长至自申请日起算10年,取消了外观设计授权前的异议制度并改为授权后撤销程序。

《专利法》第一次修正之后,我国于1994年1月加入《专利合作条约》(PCT),而《与贸易有关的知识产权协定》(TRIPs)于同年4月缔结并于1995年1月正式生效。因此,对《专利法》进行第二次修正的一个重要背景就是国际专利制度的重大发展,与国际制度接轨也成了此次修正的重要原则与方向。为了与《专利合作条约》相协调,并顺应加入世界贸易组织(WTO)、符合《与贸易有关的知识产权协定》的要求,进一步适应新形势下我国专利工作和专利事业发展的需要,我国于2000年8月对《专利法》进行了第二次修正。第二次修正中有关外观设计的修改内容主要包括:①将外观设计的定义进行了调整,规定色彩必须要与形状以及图案相结合才能受到保护;②对外观设计授权程序实行司法救济,取消了原专利复审委员会对外观设计的终局决定权,将其做出的所有决定纳入司法审查的范围之中;[1]③为了避免不同权利人行使不同权利时产生冲突,在外观设计的授权条件中增加了"权利不相冲突"原则,即禁止外观设计专利权与他人在先的合法权利(包括商标权与著作权等)相冲突;[2]④为解决撤销程序与无效程序之间存在重合从而导致周期冗长的问题,取消了外观设计的撤销程序。

2. 外观设计制度的第三次修正

可以说,《专利法》前两次修正的重要动因就是使我国知识产权保护水平达

---

〔1〕 王红:《中国外观设计专利保护制度的发展》,杨铁军主编:《纪念改革开放30周年暨中国知识产权发展论坛论文集》,知识产权出版社2009年6月版,第495页。

〔2〕 国家知识产权局条法司编:《专利法第二次修改导读》,知识产权出版社2000年1月版,第50页。

到“国际标准”,[1]主要目的是为了履行国际承诺,与国际规则接轨。经过多年的探索,有关发明专利的主要问题基本上已经得到有效解决。我国加入世界贸易组织以后,在对《专利法》进行了符合我国国情的修正的同时,外观设计专利申请数量相较于发明而言增长迅猛,这一现象逐渐引起了官方的重视。为此,在对国情进行深入调研和广泛征求意见,并总结自身客观需要以及专利制度实际面临的问题之后,我国于 2008 年 12 月对《专利法》进行了第三次修正。相较前两次修正而言,此次修正更具有主动性,修改内容的幅度也相对较大。

在当时专利授权标准普遍不高的情况下,为了应对外观设计专利质量较低、创新程度不高以及权利稳定性较差等问题,我国对外观设计制度的条文进行了大幅修改,主要包括但不限于:①将平面印刷品的图案、色彩以及二者结合做出的主要起标识作用的设计排除在专利保护客体之外;②引入了“现有设计”的概念,且对现有设计的范围进行了调整,取消了现有设计的地域性限制,将授权标准从“相对新颖性”提升至“绝对新颖性”;③为了提高我国产品外观设计的创新水平,增加了授予外观设计专利权的显著区别性条件,即与现有设计或者现有设计特征的组合相比有明显区别,借此排除了可授予仿生设计、转用设计以及简单替换设计专利权的情形;④将关于“在先合法权利相冲突”的规定与原条款进行分离,并进行了内容上的调整,且实施细则也规定不再以提交在先生效的判决或决定作为以权利冲突为由提出无效宣告的条件;⑤增加了外观设计抵触申请制度,即任何单位或者个人就同样的外观设计,在该外观设计申请日以前已经向国务院专利行政部门提出并且记载于申请日后的专利公告文件中的,会对该外观设计新颖性造成影响;⑥引入相似外观设计制度,以解决申请人拥有两项以上的相似外观设计却只能选择一项作为申请予以提出的问题;⑦引入外观设计专利评价报告制度,即人民法院或管理专利工作的部门有权要求专利权人或利害关系人出具由国务院行政部门针对外观设计做出的专利权评价报告;⑧扩大了外观设计的侵权行为类型,禁止他人未经专利权人许可进行许诺销售;[2]⑨确定了简要说明于外观设计专利权保护范围确定中的地位,即可用于解释图片或照片所表示的产品外观设计。

此次修正进一步完善了我国有关外观设计的法律法规,有助于行政机构、司法机构和社会公众准确地运用法律规则,更好地对具体案例做出客观公正的判断。因此,此次修订之于我国外观设计制度而言具有里程碑式的重要意义。

3. 外观设计制度对经济的促进作用

从我国于 1978 年实行管理体制改革到对外开放后的 10 余年间,市场机制的作用逐步增强,轻工业引进了大量国外先进设备、技术与经验,轻工业发展实现了重大突破,改变了原有轻工业产品供需不足的局面,这对改善人民生活、繁荣城乡市场起到了至关重要的作用。轻工业作为消费品生产的主要产业部门之

[1] 郑成思:《知识产权法》,法律出版社 2004 年 3 月版,第 112—113 页。
[2] 张鹏、徐晓雁:《外观设计专利制度原理与实务》,知识产权出版社 2015 年 8 月版,第 28 页。

一,与市场的联系非常紧密。随着人民生活水平的不断提高,消费者不仅对轻工业产品的质量,而且对其外在也提出了更高的要求,过去那种司空见惯的产品造型已逐渐开始失去对顾客的吸引力和市场竞争力。因此,许多企业为了增强自家产品的市场竞争力,纷纷开始进行大量的产品外观设计创新。但由于产品的外观设计极易被仿冒,仅以保密来防范竞争对手的仿造几乎不可能,《专利法》下的外观设计制度便为创新设计提供了法律层面的保障。因此,自《专利法》颁布实施后,随着轻工业与市场经济的不断发展,外观设计的申请量与授权量逐年呈指数式增长。

笔者认为,保护外观设计对于激发广大人民的创新热情,加速产品的更新换代,提高产品的市场竞争力,出口创汇,振兴地方经济等都起着至关重要的作用。以广东省为例,该地区是我国改革开放和经济发展较早、市场经济步子迈得最快的地区,因而其也是相对较早对外观设计进行运用和保护的地区,[1]其产品造型方面的外观设计专利申请,大约90%出自轻工产品,主要是电子、家电产品。[2]从企业角度来看,广东美的集团将外观设计专利申请与保护作为企业工业设计创新进步的催化剂,同时也是该公司的一项基本政策,其主营电器业务收入仅于1997年就达31亿元,创汇7000万美元,出口额连续4年居我国家电行业第一位。[3]除了广东省以外,由上海市、江苏省、浙江省组成的长三角地区以及山东省、辽宁省等地对于产品外观设计也给予了相当高的重视,外观设计申请量与授权量均处于全国前列。可以说,外观设计制度的存在提高了创新主体对于外观设计的创新热情,在人民生活水平日益提高的背景之下,外观设计的产出能够提升商品流通率。笔者认为,在20世纪90年代中后期以及21世纪初,产品外观设计的创新对于国内各地区,尤其对于海港省市的国内外贸易以及经济成长都起到了积极的促进作用。

(四)十八大召开后外观设计制度发展的新纪元

1. 外观设计制度的第四次修正

在2008年《国家知识产权战略纲要》的实施过程中,党中央、国务院对知识产权工作做了一系列重大部署,十八大、十八届三中、四中全会以及十九大、十九届三中和四中全会均对知识产权保护工作有明确要求。为响应党中央、国务院加强知识产权保护的号召,进一步推进自主创新、优化营商环境,激发社会创新活力,国家知识产权局于2014年正式启动了专利法第四次"全面修改"起草工作。2018年12月5日,《中华人民共和国专利法修正案(草案)》经国务院常委会审议通过,后分别于2018年12月十三届全国人大常委会第七次会议以及2020年6月第二十次会议进行了第一次及第二次审议,并最后于2020年10月十三届

---

〔1〕 李平:《外观设计专利保护的作用不可忽视》,《上海轻工业》1994年第2期,第29页。

〔2〕 顾开信:《外观设计专利在广东经济发展中的地位和作用》,《广东经济》1999年第3期,第33页。

〔3〕 张凤姣、聂孟民:《从外观设计专利申请谈商品经济发展》,《河南科技》1998年第9期,第28页。

全国人大常委会第二十二次会议通过《全国人民代表大会常务委员会关于修改〈中华人民共和国专利法〉的决定》,修正的《专利法》自 2021 年 6 月 1 日起施行。[1]

第四次《专利法》修正过程中,在国务院印发的多个与工业设计相关的政策性文件,如《关于推进文化创意和设计服务与相关产业融合发展的若干意见》《中国制造 2025》《关于新形势下加快知识产权强国建设的若干意见》等以及十二届全国人民代表大会第四次会议通过的"十三五"规划中,都多次强调了工业设计的重要作用以及保护工业品外观设计的重要性。因此,此次《专利法》的修订当中涉及多处与外观设计相关的修改,其中主要包括以下 4 点:①为了使我国外观设计保护能够更加适应产品精细化设计以及局部改进型设计的趋势,将第 2 条第 4 款关于外观设计的表述增加了"整体或者局部的"字样,引入局部外观设计制度;②为满足《海牙协定》当中"至少给予外观设计 15 年保护期限"的规定,修改中对保护期限做了适应性调整,将外观设计专利权的保护期限从 10 年修改至 15 年;③为弥补本国优先权于外观设计领域的法律空白,平衡国内外申请人的利益,此次修改引入了外观设计本国优先权制度;④增加了提出外观设计专利权评价报告请求主体的范围,将请求主体的范围由原来的专利权人或者利害关系人扩展到被控侵权人也可以请求国务院专利行政部门做出专利权评价报告。

此次《专利法》中涉及外观设计制度的修正顺应我国经济发展形势,满足了我国企业在境外获得外观设计专利保护的需求,降低了外观设计申请人的申请成本,给予了外观设计专利申请人进一步完善设计、调整保护范围的机会,使得设计创新者在走向海外时能够蹄疾步稳,无后顾之忧。

2. 外观设计保护的新部署与新展望

十八大以后,改革进入全面深化阶段,专利制度在推动经济发展和创新型国家建设的同时也获得了跨越式发展,丰硕成果展现出我国自主创新能力的稳步提升以及专利制度不可替代的创新激励作用。自党的十八大以来,知识产权保护工作被摆在了更加突出的位置,我国相关专利法律法规和政策体系进一步完善,营造了良好的创业创新环境,我国知识产权发展状况进入了一个全新的稳步发展阶段。[2] 对外观设计而言,《专利法》历经近 40 年的实施历程,每次涉及外观设计的修改篇幅正逐步加大,外观设计的保护力度正不断提高,制度也日趋与国际接轨,这与国内创新主体设计水平的不断提高以及国家政策层面的重视有着密不可分的关系。但随着我国对于专利制度的本质特点与运作规律认识的不断深化,外观设计制度与《专利法》不相契合的矛盾日益突出,且随着国内外观设计创新质量以及创新主体国际竞争参与度的提高,国内创新主体对于外观设计

---

〔1〕 国家知识产权局官网:《聚焦新修改专利法之你问我答(一)》,https://www.cnipa.gov.cn/art/2020/10/23/art_2199_153635.html,访问日期:2021 年 8 月 3 日。

〔2〕 国家知识产权局官网:《党的十八大以来我国专利事业发展成就综述》,http://www.cnipa.gov.cn/art/2017/6/21/art_635_99071.html,访问日期:2021 年 8 月 3 日。

保护提出了更进一步的要求,社会也需要更加高质量的外观设计以加大对于经济发展的促进作用。

笔者认为,根据近年来部分重要部署可以发现,我国外观设计保护发展即将迎来一个全新的时代。首先,在知识产权保护工作方面,习近平总书记于加强我国知识产权保护工作第二十五次集体学习时指出,要加强知识产权保护工作顶层设计,研究制定"十四五"时期国家知识产权保护和运用规划,明确目标、任务、举措和实施蓝图,同时要提高知识产权保护工作法治化水平,加快完善相关法律法规。而中共中央、国务院于2021年9月印发的《知识产权强国建设纲要(2021—2035年)》对构建门类齐全、结构严密、内外协调的法律体系的工作要求当中,更是明确对外观设计专门法律法规的探索制定做出重要部署。其次,在工业设计发展方面,2021年3月通过的《中华人民共和国国民经济和社会发展第十四个五年规划和2035年远景目标纲要》就提出要加快发展现代产业体系、提升产业链供应链现代化水平、推动制造业优化升级等,而制造业的优化升级又将不断推进工业设计向智能设计、大数据等方向融合发展。最后,要推动工业设计深度赋能产业发展以及工业设计的服务链条延伸,将设计融入制造业战略规划、产品研发、生产制造和商业运营全周期。由此可见,推动工业设计与制造业全领域的深度结合很有可能成为工业设计发展的新模式。

在上述政策背景下,将外观设计制度的发展眼光放长远更能适应时代发展的新需求。在重新探索外观设计健康的发展方向时,探索的重点不仅应在法律条文的内容上,更应在法律制度的结构安排上。外观设计制度目前处于《专利法》的体系框架之下,因此制度发展很难不受到《专利法》的影响与制约。国家正不断加大知识产权的保护力度,对于相关法律法规的构建与完善,以及工业设计与制造业的深度融合发展给予了高度重视,而加大外观设计保护必然属于促进工业设计任务中的重中之重。因此,为了迎接并充分适应外观设计发展新纪元的到来,当务之急就是要尽快针对外观设计建立起一套既与其本质属性相符,又能满足社会各方需求的法律制度。

二、专利合并立法模式下的外观设计制度理论问题分析

实际上,不少学者对于《专利法》下保护的客体即发明、实用新型和外观设计是否应当分立的问题进行过研究与讨论。在此过程当中,由于发明与实用新型同属于解决技术问题的技术类专利,二者虽然存在差别,但同时又具有许多相似之处,因此二者是否应当分别立法在学界尚存较大争议,但外观设计单独立法则一直是学界最具有说服力、得到最广泛认可的方案。[1] 之所以会出现这样一种情况,最根本的原因还是在于外观设计与发明在制度产生背景、本质属性以及法律条文的规则设定方面存在较为明显的差异。我国实施《专利法》已近40年,将外观设计仍置于《专利法》之下诚然属于比较稳妥的处理方式,但二者不相契合

---

〔1〕 张翰雄:《专利、实用新型、外观设计三法分立问题研究》,《私法》2020年第33卷,第168页。

的问题也为外观设计的制度发展造成了不小的阻碍与掣肘。

(一)逻辑起点——发明与外观设计的差异性

1. 制度产生背景差异

(1)欧美专利发展史视野下的"专利"

第一,中世纪欧洲视野下的"专利"。"专利"一词所对应的英文为"patent",而最初的"patent"实际上并非直指专利,其来源于13世纪的英王为奖励那些在技术上有创新并为社会带来利益的人而特地创设的一种奖励方式——公开证书(letters patent),当中的"patent"意思即为公开,外加发明人或者引进技术的人享有的是一种垄断权,因此专利之本意便同时具有了"公开"与"垄断"的双重含义。[1] 因此在中世纪的欧洲,专利权主要是指封建君王为了鼓励发明创造以及从国外引进新的工业和技术,授予发明人与引进人在一定期限内独家享有该技术的垄断特权,如公元10世纪雅典政府授予一位厨师以独占使用其烹调方法的特权;1236年英王亨利三世授予波尔多一位市民以制作各种色布的垄断权。[2] 在尔后数百年当中,这种垄断专利制度逐渐开始流行于欧洲大陆,法国、德国以及意大利等欧洲国家都曾向技术工匠授予专利特权,如意大利佛罗伦萨共和国于1421年授予了建筑师布鲁内来西的"装有吊机的驳船"以3年的垄断权;[3]德皇向如风轮机、水轮机等实用新机械的发明人授予了制造和销售该机械的排他性特权;法国为引进制造镜子的技术授予了一项为期10年的垄断权。[4]

1474年,为了吸引及鼓励发明创造,世界上第一部专利法——《威尼斯发明人法规》(Inventor Bylaws)于威尼斯议会通过,该法规规定称:"任何人在本城市建立了新颖且精巧的装置,而且此前没有在本城邦制造,应当在达到可以具体使用和操作之时,即向总福利局进行登记,本城其他任何人在10年内未经创造人许可的,不得制造与之相同和相似的装置……"[5]该法规明确规定了对于用以制造出机械装置的新技术的发明人赋予了10年的独占权,虽然条文内容较为简单,但其对于该独占权的权利主体与保护对象、取得条件、保护期限、侵权责任等现代专利法的基本要素均做出了规定,展现出了现代专利法的基本轮廓。[6]《威尼斯发明人法规》颁布后的百年当中,出现了包括印刷领域的方法、设备、字形设计发明、制镜技术、运输工具等大量发明专利。[7]

---

[1] 吴汉东:《知识产权法》(第五版),法律出版社2015年7月版,第133—134页。

[2] 冯晓青、刘友华:《专利法》,法律出版社2010年8月版,第15页。

[3] 吴汉东、胡开忠:《无形财产权制度研究》,法律出版社2001年9月版,第342页。

[4] U. S. Patent Office Society,"Outline of the History of the United States Patent Office", *Journal of the Patent Office Society*, 18(1936), p. 21.

[5] William Francis & Robert Collins, *Cases and Materials on Patent Law*, West Publishing Co., 1995, p. 66.

[6] 杨利华:《美国专利法史研究》,中国政法大学出版社2012年6月版,第8页。

[7] 杨利华:《专利法史视野下的英国〈垄断法〉》,载《中国政法大学民商经济法学院2009秋季论坛论文集》,第513页。

英国虽是资本主义萌芽产生较早的国家之一,但其于 16 世纪以前的工业水平与经济发展却远远落后于欧洲大陆。对此,为了促进本国制造业与商业发展,引进海外技术以提升本国技术水平,英王便开始授予一些外国技工以产品单独经营或制造的垄断特权,并要求他们在本国境内进行技术培训。[1] 1326 年,英国开始鼓励从海外引进新兴技术,从此至 1377 年由爱德华三世统治期间,许多织布工以及矿工因为引进了新技术而被赋予使用该技术的垄断权。[2] 自 14 世纪末开始,引进海外技术政策的作用开始得到体现,国内商品技术含量显著提高,经济也开始迅速增长。1449 年,在英国出现了第一个方法专利,即由英王亨利六世授予的一项制造彩色玻璃的新方法。16 世纪中期,出于刺激经济、扩大王权的考量,伊丽莎白一世统治时期共授予了 55 项有关化工、机械以及采矿等方面的专利。[3]

至伊丽莎白一世统治晚期,专利特权被滥用的趋势越发显著,而非法垄断行为在詹姆斯一世于 1603 年继位后开始变本加厉。对此,在议会、商业团体以及公众等群体的不断抗议之下,《英国垄断法案》作为一项多方妥协折中的结果于 1624 年议会上获得通过。该法案于第 1 条便规定了一项基本原则:一切垄断与特权皆为非法。但这项原则也存在这一项例外,即新产品的第一个发明人可以被授予垄断权,使其能够在本国制造及使用该产品。可以看出,《英国垄断法案》中已经出现了对于发明新颖性的要求,但此时的新颖性要求实际上并不高,而是更加强调将新技术或新产品运用在本国实践中。

第二,独立战争前后美国视野下的"专利"。美国是世界上最早实施专利制度的国家之一,而美国专利制度的诞生与殖民地时期英国专利制度的传入有着密不可分的关系。

在美国独立战争以前,各殖民地的立法机关或者法院已经授予了一些专利权或者特权,如马萨诸塞于 1641 年就一种制盐方法授予了专利;1646 年就一项水磨引擎授予了专利;[4]1655 年就一项镰刀发明授予了专利。除了马萨诸塞以外,康涅狄格于 1708 年授予约翰·艾略特(John Elliott)以生产销售沥青的专利权;1716 年授予埃比尼泽·菲奇公司以切割和拉升铁丝制作铁钉的专利权等。在 1776 年美国宣布独立后的一段时间内,专利授权由于受到战争的影响停滞了一段时间,但自各州独立政府建立起来后便又迅速得到发展。在各州中,宾夕法尼亚州的专利活动尤为突出,其授予了一个有关皮革鞣化油的专利,又于 1785 年向时任美军工程师奥瑟·唐纳森授予其发明的用于清理码头的疏浚机以制造使用的专利权,后 5 年间又为数学仪器、切割制钉机械、捆棉机械以及钟表机械

---

〔1〕 Ramon A. Klitzke,"Historical Background of the English Patent Law", *Journal of the Patent Office Society*, 41(1959), p. 627.

〔2〕 Bruce W. Bugbee, *The Genesis of American Patent and Copyright Law*, Public Affairs Press, 1967, pp. 12-27.

〔3〕 E. W. Hulme,"The History of the Patent System under the Prerogative and at Common Law: A Sequel", *Law Quarterly Review*, 16(1896), p. 16.

〔4〕 李明德:《美国知识产权法》,法律出版社 2014 年 4 月版,第 32 页。

等授予了专利权。

于1787年制定的《美国宪法》中的第1条第8款即为“知识产权条款”，又称“著作权与专利条款”。在该条款中涉及著作权的词汇主要有“science”“authors”“writings”，而涉及专利的主要有“useful arts”“inventors”以及“discoveries”。关于“science”的含义，美国著名的知识产权法官里奇认为，“science”的意思即为“knowledge”，与宪法中的“learning”相对应。[1] 不难发现，涉及著作权的3个概念实际上存在着联系与对应关系。同理，涉及专利的3个概念自然也存在着某种对应关系，“inventors”其字面意思为发明人，因此这里的“useful arts”以及“discoveries”应当理解为实用技术以及发明。综上，该条款的中文译文应当是：为了促进知识(或者科学)和实用技术的发展进步，国会有权保障作者和发明人就其作品和发明享有一定期限的专有权利。

受到宪法中“知识产权条款”的影响，联邦第一届国会于1789年3月至1789年9月底的第一次会议期间，便收到了18份个人申请，其中大部分为专利，主要涉及脚踏船、轮船、蒸汽发动机、经度仪、制钉技术以及谷物收割机等发明。为应对日益增长的专利申请量，国会于1790年依据上述条款又颁布了第一部《美国专利法》(An Act to Promote the Progress of Useful Arts)，该法第1条规定了能够被授予专利权的对象，即此前不为人知或未被使用的技术、制品、发动机、机械、装置或者任何改进方案。[2] 由于与现实需求不相吻合，美国于1793年2月通过了新《美国专利法》，其将可专利的对象修改为“新颖且实用的技术、机械、制品或物质的组合，或者……的任何新颖且有用的改进方案”。[3] 该规定一直为后世《美国专利法》所沿用，国会于1952年《美国专利法》的修订中也只是将技术(art)修改为了技艺(process)。

由上可知，在专利制度源远流长的发展历史中，或许不同时期专利的含义有着些许的差别，由最初的封建君王授予的垄断专营权逐渐发展至一种逐渐具有“保护发明创造、促进创新”内涵，授予发明人制造特定产品的专利特权。但不难发现，若从整个发展过程来看，专利制度一直带有明显的技术指向性，其所涉及的权利对象一直都与能够生产制造出某种器械或者物质的发明有关，强调功能性与实用性，而在制度条文规定以及授予对象当中几乎难寻有关美化外在的“技术”或者方法的踪影。

(2)英国工业革命背景下的“外观设计”

人类设计活动的历史大体可以划分为3个阶段，即设计萌芽阶段、手工艺设计阶段以及工业设计阶段。旧石器时代至新石器时代之间属于设计萌芽阶段，

---

〔1〕 Giles S. Rich, “The Principles of Patentability”, *Journal of the Patent Office Society*, 42(1960), pp. 79-80.

〔2〕 Patent Act of 1790, Ch. 7, 1 Stat. 109-112(April 10, 1790). https://www.ipmall.info/sites/default/files/hosted_resources/lipa/patents/Patent_Act_of_1790.pdf.

〔3〕 Patent Act of 1793, Ch. 11, 1 Stat. 318-323(February 21, 1793). https://ipmall.law.unh.edu/sites/default/files/hosted_resources/lipa/patents/Patent_Act_of_1793.pdf.

这时的人类已经开始学会使用石块、木头、骨头等原材料制造和使用工具,但由于受到生产力以及材料的限制,当时人类的设计意识与技能十分原始,[1]设计理念仍以保障生存为主。随着生产力的发展,从新石器时代至工业革命之前漫长的数千年中一直属于手工艺设计阶段,设计理念由保障生存逐渐转变为满足生活以及社会发展需要,且随着冶炼技术以及新材料的出现,再加上设计、生产以及销售的一体化使得设计者开始学习并了解使用者的真实需求,慢慢对于产品及其使用者负有责任心,在此期间便诞生了许多优秀的手工艺设计品,丰富了设计文化,为后来的工业设计发展奠定了重要的基础。

现代意义的外观设计是一种具有复合属性的产品美学设计,兼具装饰性与功能性特征。但在先前漫长的手工生产时期,在生产效率低下与规模较小的情况下,产品一般以实用性为导向,设计方面也多以结构设计为主。诚然,人们通过锻打与打磨等制作工序创造出来的尖、薄、光滑与对称等外在要素在客观上具有一定美学成分在内,但此等外在要素于彼时更多地被视为一种实用价值。可以说,此时的人们并未将艺术性与实用性进行观念上的区分,而外观设计则是一个人们将两者有意识地予以区分、又有意识地进行融合后产生的概念,因此在当时仍不存在现代意义上的外观设计。对纯粹艺术与实用艺术的区分最早出现于1648年的巴黎皇家绘画和雕塑学院当中,1763年的《牛津英语词典》也对纯粹艺术进行了较为明确的定义。然而,受制于生产效率与规模,社会消费水平普遍低下,市场经济无法得到充分的发展,因此当时的纯粹艺术与实现了产品结合的外观设计仍相去甚远。

截至18世纪的工业革命时期,此时已逐步实现产品的机械化大批量生产,标志着资本主义生产由手工工场向大机器生产的过渡。批量的机器生产刺激了批量的商业消费,英国商业化的迅猛发展使得国内对于商品的需求量不断增长,市场上充斥着大量各式各样的消费品,逐渐浓厚的商业氛围使生产者开始意识到一项新颖的设计于市场竞争中的重要性,催生了艺术性与实用性相结合的现代化工业设计的萌芽,人类的设计活动历史从此进入了工业设计阶段。可以说,工业革命就是现代工业设计产生的最直接原因。[2]

由于具有资本周转迅速、获利丰厚等特点,工业品外观设计最先发迹于轻工业,尤以不受封建行会以及政府法规束缚的纺织业为主。在这其中,有关纺织业的各项发明专利对于棉纺织业的发展起到了不容小觑的作用。在当时,棉布制品成为当时英国社会从上至下的流行时尚,[3]而这种普遍追求进一步加大了市场的竞争力度。这使市场竞争者们的部分注意力从棉布制品的制造技术逐渐转向棉布制品的布面设计,以此取得市场竞争中的优势地位。为此,英国于1787年颁布了第一部对产品外观设计予以保护的法律——《英国白棉布印花工法》,

---

〔1〕 何人可主编:《工业设计史》(第五版),高等教育出版社2019年1月版,第6页。

〔2〕 刘洪彩、刘存、段金娟:《现代设计史》,海洋出版社2014年6月版,第40页。

〔3〕 朱楠:《英国工业品外观设计保护制度的变迁与评价》,《上海政法学院学报》2016年第3期,第110页。

该法对于为亚麻布、棉布等布匹的印花而发明、设计和印出的任何新颖和独创性式样给予了2个月的保护。

从上述英国的例子中可以看出，专利制度与外观设计制度诞生于不同的历史时期与阶段。专利制度是人们为了满足生产生活需求，提高国内生产制造技术而建立并发展起来的一项制度，它激励着人们从海外引进先进技术并进行技术创新，进而提高社会生产力，解决人们物质生活上的难题。生产力问题得到解决后，商品流通开始变得频繁，市场经济自然而然得到了发展，而外观设计便诞生于市场经济的初步发展阶段。纵观包括我国在内的世界各国，专利制度与外观设计制度的源起与兴盛无不体现出与上述发展途径高度相似的历史发展脉络。由此观之，与其说外观设计是一项发明专利，其更像是由发明专利带动的各种工业生产方式规模化后的产物，是人们不再局限于产品功能性而开始对于美感进行追求的体现。

外观设计与发明专利虽都来源于人类的创新创造活动，但其与自诞生以来一直以生产制造技术为对象的“专利”存在着本质区别。即便以时代背景为由，认为“专利”自中世纪诞生至后续发展的过程中，未将产品外观或美学设计纳入其中是受到了意识思想的局限，那么在保护外观设计思想萌芽并得到初步发展的18、19世纪，除了美国以外，各国的立法者们起初也并未认为外观设计是一项“专利”而自觉地将其纳入到专利相关法律中。各国或认为外观设计与著作权制度有着某种关联，或将其单独进行立法。例如，英国于1839年以《英国外观设计著作权法》和《英国外观设计登记法》代替了1787年《英国白棉布印花工法》，后又于1842年制定了《英国装饰性外观设计法》；法国于1793年将外观设计作为艺术品纳入进了著作权法的保护范畴之中，于1806年重新提出了外观设计保护法令；德国在1876年颁布了《德国外观设计注册法》，日本在1888年颁布了《日本意匠条例》。因此，这也从最初的立法意图侧面反映出“外观设计”与“专利”在事实上并非同一事物。

2. 制度客体本质差异

(1)发明是具有“高度技术性”的技术方案

根据我国《专利法》第2条第2款规定：“发明，是指对产品、方法或者其改进所提出的新的技术方案。”从法条的表述中可以看出，发明分为产品发明以及方法发明，本质上是为了解决某种技术问题的技术方案。根据《专利审查指南》第二部分第1章第2节的规定可知，技术方案是各种利用了自然规律的技术手段的集合，而技术手段又由各种技术特征予以体现，因此其核心性质便包含了“高度技术性”。

究竟何为专利法意义上的技术性？根据技术方案的“三要素”判断法要求，该技术方案必须使用某种技术手段，解决某种技术问题，产生某种技术效果。可以说，在保护对象上，保护发明实际上是在保护用以实现某种技术效果的技术手段。然而，“技术”一词本身是一个难以进行定义的抽象措辞，现行《专利法》及《实施细则》《专利审查指南》也未明确指出究竟何种手段、问题以及效果具备所谓的“技术性”。一般认为,专利法意义上“技术”的含义更接近于科学技术,具体而言即在利用自然规律或者自然现象的基础上发展起来的各种工艺操作方法或生产技能,以及相应的生产工具、物资设备等,并非泛指进行一切活动的技能与技巧,如篮球技术、驾驶技术以及设计技术等都不能称为专利法意义上的“技术”。

就程度而言,技术方案的技术性又必须达到一定程度,即该技术方案不仅应是前所未有的,而且较现有技术而言必须具备突出的实质性特点与显著的进步。要创造出一项发明并且使其达到可被授予专利权的标准,一般需要投入相当程度的人力、物力与时间成本,因此发明的可替代性往往较低。为了促进技术的进一步研究与开发,提高社会创新资源的利用率,就需要强制许可等制度以及专利政策来最大限度地限制发明专利权滥用现象的产生。

(2)外观设计是兼具“装饰性与功能性”的工业设计

根据我国《专利法》第2条第3款规定:“外观设计,是指对产品的整体或者局部的形状、图案或者其结合以及色彩与形状、图案的结合所作出的富有美感并适于工业应用的新设计。”换言之,外观设计是一项应用于产品之上,能够通过工业手段批量复制的新颖美感设计。

首先,在保护对象上,外观设计属于一种可直接作用于视觉的美感设计,而发明则属于一种包含技术特征在内的技术方案。二者的差异在于,前者保护的实际上是某种已经实现的设计效果,而后者保护的则是实现某种效果的方案或者手段。

其次,在性质上,一项外观设计必须同时具备设计以及产品两个要素,这就使外观设计具有“装饰性”与“功能性”相结合的复合性质,属于一种融合了艺术与功能的双重混合体。〔1〕 在装饰性方面,“富有美感”的定义要求外观设计注重产品外在是否美观,因此设计者除了运用科技成果以及工学知识以外,更多的则是运用艺术、美学以及心理学知识对产品的外观进行设计与优化。然而,一项事物的美观与否因观察者的文化修养、审美观念以及个性特征等方面的不同而存在较强的主观性。因此,只要与现有设计具有明显区别,能够产生一定程度的装饰效果且能够被一般公众所接受、不违背社会公共道德即可,而在《中华人民共和国专利法实施细则》(以下简称《专利法实施细则》)以及实际操作当中,亦没有对美感的标准做出明确的界定。〔2〕

在功能性方面,有学者认为,设计者在外观设计中所投入的智力劳动,除了体现在视觉效果上,更体现在该视觉效果与产品功能的结合上。〔3〕 由此可见,除了美感的考量以外,外观设计还应当具备一定的功能性,而这种功能性则需从正

〔1〕 徐铭夆、张玉玫:《国际工业设计保护制度之调和介绍》,《智慧财产权月刊》2011年第150期,第40页。

〔2〕 高跃:《浅谈‘美感’在外观设计专利中的地位与授权中的应用》,《中国发明与专利》2013年第11期,第11—13页。

〔3〕 芮松艳:《外观设计法律制度体系化研究》,知识产权出版社2017年11月版,第16页。

反两个角度进行理解。首先，从正面角度来看，外观设计必须依附于产品而存在，设计活动不能脱离对产品功能的考量而单独进行。根据我国《专利审查指南》第一部分第3章第7.4节的规定可知，纯属美术、书法、摄影范畴的作品不属于可授予外观设计专利权的情形，这就表明具有可专利性的外观设计不能仅具有艺术欣赏价值，设计者还应充分考虑该设计与产品功能相结合后所能产生的最优视觉效果。从反面角度来看，倘若产品的外观设计为高度功能性设计，即设计效果被产品的功能所限定，同时又没有其他替代方案的情形下则无法授予该外观设计以专利权。外观设计的关注重点始终在于外在的、基于艺术想象的美感创新上，由于功能性设计并不考虑美学因素，自然不会受到外观设计制度的保护。

可以看出，发明的"技术性"与外观设计的"功能性"含义不同。前者的关注重点纯粹在于实现某种技术功能，解决某种技术问题，而后者关注的则是在设计内容与产品功能的综合协调下所能产生的最优效果，相当于为设计者的美学创作活动提前设置了一个限定性条件，而外观设计中的美学因素对于产品本身的技术因素无任何影响，况且外观设计也并不保护这些技术因素。[1]

综上可知，发明与外观设计分别决定着产品的"内在"与"外在"，二者在保护对象的本质以及性质上存在着明显的差异，这就使得在完成智力创造的过程中，发明人与设计人的创造行为模式，以及在行为过程中所遵循的创造理念都完全不同。[2] 专利局实际上早在《专利法》的起草过程中就已意识到二者之间存在差异，因此并未将外观设计与发明进行合并保护。但由于当时的一些企业已经创造出新的设计产品，在缺乏保护的情形下，不得不采取封锁保密的措施，这就严重阻碍了工业产业的发展，[3]因此只能尽快赋予外观设计以法律保护。历史告诉我们，在《专利法》中保护发明和外观设计是在特定历史背景下捏合的产物，二者的差异致使双方存在明显的界限，界限的明晰在某种程度上更有利于对二者进行针对性保护。将外观设计和解决某一技术问题的技术方案等同起来，将会模糊外观设计和发明之间的界限。

3. 制度立法宗旨差异

由于发明与外观设计存在本质上的差异，就不免会产生二者在立法宗旨上的侧重点是否相同的问题，这也是两种制度究竟能否共存的关键问题所在。

(1)专利制度"鼓励技术创新，推动技术应用"的立法宗旨

根据现行《专利法》第1条规定，本法的立法宗旨在于保护专利权人的合法权益，鼓励发明创造，推动发明创造的应用，提高创新能力，促进科学技术进步和经济社会发展。本条主要强调了宗旨中的两层含义：第一层含义是保护专利权人的合法利益，鼓励发明创造，即激励功能；另一层含义在于推动发明创造的应

---

[1] 崔国斌：《专利法：原理与案例》，北京大学出版社2016年2月版，第1页。

[2] 郭禾：《外观设计与专利法的分野》，《知识产权》2015年第4期，第13页。

[3] 林笑跃、刘桂荣：《外观设计专利30年历史回顾与展望》，载田力普主编：《历史的抉择，伟大的实践——国家知识产权局成立30周年纪念文集》，知识产权出版社2009年12月版，第549页。

用,即公开功能,而实现激励功能以及公开功能的重要基础便在于"以公开换垄断"的制度基本原理。首先,保护专利权人合法权益的目的在于实现激励技术创新,只有专利权人的合法权益得到切实的保障与维护,为"天才之火浇上利益之油"后,使权利人能够获得充分的相应回报,才能够激发并提升创新创造活力,解决人才创新的"原动力"问题。而另一方面,权利人权益受到保护,即被授予垄断权存在一个限定性前提条件,那就是将其技术成果向社会进行公开,这在形式上相当于让权利人与社会进行一场交易,使前者向后者公开自身创造性成果以换取对该成果一定时期的垄断权。而后者则能够得到前者优良创造成果的相关信息,不仅能够使该成果在社会范围内更好地传播与应用,而且能够让公众可在被公开创造性成果的基础上做增量创新,保证其于社会层面一直处于不断更新与完善的状态。因此,"鼓励技术创新,推动技术应用"作为专利制度的立法宗旨,其折射出的内在含义强调更多的是一种个人利益与社会利益之间的平衡。

(2)外观设计制度"鼓励设计创新,维护市场竞争秩序"的立法宗旨

外观设计作为一种非技术类知识产权,其制度的立法宗旨实际上与我国《专利法》第1条体现的"鼓励创新,推动应用"存在些许不同。换言之,该条文的表述并不能体现出外观设计制度立法宗旨的应有之意。那么外观设计制度的立法宗旨如何考虑更为恰当呢?首先,保护与激励创新作为建立知识产权制度的根本目的,在进行制度构建及规则设计时均应当以其为基本导向,外观设计制度自然也不例外。然而,外观设计的公开与增量创新之间并无直接关系,因此在立法宗旨上并不明显涉及"推动应用"这一含义。由于保护的外观设计必须与某种产品相结合,而产品又需要投入到市场为生产经营者创造收益,外观设计侵权与否或者被无效与否都决定了产品在相关市场中的存亡,因此外观设计制度所要保护的利益实际上是设计在工业品上的商业应用所产生的市场竞争优势,因此其立法宗旨的第二层含义应当在于"促进产品的多样化、增加产品的附加值和维护市场竞争秩序",即产品进入流通阶段的一种市场秩序的管控较为适宜。由于外观设计易被仿冒,往往容易成为市场内潜在恶意竞争者搭便车的对象。为了遏制及预防市场内的不正当竞争行为,则需要对产品外观设计给予法律层面上的保护,而我国当初将外观设计纳入《专利法》的主要原因之一也是为了回应创新主体对规制仿冒现象的现实需求。由此可见,将外观设计制度立法宗旨的第二层含义定位于"繁荣市场产品品类、维护市场良好营商环境"是一种较为合适的考量。总言之,外观设计属于一种外来的、并非原生于专利制度的保护对象,二者在立法宗旨上就已有较为明显的不同。如果一项新增的保护对象不能完全体现出该法律制度的立法原旨,则该制度本质上已非原来的法律制度,或者说其需要成为一种更加上位的法律制度。

4. 制度规则设计差异

在规则设计方面,虽然二者在现行法律框架下仍存在着一些共通规定,但不难发现,法律中对于发明与外观设计的规定多采取的是"同条不同款"的方法,这就表明双方差异的存在使得彼此之间无法完全适用一套共性规则,特别在行政

确权以及侵权判定等方面存在着诸多明显的区别。

(1)确权条件的理解差异

第一,“实用性”理解差异。究竟何为“实用性”?按照字面进行理解的话即指某项事物具有实际使用的价值,而使用价值又因事物主体的不同而不同,因此在不同的语境下则应当作相应的解释。对于发明而言,根据《专利法》第22条第4款的规定:“实用性,是指该发明或者实用新型能够制造或者使用,并且能够产生积极效果”,《专利审查指南》第二部分第5章在此基础之上又做了进一步的区分与解释:“如果申请的是一种产品,那么该产品必须在产业中能够制造并且能够解决技术问题;如果申请的是一种方法,那么这种方法必须在产业中能够使用,并且能够解决技术问题。”可见,发明作为一项技术方案,其价值来源在于能够解决某种技术问题,也是其“实用性”的应有之意,而根据《专利法》以及《专利审查指南》的规定,除了能够解决技术问题,发明的实用性还具备了可再现性的含义。

而对于外观设计而言,其具有美化产品外观、刺激消费者购买,进而促进商品流通的作用,因此外观设计具备广义上的实用性是不言而喻的。然而,外观设计与发明的实用性实际上并不具有相同的内涵。不可否认,某些外观设计在不经意间确实能够产生一定的实用效果,解决一定技术问题,但对于外观设计的实用性应当还是以“可再现性”作为理解重点,即能够被应用于产品上且被工业批量复制,进而排除无法复制的手工艺外观设计以及受地理条件等因素限制的外观设计。而发明所要求的实用性虽然也包含“可再现性”的含义,即能够为所属领域的技术人员重复使用且均能产生相同的技术效果,但重点仍然在于“能够解决技术问题”。应当认识到,《专利法》根本上作为一部技术之法,其对于实用性的定义自然是以“能够解决技术问题”作为核心要素。经过前文分析,外观设计以产品外观给人的视觉感受为核心,其更多的是为一件商品增添商业价值而非追求实用目的。[1] 因此,对于更加注重产品的外在造型美观与否,不要求解决任何技术问题的外观设计而言,《专利法》语境下的实用性一般仅是其所载产品的特征,而并不涉及外观设计本身,也自然不会要求外观设计具备《专利法》语境下的实用性。

第二,“创造性”与“显著区别性”理解差异。《专利法》第23条第2款规定:“授予专利权的外观设计与现有设计或者现有设计特征的组合相比,应当具有明显区别。”此条文为《专利法》2008年第三次修改后的新增内容,一般被认为是外观设计实质授权要件中的创造性要件,但事实上,按照条文表述进行理解,与其称被授予专利权的外观设计须具备创造性,不如称其须具备“显著区别性”。“创造性”与“显著区别性”实际上并不具有相同的含义,因此存在着不同的判断标准,但为了方便阅读,在此说明下文的“显著区别性”与“外观设计的创造性”属于同一概念。

---

[1] 陈丽苹、王常清:《外观设计保护模式的思考和探讨》,《邵阳学院学报》2015年第14期,第34页。

创造性,亦称非显而易见性(non-obviousness),原先属于美国专利制度下的一个概念,后被其他国家在制度建设的过程中纷纷效仿与使用。笔者认为,既然我国《专利法》本身继受于西方国家的专利制度,因此确权要件中的创造性的概念自然脱胎于非显而易见性。但与此同时,我国《专利法》对于创造性又有着独树一帜的概念表述,即具有突出的实质性特点和显著的进步,而对于非显而易见性的继承则主要体现于《专利审查指南》第二部分第4章所规定的发明创造性的判断方法当中,在进行第三步亦即最核心的步骤时,需要判断要求保护的发明对于本领域的技术人员而言是否显而易见,换言之,申请专利的发明与现有技术相比所具有的区别特征,必须是本领域技术人员无法通过研究现有技术轻而易举联想到的。

外观设计的"显著区别性"则与之存在差异。根据《专利审查指南》第四部分第5章第6.1节的规定:"如果一般消费者经过对涉案专利与现有设计的整体观察可以看出,二者的差别对于产品外观设计的整体视觉效果不具有显著影响,则涉案专利与现有设计相比不具有明显区别。"换言之,外观设计的区别设计之处对于整体的视觉效果须能够产生显著影响,而不论该区别设计是否能够被轻而易举地联想到。也就是说,具备明显区别的不一定是非显而易见的;反之,非显而易见的同样不一定具有明显区别。外观设计之所以用"显著区别性"而非"创造性"作为确权要件,原因还是在于外观设计的面向主体为一般消费者,为了防止后来者"搭便车"的行为,新申请的外观设计较现有设计而言必须能被消费者有效区分,只有在设计空间有限的情况下,才能使用较为近似的设计。因此,将"显著区别性"比作外观设计的"创造性"本身无可厚非,但也要清楚地认识到二者之间的差异所在,《专利法》第23条第2款所说的"创造性"与发明的"创造性"不具有相同内涵。

(2)确权与侵权的判断差异

第一,确权与侵权的判断主体。根据《专利审查指南》第四部分第5章第4节规定,在判断外观设计新颖性以及显著区别性时,应当以涉案专利产品的"一般消费者"的知识水平和认知能力进行评价。而对于应当如何理解一般消费者这一判断主体的问题,该条同时也列出了两个要点,即对于申请日前相同种类或相近种类产品的外观设计及常用设计手法具有常识性的了解,但并不会注意到产品的形状、图案以及色彩的微小变化。除此之外,一般消费者应当是一种"假想的"主体。而根据2009年《最高人民法院关于审理侵犯专利权纠纷案件应用法律若干问题的解释》(以下简称"2009年司法解释")第10条规定:"人民法院应当以外观设计专利产品的一般消费者的知识水平和认知能力,判断外观设计是否相同或者近似。"可见,外观设计在进行确权及侵权认定时的判断主体均为一般消费者。

另外,根据《专利审查指南》第二部分第3章第3节以及第4章第2节规定,判断发明是否具备新颖性以及创造性的判断主体均为"所属技术领域的技术人员"。换言之,在进行新颖性判断时需要以所属技术领域的技术人员的眼光判断二者是否能够适用于相同的技术领域，解决相同的技术问题，并具有相同的预期效果，而在创造性判断方面则需要判断该技术方案对于本领域的技术人员而言是否显而易见。与外观设计不同，发明并不直接面向消费者产生作用，而是对某种具体的技术问题进行解决，而在面对技术性较强的问题时，只有懂得此类技术内容的主体才能够对技术的价值进行判断，因此判断主体自然以“所属技术领域的技术人员”较为适宜。在侵权认定阶段，“2009 年司法解释”规定需以“本领域普通技术人员”的角度进行判断，虽然二者在表述上略有不同，但在此应当做同一性理解。

第二，确权的判断方式及标准。在确权阶段，外观设计新颖性采用的判断标准为“相同或实质相同”，而发明新颖性采用的判断标准则主要为“相同或者惯常手段的直接置换”。根据《专利审查指南》第四部分第 5 章第 5.1.2 节的规定，外观设计实质相同的情形主要包括：①区别在于施以一般注意力不能察觉到的局部的细微差异；②区别在于使用时不容易看到或者看不到的部位，但能够产生引人瞩目的视觉效果的除外；③区别在于将某一设计要素整体置换为该类产品的惯常设计的相应设计要素；④区别在于将对比设计作为设计单元按照该种类产品的常规排列方式作重复排列或者将其排列的数量作增减变化；⑤区别在于互为镜像对称。显然，上述情形③与发明中“惯常手段的直接置换”属于同类情形，这就表明外观设计“实质相同”的覆盖范围比发明“惯常手段的直接置换”要大，外观设计的新颖性条件相较发明而言具有更大的灵活性。这一点主要是根据外观设计的特点所做出的制度设计。发明的专利申请文件包含了权利要求书，而判断发明是否具备新颖性只需考虑引证的现有技术是否披露了权利要求书记载的技术特征即可，只需比较技术方案的“要点”，而无须推断未写入权利要求书的其他细节。但由于外观设计的专利申请文件不包含发明所要求的权利要求书，其保护范围是以图片以及/或者照片的形式进行呈现，尤其在采用照片的情形下会如实反映外观设计的所有细节。因此，在这样一种情况下，仅规定与现有设计相比并不相同或实质相同即可的话，大多数申请专利的外观设计都将具备新颖性。[1]

在“创造性”以及“显著区别性”的判断上，一项发明是否具备创造性，或者说是否显而易见的判断标准便在于现有技术是否能够提供将申请发明的区别特征应用于现有技术上的技术启示，且这种启示能够给予本领域技术人员以改进现有技术的动机。倘若不具备这种技术启示，则可认定该发明具备非显而易见性，即具有创造性。而在外观设计是否具备显著区别性判断标准上，如上所述，则是看外观设计的区别设计之处对于整体的视觉效果是否能够产生显著影响。在判断方式上，根据《专利审查指南》第四部分第 5 章第 6 节规定，较新颖性的判断方式不同，“显著区别性”的比对对象可以是多个现有设计中数个设计特征的组合。而根据《专利审查指南》第二部分第 4 章第 3 节的规定，在审查发明的创造性时，

〔1〕 尹新天：《中国专利法详解》，知识产权出版社 2012 年 7 月版，第 221 页。

比对对象可以是一份或者多份现有技术中的不同技术内容的组合,因此双方在比对方式上大体一致。

第三,侵权的判断方式及标准。关于侵权行为类型,根据现行《专利法》第11条规定,侵犯发明专利权的行为主要包括为生产经营目的制造、使用、许诺销售、销售、进口其专利产品,或者使用其专利方法以及使用、许诺销售、销售、进口依照该专利方法直接获得的产品。而侵犯外观设计专利权的行为主要包括为生产经营目的制造、许诺销售、销售、进口其外观设计专利产品。相较之下,外观设计缺少了"使用专利产品"这一侵犯专利权的情形。

从条文表述来看,行为人若要构成专利侵权则需要在主观上以生产经营为目的,那么为何以生产经营为目的使用发明专利产品就算侵犯专利权人权利,而以生产经营为目的使用外观设计专利产品就不算呢?有学者认为:"保护外观设计的主要目的是阻止第三人未经许可而制造有关产品时复制和实质上复制有专利的外观设计。这一点与外观设计的版权保护相同。为了达到保护外观设计的目的,阻止第三人未经许可而制造、进口或者销售载有或者体现有专利的外观设计的产品就足够了。"[1]此观点不无道理。外观设计与作品实际上联系更为紧密些,由于外观设计并不具有发明意义上的"实用性",一般只需防范对其"表达"的复制行为即可。除了《与贸易有关的知识产权协定》第25条以外,《日本意匠法》第38条以及《韩国工业品外观设计法》第63条之所以未将外观设计的权利范围延伸至使用行为,其背后原因主要在于制造具有外观设计专利权的产品或者将某一外观设计应用于产品之上的行为即可认为属于对外观设计的使用,且消费者购买外观专利产品后一般也仅是为日常生活目的。

与外观设计不同,被授予专利权的发明须具备"实用性",即能够解决某种技术问题且能够被重复实施。可见,发明专利的价值源于其"技术思想"所折射出的实用价值。因此,与外观设计相比,使用者以生产经营为目的对发明专利产品进行使用的情况并不鲜见,放任他人以生产经营为目的对发明专利产品进行使用可能会使发明专利权人的利益受到严重损失,不利于维护权利人的创新热情。

关于权利范围确定,在解决被控产品是否侵权的问题时,大致都是采取"三步走"的方法进行判定。发明的侵权判定步骤为:①确定专利权的保护范围;②确定被控侵权产品的相应技术特征;③将权利要求书所记载的必要技术特征与被控侵权产品的技术特征进行逐一对比。而外观设计的侵权判定步骤为:①确定专利权的保护范围;②判断被控侵权产品与外观设计专利产品是否构成相同或者类似产品;③判断被控侵权产品的外观设计与专利产品的外观设计是否相同或者相近似。[2]

对权利范围进行确定是侵权判定中的核心,是社会公众确定自身行为是否合法的依据。从判定步骤上看,二者判断侵权的第一步都需要先划定权利边界

---

〔1〕 汤宗舜:《专利法解说》,知识产权出版社2002年1月版,第90页。

〔2〕 张广良主编:《外观设计的司法保护》,法律出版社2008年9月版,第46—47页。

以对真正受法律保护的权利范围进行确定，但倘若从保护范围的确定标准来看，二者之间实则又存在着一定的差异。现行《专利法》第 64 条第 1 款规定："发明或者实用新型专利权的保护范围以其权利要求的内容为准，说明书及附图可以用于解释权利要求的内容。"根据上述条文表述可知，发明的权利范围采取的是以"文字为主，图片为辅"的确定标准。由于发明作为一项技术方案，其所要求保护的内在技术内容无法通过外在表现出来、不能为人体视觉所感知，只能通过文字描述予以体现，因此其保护范围主要以发明的权利要求书中记载的技术内容为准，说明书以及附图只起到辅助解释的作用。此外，《专利法》第 64 条第 2 款规定："外观设计专利权的保护范围以表示在图片或者照片中的该产品的外观设计为准，简要说明可以用于解释图片或者照片所表示的该产品的外观设计。"因此，外观设计权利范围的确定采取的是"图片为主，文字为辅"的确定标准。其原因在于，外观设计作为一项美感设计能够直接作用于人的视觉，而设计效果又难以通过文字全面且准确地表达出来，因此保护范围便只能以当初申请时提交的图片或者照片中直观显示的外观设计为准，而简要说明起解释说明的作用。

关于侵权认定，一般来说，人民法院在判断被诉侵权的外观设计是否落入涉案外观设计专利权的保护范围时，应当遵循全面观察设计特征、综合判断整体视觉效果的基本原则。"2009 年司法解释"第 11 条就规定了外观设计是否相同或者近似的判断规则，即应当根据授权外观设计、被诉侵权设计的设计特征，以外观设计的整体视觉效果进行综合判断。被诉侵权设计与授权外观设计在整体视觉效果上无差异的，人民法院应当认定二者相同；在整体视觉效果上无实质性差异的，应当认定二者近似。据此，外观设计的侵权判定采取的标准是相同或者近似原则，即在两个相似产品上，站在一般消费者的角度对产品的外观进行整体视觉上的观察以判断二者是否近似，即便在后续需要排除功能性特征与惯常设计，找出二者相同与不同的设计特征似乎像是一个要素分解的过程，但在判断方向上仍是以二者对于消费者整体视觉上的影响为主。因此，判断外观设计是否侵权在整体上是一个"要素综合"的过程。

与外观设计不同，根据"2009 年司法解释"第 7 条第 1 款规定："人民法院判定被诉侵权技术方案是否落入专利权的保护范围，应当审查权利人主张的权利要求所记载的全部技术特征。"由于发明属于技术方案，权利要求由若干技术特征组成，在判断侵权与否时所采取的标准是全面覆盖原则，需要将被诉侵权产品所包含之技术特征与涉案专利权利要求书中独立权利要求之技术特征进行逐一对比，在全部落入涉案专利权利要求的范围之内时则构成侵权，因此在整体上是一个"要素解析"的过程。

由此可知，发明与外观设计针对是否相同或等同(相近似)的判断对象实际上是不同的。发明在进行侵权判定时主要在于判断二者的具体技术特征是否相同或等同，而外观设计的侵权判定则主要是判断二者在整体视觉效果上是否相同或近似。这两种方式的主要差别在于，除了具体技术特征或设计特征以外，是否还会考量其他特征对于整体技术方案以及外观设计的影响。

具体而言,首先,在相同侵权判定上,对于发明而言,只要被诉侵权产品的技术特征全部落入涉案专利的权利要求范围内,不论其是否具备新的技术特征,则都应当认定为相同侵权。而被诉侵权外观设计与涉案外观设计在整体视觉效果上无差异时才能认定相同侵权成立。其次,在等同侵权(相近似)判定上,如果被诉侵权产品的技术特征与涉案发明专利的技术特征虽存在差别,但该差别仅仅只是相关领域内惯常手段的直接置换或者在概念上属于上下位关系时,则可认定为等同侵权。对于外观设计而言,如果二者视觉效果近似的话,则需要结合设计空间、设计特征所占比例等因素,对二者的相同点与不同点对于外观设计整体视觉效果的影响权重进行比较。如果不同点能够对整体视觉效果产生更大影响,且不属于惯常设计或采用了惯常设计手段这两种情形,则不能认定二者相近似。

综上可知,在我国专利法体系下实际上存在了两套侵权判断规则,而这种操作层面上的差异反映在同一部法律中似乎过于显眼。从立法技术层面上看,将两种总体思路完全不同的法律规范制度混杂于同一部法律之中显然不利于法律的规范化。[1]

(二)问题揭示——外观设计制度于专利法体系下的利与弊

1. 外观设计制度置于专利法体系下的益处

(1)保持制度稳定性

我国《专利法》正朝着实施的第40个年头迈进,虽然在内容与结构上仍然存在着一些细节上的争议,但在我国立法机关、行政机构以及产业、学界等共同的影响和推动之下,《专利法》经过近40年的不断打磨俨然已经具有了较为稳固且成熟的结构安排与规则设计。但令人担忧的是,现如今若要将外观设计制度独立成法,原有的《专利法》则需要对各个概念的内涵以及相互之间的关系进行重新定义与梳理,新旧条文的大规模制定、拆分与修改在所难免。此外,《专利法》自诞生之初便一直作为保护外观设计的法律规范而存在,相关规则长期以来也一直遵循着《专利法》整体的协调性而进行设计与修改,不论在立法还是行政的设置安排上都有较为紧密的联系,这种联系在一定程度上已沉淀于公众的认知当中。因此,这样一种较大规模的制度变革必然会使已有的制度稳定性遭受冲击与挑战,进而对一般民众的认知习惯造成一定影响。

(2)节约立法成本

将外观设计从现行《专利法》体系中剥离出来产生的另一个问题便是立法成本的耗费。笔者认为,一部法律的颁布与修改对于一个国家、社会以及人民而言是神圣的,它不仅为人们提供了一种行为准则,对社会秩序的构建起着至关重要的作用,而且根本上它还是一种国家意志的体现,因此这一过程往往是慎重的,需要经过多方反复的研究、探讨与权衡。具体而言,由于法律的制定与修改多以满足现实生活的实际需求为目的,其内容需要能够反映出国家以及人民的意愿,

---

[1] 沈宗灵:《法学基础理论》,北京大学出版社1994年5月版,第347页。

因此不论是新法的起草还是旧法的修订，除了进行大量的学理研究之外，对众多机构、部门、企业以及学界专家等进行调研与咨询也必不可少。与此同时，由起草小组草拟出法律草案也需要进行多轮的审议，在此期间需根据各方反馈意见不停地进行斟酌修改，如此循环往复通常需要消耗大量的立法资源。

此外，除《专利法》本身，与其配套的实施细则、审查指南、大量相关的法律法规、部门规章、司法解释等都需要进行适应性修订，同时还需另行制定与外观设计相关的上述各种法律文件。“专利包含外观设计”的观念已经根植于我国知识产权法律体系中。正所谓“牵一发而动全身”，外观设计与专利想要来一场彻底的断舍离，会付出一定的成本。当然，这里所指的成本还远不止立法成本，还包括后续的行政改革、管理与运行成本、法学教育与社会普法宣传等成本。

实际上，在前几次修订《专利法》的过程中，就有不少人认为应当单独制定一部外观设计法，但考虑到当初将外观设计纳入《专利法》是经过各方反复权衡、力排众议后最终确定下来的结果，实属不易，而且单独立法不仅需要耗费大量立法资源，还得使公众重新适应新的制度安排，外加在漫长的法律实施过程中，“三合一”模式也一直被认为是我国专利法体系的特色之一，[1]所以此前单独立法的建议均未被国务院以及全国人大常委会所采纳。

2. 外观设计制度置于专利法体系下的弊端

(1)外观设计本质特性无法凸显

第一，专利法的技术指向性色彩浓厚。西方专利制度自初步发展后便一直为各国“引进先进技术，促进技术创新”而服务，具有浓浓的技术指向性色彩，是不折不扣的“技术之法”，而我国在制定《专利法》的过程中深受西方专利制度的影响，在筹建时对各国专利制度进行了大量的调查与研究，因此这样一种强技术性的特征不免会烙印于立法者的印象当中。此外，我国当时的国情与方针政策对于《专利法》的总体精神与目标又起到了决定性的导向作用。自 1964 年至 1965 年召开的第三届全国人民代表大会提出了“四个现代化”的宏伟目标后，实现“四个现代化”、建立繁荣富强的社会主义强国一直是新时期的总体任务[2]，而邓小平同志曾于 1978 年全国科学大会开幕式上指出：“四个现代化，关键是科学技术的现代化。”倘若没有科学技术现代化，则其他三个现代化（工业现代化、农业现代化以及国防现代化）的实现便无从谈起。此外，技术进步对于一个国家经济增长的重要作用不言而喻，但彼时我国技术进步带来的经济增长部分只有 20%左右，与发达国家的 60%相去甚远。可见，技术进步对于国家建设具有重要的战略地位。但技术进步又需要依靠国民的创新热情，这就需要制定相应的法律法规对技术创新予以法律层面的保障，而专利制度无疑为此而生。

上述种种技术保护需求客观上构成了建立专利制度的主要推动因素，国家

[1] 中国网：《中国专利制度的发展与展望新闻发布会》，http://www.china.com.cn/zhibo/2008-07/29/content_16080942.htm? show=t，访问日期：2021 年 8 月 19 日。

[2] 石平洋：《“四个现代化”是如何提出与发展的》，《学习时报》2020 年 5 月 29 日，第 005 版。

科委于1979年10月向国务院提出的《关于我国建立专利制度的请示报告》中也体现出了具有较强技术指向性的制度建设目的，如能够向国外出售技术，促进国内经济、技术发展，有利于开展科技情报工作，为外贸、技术引进和国内科研工作做好参谋以及为开展国际贸易和科技合作奠定基础等。在这样的制度建设理念之下，"专利应当保护科学技术含量更高的发明"的信念愈加强化，这就导致法律制定过程中更加偏向于带有浓厚技术色彩的发明。

从《专利法》第1条的条文表述可知，其立法宗旨在于保护专利权人的合法权益，鼓励发明创造，推动发明创造的应用，提高创新能力，促进科学技术进步和经济社会发展。与西方传统专利制度不同的是，我国《专利法》第2条对于"发明创造"的定义不仅包含了发明，而且还包含了实用新型以及外观设计。即便如此，我国《专利法》立法宗旨中的"发明创造"以及"科学技术进步"等词句选择本身仍带有较为明显的技术指向性色彩。由于"设计"一词本身更偏向于艺术创作，只能属于广义上的发明创造，而在一般人的认知理解中，发明创造更容易被直接理解为运用现有的科学知识以及技术，创造出某种新颖且独特的事物以及方法，即狭义上的发明创造，甚至仅从字面进行理解，将发明创造理解为发明也未尝不可。因此仅从条文表述上看，《专利法》本质属性仍为一部技术之法，即便在规则上再怎么进行协调融合，外观设计与发明在《专利法》中也一直处于貌合神离的状态。

实际上，早在此前就有学者意识到外观设计本属于知识产权领域中的"边缘保护对象"，[1]也有学者将其描述为"工业产权家庭团体中的穷亲戚"，[2]倘若在此基础上又贴上本不属于自己的"标签"，使其原有的性质与价值被掩盖，那么该制度发展的坎坷程度可想而知。由于专利制度保护的是产品本身的创造，而外观设计是以产品的存在为前提条件，因此许多人认为是专利制度为外观设计制度奠基。诚然，此观念并非完全错误，前者对于后者的发展固然有着不可磨灭的重要助力作用，但为了顺应时代发展的脚步，如今各自分立或许更能彰显二者的独立价值与作用。倘若执意将外观设计制度置于《专利法》之下，则其本身应当展现出的制度价值很难不被《专利法》所掩盖，这不利于一般公众、创新主体甚至行政与立法机构对外观设计制度进行更深层次的了解与挖掘，更谈不上后续对其进行合理地修改与完善。

第二，外观设计的权利边界模糊不清。知识产权的保护对象是无形的智力成果，其并不像有形物那般看得见、摸得着，因此知识产权领域往往存在着如何清晰划定权利客体边界的难题，方法上通常是对客体的概念及特征进一步明晰。然而，现行外观设计制度对于"富有美感"以及"适于工业应用"等构成要素还未进行更深层次的研究与解释，外观设计的权利边界实际上仍处于一种较为模糊的状态。此外，由于外观设计兼具装饰性与功能性的复合性特征，在《专利法》视野下，属于能够为产品外观带来实质性显著进步的创新性改造；在《著作权法》视

---

〔1〕 郑成思：《信息、新型技术与知识产权》，中国人民大学出版社1986年4月版，第63—64页。

〔2〕 S. Ladas&Patterns, *Trademarks and Related Rights*, Harvard Press, 1975, p. 828.

野下，属于具有一定独创性与可复制性的艺术作品；在《商标法》视野下，经过一定程度的使用后又可成为具有识别来源作用的商业外观。虽然外观设计的非物质性以及复合性特征看似为其提供了一个较为完整的法律保护网，但将一种客体置于不同法律体系下予以保护难免会产生权利边界模糊不清、法律适用冲突的问题与争议。

关于与实用艺术作品的冲突与竞合。按照传统的著作权与工业产权二分法，作品属于前者的客体，而外观设计则属于后者的客体，本质上应当有所区别。然而，我国现行《专利法》下的外观设计与《中华人民共和国著作权法》(以下简称《著作权法》)下美术作品的构成元素似乎并没有明显的区别，因此外观设计实际上与《著作权法》意义上的作品十分接近，在实践中区分二者存在一定困难。在学界也有不少人认为，外观设计作为一种具有美感的设计，原则上是可以受到《著作权法》保护的。[1]

起初，在艺术性与实用性仍较为分离的时代，由于外观设计需依附于工业产品存在，这便赋予了外观设计以实用性特征，为了划清著作权与外观设计权之间的界线，实用性也一度成为外观设计与艺术作品的主要区分标准。然而，随着人们创作水平的提高，某些立体造型艺术作品在具备艺术性的基础之上，其结构形式又能带来一定的实用价值，也就是现如今所谓的“实用艺术作品”，而实用艺术作品的出现也使得二者之间的界线再次变得模糊。

我国曾于 2012 年《著作权法》(修改草案)第一次征求意见稿当中将实用艺术品纳入作品的范围，后又于 2014 年的送审稿中将实用艺术作品定义为“玩具、家具、饰品等具有实用功能并有审美意义的平面或者立体造型艺术作品”。从定义上看，结合由世界知识产权组织编写的《著作权与邻接权法律术语汇编》一书对实用艺术作品的定义——“适于作为实用物品的艺术作品，不论是手工艺还是按工业规模制作的作品”，[2]实用艺术作品是由手工或者机械批量制作出来的，具有审美意义且能够作为具有实用功能产品的平面或立体艺术作品。显然，那些富有美感并适于工业应用的新设计，很大程度上都属于具有实用功能以及审美意义的平面或者立体的造型艺术，[3]可见外观设计与实用艺术作品之间并无太大差异。

虽然此修改内容并未出现在最终颁布的《著作权法》正式文本中，但其实际上已对法官的裁判思路产生了一定影响。[4] 例如，2016 年左尚明舍家居用品(上海)有限公司与北京中融化恒盛木业有限公司、南京梦阳家具销售中心著作权权属、侵权纠纷案中，江苏省高级人民法院经审理后认为：“家具在设计过程中

---

[1] 刘春田主编:《知识产权法》，北京大学出版社、高等教育出版社 2000 年 8 月版，第 137 页。

[2] 世界知识产权组织编:《著作权与领接权法律术语汇编》，刘波林译，北京大学出版社 2007 年 2 月版，第 9 页。

[3] 张伟君:《实用艺术作品著作权法保护与外观设计专利法保护的协调》，《知识产权》2013 年第 9 期，第 51 页。

[4] 杨咏梅、王晓:《实用艺术品与外观设计专利在保护对象上的内涵比较与范围划分——兼论实用艺术品侵权诉讼审理思路》，《法律适用》2018 年第 13 期，第 76—77 页。

包含着作者对各种元素的取舍、选择、设计、布局等创造性劳动,家具如具备一定审美意义,满足作品的独创性要求,并可用于工业化大批量生产,具备可复制性和实用性特点,构成具有实用价值的艺术作品,应当受到我国著作权法保护。"[1]具有审美意义且可被工业化大批量生产原则上属于外观设计的构成要件,而本案法院认为具备此构成要件的家具同样也属于实用艺术作品的范畴,可见外观设计与实用艺术作品在实践中并无清晰的概念划分。

对于该如何保护外观设计以及实用艺术作品的问题,《保护文学艺术作品伯尔尼公约》(以下简称《伯尔尼公约》)做了原则上的规定。《伯尔尼公约》第2条第7款规定,如果成员国对于实用艺术作品以及工业品的平面与立体设计制定了专门法律制度予以保护,则在其他成员国内也只能享受到此种专门保护,倘若该成员国并未制定专门法律制度,则工业品平面与立体设计将作为艺术作品得到保护。由于我国已经在《专利法》下建立了外观设计制度以保护工业品外观设计,因此原则上无须再将外观设计纳入《著作权法》的保护范畴。但此规定实际上并未解决外观设计与实用艺术作品如何划分的问题。因此,在实践中常出现的情况是,当著作权与外观设计专利权归于不同民事主体时,往往会发生外观设计的全部内容或者主要部分属于他人著作权的内容、外观设计的少部分内容属于他人著作权的内容以及外观设计内容与著作权内容相近似这3种情形;[2]当著作权与外观设计专利权归属同一民事主体时,则易于权利人分别以侵犯著作权和侵犯专利权为诉由的方式不当获益。[3]

关于与商标及商业外观的冲突与竞合。早期的《中华人民共和国商标法》(以下简称《商标法》)只保护平面商标,直至2001年对《商标法》进行第二次修正后才将保护范围扩展至立体商标,明确了三维标志同样可以成为注册商标,同时还于第12条对三维标志获得注册施加限定性条件,即"仅由商品自身的性质产生的形状、为获得技术效果而需有的商品形状或者使商品具有实质性价值的形状,不得注册"。显然,外观设计在满足特定条件的情况下既可以属于平面商标,也可以属于立体商标,但囿于立法机关对《商标法》第12条并未做出更进一步的明确解释,且于司法实践当中未有足够判例予以支撑,目前外观设计于国内是否能够申请注册平面与立体商标仍未达成一致意见。除了商标以外,外观设计与商业外观也可产生重叠。"商业外观"一词源于美国法下的法律术语"trade dress",在国内法语境之下,商业外观可对应于《中华人民共和国反不正当竞争法》(以下简称《反不正当竞争法》)第6条第1项所规定的有一定影响的商品包装与装潢。

从要素构成上看,外观设计同商标、商业外观存在许多相似之处。对于一种

---

[1] 左尚明舍家居用品(上海)有限公司与北京中融恒盛木业有限公司等侵害著作权纠纷案,江苏省高级人民法院民事判决书(2015)苏知民终字第00085号。

[2] 冉崇高、赵克:《著作权与外观设计专利权的竞合与冲突——以实用艺术作品的保护为视角》,《人民司法》2011年第21期,第90—92页。

[3] 徐晓雁、张鹏:《外观设计专利权的扩张与限缩——以外观设计专利权与其他知识产权的边界为视角》,《科技与法律》2014年第4期,第602页。

商业产品的外在包装设计而言，该设计既可具备装饰性功能进而起到刺激消费的作用，也可在一定条件下具备指示商品来源的作用，因此三者存在较大的重叠可能性，但若从传统的创造性智力成果与工商业标记二分法来看，外观设计又与商标以及商业外观存在着明显的区别。有学者认为，前者的价值直接来源于人们创造出来的“结构与形式”，利用“结构与形式”便能获取收益，而后者的价值则来源于所标记的工商业主体的市场评价与商业信誉，虽然该标记本身也是一种创造性成果，但其价值高低与创造性无关。[1] 保护商业外观的目的与商标相同，都在于防止对产品的来源造成混淆，保护商品生产者的利益，但其对商标本身的价值并不进行评价，并不考虑商标本身是否有价值以及是否受人赞扬。[2] 因此，商业外观与商标一样属于工商业标记一类，需具备显著性特征以识别商品或服务来源，而外观设计则属于创造性智力成果，需具备新颖性、显著区别性以及基本的装饰性特征以给人带来美的视觉效果，因此对其予以保护则要求它具有一定创造性。但纵使存在上述不同之处，由于各地法院就有关外观设计侵权案进行裁判时还常会使用“混淆”“混同”等明显带有混淆色彩的表达，因此司法判例中的表述往往误导了公众的认知与理解，模糊了两者之间本应明确清晰的界限。

综上分析，面对权利重叠的问题，倘若我国外观设计制度不能对此做出回应，那么一项创造成果就能够同时拥有多项知识产权，且当事人能够以侵犯各项知识产权为由提起民事诉讼以实现索赔金额最大化，则侵权行为人可能因此承担多项侵权责任，笔者认为这将有违《侵权责任法》的立法主旨。此外，倘若外观设计专利权的保护期限届满后还能作为其他知识产权受到保护，这就变相延缓了其进入公有领域的时间，可能会损害一般公众的信赖利益，与立法本意不符。

我们需要认识到，外观设计并非一种纯粹的技术方案或艺术作品，亦没有天生指示商品来源的功能，不论是否需要单独立法，我们都应当在内心认可其在知识产权体系中享有专属领域。[3] 诚然，一方面，不同类型的知识产权法律之间的冲突竞合问题首先源于知识财产的无形性特征，还在于当前知识产权法律体系的分散化管理，要想解决还需存在一个更加上位的协调机制来协调各法律之间的关系。但另一方面，外观设计单独立法显然能够凸显客体的独特性，对客体的构成要件进行针对性的深入研究，将其边界清晰化以最大限度减少不同客体之间的交织冲突。

(2)外观设计制度体系性不足

将外观设计纳入《专利法》后，由于后续《专利法》的完善修订需要同时考虑到三种客体之间的协调性，而外观设计在本质与性质上又与技术类专利存在较大区别，将三者的相关规则进行集中规定不免会导致理解与适用上的混淆，同时也为外观设计预留的制度设计空间极其有限，使之未能拥有一个较为完善的制度体系，对创新主体、司法机关以及行政部门在实践中用法造成一定不便，也不

[1] 刘春田主编：《知识产权法》(第三版)，中国人民大学出版社2007年10月版，第21页。

[2] 王太平：《工业品外观设计的法律保护模式》，《科技与法律》2002年第3期，第33页。

[3] 马云鹏：《外观设计法律保护模式研究》，知识产权出版社2016年1月版，第44页。

利于对制度形成一个整体性的理解与适用。

第一,规则的单独理解与适用。目前,我国采用的“合并立法,集中规定”模式所呈现出的条文设置一般是在各章节内条文中按照发明、实用新型、外观设计的顺序规定各类权利的规范,除此之外则以“发明创造”为三者统称,对共通适用的规范进行集中规定。一方面,采用这种条文设置形式的优点在于条文更加精简干练,比单独立法模式的整体篇幅明显少了许多,适于一般性的普法宣传。此外,这种同条不同款的形式也更方便对不同权利类型的规范进行比较,查找异同。另一方面,随着法律实施年份的增加,针对特定产业与产品建立的特殊规则将会不断弱化条文精简干练的优势,继续采用这种同条不同款的方式不免对条文编排的清晰度造成影响。并且,由于不同权利类型的规范也不尽相同,在便于分析比较的同时,也容易造成规则及概念在理解与适用上的混淆。例如,如本章在进行差异性比较时所述,专利法意义下的创造性一般应理解为非显而易见性,这与外观设计要求的“具有明显区别”,亦称显著区别性属于不同概念。但目前,将外观设计的显著区别性特征称为创造性的现象并不鲜见,这显然是对发明的创造性要求进行参照类比后的结果。在当前采用的专利合并立法模式下,其最大的问题在于容易使人误以为外观设计的判定标准与其他的专利无太大差异,[1]因此这种概念与规则上的相互参照与理解实属不可避免。但外观设计终究不同于发明与实用新型,不仅不同概念会被同一化理解,即便是同一概念,但对于不同客体而言在适用标准与解释方法上也会有所不同,如何保证各自在理解与适用上的相互独立也是这种集中规定方式急需解决的难题。

第二,制度的整体理解与适用。在“三合一”的立法模式下,发明创造、发明专利、实用新型专利与外观设计专利的表述方式并存,规则交织与割裂的情况穿插于法律的不同章节当中,除了少数单拎出来的特殊适用规则,其余基本统归于“发明创造”加以规定,给人以制度体系性的印象并不强烈。此外,由于法律本身的条文设置空间有限,其余外观设计相关规则只能被碎片化地规定在配套的《专利法实施细则》和《专利审查指南》中。事实上,现行规定的制度规则与适用标准合理与否是问题的一方面,问题的另一方面在于实际操作层面中有很多规则与标准并不为公众所知,如申请人在很多情况下往往难以知晓申请规则上的变化。当前,存在感不够突出、体系上又较为松散的情况并不利于外观设计制度的体系化构建,使实践主体无法对外观设计制度建立整体性的认知,也会对实践主体找法用法造成不便。将碎片化的规则进行整合,制定专门的法律法规以提升制度体系性或许更有利于公众对外观设计制度的整体理解与适用,而且将更多本作为法律补充的规定直接添加于法律中在一定程度上可以提高条文的执行力。

(3)外观设计制度修改受到掣肘

由于我国现行《专利法》同时对发明、实用新型以及外观设计予以保护,在历

---

[1] 李小武:《回到外观设计保护制度的起点——从 GUI 的保护谈起》,《清华法学》2012 年第 6 期,第 64 页。

次修法中须考虑三者规则的整体协调性。然而,需要强调的是,在修订一部法律时,受到立法资源等客观因素的限制,同时对三种客体的修改予以考虑与只需对一种客体的修改予以考虑,二者在修改上所呈现出的针对性效果终究是不同的。外观设计制度历经 40 余年的实施,虽一直处于一个不断完善的过程,但仍无法取得实质性突破,除了此前市场经济以及工业设计发展水平还未达到相应阶段之外,也受到了《专利法》的掣肘,问题大致可体现于修改时间以及修改内容上。

第一,修改时间上的掣肘。外观设计作为产品的外在装饰性设计,是一种面向市场的流行时尚,其价值高低直接取决于相关市场内消费者的主观评判。由于一般人对于美感的偏好往往是追逐新鲜潮流,这已经成为大部分人日常生活中不可或缺的组成部分,只要出现在市场上的产品是最新、最好、最美的,大部分消费者很难不被其吸引。因此,为了尽快占据市场优势地位,以产品消费体验为主的企业往往需要想方设法地迎合不同时期不同消费者的品位与审美取向,而产品外观设计的更新速度越快,也就代表出现新问题与新需求的频率相应地也越高。这就需要外观设计保护制度能够灵活地、适时地做出适应性修改。

一般而言,有些类别的外观设计有特殊保护需求,例如,以外观作为主要卖点的产品生命周期都不会太长久。然而,根据以往的法律修订来看,我国《专利法》的修订频率平均下来为 8—10 年一次,这种修订频率对于流行产品而言过于漫长。这背后的原因,除了修法者需同时考虑三种客体的问题,想要一揽子解决问题以外,还在于与外观设计不同,技术方案并不直接面向市场,因此并无流行周期的概念。一项技术方案从研发伊始至正式投入使用期间需要投入大量的时间、人力与物力成本,虽然投入的多少与技术问题难度的高低相挂钩,但整体创造所需时间比外观设计更长。这表明,为了取得专利权,要创造出具有较大突破性、明显优于现有技术的技术方案绝非一朝一夕之功,因此技术方案的可替代性往往较弱,生命周期较长,不用太过担心短期内会出现大量竞争对手而失去市场份额的情形。而产生外观设计的突破性创意或想法有时往往只需灵光一现,且无须像技术方案一样经过大量的逻辑论证,抛开是否确实能够吸引消费者不论,一定时间内产出大量外观设计的创新想法并非难事,但由想法转化而成的创新成果能否及时受到法律层面的保护则又是另外一回事。

诚然,外观设计制度脱离《专利法》后的修改速度与频率究竟能有多快目前还不得而知,但不可否认的是,现行《专利法》倘若继续同时对三种客体予以保护,随着各自需要面对的问题越来越多,届时如果仍需同时考虑三者协调性的话,那么修法的整体周期也将无法缩短,这对于时效性要求较高的外观设计而言无异于在一片泥沼当中越陷越深,法律规定的滞后性问题也将越来越突出。

第二,修改内容上的掣肘。要想使一个制度得到合理、健康的发展,并且最大化保障相关创新主体的权益,建立更多符合客体特性与主体需求的特殊制度与针对性规则乃必行之事。然而,由于外观设计并非技术类专利,置于《专利法》之下本就显得格格不入,外加制度整体协调性的考量,建立外观设计特殊制度的想法在前四次修法过程中实际上都并未得到采纳,特殊制度的构想主要可体现在以下几个方面：

首先，延迟公告制度。目前，我国对于外观设计采用的是延迟审查制度，并非延迟公告制度。单从制度效果来看，延迟公告制度与延迟审查制度都能够使申请保护的外观设计在更长的时间后被公告。但从严格意义上来说，两项制度还是存在着不小的差异。申请延迟公告的外观设计实际已经经过审查并且得到授权，只是处于一个等待公告的阶段，而申请延迟审查的外观设计并没有得到授权，而是一直处于等待审查的过程中。已被授权与未被授权之间的区别在于，前者的权利主体与权利范围已经确定，因此具备向侵权方提起诉讼的前提条件，而后者由于权利主体以及权利范围尚处于不确定阶段，也就不具备向侵权方提起诉讼的条件。由此观之，延迟公告制度较之于延迟审查制度而言更为灵活，对于权利人的权利保障也更为周全。并且，就目前而言，欧盟以及《海牙协定》体系采用的均是延迟公告制度，《欧盟理事会共同体外观设计保护条例》第 50 条中对外观设计延迟公告制度做了较为详细的规定。

因此，不论从制度灵活性看，还是国际惯常做法看，外观设计理论上采用延迟公告制度较为适宜，但我国之所以采用延迟审查制度而非延迟公告制度，主要是为了符合《专利法》“以公开换垄断”的基本原则，未予公开便能得到保护无疑与该基本原则相矛盾。但正如上述章节所分析，发明由于具备高度技术性，对其进行改进往往是一个连贯创新的过程，延迟公告会在一定程度上阻碍技术创新与改进，对于社会创新主体而言并不公平。而外观设计与发明不同，产品外在美感的创新与改进并不必然需要参考先前已有的外观设计，因此“以公开换垄断”的基本原则并不完全适用于外观设计，要求外观设计相关制度与该原则相符自然不尽合理。

其次，广义新颖性宽限期。新颖性宽限期主要可以分为两种类型，即狭义新颖性宽限期与广义新颖性宽限期。前者主要包括申请人于申请日前在政府主办或者承认的国际展会上进行展出，在规定的学术会议上首次进行发表以及第三人未经申请人同意擅自予以公开这 3 种情形。而后者除了包含前述情形外，还包括在公开出版物上发表或者公开使用，以及第三人从申请人处获知该内容并予以公开的情形。

目前，欧美各国大多采用的是广义新颖性宽限期，并且各国整体的修法趋势也是趋向于采用广义新颖性宽限期，而我国采用的则是狭义新颖性宽限期，不丧失新颖性的情形仅限于展会、学术会议以及点对点商业活动这 3 个传统方面。对于外观设计而言，采用狭义新颖性宽限期的问题在于，外观设计的优劣与否主要体现于消费者的主观喜好，因此需要一定曝光度来检验外观设计的实际价值，而发明技术的优劣与否通过技术实验结果便能得到直接反映，并不需要过多的曝光以体现其价值。除此之外，由于外观设计直接作用于人的视觉，其被他人看见后极易被仿制与使用，与曝光度的高度需求相矛盾，而对于技术性较强的发明而言，除非获取其核心参数，否则要进行仿造或者盗用还是相当困难的。

由此观之，外观设计对于广义新颖性宽限期的需求大于发明，但法律的修改往往需要斟酌二者之间的一致性与协调性，因此外观设计的特殊需求在法律修订过程中往往无法得到充分考虑。

再次，关联设计申请制度。企业在进行产品研发的过程中，基本思路一般是对已经具有一定市场认可度的产品进行改进型设计，在进行改进型设计时一般会保留产品原有的主要设计特征，仅对产品局部做一些创新性的替换性设计。这样能够在保留原有消费群体的基础之上，通过不断地实施细节创新以满足消费者的个性化需求，进而取得更好的市场效果。因此，与一般的外观设计不同，其并非是一项同原有设计具有明显区别的整体全新设计，而是在原有设计基础上的局部创新设计。现如今，改进型设计对于一些注重消费体验的企业，如经常研发与推出系列车型的大型车企有着相当程度的保护需求。

对上述改进型设计的保护需求，目前我国采用的是本国优先权与相似设计制度相结合的方式进行保护，但日本、韩国采用的是关联申请制度。后者相较于前者而言：①其提出改进型设计申请的期限一般为 10 年，远长于我国本国优先权制度规定的 6 个月。②日韩关联申请的数量没有限制，而我国相似外观设计制度最多只允许提交 10 件相似设计合案。③由于我国采取的是两个制度相结合的保护方式，程序较为复杂且涉及到在先申请的撤回，而日韩关联申请只需指明基本设计即可，因此在程序上更为便利。

经过上述对比后，笔者认为对改进型设计进行保护采用关联申请制度较为适宜，比较符合外观设计的特性。但考虑到制度协调性的问题，由于本国优先权制度已适用于发明，因此我国采用了在外观设计中引入本国优先权制度以保持规则适用上的一致性。诚然，这在一定程度上确实能够规避因制度规则不同带来的额外执行成本，另外也使外观设计的保护需求无法获得针对性的规则，相关问题无法得到彻底解决。

最后，展会优先权制度。与发明不同，外观设计需要给予一定的曝光度以充分考察市场对于产品的青睐程度，并以此为依据有选择性地重点挑选申请外观设计专利的设计方案。为了保障这期间申请人的相关权益，展会优先权制度实际上能够提供比新颖性宽限期更为显著的保护作用，其能够给予申请人比申请日更早的一个优先权日，并且这一优先权日能够作为确定现有设计的时间界限。因此其他的公开方式并不会影响到外观设计专利申请的新颖性，而狭义新颖性宽限期只是认定于展会上的公开并不破坏外观设计的新颖性，倘若在后通过其他方式予以公开则同样会对其新颖性造成破坏。

然而，由于发明的价值往往体现于产品内在的技术功能，常人无法通过视觉知晓其内部结构或者技术特征等创新点，因此并没有产生对展会优先权的需求。考虑到制度整体的协调性，外观设计引入展会优先权制度的可能性不大。

(4)无法满足时代发展的新需求

第一，虚拟产品的形式扩张。虽然现行法律法规以及司法解释并未对“产品”一词做出明确的定义，但在科学技术发展还未达到相应水平之前，作为外观设计载体的“产品”在概念上一般限定于实体产品。然而，进入工业 4.0 时代，在数字信息化时代背景下,智能制造将成为设计产业变革的主要方向,通过实施运用工业4.0下的先进技术,设计元素的科技性将会更加突出,[1]如图形用户界面(GUI)、虚拟现实、全息投影等非实体新兴产品接连出现,在一定程度上使得产品的有形观念被突破,开始朝无形产品的方向发展。由此可见,保护无形产品或称非实体产品的外观设计已成为适应工业4.0时代发展的保护需求之一。

关于软件产品图形用户界面。2014年,国家知识产权局通过第68号令对《专利审查指南》进行修改并将图形用户界面纳入了外观设计的保护范畴当中。然而,图形用户界面相较于传统的外观设计专利产品而言有其特殊性,法律法规及其司法保护层面上的不适应性很快便暴露出来。

2016年,被称为我国图形用户界面专利侵权司法保护第一案的奇虎诉江民案当中,原告北京奇虎科技有限公司(以下简称奇虎公司)认为被告北京江民新科技术有限公司(以下简称江民公司)的江民优化管家界面涉嫌抄袭其360安全管家界面图像设计。虽然从原告奇虎公司提供的各项有关动态效果的公证证据中可以看出二者极为相似,但作为一审法院的北京知识产权法院认为,涉案专利视图中显示的产品为电脑,涉案专利为用于电脑产品上的外观设计,"电脑"这一产品对于涉案专利的权利保护范围具有限定作用,而被诉侵权软件并不属于外观设计产品的范畴,故与原告电脑产品不构成"2009年司法解释"中所规定的相同或相近似种类产品,认定原告奇虎公司的侵权主张并不成立。[2] 此案一出便引发学界与实务界的广泛热议,有关图形用户界面外观设计的保护问题自此也受到了更多的关注与重视。

为了解决图形用户界面外观设计保护存在的障碍,国家知识产权局于2019年发布的第328号《专利审查指南》修改公告当中,对于进行图形用户界面外观设计申请时提交的简要说明内容做出了新规定,即如果仅提交包含该图形用户界面显示屏幕面板的正投影视图,则应当穷举该图形用户界面显示屏幕面板所应用的最终产品。[3] 这一规定显然意在弱化产品与图形用户界面外观设计之间的关系。而在2020年通过的第四次修改的《专利法》中引入的局部外观设计制度也被认为将在提升图形用户界面外观设计保护针对性方面发挥积极的作用。然而,以上这些做法都未将图形用户界面外观设计与产品的完全剥离,因此并不能完全解决图形用户界面外观设计专利保护存在的问题。

面对这一问题,其解决路径便是对产品的内涵进行深层次地重构,以及对于产品和载体进行有效地认识与区分。需要强调的是,外观设计是指对产品外观进行的设计,因此设计对象自然应当被认定是外观设计的产品。在奇虎诉江民

---

〔1〕 Elena Laudante. "Industry 4.0, Innovation and Design. A New Approach for Ergonomic Analysis in Manufacturing System", *The Design Journal*, 20(2017), pp. 2725-2726.

〔2〕 北京奇虎科技有限公司等诉北京江民新科技术有限公司侵害外观设计专利权纠纷案,北京知识产权法院民事判决书(2016)京73民初276号。

〔3〕 中国政府网:《国家知识产权局关于〈专利审查指南〉修改的公告(第328号)》,http://www.gov.cn/xinwen/2019-09/26/content_5433360.htm,访问日期:2021年8月30日。

案中，原告奇虎公司旗下的360安全管家属于一种软件产品，各种设计活动所针对的对象都应当是软件产品而非电脑产品，电脑只是该软件产品的载体，与外观设计并没有直接的关系，将电脑作为本案中外观设计对应的产品显然是不合理的。之所以会出现此种现象，主要原因还是在于人们对于产品的基本认识仍停留于机械时代的有形物体观念。然而，在专利相关法律法规并未完全排除软件等非实体产品的情形下，外加软件适用于工业应用且可被重复生产，软件产品理应成为外观设计产品的适格对象。因此，相关法律法规及部门规章应当随着时代发展做出相应改变，将软件产品甚至无形产品明确包含进外观设计产品的范畴中。

关于虚拟现实技术产品。虚拟现实技术的基本呈现方式是通过计算机模拟出虚拟环境从而给人以环境沉浸感，属于融合了多媒体、传感器、新型显示、互联网以及人工智能等多个新兴技术领域的仿真感知技术。顺应工业4.0时代的发展需求，社会上涌现出大量依托于虚拟现实技术的新兴外观设计，[1]将虚拟现实科技运用于工业品设计领域，并在虚拟现实空间中生成3D模型，不仅允许设计人突破物理环境的制约而身临其境般自由地查看及改进3D模型，也允许用户在购买前实现全方位的智能体验。[2] 为了推动新技术、新产品、新业态、新模式在各领域的广泛应用，国家近几年对于虚拟现实技术的发展给予了高度重视，工业和信息化部于2018年发布的《工业和信息化部关于加快推进虚拟现实产业发展的指导意见》（工信部电子〔2018〕276号）指出，我国将于2025年实现虚拟现实产业整体实力进入全球前列，使虚拟现实骨干企业创新能力显著增强，应用服务供给水平大幅提升，产业综合发展实力实现跃升等发展目标。[3]

目前，虚拟现实类产品所包含的核心技术与方法，如动态环境建模技术等，可以通过申请发明专利予以保护，相关的硬件设备以及创新结构可通过申请实用新型专利予以保护，其配套的如虚拟现实头盔、体感衣等硬件产品的外观设计可以通过外观专利进行保护。然而，出于产品实体性质的考量，对于涉及的相关虚拟界面、动态图标、虚拟三维图像等新兴外观设计要素而言，我国目前的相关措施及法律法规尚无法提供有效的保护。[4]

关于全息投影技术产品。与虚拟现实不同，全息投影技术属于利用光的干涉与衍射原理进行虚拟成像、模拟实物的技术方法，主要包含空气投影与交互技术、激光束技术与360度全息显示技术等。其主要特点在于能够浮现于物理产品之外的空间中，无须借助任何设备即可进行视觉感受甚至人体交互，属于超越

〔1〕 路莉：《未来必胜的虚拟现实技术》，《中国发明与专利》2016年第2期，第45页。

〔2〕 刁舜：《虚拟现实科技对我国外观设计制度的挑战与应对》，《电子知识产权》2020年第7期，第28页。

〔3〕 国务院新闻办公室官网：《工业和信息化部关于加快推进虚拟现实产业发展的指导意见》，http://www.scio.gov.cn/xwfbh/xwbfbh/wqfbh/39595/41074/xgzc41080/Document/1660063/1660063.htm，访问日期：2021年8月30日。

〔4〕 胡伟峰、潘旭辉、余晓廓、卞永军：《虚拟现实产品新兴外观设计保护研究》，《装饰》2019年第10期，第120页。

了虚拟现实与增强现实的极具未来感的仿真成像技术。然而,同样受制于产品实体性质的考量,其可与物理产品相分离、可再现于空气介质中的特性能否受到外观设计专利的保护目前还存在不确定性。但从产业发展的角度看,需要对其进行保护的现实问题也同样无法忽视。

"非实体产品设计"目前对于我国而言尚属于新鲜事物,但产业界对保护"非实体产品设计"的呼声越来越高,《专利法》对于如何规制"非实体产品设计"的法律问题应予以回应,现行《专利法》涵盖的客体保护范围已然无法为新业态创新成果提供有效的制度保障。[1] 在当前工业4.0的时代背景之下,如何激励广大创新主体加大对于虚拟技术开发以及非实体设计的资本投入并提高创造力度仍是我国顺应时代发展,甚至引领时代发展的重要议题。放任非实体产品遭受侵权之扰显然有悖于工业4.0的发展需求。为此,我国需在外观设计的定义中明晰"非实体产品"设计的地位以适应科技发展和域外外观设计的发展趋势,促使我国工业品设计行业与新科技结合并及时转型,以新科技赋予外观设计新的创造力及价值,并改变外界对我国外观设计创新力低的偏颇认知。

第二,实体产品的保护范围受限。关于字体设计。根据《印刷字体设计保护及国际注册维也纳公约》(以下简称《维也纳字体公约》)的规定,受保护的字体主要是指印刷出版文字作品所使用的印刷字体,主要包括字、字母、数字以及标点符号等,各成员国可以自行选择通过著作权法、外观设计法或单独立法的方式对字体进行保护。在字体设计保护方面,目前世界范围内的主要做法是通过《著作权法》以及《外观设计法》予以保护。韩国与欧盟于法律及条例中认定字体设计为外观设计的保护客体;美国虽然并不给予字体以著作权法保护,但如果字体设计实施或应用于工业产品上则属于外观设计的保护客体,即使是由计算机产生的字体,也属于外观设计专利的保护范畴;英国尽管将字体纳入著作权的保护范畴,但自《欧盟理事会共同体外观设计保护条例》实施后,印刷字体便也成为了外观设计的保护客体;[2]而我国对于设计创作而成的美术作品的字体以及字帖、字库则给予著作权保护,而铅字由外观设计专利和反不正当竞争保护。[3] 综上可知,目前字体要么作为外观设计被予以单独保护,要么被给予著作权与外观设计的双重保护路径。

由于字体一般都是以使用为目的而被创造出来,因此并非仅具单纯的观赏价值,实际上也包含了某种实用功能。字体设计活动本身并不创造新的文字,而是美化现有的文字使其在视觉上能够产生吸引力,最终达到刺激他人使用的效果,以及能够通过计算机排版的方式实现批量生产。因此在本质属性上其更接近于一种产品,这也是为何各国对字体大多采用外观设计而非著作权予以保护的原因之一。由于著作权法本身给予作品的保护水平较高,使用其对字体保护

---

[1] 管荣齐:《新形态创新成果知识产权保护探析》,《科技与法律》2017年第6期,第3页。

[2] 黄武双:《实用功能排除了计算机字体著作权保护的可能性》,《法学》2011年第7期,第44页。

[3] 宁小军、吴猛:《字体的著作权法与专利法保护之我见 浅谈利用专利法外观设计保护字体的必要性》,《电子知识产权》2012年第10期,第46页。

可能会受到诸多限制,因此并不利于实现著作权法促进文字信息传播的初衷。

此外,《著作权法》对于作品的独创性要求主要在于"独"的认定,创造性的高低则相对次要,即便不同创作者创作出了极为相似的作品,但只要是各自独立创作而成即可获得著作权法保护且无须公告。但问题在于,倘若容许极为近似甚至相同的字体存在,那么在字体使用的过程中就容易出现侵权纠纷,这也会在一定程度上会削弱对字体设计人的激励。对字体给予外观设计保护会对新颖性以及显著区别性提出更高的要求,虽然字体本身的创作空间较为有限,但提高要求本就是立足于保护创新,而且这在一定程度上能够使侵权纠纷出现的概率相对变低,即便出现侵权纠纷也能够减少司法认定的成本投入。[1]

最后,《著作权法》提供的保护期限为作者终生及死亡后50年,这对于持有字体相关权利的创新主体而言是一种长期垄断,然而字体归根结底是为文字传播服务,为字体赋予如此长时间的垄断权无益于社会文化以及相关产业的进一步发展,会造成严重的资源浪费。而我国目前对于外观设计提供的保护期限为15年,相较于著作权而言,笔者认为其能够给予创新主体足够的时间进行成本回收与利润生成,同时也不至于不合理地限制公众使用字体的权利,可以更好地平衡权利人与社会之间的利益。

目前,我国《专利法》《专利法实施细则》及《专利审查指南》并未明确字体设计的外观设计专利权地位,这与蓬勃发展的字体设计行业的现状不符。随着我国信息技术以及娱乐产业的高速发展,未来字体设计所体现的创新力以及创造力仍将继续向前推进。为此,在外观设计审查政策的修订中,外观设计保护的客体应延伸至字体设计。

关于装饰装潢设计。随着社会经济的发展以及物质生活的富足,人们从追求实用逐渐向消费体验转变。为了顺应人民生活水平与消费要求的提高,设计师也越来越注重设计所能带给消费者的整体体验感。近年来,除了传统的日用消费品以外,这种体验设计模式更多地被应用于如室内设计、内饰设计及门店设计等装饰装潢设计上。通过结合艺术、文化、风格等因素为处于特定环境中的人们带来感官与情感方面更多更高层次的体验与享受,而这种空间体验感的提升也能够为商业主体带来更多的附加经济价值以及竞争力。当然,并非所有的装饰装潢设计都应受到保护。其应当注重视觉观感上的整体性与统一性,设计风格杂糅且缺乏统一主题的装饰装潢设计不应受到保护。并且该设计不能仅体现出纯粹形式上的、情感表达狭隘的装饰主义风格,其应更加注重设计风格的基本内涵与质感,能够体现出文化价值与情感价值。

从保护方式上看,日本于2020年4月修改《日本意匠法》,将室内设计纳入外观设计的保护范畴当中,其新增第8条之2规定:"如果物品、建筑物或图形图像的设计是由商店、办公室或其他设施内的设备和装饰组成的,且创造了一个统一的美学整体,则可以作为一件外观设计提交申请并获得授权。"在我国,装饰装

〔1〕 沈树:《字体的外观设计保护》,《法制与社会》2012年第6期,第174页。

潢设计一般是受《著作权法》与《反不正当竞争法》保护,但通过《著作权法》及《反不正当竞争法》保护具有排他性弱、举证难度大等劣势,在保护力度上存在着一定局限性。在外观设计保护方面,除相似外观设计申请与成套外观设计申请外,我国目前现行的外观设计申请一般应满足单一性原则,因此装饰装潢设计整体作为一件外观设计不符合当前的授权条件。鉴于上述分析,笔者认为,为了打破装饰装潢设计难以被授权的困境,从保护创新的角度出发,顺应创新主体需求,我国可以通过制定专门规则来对其授权条件予以规定。比如,店铺、车辆及其他设施内部的设备以及装饰,若在整体上具备统一的装饰风格且能够体现设计人的独特个性,则可以作为一件外观设计提起申请并在符合其他特定条件下获得授权。

第三,传统申请文件的类型局限。我国现行《专利审查指南》对外观设计立体产品、外观设计平面产品提交的图片进行了规范,申请人欲获得外观设计的授权,应提交纸件或电子件的正投影视图、立体图等。然而,提交二维视图的规定无法适应新兴外观设计要素的出现,如对于虚拟现实类产品的外观设计要素,有些需要借助工具才能被人感知,有些则不依靠具体的载体实现产品的功能。因此,现有的正投影视图等传统二维视图提交方式无法涵盖其关键创新点和知识成果。在2018年举行的中美欧日韩五局合作(ID5)会议中,ID5合作伙伴倡议在工业4.0时代背景下继续努力提高各国外观设计制度之间的一致性,力求在新技术环境中加强对外观设计的保护,利用新技术为产品设计的申请者提供更为便捷的服务,并密切关注包括虚拟现实、增强现实和全息投影在内的新兴产品设计的保护方案、申请及审查问题。[1] 为了进一步适应科技水平的提升以及设计理念变化导致的设计形式多样化,有必要拓展目前外观设计申请中展现外观设计电子文件类型,如视频文件、多角度动图展示等,以满足创新主体在提交申请文件上的充分表达的需求。

第四,现行审查模式的灵活性欠缺。目前,我国不论对于何种类型的产品外观设计均采用单一的审查程序及审查标准。其问题在于,不同领域的产品设计特性存在较大差异,且相同领域的产品设计也会存在不同的审查需求。随着社会物质富足带来生活水平的提升,追求着装等生活方式上的时尚与个性已逐渐成为人们生活的一部分。时尚是一种与时俱进的变化,而这里的"时"则是根据人们的品味追求与设计水平而变化。例如,在时装外观设计领域,绝大部分服装往往具有流行周期较短、更迭速度较快等特点,其设计活动需要结合季节性与每年的流行趋势进行综合考量,一款服饰的流行季基本在3个月之内,有的甚至短至1个多月,而我国外观设计专利的授权周期虽然在世界范围内已可谓高效,但还是难以完全满足此类外观设计产品的保护需求,外观设计专利在产品的市场热度下降后获得授权将失去产品希望获得的保护意义。而另一方面,一些知名品牌的时装抛开本身体现出的优良设计质感与特色而言,在品牌效应的影响下,

---

〔1〕 Elizabeth D. Ferrill,"Top 5 Design Offices Meet In Alicante To Discuss Protection Of Emerging Designs",https://www.mondaq.com/Article/659780,last visited:2021/9/1.

往往能够受到消费者长时间的青睐。每年将同一款服装款式上线售卖也能取得不错的销售成绩，产品具有较长的流行周期。对此，设计企业又希望产品外观设计能够得到实质审查以维护权利稳定性。显然，审查需求的问题并非细分出不同领域就能够解决的，因为同领域内的产品也会存在不同的产品定位，现有的单一初步审查模式欠缺灵活性，无法依据产品特点提供针对性的审查服务。

(三)理论问题总结

第一，从专利制度与外观设计制度的历史发展脉络上来看，二者源起并兴盛于不同的社会发展阶段。"生存"作为人类发展历史中的第一要义，提高社会生产力、摆脱物质资源匮乏永远是一个社会得以蓬勃发展的基础条件。生产力的高低取决于人类对生产制造技术的创造与应用水平，而社会又需要相应的制度规则保证方方面面的正常运行，在两者结合之下，对生产制造技术的创造与运用进行规制的法律制度——专利制度——应运而生。在专利制度漫长的发展过程中，其始终以能够生产制造出某种器械与物质的技术，或者这项技术的改进作为保护对象。可以说，它使技术从无到有、实现从量变到质变的变化。而对于"美"的追求则是人类社会达到的又一境界，是在社会生产力显著提升、物质资源得到丰富的前提下，人类对于生活质量提出的新要求。在专利制度的推动下，生产技术的提高使得商品的流通速率与规模得到了相应的提升，市场经济逐渐得到发展。人们购买产品的关注重点不再局限于其功能性与耐用性上，一项产品的外在美观与否慢慢为人所重视，逐渐成为相关市场内的有力竞争因素之一。保护产品外观的外观设计制度便诞生于此阶段中。由此可见，二者不仅起源于不同的历史发展阶段，而且还存在着某种发展上的递进关系。此外，在考虑对外观设计给予法律保护时，从立法先例看，绝大多数国家并未自发地将其纳入专利制度的保护范畴当中，而是选择单独立法，或是将其与著作权制度融合。因此，在各国立法者眼中，外观设计并非是内生于专利制度的保护客体，自然也不会选择以专利制度对其进行保护。

第二，专利制度主要保护的是发明这种技术类知识产权客体，而外观设计作为一种与作品内涵更为接近的客体种类，其与发明在各方面均存在着不少差异。在本质属性上，发明是一种具有"高度技术性"的技术方案，其创新活动主要以解决某种技术问题为导向，且"技术"一词一般应当限定于科学技术与机械工程技术领域。而外观设计则主要是一种以产品为载体，需要对产品功能兼容度进行考量的装饰性设计，其更加注重的是一种"美感"的增量，并不实际解决某种技术问题，因此本质上是一种"功能性"与"艺术性"相结合的产物。在规则设定上，由于二者在本质与性质上存在差异，这就使得在实质授权要件的理解以及判断方式与标准上存在不同。目前我国《专利法》对于发明以及外观设计的规定大多采用"同条不同款"的规定方式也是出于此种原因，而这种规则设定上的差异在同一部法律之下则显得有些突兀。

此外，专利制度主要源自于欧美国家，其专利思想在很大程度上影响了世界范围内各国专利制度的建构与设计,我国在立法筹建的过程中也对西方各国的专利制度进行了大量的分析研究。在对立法模式进行构思时需要在一定程度上尊重传统专利制度的立法原旨,并在此基础之上进行制度安排的创新。然而,创新后的制度的合理性也仍然需要通过制度实践予以检验,而将外观设计制度置于《专利法》中则明显存在以下几点不相适应之处:

(1)外观设计的本质特性无法凸显。将外观设计纳入《专利法》不仅削弱了将外观设计作为一种独立的知识产权门类的意识,在客观上也造成了外观设计与技术类发明创造的混同,干扰了公众对外观设计的正确认识,对外观设计制度法规的制定形成了一定的障碍。将外观设计置于技术指向性色彩较为浓厚的《专利法》下,使得其原有的制度特点被埋没,削弱了其独有的制度作用与价值。而且,现行制度并未对外观设计构成要件做进一步的研究与明晰,导致外观设计的权利边界仍然较为模糊。一方面,这在实践当中容易与实用艺术品以及商业外观等其他知识产权客体产生权利重叠与冲突;另一方面,考虑到保护的时间成本、经济成本或者救济力度等问题,当事人在实践当中往往会通过著作权或者反不正当竞争途径寻求保护与救济,这在一定程度上使得外观设计制度存在被架空的可能性。

(2)外观设计制度体系性不足。考虑到在一部法律之下存在3种不同的权利客体,为了体现出制度的一致性与整体性,除了单拎出少量外观设计的特殊规则外,《专利法》中的多数条文内容均以"发明创造"对三者进行统称并加以规范,导致外观设计制度的体系性并不显著。一方面,外观设计并非技术类专利,在概念解释与适用规则、标准上同发明有较大差别,但在这种集中规定的形式之下,容易导致一般公众将二者的规则进行参照理解,进而造成混淆;另一方面,目前外观设计制度整体存在感较低,且制度规则的零散化设置并不利于一般公众对外观设计制度形成整体性的认知,不仅在规则与标准上的变化不易被察觉,也会对一般公众在找法用法上形成不便。

(3)外观设计制度修改受到掣肘。由于采取"三合一"立法模式,《专利法》在进行修订时需要考虑到三种客体之间制度上的协调性,这在一定程度上制约了对外观设计法律规则修改的针对性。在修改时间上,目前我国《专利法》的修改频次平均为8年至10年一次,而外观设计不同于发明,其作为一种流行时尚对于法律制度的时代适应性有着更高要求。在修改内容上,如延迟公告、广义新颖性宽限期、关联申请以及展会优先权等特殊制度的建立需求也因受到《专利法》基本制度原理以及协调性的掣肘而被一再搁置。这无疑使得外观设计制度与实践相脱节的矛盾愈发显著。

第三,无法满足时代发展的新需求。时代的高速发展终究不会考虑到相应制度是否能够做出适应性修改的问题,客体保护的需求永远随着时代的变化而变化,"产品"的内涵与外延也正受到不断的挑战与冲击。除了字体与装饰装潢设计等实体设计的保护需求以外,近些年出现的对虚拟现实为首的非实体产品设计予以外观设计保护的呼声也越来越高。与此同时,随着客体类型的多样化趋势，从保护创新的角度出发，申请时可提交的申请文件类型也应当做出相应的拓展变化。另外，不同类型的产品对于时效性、权利稳定性等均存在着不同的需求，这就需要对现有审查模式做出调整，寻求创立一种多种方式并存的审查模式以满足不同类型产品的针对性需求。总而言之，从长远发展的角度看，时代革新的速度愈加迅速，而保护创新成果的手段、思路、方法、理论也需要不断地进行更新升级，但制度修改上的处处受限显然很难满足人们对于外观设计制度进行适应性提升的期许。

三、专利合并立法模式下的外观设计制度实践需求分析

笔者通过走访多家企业和法院，召开现场座谈会、线上视频会议等方式深入了解社会各界对外观设计立法模式下的新的保护需求，以期将来能够为外观设计制度的完善提供参考。

（一）授权前申请与审查阶段

1. 拓展保护客体范围

对于软件产品以及电子设备硬件产品而言，图形用户界面通常是其不可分割的一部分。但在现有法律框架下，图形用户界面若想申请外观设计专利则必须与硬件载体结合，然而侵权者通常仅生产或销售软件，专利权人在后续维权时就将面临很多的障碍。例如，2016 年奇智软件（北京）有限公司、北京奇虎科技有限公司与北京江民新科技术有限公司侵害外观设计专利权纠纷案[1]中，法院认定奇虎公司“带图形用户界面的电脑”这一专利保护的产品种类是电脑，与江民公司的软件不是相同或相近的产品种类，驳回了奇虎公司的诉讼请求。另外，根据现行《专利审查指南》的规定，与人机交互无关的显示图案并不能授予外观设计专利权，如图 1 所示的图形用户界面当中有争议的虚拟数字人形象目前无法

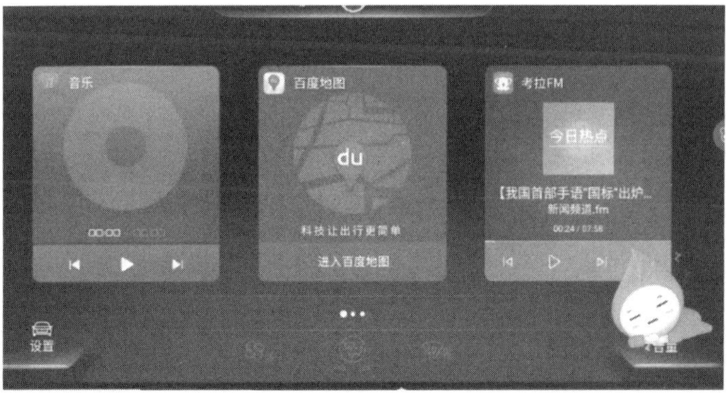

图 1　比亚迪汽车中控屏及其虚拟人物形象

---

〔1〕北京奇虎科技有限公司等诉北京江民新科技术有限公司侵害外观设计专利权纠纷案，北京知识产权法院民事判决书（2016）京 73 民初 276 号。

受到外观设计的保护。除此之外,对于虚拟世界中相关的"数字知识产权"如何保护,例如,包括创建的虚拟环境本身、该环境中产生的人机交互的动态界面以及虚拟世界与现实世界中的知识产权是否互认等都是随着虚拟技术发展亟须予以解决的一系列问题。

除了虚拟产品设计以外,一些硬件产品的外观设计保护范围同样需要拓宽。以汽车设计为例,如图2所示,车辆内部的车载仪表盘在启动的时候会有一种迎宾效果的氛围灯,但仪表板本身并不是屏幕,只是具有单纯的透光效果,能够给车辆驾驶以体验与仪式感,满足人们精神上的享受需求。然而,目前的外观设计制度并不保护产品中的非图形用户界面视图,即通电后的动态灯光效果,这就使得汽车一些具有酷炫未来感的外观设计无法受到保护。

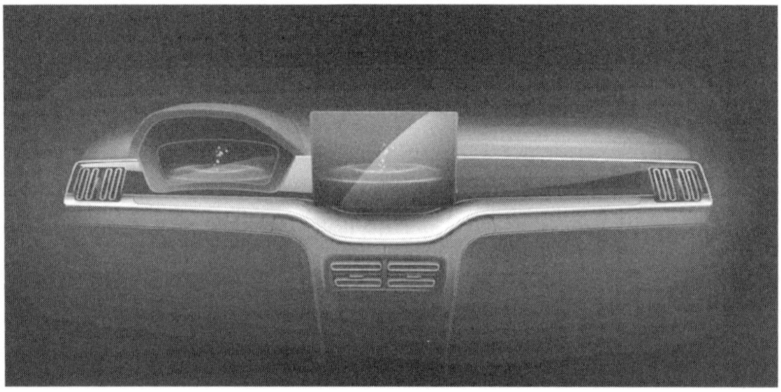

图2 比亚迪车辆仪表盘氛围灯

此外,目前外观设计制度的保护范围并不包含装饰装潢设计,但企业现阶段对于装饰装潢的设计存在一定的保护需求。如图3所示,此为比亚迪X-dream概念运动型多用途汽车(SUV)的内部装饰设计,设计理念主要是让包括车门内

图3 比亚迪X-dream概念车内饰

侧、座位及其扶手、方向盘及前端中控台等内饰构成要素在色调与线条感等方面相互交织，形成整体上具有山水画式的统一内部视觉风格。此外，为了让汽车内饰的观看者能够有更加整体的视觉观感，该车也将前后车门的门把手设计成对置式门把手，因此车门便可由中间向两侧打开，使得人们站在图示角度观看时不会有阻挡物影响整体视觉观感。

对此，笔者首先建议明确将“虚拟产品”纳入专利法意义上的“产品”的范畴中，以更好地保护有关领域创新主体的合法权益，在此基础上实现图形用户界面保护与硬件产品相脱离，取消人机交互这一限定性条件，将保护范围从人机交互界面扩展至纯粹的交互设计界面。此外，在实体产品设计保护方面，还应将包括车辆内饰设计、室内设计以及店面装饰设计在内具有整体视觉风格的装饰装潢设计纳入外观设计的保护范围中。

2. 采用广义新颖性宽限期

目前，我国《专利法》第 24 条对于发明、实用新型以及外观设计的新颖性宽限期的期限统一规定为申请日以前 6 个月内，并且对不丧失新颖性的情形做出了限定性规定，其包括：①在国家出现紧急状态或者非常情况时，为公共利益目的首次公开；②在中国政府主办或者承认的国际展览会上首次展出；③在规定的学术会议或者技术会议上首次发表；④他人未经申请人同意而泄露内容。然而，企业的产品需要经过一定的测评以及市场评价过后才能体现出外观设计价值的高低。因此，企业希望针对产品外观设计新颖性宽限期的期限予以适当延长，并且将不丧失新颖性的例外的情形扩展到申请人主动公开，如召开产品新闻发布会、向媒体公开或者用于宣传或测评产品。

3. 建立关联设计制度

随着人们对于生活品质要求的提升，消费者决定是否使用或继续使用一款产品主要取决于该产品带来的体验是否良好。当然，产品体验作为一种主观感受与判断往往具有不确定性，容易随着时间的推移而改变，因此设计主体需时常根据客户的使用反馈进行后续设计的创新与修改，于短时间内在原有版本的基础之上进行小范围的改进型设计，推出多种不同的设计版本来对消费者的喜好进行测试，以便最终确定最优效果的设计版本。但由于这种设计往往改动较小，在授权及保护范围认定等方面不免将会受到一些限制，导致在遭到恶意竞争主体的抄袭与仿冒时可能无法获得救济。

例如，对于软件应用程序（App）产品而言，其版本更迭速度相较于硬件产品而言往往较快，每周都能有新的版本上线，在短时期内能够实现多次版本的迭代。但在修改范围上，软件 App 产品能够修改的范围主要取决于产品框架的大小，因此在同一产品框架下不同功能的改进存在的设计空间相当有限。举例来说，抖音是一款集直播与短视频播放功能于一身的视频软件 App，其产品框架与界面形式主要如图 4 所示。为了避免客户使用上的不适应，产品整体核心框架一般不会出现较大变动，进行改进型设计的空间一般也不会超过整体界面的 1/3，在面对这种创作自由度比较小的情况，设计上的每一个改动都是在使用习惯和功能优化之间进行反复取舍平衡后得出的结果。值得一提的是,尽管设计空间有限,但每种版本所做的较小改动往往都能为一般消费者所注意。

图 4　抖音的产品框架与界面形式

当前互联网产品已进入一种快速迭代的时代,采取的是边做边上线的敏捷开发模式,若在上线后发现问题便继续进行迭代与优化,而每次迭代时改进的部分占比都很小,但迭代速度相应地也非常快。根据奇虎公司的反馈,其旗下的软件产品平均以每月两版的频率迭代,因此理论上一年需要申请 20 件至 30 件外观设计专利,版本改动较小不免因现行法律规定会产生因重复授权导致迭代设计权利不稳定的问题。

除了软件产品以外,实体产品同样也存在迭代设计保护方面的需求。为了建立并扩大品牌的固定消费群体,具备一定设计能力的产品制造企业开始注重家族化、系列化的设计语言,而小米公司则是产品设计家族化的代表企业之一。例如,如图 5 所示的米家电饭煲,后代产品与前代产品虽在整体外观与风格上较为相似,但在版本更新时都会根据如今的审美潮流与用户反馈进行改进并加入一些新的设计点。

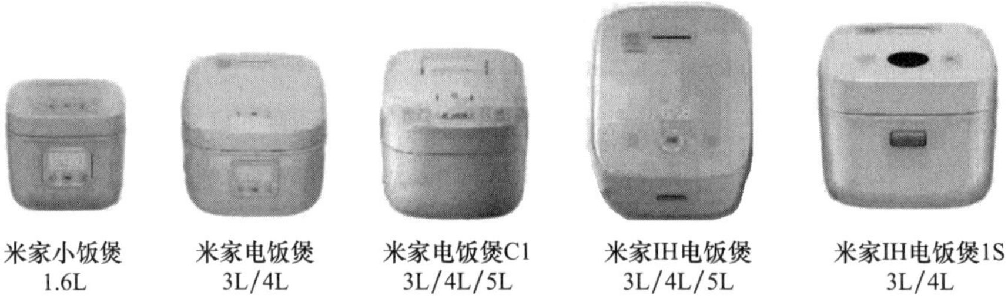

图 5　小米电饭煲迭代设计

此外,目前国内的汽车市场也已进入快速迭代的时代,这种家族式的迭代设计在汽车行业内同样较为普遍,如图 6 所示为比亚迪公司针对王朝系列的"宋"车型所做的不同迭代版本设计。设计 1 为 2019 年推出的基础车款,而设计 2 则是在设计 1 的基础上对于车身后部做了较大变动,后续的设计 3、设计 4 等主要是针对车头的部分做出变动,设计 5 则是 2021 年推出的全新款迭代车型,对车尾及车头都做出了改进设计。然而,这种家族式的迭代设计经常碰到的情况是申请人的后案申请容易受到前案申请的影响而不能获得全面的保护。

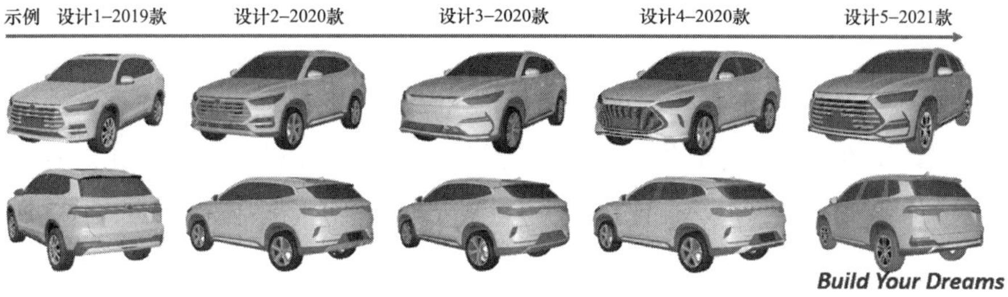

图6 比亚迪旗下“宋”车型迭代设计

对此，目前中国采用的相似外观设计制度要求申请人在同一件专利申请中提出，合案申请的数量也受到限制，并且倘若近似程度较高的多项设计没有在同一件专利中作为多项相似设计进行申请，而是分成不同的外观设计专利进行申请，则会面临被认为属于“实质相同”的风险。目前，日本采取的关联设计制度允许从“本外观设计”申请之日起10年内提交关联设计，而且对于关联设计申请的数量未做限制。当然，更重要的是，关联设计制度有利于使多个设计形成一个较大范围的保护圈，而不是对一个个离散的点进行保护，这就使第三方的外观设计更难以在类似的范围内获得授权。当前，许多企业在一段时间内，为了因时制宜地迎合消费者的审美以及满足消费者的产品体验需求，可能在1年或1个月内推出原有设计基础上的迭代设计版本。为了更好地保护这种迭代设计，为其提供一种多级连锁的保护网，引入关联设计制度已成为目前产业界的需求之一。

4. 建立延迟公告制度

通常而言，企业对于旗下产品一般都会进行相应地产品规划，且一般将产品规划的总体时间设为1年或2年。目前，外观设计专利申请在经过初步审查后可获得授权并即行公告。然而，对于存在产品上市规划的企业来说，由于存在授权时间早于产品公开发布时间的可能性，因此容易导致企业的产品规划与布局提前暴露，进而影响该类产品的商业销售。

此外，智能硬件产品发布的周期长于外观设计授权的周期，同时硬件产品从功能设计到发布上市，不但有设计环节、制造环节，还有市场营销、供应链、渠道、甚至出现竞品等，任何一个环节出问题都会导致整个产品的开发周期发生变动，无法较好地匹配专利审查周期。虽然目前引入的延迟审查制度在一定程度上能够解决这一问题，但延迟审查在程序上是从申请后就暂停审查，继续审查之后的审查时长以及专利最终是否能够获得授权都不可控。

因此，针对企业产品规划与布局的需求，可以考虑参考国外比较成熟的延迟公告制度，甚至更进一步提供灵活的定制化公告服务。具体而言，申请人于申请阶段便提出延迟公告申请，但在符合条件予以授权后并不即行公告，而是依照当事人于申请提出的时间予以公告，同时为了进一步契合企业随时调整商业规划的需求，给予申请人能够调整时间的定制化公告服务，以进一步增加外观设计公告时间的可控性，这也是将来可以参考的制度创新方向。

5. 扩展申请文件类型

随着设计水平的提高以及人们对于视觉效果的追求,设计师们在传统静态设计的基础之上开始对设计的时间维度进行考量,对设计的表现从静态逐渐过渡到动态,开始注重产品形状、图案以及颜色随着时间推移的动态变化过程及变化结果,意在赋予产品更多生命力,如形状结构的变化以及颜色的变化,其保护范围就是一个整体变化的过程。另外,如今的设计要素也变得更加多样化,逐渐从视觉层面扩展到听觉层面,如特定条件能够触发的声音音效,或者人机之间的语音交互,都能够提高人们在环境空间中的整体感受。

然而,当前仅以图片、照片作为依据会对外观设计实质相同的判定造成不便,而简要说明的文字表述方式对于设计进行二次表达也存在天然的局限性。因此,在科技发达的当下,是否可以将申请文件的形式更加多样化是目前的需求之一。倘若产品并不复杂,则可直接按照原来提交的图片或照片比对即可,但如果产品较为复杂且细节较多,为了使申请人能够充分、清楚地表达其所要求保护的产品外观设计效果,就有必要扩展外观设计申请文件类型至三维文件甚至视频文件,这样的申请文件可以弱化简要说明,填补简要说明的表达局限,也可以360度对外观设计的外在结构和内部构造进行全方位展示。对此,鉴于计算机辅助设计制图(CAD)已经广泛地运用于现代工业品设计产业中,申请文件由传统的二维平面视图提升到三维图像、动态视频等类型已非难事,而且还能够相对清楚地反映出外观设计申请中的设计要点,提高行政部门的审查效率。

6. 实施差异化审查制度

当前,我国对于外观设计专利申请实行的是初步审查制,即只对专利申请文件是否符合形式要求,是否具有明显的实质性缺陷等问题进行审查,若无问题则直接授予该外观设计以专利权。然而,现阶段我国实务界对于外观设计采取实质审查制的呼声越来越高,这主要出于以下几点原因:

第一,对于创新主体而言,实行实质审查最大的好处就在于能够使权利具有更强的稳定性。对于企业产品售前阶段而言,由于产品在出售之前需要进行一系列的专利风险排查,在审查授权阶段实施实质审查能够为企业减轻前期风险排查的压力;对于企业产品售后阶段而言,经过实质审查的外观设计在将来遇到侵权纠纷时能够降低被无效的风险,能够减轻权利人后续维权的负担。第二,对外观设计进行实质审查有助于提高外观设计的质量,也能够有效矫正外观设计创造的激励机制,使得企业在观念上逐渐从重数量向重质量进行转变。第三,对于具有海外市场或者准备开拓海外市场的企业来说,如果要将产品出口海外的话,倘若该出口目标国针对外观设计采用的是实质审查制,那么其就会采用一种较为严格的标准来对产品进行审视,因此笔者认为有必要在国内也实行与之相应较为严格的审查制度。最后,对于行政审查部门而言,提高审查和授权质量的难点并不在于发现设计水平差、创新程度低的申请,而在于缺少合理的审查依据。

值得强调的是,一方面,若针对外观设计施行实质审查制,可考虑增加"普通设计人员”的判断，以便更好地契合实质审查的要求。若想推动外观设计高质量发展，外观设计的保护重点应从立足鉴别性向立足创新性过渡，普通设计人员具有一般消费者所不具备的设计常识以及识别能力，能够对不同产品外观设计之间的细微差别进行有效辨别，[1]因此更能正确区分创新设计以及现有设计。当然，外观设计创新保护模式的理论构建以及实践可行性分析仍有待加强。

另一方面，不同产品类型对于权利稳定性以及时效性的要求也是不同的。对于快速消费产品而言，过长的审查周期并不适合其产品生命线，因此这就导致大量优秀设计放弃寻求外观设计保护。例如，软件应用程序类产品的产品设计周期短，上线时间较快，一旦上线便很容易被第三方模仿，较长的授权周期导致该类产品的外观设计维权变得非常困难。除此之外，对于服装行业而言，除了一些知名品牌的服装设计可能会在很长一段时间内存在不少追随者外，普通的日常服装只在当季销售，太长的审查周期会使得很多人不愿意去申请服装外观设计专利，而且也不会缴纳年费以维持专利。因此，针对软件应用程序以及服装产品等应考虑在原有初步审查制度的基础之上进一步缩短其授权周期，以保证即时授权，提高保护的时效性。

诚然，现有的审查制度和审查政策虽然对审查周期的不同需求给予了不同的救济方式，但是在受益群体和周期的灵活性上都有很多限制，无法从不同产品属性出发，让申请人根据产品设计和销售的实际需要进行选择。对此，制度的顶层设计需要考虑保护创新设计的灵活性，对于不同类型产品的审查需求，笔者建议设置更灵活的渠道如登记制、初步审查制与实质审查制并行，供当事人寻求保护时进行选择。对于不同的审查授权模式可相应地调整其保护力度以及保护期限。当然，当事人对于产品外观设计可以先行选择初步审查，后续还可以根据需要申请进行实质审查，因为很多设计往往是需要投入市场并经过一段时间的市场评价过后才知道该设计的价值高低，设计人于初期可能还无法意识到该设计的重要性。

（二）授权后权利维持与维护阶段

1. 适当延长保护期限

目前，我国《专利法》规定的外观设计保护期限经过修改后为15年，正好符合《海牙协定》的要求。然而，世界各主要国家的外观设计保护期限大多在25年左右，作为《海牙协定》所规定的“及格线”，15年的保护期限已属于最短的保护期限。诚然，保护期限的长短涉及到公共利益的问题，然而，对于具有较高设计水平的企业来说，它们都期望通过精心设计以及市场营销打造出一些经典爆款产品及系列产品，而这些产品一般都能够经过长时间的市场检验而于市场竞争中经久不衰，因此设计型企业往往希望该产品获得更强的保护。如图7所示珠宝为恒信玺利（IDO）公司推出的由法国珠宝设计大师菲利普·图内尔设计的香榭

[1] 高晶、朱训平：《浅析我国外观设计侵权判定标准》，《法制与社会》2008年第15期，第79页。

之吻(Champs Elysees Kiss)系列珠宝,该系列珠宝包括男女钻戒、项链、耳饰,这些设计中均巧妙地融入了埃菲尔铁塔的设计元素。其中的铁塔钻戒于2011年申请了外观设计专利,至今仍受到广泛好评及热销,成为该公司旗下最为经典的产品,但该外观设计专利的保护期限不久将届满,铁塔钻戒将无法继续受到专利保护。

图7 IDO铁塔系列戒指及项链

对此,为了使得企业的一些经典热销产品能够获得更加长久的保护,可以考虑通过条文修改将保护期限予以适当延长。当然,并非所有外观设计搭载的产品均能够成为所谓的企业的经典产品,大部分外观设计一般不需要如此长的保护期限,尤其对于快销产品而言,其对于产品外观设计的保护需求或许仅仅只存在当季或者某个阶段而已。然而,对于外观设计保护期限长短的需求,权利人可以通过是否缴纳年费的方式决定产品是否继续受到外观设计专利的保护。

2. 统一判断及认定标准

(1)细化近似种类产品类别

在外观设计专利侵权判断中,判断涉案专利和被诉侵权产品是否属于同类和近似类别的产品是侵权认定的一项前置性判断程序,即二者只有属于相同类别或近似类别产品时才能够进行侵权判定,否则不能认定侵权成立。以相同类别或近似类别产品为判定前提在司法界并无太大的争议,但关键在于该以什么样的标准进行类别判断。对此,"2009年司法解释"第9条规定,确定产品的用途可以参考外观设计的简要说明、国际外观设计分类表、产品的功能以及产品销售、实际使用的情况等因素。然而,用途不同或不相近并不必然导致产品类别不相同或不相近,还需综合考虑涉案专利产品及被诉侵权产品的使用方式、使用效果、二者所属的技术领域和商业领域的远近等因素,这就不免导致在司法实践当中存在规则适用以及判断结果上的不确定性。对此,在外观设计领域应当建立更为科学细分的产品领域,在国际外观设计分类的基础之上,将外观设计的产品分类细化并根据时代发展与社会需求进行适时修改和调整,这对于创新主体、司法机关以及行政部门在实务操作上将更为有利。

(2)区分功能性与装饰性

当前,我国外观设计专利审查采用的是初步审查制,很多既具有功能性特征又具备装饰性特征的实用工业品在审查实践当中已经被授予外观设计专利权。例如,挂耳式的耳机产品,其挂耳部分是完全按照人体工学进行设计的功能性设计,该部分的设计几乎没有装饰效果,对于这样的耳机产品,其设计特征的功能性与装饰性究竟该如何区分?目前,在实践中,司法机关无法根据专门的法规文件或者在先案例有效区分外观设计产品中属于功能性特征或者装饰性特征的部分,在此情况下便需要法官根据授权文件或者无效宣告决定自行进行提炼。然而,由于法官掌握的现有设计程度不同,法院的提炼方式与行政审查部门的提炼方式往往并不一致,且不同层级法院、不同法官之间的提炼方式也会有所不同,这就难免会出现法院与审查机构之间以及不同法院或法官之间意见不同、认定标准不一的情况。因此,产品功能性和装饰性特征在认定上的一致性以及准确性是法官目前面临需要解决的关键问题。为解决上述问题,可以考虑在现行法规当中对外观设计的功能性与装饰性进行明确定义,在审查指南中将功能性特征与装饰性特征的类型予以进一步细化,进行非限定性列举并明确将其排除在外观设计的保护范围之外。

(3)界定设计空间的范围

设计空间一般是指设计者针对产品外观设计进行设计时在已有条件下具备的设计自由度,而一项产品外观设计的设计空间往往又受到诸多因素的影响,如产品的功能对其外在形状与结构起到了一定的限定性作用。此外,产品设计空间的大小因产品类型的不同而不同,如珠宝首饰、耳机等产品,其设计空间比较有限,设计者即便做出细微改动也能为一般消费者所注意;而对于一些比较复杂的产品而言,设计者做出的小范围改动却可能无法为一般消费者所察觉。由此可见,设计空间的认定对于产品外观设计相同或相似的判断具有非常重要的意义。

在外观设计专利无效纠纷案中,往往会涉及涉案外观设计与现有设计的比对,对比时既需要总结出二者之间的相同点以及不同点,而且还需要确定不同点对于产品整体视觉效果是否产生显著影响,设计空间是进行侵权判决的重要因素。然而,目前在有关设计空间的问题上,由于掌握的现有设计状况不同,一审法院和二审法院的判决结论之间往往存在很大的分歧,司法机关希望此问题能够于授权阶段获得明确的结论。尤其对于快审案件而言,为了让当事人与公众能够更好地理解并接受司法结果,就需要提供一个更加强有力的判断支撑以说服当事人,进而使判决结果起到一个很好的社会引领与示范效果。为解决这一问题,可以考虑强化专利权评价报告的法律地位,使其可以作为法院审理的基础材料,或者如上述分析中的论述,对外观设计采取实质审查制,在授权通知书中明示现有设计的范围。

3. 降低现有设计固证难度

首先,对于软件应用程序类专利的图形用户界面设计而言,现有设计证据以及侵权证据的举证较为困难,出版物公开的证据较少,当事人采用的多为使用公开证据或网络公开证据,但是此种存在于互联网中的电子证据具有易失性,并且提前进行存证并不现实。对此,针对图形用户界面领域的特殊情形,可出台配套的证据存证制度,由如行业协会等非营利性机构等的中立的第三方机构建立软件应用程序类产品版本更新存证库,软件版本更新后可以及时上传,以此作为检索图形用户界面外观设计的证据库,使得图形用户界面设计相关证据更容易获取,证据公信力也能相应提高,从而有效保护图形用户界面原创设计。

其次,对于实体产品而言,一方面,随着电商行业的发展愈发迅速,侵权人通过互联网在网上对侵权产品进行销售本身对于企业的维权造成了不小的难度,另外,随着带货直播的兴起,只有在直播时段内才能看到侵权产品,使得权利人在固证上变得更加困难。另一方面,在如家居等行业中往往存在侵权主体难以确认的问题,由于一些家具的创新设计一般只涉及色彩使用、棱角打磨以及结构拼装等,这使得侵权主体的侵权门槛与成本大大降低,一些侵权主体可能只是一些小型个体经营者,在网上或者自己的门店对侵权产品进行售卖,而有些侵权主体甚至都不具有线下门店,这对于企业的维权固证也是一个极大的挑战。对此,对于行政机构而言,可赋予行政机构调查取证的权力,针对外观设计可以专利局的名义进行取证固证;对于创新主体而言,则可建立获得国家知识产权局认证以及法院认可的第三方知识产权专门性公证机构或者公证平台,以进一步满足创新主体对于知识产权取证固证的便捷性与实效性等要求。

4. 优化无效宣告程序

根据法律有关规定,在外观设计专利侵权纠纷案件中,当被告提出专利无效请求时,人民法院应当中止审理,这不仅使被告有机会因专利无效而被认定侵权行为不成立,同时也能为被告争取时间准备后续的应诉策略,因此提出专利无效宣告请求已经成为被告方应诉的惯用手段。然而,对于权利人而言,专利无效程序以及后续的无效行政诉讼会耗费大量的时间,使权利人的维权战线被延长,这不仅会对企业的市场经营造成不可挽回的影响,同时也会造成权利人持续性地支出诉讼成本,这会使一些诉讼能力及资源较为薄弱的企业遭受巨大的损失。

据统计,专利无效宣告程序一般需要耗时4—5个月,加上专利无效行政诉讼,专利权的总体维权周期一般至少在2—3年。调研中,广汽集团表示,一般新车上市的关键宣传周期为1—2个月,如果一款车月销量减少500台,以每台单价10万元计算,权利人在无效程序中耗时5个月则会损失将近2.5亿元人民币。为了能够快速解决侵权问题,对于产品时效性要求较高的企业一般会选择通过行政途径解决问题,但这样,企业会无法获得应有的赔偿。对此,可考虑针对外观设计的专利无效宣告程序设置一个固定的无效审理周期,或者在采用实质审查制与授权后异议程序的基础之上,确定无效宣告程序与审查过程之间的关系,规定针对审查过程中已经审查的内容在无效程序中适用一事不再理的原则。

5. 明确损害赔偿认定标准

我国《专利法》规定下的外观设计侵权责任以及损害赔偿的认定标准几乎与发明和实用新型趋于一致。但问题在于,如先前章节分析,外观设计要求保护的内容与发明、实用新型完全不同,因此外观设计对于产品的利润贡献度也会同发明、实用新型存在差异,而权利人无法因外观设计被侵权就侵权人的非法获利获得赔偿也是实践中经常出现的问题。从企业的角度出发，当产品外观设计遭到抄袭仿冒时，而是一想有效制止侵权人的不法侵权行为，二想通过赔偿弥补自身遭受到的利润损失或者其他市场负面影响等。

然而，根据许多企业的反馈，目前通过侵权诉讼往往无法获得理想的救济效果，甚至会出现诉讼成本高于所获救济的现象。例如，从小米公司近些年来部分侵权案件的诉讼相关情况分析（见表 1），其保证金金额和判赔额之间存在一定的差额，小米公司通过请求海关保护以及提起民事诉讼的维权方式并没有获得理想的救济效果，甚至出现诉讼成本（保证金金额）远高于判赔额的情况。特别值得注意的是，针对外观设计实施侵权行为的侵权成本往往较低。因此，特别是外观设计对产品具有高价值的企业，这种程度的判赔额难以覆盖权利人的损失及维权成本，上述现象一方面会使得创新主体的维权积极性降低，在遭遇侵权时纠结是否应当主动出击，另一方面也变相纵容了侵权行为的发生，这种现象显然并非法律规定的初衷，甚至与之背道而驰。

表 1　小米公司近期侵权诉讼相关情况

维权方式	查扣数量 （4275 台）	保证金金额 （总计：316.4 万）	对方反担保金额	法院认定侵权行为	判赔额
海关、 民事诉讼	40 台	7 万 （结案后，已申退款）	全部等额反担保	制造、销售、许诺销售、出口	15 万 （已执行）
海关、 民事诉讼	70 台 315 台 685 台	3.7 万 27.5 万 66.7 万		出口	4 万 5 万（上诉） 6 万（上诉）
海关、 民事诉讼	1440 台 325 台 500 台	80.5 万 14 万 20 万		待起诉	
海关、 民事诉讼	600 台 300 台	47 万 50 万			

若从侵权人的角度出发，对于一些主观上非故意的侵权人来说，过高的损害赔偿金也会导致侵权人需要承担的侵权责任过重。显然，法律需要讲究双方当事人之间的利益平衡，不得不合理地加重任意一方的责任与义务。目前，涉及外观设计的损害赔偿金额的认定问题并非只是纯粹过低的问题，而是时高时低、无法准确弥补外观设计专利权人所受损失的问题。

诚然，由于外观设计与发明、实用新型之间存在的差异性较大，在法律层面对三者的侵权责任及损害赔偿认定建立一套能够共同适用的统一认定标准，导致了有关规定过于宽泛，使法官在司法实践中的自由裁量空间过大，进而导致判决结果往往可预见性较低，这使得许多企业很难较为准确地预判其因外观设计专利权被侵害而在诉讼中可能获得的赔偿额。对此，应当在对外观设计特点进行充分考量的基础上，结合侵权人的主观恶意、商品知名度等因素进一步细化有关侵权责任、赔偿标准、计算方法的相关规定,建立一套科学、客观且具有可操作性的认定规则。笔者认为,可以引入专家评审团制度,通过组建在设计、功能以及销售领域的专家评审团来确定产品外观设计在利润中的贡献率,再结合侵权产品的销售收入确定非法获利数额。

(三)调研考察总结

创新主体、司法机关以及行政部门在工作实践中对当前专利制度运用中有待解决的现实问题感受最为直观。立法与修法并不只是法理与逻辑层面上的论证,其必须以“解决实际问题”为基本导向。在现阶段以“满足人民美好生活需要”为基本奋斗目标的指引下,研究并解决实践主体于制度适用上的问题与需求应当是制定或修改一项法律制度的要旨所在。经过对上述实践问题的分析,不难发现现行外观设计制度存在与实务界的实际需求相脱节、法律与创新发展不同步的现象,主要可体现于以下几个方面:

第一,专利制度中可申请保护的产品保护客体并未随着时代发展而予以相应扩充。对于图形用户界面外观设计而言,虽然局部外观设计制度的引入在一定程度上扩展了对图形用户界面外观设计保护范围,但其始终脱离不了实体产品的局限,为此企业希望能够对图形用户界面外观设计进行单独保护,并将保护范围延伸至图形用户界面当中的虚拟形象、交互设计等。此外,随着设计越来越重视环境体验,除了图形用户界面以外,具有独特视觉风格的氛围灯设计也应当纳入外观设计的保护范围当中,而包括内饰设计、室内设计以及店面设计在内的装饰装潢设计作为环境体验感的主要来源,倘若各设计要素能够形成整体统一的视觉风格,则同样应当将其作为外观设计给予保护。

第二,制度缺少对企业产品规划布局以及契合消费者需求的考量。一方面,产品外观设计追求的是一种直接作用于人体视觉的装饰性设计效果,其价值高低主要取决于包含消费者主观判断在内的市场评价,企业往往需要在产品正式投入市场前予以公开以便进行初步的市场测评,因此外观设计相较于发明而言对于新颖性宽限期的长度与适用情形存在更多需求。另一方面,授权后何时予以公告也是企业产品规划与布局的重要一环,外观设计早于产品发布前授权可能会严重影响该产品的商业销售,加入包含定制化公告服务在内的延迟公告制度显然能够提升公告时间上的灵活性,使企业能够根据商业规划与布局的变动进行相应调整。除此之外,为了契合并增加消费者的产品体验感,根据消费者的使用反馈以及审美偏好进行改进型设计或者迭代设计也是目前企业不论就实体产品还是虚拟产品都会普遍开展的创新设计,而针对这种短时间内推陈出新的设计迭代引入关联设计制度对其给予保护较为适宜。

第三,外观设计专利申请及审查程序上的规定与外观设计的多样性特点不相契合。在申请阶段,当前《专利法》规定申请人能够提交的文件类型只包含请求书、图片或照片以及该外观设计的简要说明。然而,如图片以及照片这般以静态视角观察产品外观设计的传统二维视图不能直观地显示设计上的一些细节,且对于一些希望保护动态设计效果的外观设计而言，用静态图无法展现出设计的动态变化过程。简要说明作为纯文字表述对于外观设计形式上的描述又存在天然的局限性，如此一来便会对后续外观设计保护范围的界定产生一定程度的不利影响。因此，在科技发展日新月异以及设计理念更新的背景下，应当将申请文件扩展至三维视图以及视频文件等能够更加生动形象地展示出外观设计要点的文件类型。另外，不论是创新主体、司法机关还是行政部门都对于外观设计实行实质审查制存在期许，其原因一是初步审查制不利于提升国内创新主体的自主创新意识，无法满足外观设计权利人对于权利稳定性的需求，二是其也不能显著提高我国外观设计的授权质量。对此，应从源头改变外观设计“多而不精”的现象，充分把握我国参与国际规则制定的话语权。当然，并非所有类型的产品都对于权利稳定性存在高需求，而且许多创新主体在产品投放市场的初期没有意识到其产品外观设计的潜在价值。对此，笔者认为可以采用多种审查方式适应不同创新主体的需求，满足不同领域产品的外观设计保护需求，如设置登记制结合异议制、初步审查制结合评价报告和实质审查制，形成一套权利边界清晰的外观设计保护制度。

第四，权利人在维权阶段无法获得预期的侵权救济效果也是在司法实践中经常出现的问题。如前所述，外观设计本身具有易遭受侵权且侵权成本较低、对维权时效性要求较高的特点，但在目前的侵权诉讼当中，权利人往往需要经过专利权无效宣告、无效行政诉讼等程序，平均 1 年半的维权周期不仅会对权利人的产品运营造成影响，也会使权利人支出更多的维权成本，对此，可以优化无效宣告程序的审查周期。此外，互联网的发展催生了网络电子证据的出现，而电子证据具有易失性、易变性的特点，尤其对软件产品侵权的搜证固证造成了很大影响，外加侵权主体的个体规模往往不大，因此权利人在侵权主体的认定方面存在一定困难，对此，应降低对现有设计的固证难度。在判断与认定标准方面，目前对于产品类别相同或近似的判断标准还较为模糊，应对外观设计产品类别予以细化，对于功能性特征与装饰性特征的区分以及设计空间的界定等问题可在实施细则当中予以进一步明确，并提升专利权评价报告的法律地位。对于侵权损害赔偿金缺少科学客观的确定标准问题，应在对外观设计特点进行充分考量的基础上，结合侵权人主观恶意、商品知名度等因素细化有关侵权责任、赔偿标准、计算方法的相关规定，或者引入专家评审团制度。

之所以于实践当中存在上述种种问题，究其原因主要还是在于外观设计与发明的内在差异，以及二者在受重视程度与资源分配上的失衡。对于一项同时存在 3 种保护客体的法律制度而言，修法的难点之一在于如何保持制度规则的协调统一，避免过多例外规定的出现，但外观设计的个性化需求又与协调性要求相矛盾，使得制度层面无法做出较大的创新性改动。此外，在修法资源有限的情况下必然会存在资源分配上的优先级，而发明又处在《专利法》中的核心地位，因此立法机关对于实务界反映的、涉及外观设计的问题无法进行更为深入细致的研究分析，并及时予以回应。

四、外观设计立法模式国际比较研究

(一)外观设计域外立法模式参考

1. 外观设计专利合并立法模式

(1)美国

在世界各国的立法例中,我国与美国是世界上少数以专利模式保护外观设计的国家。从时间上看,美国制定专利相关法律并将外观设计纳入其中比我国早100多年的时间,而这种设计专利模式在很大程度上影响了我国1984年《专利法》的立法模式构建,因此我国同美国在外观设计专利立法模式的源起与构建上存在一定相似之处,但也存在着诸多差异。

从历史发展的角度看,美国于1842年通过《美国外观设计专利法》,使外观设计成为《美国专利法》一部分的主要推动力之一源于当时产品制造商的请求。面对当时外观设计保护真空的情形,为了避免在新设计上的大量投资继续遭到工业革命新技术盗版者的破坏,产品制造商们以保护劳动力和投资的论点向国会提出请愿。一般认为,外观设计之所以会被纳入到美国专利法体系之下,主要原因在于第一个将外观设计保护需求传达给国会的人,是时任美国专利局局长,同时也是设计专利法规的主要支持者之一——亨利·埃尔斯沃斯。其在提案中呼应了制造商请愿书中的许多观点。然而,国会在制定《美国外观设计专利法》时实际上并没有对外观设计专利保护客体与发明专利保护客体之间的差异性问题进行较为系统地审视与深入分析,这主要还是出于产业利益的考量以及社会主流意识形态而为之。此外,美国一方面受国内实用主义哲学的影响,《美国著作权法》对外观设计一直持保守态度,任何产品外在的视觉特征都被认为是其内在结构和机制的逻辑反映,另一方面是1870年以前没有一个独立统一的机构来专门执行作品登记职能,满足外观设计的登记注册需求,而专利制度在那时就已经有了较为完整的专利注册制度。可见,美国当时的立法决策严格意义上并非是一个经过理性分析而产生的结果,多少还是带有一些历史偶然因素在内。[1]

由于外观设计本身的特殊性质,简单地将其纳入专利法体系之中必然导致许多问题,且《美国外观设计专利法》也过于简单,不利于实践当中的操作适用。因此,美国一直在寻求对此种保护模式进行改革的方式,包括讨论以专利制度保护外观设计的立法模式是否恰当,或者以什么样的方式保护外观设计更加合适。[2] 自1952年《美国专利法》颁布以后,美国开始了制定新的外观设计法的进程。只可惜,虽然自1957年以后,每一届国会几乎都会提出一个外观设计单独立法的法案,但这些法案最终都未获得通过。值得一提的是,国会曾于1976年

---

[1] Stephen P. Ladas, *II Patents, Trademark, and Related Rights: National and International Protection*, Harvard University Press, 1975, p. 92.

[2] David Goldenberg, "The Long and Winding Road, a History of The Fight over Design Protection in the United States", *Journal of the Copyright Society of the U. S. A*, 45(1997), p. 61.

制定著作权法时尝试将外观设计纳入著作权法的范畴中，但出于某些考量，该法案最终还是被从著作权法修正案中剔除。1998 年 10 月，为了回应博尼托船舶有限公司诉雷鸣工艺船舶有限公司一案中联邦最高法院对佛罗里达州法院在船舶设计保护法律依据适用上的纠正，[1]美国国会通过了具有里程碑式意义的《美国船体外观设计保护法》(VHDPA)，规定船舶外观设计一旦获得专利权便不再受到该法保护。虽然 VHDPA 作为《美国数字千年著作权法》(DMCA)的一部分，但其并未沿用著作权法的保护规则，而是自成了一套独有的保护体系。

此外，在数字时代，为了规制泛滥的时尚设计仿冒抄袭行为，美国开始了新的时尚设计立法探索。2007 年提出的《美国防设计剽窃法》(DPPA)就试图将原先 VHDPA 的保护范围延伸至时尚设计，但该法案在众多反对与质疑声中未能获得通过。截至 2011 年，《美国创新设计保护和防剽窃法》(IDPPPA)在吸收原有 DPPA 有关保护期限等方面的规定外，听取了先前的反对意见，针对一些细节规定进行了修改，但遗憾的是该法案最终仍未获得通过。时隔一年，作为 IDPPPA 的修改版本，《美国创新设计保护法》(IDPA)被提交至国会，旨在为时尚设计争取单独立法。

时至今日，美国针对外观设计采用的仍然是专利保护模式，有关规定主要可见于《美国专利法》及其配套的实施细则和审查指南当中，且三者对外观设计采用的规定方式都是将外观设计的独有规定单列成章，并在章节开篇通过规则准用条款明确外观设计的其他适用规则。但值得注意的是，为了让公众对外观设计专利相关规定有一个整体性的认知并方便申请人进行申请，美国专利商标局(以下简称 USPTO)还另外发布了外观设计申请指南，对于外观设计的定义、范围、申请要求与程序等内容做了详细说明，使申请人能够更加系统地了解有关外观设计申请的要求与流程。

现行《美国专利法》将"外观设计"规定于第 16 章，于第 171 条至第 173 条分别对外观设计的 3 个可专利性条件、6 个月的优先权以及 15 年的保护期限做出了规定。[2] 在可专利性问题上，法律首先并未明确何为"外观设计"以及"产品"，而是让法院根据其他相关法律法规来对这些术语进行解释，而且在装饰性、新颖性以及非显而易见性的判断上，美国作为一个传统的判例法国家，并不会事无巨细地于成文法中规定很多内容，因此也表现出了较强的司法判例引领性。纵使美国专利审查指南中有着明文规定，但法院在过往的司法实践中往往会对三性做出更为深入细致的解读，审查指南也在有关三性审查标准的规定中增加了各标准判断方式的案例来源，可见判例往往能够适时起到一定程度的引领与校正作用。除此之外，在侵权救济方面，《美国专利法》还特别于第 289 条对于侵犯外观设计专利权的附加救济进行额外规定，要求侵权人在总利润的限度内对权利人负有赔偿责任。

在审查授权方面，USPTO 对于所有专利申请采用的均是严格的实质审查模式，而外观设计既然被美国视为一种专利自然也不例外。美国专利审查员有责

---

〔1〕 Bonito Boats, Inc. v. Thunder Craft Boats, Inc. , 489 U. S. 141(1989).

〔2〕 国家知识产权局专利局外观设计审查部:《美欧日韩外观设计法律法规汇编》(上)，知识产权出版社 2018 年 8 月版，第 116 页。

任对于所有的实质性要素进行评估以确定该外观设计专利申请的可授权性，而其中对于新颖性与非显而易见性的判断则是整个审查过程中耗时最长的部分，这一方面使得权利稳定性更强，但另一方面也使得审查周期相应更长，其耗时对于生命周期较短的产品而言属实过于漫长。

然而，由于法定条件使得只有少数外观设计能够获得专利权，且很多外观设计即便在获得授权后也容易被宣告无效，[1]企业因此便需要其他的法律工具保障在自身合法权益遭受侵害时能够获得有效救济。在美国，产品外观设计在满足特定条件的情况下还能够通过著作权途径以及商标权途径予以保护，可见美国针对外观设计保护给予了多重保护路径选择，这一模式的特点在于外观设计专利权届满到期以后，该外观设计并不当然地进入公共领域，原权利人仍然可能通过著作权或反不正当竞争获得对产品外观设计的保护，因此具有立法成本较小，且能够最大程度地保护原权利人利益的优点。[2] 首先，根据《美国著作权法》规定，第102条(a)中与设计相关的作品则是绘画、图形以及雕塑作品（一般称为PGS作品）。对于外观设计应符合何种条件才能作为此类作品受到保护，《美国著作权法》第101条规定："……只有实用物品的外观设计具有的绘画图形和雕塑作品的特征能够与实用功能分离，且能够单独存在时，该外观设计才可视为绘画、图形和雕塑作品。"显然，根据美国众议院的说明报告，此规定旨在区分能够受到保护的实用艺术作品以及无法获得著作权保护的工业品外观设计，并提出了"观念上分离"的概念。实际上，分离检验法的概念最早源自于梅泽诉斯坦案[3]，其在1976年《美国著作权法》修订后得以体现，并通过后续司法实践逐渐被细化为"物理的"以及"观念的"分离检验法。但截至目前，究竟该如何使用或者使用何种分离检验法将外观设计的实用性与艺术性相分离较为适宜，美国实务界与学界尚无定论。这一方面反映出外观设计虽与著作权有着密切联系，但在具体保护方式上仍然存在一定不同，另一方面也能够体现出美国试图通过著作权途径对外观设计予以保护的积极尝试，这种尝试有效推动了美国对于外观设计保护模式合理性探索的进程。

除了上述著作权保护路径以外，根据《美国商标法》(Lanham Act)第43条(a)款的规定，外观设计于美国同样可以作为商业外观受到保护。然而，该条文表述中实际上并没有使用"商业外观"一词及类似术语，其更多源自于美国先前的商标判例以及相关法律著作当中，如联邦第二巡回上诉法院于1995年的一起判例中指出，商业外观包括产品设计与外表，以及容器和构成将产品展示给消费者的整体视觉形象的所有元素，现在的商业外观所指代的更多的是产品整体形象及外观。[4] 可见，产品外观设计与商业外观之间在美国法下并没有一条明确

---

〔1〕 J. H. Reichman, "Past and Current Trends in the Evolution of Design Protection Law", *Media & Entertainment Law Journal*, 4(1993), pp. 391-392.

〔2〕 王沁怡：《浅析国外工业品外观设计保护》，《中国知识产权报》2017年5月19日第4版。

〔3〕 Mazer v. Stein, 347 U. S. 201(1954).

〔4〕 Knitwaves, Inc. v. Lollytogs, Ltd, 71 F. 3d 996(2d Cir. 1995).

的界线，且外观设计有可能作为商标受到保护。为了遏制外观设计利用商业外观寻求侵权救济的泛滥趋势，美国最高法院于本世纪初通过如沃尔玛百货有限公司诉萨马拉兄弟有限公司案[1]、特来菲克斯设备有限公司诉营销展示有限公司案[2]以及后来广为人知的苹果公司诉三星电子公司案[3]对外观设计作为商业外观受到《兰拉姆法》保护设置了一些限定性条件，即必须证明该设计已具备第二含义，以及属于非功能性商业外观。美国法院之所以限缩外观设计作为商业外观受到保护的可能性，原因就在于它们发现一项产品设计即便独具特色，但产品设计从来就不具有内在的识别性，即该设计的创作目的并非用来识别来源，而仅仅只是为了使产品的外在更加美观。[4]

(2)俄罗斯

俄罗斯的专利法律制度经历了沙俄时期、苏联时期以及现阶段俄罗斯联邦时期。沙俄于 1812 年颁布第一部专利相关法律，而该时期最早与外观设计相关的法律为 1864 年 7 月颁布的《俄罗斯工厂制图和模型所有权条例》。十月革命后，苏俄于 1919 年 6 月宣布废除沙俄专利法并颁布《苏俄发明条例》，该条例又于 1920 年由苏俄最高国民经济委员会发布命令进行了补充，将其保护范围扩大至工业品式样。为了适应新经济政策时期的新情况，便于引进外国技术，自 1921 年成立的专利委员会负责对有关发明、商标、工业品外观设计诸方面的现行立法进行重新审核，使其各自之间相互协调。除此之外，专利委员会还负责新专利法的起草工作任务。[5] 经过 3 年的筹备时间，苏联于 1924 年颁布了新的关于专利和工业品外观设计的法律。此后，苏联至解体之前的专利法源自于 1931 年颁布的《苏联发明与技术改进条例》，该条例经过 3 次修订并最终成为 1974 年起施行的《苏联发现、发明与合理化建议条例》。针对外观设计保护，苏联于 1965 年加入《巴黎公约》后，为了与国际水平相衔接，于同年 6 月通过了《关于外观设计的决议》，专利局就此发布了《苏联外观设计条例》，将外观设计作为独立的知识产权客体进行保护。尔后，苏联部长会议于 1981 年批准了新的《苏联外观设计条例》，又于 1991 年 7 月通过了《苏联工业设计法》。

自苏联解体后，为了走出没有保护工业产权的法律依据以及专利执法部门的困局，俄罗斯于 1992 年颁布了《俄罗斯联邦专利法》，同时对发明、实用新型以及外观设计 3 种客体进行保护。同年，俄罗斯成立专利商标局负责对发明、实用新型、工业设计、商标、服务标记、原产地名称实行批准、注册和维护权利，同时也对俄罗斯国内计算机程序、数据库、集成电路布图设计进行注册管理。

2006 年是俄罗斯知识产权法律体系发生重大变革的一年，俄罗斯将所有各

---

[1] Wal-Mart Stores, Inc. , v. Samara Bros. , Inc. , 529 U. S. 205(2000).

[2] Traffix Devices, Inc. v. Marketing Displays, Inc. , 532 U. S. 23, 149 L. Ed. 2d 164, 121 S. Ct. 1255 (2001).

[3] Apple, Inc. v. Samsung Elecs. Co. , 920 F. Supp. 2d 1079(2013).

[4] 林晓云：《美国知识产权法律关于工业品外观设计保护范围的规定》(下)，《知识产权》2003 年第 6 期，第 56 页。

[5] 曾海帆：《专利制度发展简史》，湖南专利局 1985 年 8 月版，第 63 页。

知识产权单行法律法规全数集中于该年10月通过的《俄罗斯联邦民法典》第四部分第7编当中,而该部分在2007—2015年总共经历了15次修订。此外,为了配合新修法律的实施,俄罗斯经济发展部还分别于2015年、2016年针对外观设计的申请、审查、授权等内容分别发布了第695号以及696号法令。[1]

目前,《俄罗斯联邦专利法》位于《俄罗斯联邦民法典》第4部分第7编第72章,在第1345条有关专利权的条文中明确规定发明、实用新型或外观设计的知识产权为专利权。因此,俄罗斯在立法模式上同我国与美国相同,均采用专利立法模式对外观设计进行保护。在篇章结构上,第72章总共被分为7个小节,分别对于涉及发明、实用新型以及外观设计专利权的一般规定、权利内容、权利处分、职务发明、权利终止等进行了规定。在各章节下,若条文内容能够统一适用于三者,如作者身份权、专属权等,则条文标题及内容会明确显示"发明、实用新型或外观设计"字样,若有细微不同之处则会再以不同款或者同款不同句的方式进行表述;若规定内容对于三者存在适用上的差异性,如专利能力条件及专利申请等,则会按照发明、实用新型以及外观设计的顺序分成3段条文分别予以规定。

《俄罗斯联邦专利法》当中并未对外观设计做出明确的定义,而是仅于第1349条中表明符合本法典对外观设计规定要求的工业品艺术设计领域内的智力活动成果属于专利权的客体之一,并且排除了对包含国家机密,违反公共利益、人道原则与道德以及于1231.1条规定的设计官方标志、名称与识别符号的外观设计的保护。在具体保护条件方面,根据该法第1352条的规定,工业品以及手工业品外观的艺术设计方案能够作为外观设计受到保护,并要求该外观设计必须具备新颖性与独创性。另外,上述第695号法令对"产品"进行了列举,其中包括了组件产品、成套产品、字体以及产品的独立组成部分。

在审查授权程序方面,外观设计专利申请应当向俄罗斯专利商标局提交,而俄罗斯对于外观设计专利申请采用的是实质审查制,即不仅会对申请书进行形式审查,还会对外观设计的新颖性以及独创性进行审查。根据第1352条的规定,对外观设计进行审查需要考虑外观设计本质要件的总和,其中包括产品的形式、轮廓、装饰、颜色、线条组合、材料纹理以及结构等,而仅受产品技术功能制约以及不会对总体视觉产生影响的外观设计特征则不会受到保护。在保护期限上,根据该法第1363条的规定,外观设计专利的保护期限为自申请之日起5年,专利持有人可以请求延长5年,但总期限不得超过25年。最后,在特殊外观设计制度设计上,除了前述延展外观设计保护期限以外,还包括针对外观设计采取广义新颖性宽限期、本国优先权、部分外观设计等制度。

2. 外观设计入典立法模式

(1)法国

法国目前是世界上公认最早建立现代外观设计制度的国家,里昂作为当时

---

[1] 郭雯:《浅析俄罗斯外观设计专利制度》,载郭雯主编:《专利审查研究(第9辑)》,知识产权出版社2018年9月版,第15—16页。

法国的丝绸制造基地，法国里昂政府于1711年就颁布了有关丝绸图案、色彩等外观设计的保护条例。该条例本仅适用于里昂地区，但为了回应法国其他地方纺织品制造商的需求，后于1787年被扩展至整个法国国土范围，作为国家外观设计保护法令。1793年，法国将外观设计作为艺术品纳入进了著作权法的保护范围之中。该外观设计保护法令虽然在实施期间受工业革命的影响而被废止了一段时间，但在纺织行业的努力之下，外观设计保护法令于1806年被再次提出，作为工业品外观设计法令而制定了下来，成为世界上第一部外观设计专门法，并通过后续司法解释将保护范围延伸至二维与三维设计。

早在1902年，法国法就认为企图在工业产权保护与著作权之间划一条线是没有意义的，[1]因此，所有的工业品外观设计，不论其艺术价值的高低，均可以受到著作权法以及外观设计法令保护。1909年，法国颁布《法国外观设计法》，并先后于1925年以及1979年进行了修订。1992年，法国将23个知识产权领域的单行立法进行汇编整理而形成了一个统一的《法国知识产权法典》，外观设计制度被规定于法典的第二部分第5卷当中，法典对其客体、申请程序、权利内容以及保护期限等做出了明确规定。时至今日，法国对外观设计采取的仍然是“双重保护”模式，即可以作为著作权客体受到保护，又可以作为工业产权客体受到保护，二者互不冲突、可同时存在。例如，某项产品设计作为外观设计在25年保护期限届满后，如果其著作权保护期未满，则还可以继续受著作权保护，不过外观设计若要享受著作权保护则需要履行一定的手续。

《法国知识产权法典》因循了欧洲传统的知识产权分类方法，将知识产权分为两大类——“文学与艺术产权”及“工业产权”，而外观设计保护制度则被规定于法典的第二部分，即“工业产权”部分，将外观设计独立成卷并对外观设计的保护条件、方式以及纠纷解决相关内容进行了规定，与发明及技术知识分列于第5卷及第6卷中。在“工业品外观设计”卷项下总共分为两编，即“权利取得”以及“纠纷”。在保护范围方面，产品或其部分外观，尤其通过其线条、轮廓、颜色、形状、肌理或材质体现其特征的，可以外观设计的名义受到保护。对于何为“产品”的问题也以列举式的方式进行了规定，即除了电脑程序以外，任何工业或手工制品，尤其是用来集成复杂产品的部件、包装、装潢、图标和印刷的字体均可视为产品。在审查授权方面，法国对于外观设计采取的是注册申请制，并不进行实质审查，申请人可向法国国家工业产权局（INPI）、商事法院书记处或者任何有商事裁决权的法院书记处提交注册申请，保护期限为自注册登记之日起25年。

然而，经过对《法国知识产权法典》项下各知识产权权利客体相关部分进行研究可以发现，由于该法典的制定过程中只是将当时各知识产权部门法进行汇编，在法律体例上仍保持相互独立而未以准用条款的方式对各自之间具有同质性的程序性内容进行规定，因此在立法体例上便表现出一定条文重叠的现象。

---

〔1〕 郑成思：《WTO知识产权协议逐条讲解》，中国方正出版社2001年1月版，第241页。

(2)意大利

除了制定一部单行的知识产权法典以外,大陆法系的一些国家自20世纪以来也在尝试将知识产权制度编入本国民法典。其中,意大利早在1942年就率先将知识产权保护纳入1942年《意大利民法典》,成为知识产权民法典化的典型代表之一,并且在第5编"劳动编"中,将知识产权作为工业化进程中企业和劳动关系的新问题进行规定,如在第8章"企业体"中规定了商号权与商标权,在第9章"对于智能的作品及工业发明权利"中将著作权、专利权、实用新型与外观设计权分列于第1—3节进行规定等,[1]其编纂方式主要是从前述各类知识产权中抽象出共同适用的规则以及若干重要制度,同时又保留各专门法的特殊规定,但《意大利民法典》仅对知识产权民事权利方面进行规定,而未涉及权利的取得、行使及权利期限等内容。

为了提升知识产权方面的竞争力,意大利对原有的知识产权体系进行了改革,于2005年3月生效的《意大利工业产权法典》当中将有关商标、专利和外观设计的法律法规重新组织修订为法律汇编,并且将工业产权的范围扩大至原产地地名、地理标志以及公司机密信息。可见,同法国采用的知识产权"大法典"模式不同,《意大利工业产权法典》只对知识产权体系中的工业产权分支进行规定,即采用所谓的"小法典"模式。

现行《意大利工业产权法典》总共分为8章,分别对工业产权的一般规定及原则、各工业产权的基本规则、司法保护以及权利的获得与维持等方面进行规定。首先,根据《意大利工业产权法典》第1条有关"工业产权"的定义可知,工业产权主要包括商标、地理标志、原产地名称、设计与式样以及发明、实用新型等,而第2条则将发明、实用新型以及植物新品种表述为专利权保护客体,而设计与式样则是登记的客体。此外,第2章涉及设计与样式、发明以及实用新型定义、范围以及行使方面的针对性内容则被分别规定于第3—5节当中,因此从定义以及篇章结构设置上便可看出《意大利工业产权法典》项下的专利与外观设计并非包含及被包含关系。

根据法典规定,可获得注册的对象为具备独特性的新的产品整体或局部外观,特别是由该产品自身或者其装饰部分的线条、轮廓、纹理或者材料等要素构成的外观,而其中的产品则包括任何工业或者手工制品,如组件产品零件、包装、图像、图标、字体以及计算机软件等。在保护标准及期限上,对于满足新颖性与独创性的设计式样给予续展期总共不超过25年的保护期。在外观设计获得注册后,其所有权人便享有专用权(包括制造、供应、进入市场、进口、出口),并有权制止任何第三方未经所有权人同意使用该设计。

3. 外观设计单行立法模式

(1)英国

英国是世界上公认的专利法起源较早的国家,也是较早对外观设计予以保

---

[1] 王太平:《中国民法典的"知识化":理由和具体方案》,《知识产权》2017年第11期,第6页。

护的国家之一,其于1787年制定了《英国白棉布印花工法》,开始对为亚麻布、棉布等布匹的印花而发明、设计和印出任何新颖和独创性式样的人给予2个月的保护。该法原本只是作为一项临时措施予以颁布,但后于1794年正式成为一项长期性法律,并将保护期限延长至3个月。[1]

为了提高对外观设计的保护力度,增强产品的销售竞争力,英国于1839年通过了《英国外观设计著作权法》以及《英国外观设计登记法》,以取代《英国白棉布印花工法》成为英国外观设计保护法律制度从而提升外观设计品质。前者将保护对象从植物织品扩展到动物织品,后者将保护范围从织品扩展至任何制造品,将款式和印花扩展到了任何制品的外形与结构,保护期为3—12个月不等,同时还引入了现代登记制度,对后世知识产权法的发展有着深远的影响。这两部法律的出现也昭示着英国已经开始对著作权法以及外观设计专门法的外观设计双重保护模式进行探索。

但是,两部法律仅实施3年后就立刻被1842年《英国装饰性外观设计法》与1843年《英国实用性外观设计法》所替代,《英国装饰性外观设计法》将原本法律对于外观设计更宽泛的定义替换成为以强调装饰性特征为主的表述,而《英国实用性外观设计法》则为发明人提供了一种替代性保护形式,以避免其将发明登记到装饰性外观设计登记簿上。

由于《英国实用性外观设计法》对于该如何区分专利以及实用性外观设计并没有给出一个明确的答案,于是英国后于1907年通过《英国专利和外观设计法》,干脆将专利和外观设计规定于同一部法律中。但由于外观设计以及专利在本质上以及保护方式上都存在一定差异,因此1949年《英国注册外观设计法》的出台又将注册外观设计与专利相分离。[2] 有学者认为,该部法律也使得外观设计权真正成了区别于著作权的保护模式,确立了外观设计权类似于专利权的垄断性质。

然而,对外观设计双重保护或累计保护持坚决反对的态度直到1956年《英国著作权法》的颁布开始有所妥协。该法第10条规定,可注册的工业设计可获得1956年《英国著作权法》的保护,直到该设计根据1949年《英国注册外观设计法》获得注册或者被应用于50件物品上并进行销售。然而,这一条文后于1968年颁布的《英国外观设计著作权法》中得到了修订,即一般外观设计不论是否获得注册,都可以作为艺术品而自动享有著作权保护,但外观设计一旦付诸工业应用则将会丧失原有著作权,转而受到特别工业著作权的保护。这一转变的出现也让郑成思教授认为,1956—1968年是在外观设计专利与外观设计著作权之间寻找界线的一段历程。[3] 除此之外,也是外观设计双重保护模式逐渐确立的过程。为了进一步划清著作权与外观设计权之间的界线,1988年《英国著作权、外观设计与专利法》

---

〔1〕 布拉德·谢尔曼、莱昂内尔·本特利:《现代知识产权法的演进:英国的历程(1760—1911)》,北京大学出版社2006年4月版,第64页。

〔2〕 Christine Fellner, *The Future of Legal Protection for Industrial Design*, ESC Publishing Limited, 1985, pp. 14-15.

〔3〕 郑成思:《版权法》,中国人民大学出版社1997年8月版,第64页。

引入了一种新的、与著作权类似的保护形式,即未注册外观设计权,这在一定程度上就限制了著作权在外观设计领域的适用空间。可见,虽然英国同法国一样对工业品外观设计实施了所谓的双重保护模式,但二者的双重保护模式实际上又存在着明显的区别,而该区别就在于两种权利是否能够同时存在。[1]

因此,英国目前针对工业品外观设计的保护主要可见于1949年制定的《英国工业品外观设计注册法》以及1988年制定的《英国著作权、外观设计与专利法》,两部法律分别为外观设计提供了“类专利”保护路径以及“类著作权”保护路径。

首先在注册保护路径方面,针对“外观设计”与“产品”的定义,1949年《英国工业品外观设计注册法》第1条第2款规定,此法意义下的外观设计是指源于产品或其装饰的(特别是其线条、轮廓、色彩、形状、质地或者材料等方面的)特征的、产品的全部或者部分外观,且受保护的设计既可以是二维设计,也可以是三维设计。另外根据第1条第3款的规定,产品是指除计算机程序以外任何工业或者手工制品。在申请审查方面,英国知识产权局(UKIPO)只对外观设计注册申请进行有限的实质审查,根据第3A条的规定,注册员只有在注册申请属于以下几种情况时才能拒绝给予注册:注册申请不符合根据本法制定的任何细则、申请人无权提出申请、设计完全由技术功能决定、设计违背公共政策或公共道德以及包含受保护的特殊标志(如王室徽志、国际组织徽志等)。英国知识产权局并不对设计的新颖性以及独特性进行审查,任何人认为该设计不具备新颖性或独特性的均可在注册后对其提出无效申请,不过申请时提交的材料除了申请书以外,还需包括新颖性声明。在无官方反对意见的情况下,注册申请大约只需1—2周的时间即可获得通过。[2] 在保护期限上,注册外观设计首次保护期限为自注册之日起5年,在保护期限届满之后可以续展4次,每次5年,因此注册外观设计的总保护期限最长为25年。在权利范围及排他性方面,第三方不能生产包含注册外观设计的产品,无论他们是否知道或复制了该外观设计。如果第三方生产的产品以某种方式包含了该外观设计,则注册外观设计权利人将能够对其提起侵权诉讼。

英国的非注册外观设计保护则类似于著作权保护方式,即自设计创作完成之日起无须办理注册申请等手续,可自动获得保护,因此亦可称为类著作权保护路径,而英国对于非注册外观设计的保护主要体现于1988年《英国著作权、外观设计与专利法》第213—264条当中。根据其第213条第2款的表述可知,该法的保护对象为整体或者部分物品的形状或结构,并于第213条第3款中明确将“构造的方法或原理”“使一个物品能够连接、放置、环绕或依靠另一个物品的结构或形状特征”“依赖于另一件物品外观的特征”以及“表面装饰”排除在保护范围之外。由此可见,非注册外观设计的保护对象为三维设计外部或内部的形状或者构造,并不保护设计的表面装饰或者图案(属于著作权法的保护范畴)。在保护期限上,英国非注册外观设计的保护期限为自创作完成之日起15年,或者该物

---

〔1〕 Lionel Bently & Brad Sherman, *Intellectual Property Law*, Oxford University Press, 2001, p. 623.

〔2〕 Florian Traub & Chris McLeod, “LESI Design Study—UK”, *Journal of the Licensing Executives Society*, Lv(2020), p. 70.

品于设计完成后的5年内第一次进入市场之日起10年，取其较长时间作为保护期限。在权利范围及排他性方面，未注册外观设计的权利人有权出于商业目的复制该外观设计，方法是根据该外观设计制作产品，或制作记录该外观设计的设计文件，以便能够制作该产品。当第三方复制未注册的设计时，该行为将被视为对该设计的侵权行为。经过2014年的修订后，《英国著作权、外观设计与专利法》对于未注册外观设计的保护方式愈加类似于著作权，如针对非注册外观设计增加了类似于“合理使用”的概念，即允许个人出于非商业目的，或出于教学目的使用设计；又如有关委托设计的权利归属问题，规定设计人成为自设计完成后的第一顺位权利持有人。

(2)德国

1876年，德国在借鉴了法国以及英国经验的基础之上，颁布了《德国外观设计注册法》，该法律将纯艺术作品和工业设计进行了严格区分，其规定方法与英国相类似，即作者将其艺术作品应用于工业上之后，便丧失通过著作权获得保护的权利，只能用外观设计权予以保护，因此并不会出现著作权和外观设计权重叠保护的问题。在百余年的司法实践当中《德国外观设计注册法》共经历了两次修订，第一次是于1986年对申请实行了集中管理，设置了相应的撤销、组合申请等集中注册相关程序，但对实体方面未做较大幅度的改动。第二次修订是在1998年11月，对程序以及实体方面都进行了较大的改动。[1] 现行的《德国外观设计法》，又称《德国外观设计改革法》颁布于2004年3月12日，先后经过2009年7月31日修订法(BGBI,IS,2521)和2014年1月24日修订法(BGBI,IS,122)的部分修改，[2]在最新的2014年修订当中，将外观设计的名称正式更改为“注册设计”，并对无效程序、申请和展会保护等内容进行了修订，以简化相关流程。[3]

《德国外观设计法》在篇章上总共分为13章，完整地对外观设计的保护条件、权利人、注册程序、保护期限、无效注销以及侵权救济等内容进行了规定。在《德国外观设计法》下，外观设计是指完整或部分产品的平面或者立体的外观形式，通过产品本身或其装饰件的线条、轮廓、色彩、构造、表面结构或材料的特征表现。而产品则包括任何工业品或手工制品，主要包括包装、装潢、图形标志、印刷字体以及复杂产品零部件等。在保护条件上，受该法保护的外观设计必须具备新颖性与独创性，且不属于由产品技术特征所限定、违背公序良俗或《巴黎公约》第6条所列标识以及涉及公共利益的标识、徽章或符号，若符合前述标准，则获得自申请日起25年的保护期限。在审查授权程序上，德国专利商标局采取的是注册登记制，并不审查申请外观设计的新颖性和创造性。如果申请人提出确权申请，将通过德国专利商标局的无效程序或者法院的侵权判断进行审查。[4]

---

〔1〕 谢小勇:《浅析德国外观设计保护制度》,《知识产权》1999年第1期,第46页。

〔2〕 张乃根:《创意产业相关知识产权》,上海交通大学出版社2015年5月版,第55页。

〔3〕 张丽红:《了解德国外观设计制度,助力我国企业“走出去”》,《中国知识产权报》2016年5月20日第4版。

〔4〕 张丽红:《外观设计保护的德国模式》,《中国知识产权报》2016年5月27日第4版。

除此之外,《德国著作权法》也对外观设计给予一定程度的保护,但同时对于外观设计的获得也会更加严苛,即要求外观设计必须具备突出的艺术性,而艺术性的判断往往是由专家进行判定。因此,在这一限制之下,外观设计很少能够受到《德国著作权法》的保护。可以看出,德国在同时提供著作权和外观设计权对外观设计进行保护时力图区分技术与艺术,有条件地对外观设计给予保护,而这一做法也被后来的很多国家和地区所借鉴。

(3)加拿大

1861年,加拿大颁布了该国第一部工业设计相关法律,而这一立法与英国的设计立法存在相似之处,即为设计提供类似专利的垄断保护,并采用了1842年至1843年间英国法案中规定的分类方式。1867年加拿大联邦成立后,自治领议会于1868年通过了《加拿大商标与设计法》,该法中与外观设计相关的内容与前述1861年法存在许多不同之处,既无任何可注册外观设计的定义,也无先前采用的英国法的分类方式,仅规定获得注册的外观设计可获得为期5年的"著作权",而注册审查方式则与商标完全相同,且被视为与商标发挥相同功能,即指明商品来源的存在。1879年,加拿大自治领议会修改了原先的《加拿大商标与设计法》,对商标的审查方式做出了较大修改,而未对外观设计相关内容进行较大修订,但规定其到期后可续展5年。

尔后,加拿大于1906年修订该法时将注册外观设计与商标、著作权进行进一步分离,并将先前于外观设计上引用的"著作权"一词均替换为"专有权"或类似词汇,但仍然保留了与商标类似的注册审查程序,只是进一步区分了两者的注册条件。对于外观设计的重叠保护问题,加拿大效仿了英国,在1921年《加拿大著作权法》当中规定《加拿大商标与设计法》下的外观设计不受该法保护,除非相关设计未被用于或打算用于工业用途。[1] 然而,加拿大议会于1932年颁布了《加拿大反不正当竞争法》,删除了《加拿大商标与设计法》当中与商标有关的所有章节以及词汇,[2]而剩下有关外观设计的条款便构成了现今《加拿大工业品外观设计法》的基本雏形。

之后,加拿大又分别于1952年与1985年颁布了《加拿大工业设计与联合标签法》以及现行的《加拿大工业品外观设计法》。为了顺利加入《海牙协定》,加拿大于2014年与2015年分别对1985年《加拿大工业品外观设计法》进行广泛的修订。2018年,加拿大成功加入了《海牙协定》,并制定了全新的《加拿大工业品外观设计条例》。这部新的条例不仅贯彻实施了针对《加拿大工业品外观设计法》所做的修订,同时也有助于完成加拿大工业品外观设计司法体系的现代化工作。

现行《加拿大工业品外观设计法》总共分为两部分:第一部分为"工业品外观设计",主要涉及外观设计的登记、所有权、转让、侵权行为;第二部分为"一般规

---

〔1〕 R. J. Roberts, "An Historical Perspective on the Reform of Canadian Industrial Design Law", *Bulletin of the Copyright Society of the U. S. A.*, 26(1979), pp. 454-456.

〔2〕 Harold G. Fox, "The Law of Industrial and Intellectual Property: 1923-1947", *Canadian Bar Review*, 26(1948), pp. 240-241.

定”,对外观设计的登记修改、查询、优先权等内容进行了规定。在保护范围上,受《加拿大工业品外观设计法》保护的外观设计是指一件成品中具有视觉效果并且仅凭视觉进行判断的形状特征、结构特征、图案特征或者装饰特征以及特征的任意组合,但并不延及应用于实用物品或仅由物品实用功能决定的特征,以及制造或生产的方法或原理。在审查授权方面,加拿大知识产权局对于外观设计申请既进行形式审查,又进行实质审查。形式审查主要是为了确保所有规定的文件、信息和声明均完整,如果申请文件不完整则加拿大知识产权局将向申请人发送遗漏通知。而在实质审查期间,审查员则会对该外观设计的新颖性进行评估,如果确定申请符合新颖性要求,则外观设计将获准注册;反之,则将向申请人出具审查报告要求其对相关事项予以改正。根据整个过程中发出的审查报告数量,工业品外观设计的注册一般需要花费大约 1 年的时间。[1] 在保护期限方面,工业品外观设计的保护期限自注册之日与注册申请向公众公开日之间较晚的日期起计算,总期限为注册之日起 10 年或者填写注册申请之日起 15 年。

(4)澳大利亚

澳大利亚最早的外观设计制度可追溯于 1906 年《澳大利亚外观设计法》,该法规定对外观设计申请采用登记制,在授权前对外观设计申请进行审查,并将授权的外观设计刊登在澳大利亚的工业品外观设计公报上,保护期限自申请之日起计算。2003 年,在澳大利亚法律改革委员会的修法建议下,澳大利亚颁布了新的《澳大利亚外观设计法》,该法于 2004 年 6 月生效。值得注意的是,澳大利亚专利局于 2021 年 9 月在其官网上公布了外观设计法改法通知,此次改法主要包括引入宽限期及简化外观设计注册流程,为处于获取注册外观设计保护初步阶段的设计者提供更多灵活性,该法于 2022 年 3 月生效。

现行《澳大利亚外观设计法》总共分为 12 章,对有关外观设计的目的及相关定义、申请、注册、公开、审查以及侵权等内容予以规定。在定义上,《澳大利亚外观设计法》将外观设计描述为适用于工业产品的形状、构造、图形或装饰的特征,赋予产品独特的可视性外观,而这种可视性的特征并不包括产品的质地、使用材料。产品可以是工业或手工制造的物品、复合产品的零部件、符合特定条件的不定尺寸物品以及组合使用的特定物品组件。在保护条件上,能够受到保护的外观设计将必须具有新颖性与独特性,且不属于包含奖章、军队、货币、奥林匹克标志等元素的设计。在审查模式上,澳大利亚对于外观设计采取的是注册后实质审查制,即经过形式审查后只有经申请人或第三方请求才进行实质审查,因此申请人可以自行决定是否对外观设计进行实质审查。在澳大利亚,对外观设计进行实质审查需要申请人自申请日起 5 年内提出,否则将被视为撤回,在经过实质审查合格并取得相应证书后,其权利人才可以完全享有相应权利。实质审查程序一般在 2 年左右,申请人可以请求加快审查,但需要按规定缴纳一定的加快审

[1] Alain Dussault, Cara Parisien, Bob Sotiriadis, “LESI Design Study-Canada”, *Journal of the Licensing Executives Society*, Lv(2020), p. 3.

查费用。在保护期限上,外观设计最初的保护期限为5年,保护期限届满前可支付续保费将保护期延长至10年。

(5)日本与韩国

日本于19世纪后半叶开始大力发展经济,开始向欧美各国学习先进的产业文化和外观设计理念,后为了应对国内工艺美术品出口量急剧增加、外观设计保护需求日益高涨的现象,日本于1888年以《英国专利、外观设计和商标法》为样本,推出了《日本意匠条例》,但该条例于1899年日本加入《巴黎公约》后被废除。日本将《外观设计法》从《专利法》中分离出来进行单独立法,对外观设计的保护客体、申请以及审查程序做了较为明确的规定。随后的半个世纪间,日本又分别于1909年、1921年以及1959年颁布了新的外观设计相关法律。[1] 事实上,日本的工业品外观设计真正起步于20世纪50年代,在此之前主要是以模仿国外的外观产品为主。第二次世界大战后的日本为了使自己的工业产品能够成功打入国际市场,便仿制了一批欧美发达国家的新产品并受到了各发达国家的强烈谴责,后日本认识到工业品外观设计的重要性,以此为教训开始从各环节尤其是教育领域大力开展工业品外观设计的建设工作,在30年间使得工业品外观设计水平飞速发展。[2] 1959年《日本意匠法》从20世纪后半叶至今经历了大大小小共12次左右的修订。

《日本意匠法》总共分为8章,对外观设计的目的及相关定义、注册申请、审查、权利内容以及侵权等内容做出规定。根据《日本意匠法》第2条第1款规定,工业品外观设计是指产品及其构成部分的形状、图案或色彩或其结合,通过视觉能引起美感的设计,并且于第5条排除了违反公序良俗、易与他人产品发生混淆以及为实现产品功能唯一决定的外观设计。在审查模式上,日本对外观设计采取实质审查制,即对其新颖性与创造性进行审查。在保护期限上,外观设计权为自授权注册之日起25年,而关联外观设计权也是自基础外观设计的外观设计权注册授权之日起25年。[3]

韩国于1961年颁布《韩国外观设计保护法》。由于韩国当时主要的国策是通过工业设计提高国际竞争力,企业在提高自身工业设计水平的同时也会不断对外观设计保护提出更高要求,韩国的外观设计相关法律在实施至今的50多年间总共经历了29次修订,将部分外观设计、字体以及界面设计等都纳入外观设计相关法律的保护范畴当中,同时还区分了需要实质审查以及无需实质审查的两类产品并确立了相应的体系。

《韩国工业品外观设计法》总共分为10章,分别对涉及外观设计的目的及相关定义、注册条件、申请、审查、注册费用、权利内容等予以规定。根据《韩国工业

---

〔1〕 1909年建立了外观设计专利无效宣告请求审查制度以及秘密外观设计制度;1921年将外观设计的保护客体进一步地明确为了与产品不可分离的形状、规定与商标权不可冲突等;1959年将相对新颖性扩展至绝对新颖性,将保护期从10年延长至15年,在授权条件中引入创作非容易性,建立组合外观设计制度等。

〔2〕 刘桂荣:《外观设计专利申请审查指导》,专利文献出版社1998年11月版,第4页。

〔3〕 国家知识产权局专利局外观设计审查部:《美欧日韩外观设计法律法规汇编》(下),知识产权出版社2018年8月版,第699—712页。

品外观设计法》第2条规定,外观设计是指产生视觉美感印象的产品的形状、图案、色彩或其结合,除了适用成套产品外观设计的规定时,同样适用于产品的一部分以及字体。在保护条件上,根据该法第5、第6条的规定,外观设计须具备新颖性与创造性,且不属于包含国旗国徽、国际组织标志、违反公共秩序、可能与他人产品产生混淆以及仅由产品功能而决定的外观设计时才能受到保护。[1] 在审查模式上,韩国采用了独有的实质审查制与无审查登记制两种模式并行的方式,对外观设计予以按需审查。实质审查是指形式审查后在申请人的要求下可对其申请予以公开,经审查符合实质授权条件后予以注册公布;无审查登记模式则首次出现于1998年3月的修法过程当中,在此审查模式下,审查人员只对外观设计是否扰乱公共秩序或公共道德进行审查,因此与之相配套的还有异议程序,任何人在公告之日起3个月内均可对该外观设计提出异议申请,从申请至获得授权一般需要2—3个月。自从韩国加入《海牙协定》后,其外观设计的申请范围至今限于国际外观设计分类当中的02、05及19大类。[2] 在保护期限上,韩国外观设计的存续期限为自申请日后20年。

(二)外观设计制度与国际条约协调性分析

1. 综合性保护国际公约

(1)《巴黎公约》

外观设计保护首次于国际层面得到承认可追溯于1883年保护工业产权国际会议上《巴黎公约》的签署。《巴黎公约》第1条规定:"工业产权的保护对象有专利、实用新型、工业品外观设计、商标、服务标记、厂商名称、货源标记或原产地名称,和制止不正当竞争。"除此之外,公约第4条、第5条、第11条以及第12条等条文也都采取分开表述的形式进行相应规定。可见,《巴黎公约》项下的外观设计并非专利的一部分,二者分属两类不同的工业产权客体。然而,由于各成员国在基本国情、立法传统上的差异以及相互之间复杂的利益关系,《巴黎公约》既没有明确定义何为外观设计,也没有规定统一的保护方式,而是允许各成员国自由以国内法进行保护,因此便形成了各国采取多种立法与保护模式的局面,但《巴黎公约》同时也规定了国民待遇以及优先权等原则以协调各成员国之间的利益冲突。

(2)《与贸易有关的知识产权协定》(TRIPs)

与《巴黎公约》相同,从1994年于乌拉圭订立的《与贸易有关的知识产权协定》附件1C的大纲当中可明显看见其分别于第二部分第4节与第5节对工业设计及专利进行了规定。《与贸易有关的知识产权协定》当中的基本原则及通用条款均适用于工业设计,只是又于第25条及第26条特别规定了工业设计方面的基本原则,为成员国立法提供内容导向。根据《与贸易有关的知识产权协定》第4

---

[1] 国家知识产权局专利局外观设计审查部:《美欧日韩外观设计法律法规汇编》(下),知识产权出版社2018年8月版,第1052页。

[2] 李良平、李明:《浅析韩国外观设计专利制度》,《中国发明与专利》2019第16期,第126页。

节25条第2款规定,各成员国有权通过制定专门的工业设计法或者著作权法来履行对工业设计的保护义务。因此,在立法与保护模式选择上,成员国不论是通过单一的工业产权法或者著作权法途径给予保护,还是通过双重保护途径给予保护均不违反《与贸易有关的知识产权协定》设置的相关义务。笔者认为,尽管《与贸易有关的知识产权协定》并没有明确对成员国的保护方式进行限定,但从字面上以及篇章结构安排上可以看出其实际已经将专利保护模式排除在外。此外,《与贸易有关的知识产权协定》第26条规定:"受保护的工业设计所有权人有权阻止第三方未经所有权人同意而以商业为目的进行生产、销售或进口含有该外观设计的复制品或实质复制的物品。"从中可以发现,此条文表示的受保护的权利范围包括制造、销售以及进口,而这些权利相比于著作权领域,实际上更偏重于工业产权领域,因此通过著作权法给予外观设计保护并非《与贸易有关的知识产权协定》所鼓励与引导的保护方式。

(3)《伯尔尼公约》

《伯尔尼公约》于1886年9月于瑞士伯尔尼签订,主要涉及对作品及其作者权利的保护,而我国则是于1992年10月正式成为该公约的成员国。虽然《伯尔尼公约》的调整对象是属于著作权领域而非工业产权领域的文学与艺术作品,但为了解决实用艺术作品与工业品平面与立体设计之间的交叉冲突,《伯尔尼公约》也特别对此问题进行了回应,并且在条文表述中暗含了一种对工业品平面与立体设计进行专门立法的倾向。《伯尔尼公约》第2条7款规定:"……在起源国仅仅作为平面与立体设计受到保护的作品,在本同盟其他成员国只享受各该国给予平面和立体设计的那种专门保护;但如在该国并不给予这种专门保护,则这些作品将作为艺术作品得到保护。"换言之,若成员国国内法对于平面与立体设计进行了专门保护,则应当尊重成员国的立法选择,反之将作为艺术作品受到保护。由此可见,《伯尔尼公约》在工业品平面与立体设计的保护方式上是以专门保护为优先顺位,著作权保护次之,并未提及专利保护模式。

2. 专门性保护国际公约

(1)《专利合作条约》

《专利合作条约》于1970年6月19日在美国华盛顿签订,主要涉及有关专利申请的提交、检索和审查等问题,且仅对《巴黎公约》的成员国有效。根据世界知识产权组织描述,通过《专利合作条约》,专利申请人可以通过只提交一份"国际"专利申请即在许多国家中的每一国家同时为一项发明申请专利保护。缔约国的任何国民或居民均可提出这种申请。申请人一般可以向申请人为其国民或居民的缔约国的国家专利局提出申请;申请人也可以选择向设在日内瓦的世界知识产权组织国际局提出申请。[1] 对于此条约项下的"专利"应当如何进行理解的问题,《专利合作条约》第2条第2款规定,应当将"专利"解释为发明专利、发

〔1〕 世界知识产权组织官网:《〈专利合作条约〉(PCT)(1970年)提要》,https://www.wipo.int/treaties/zh/registration/pct/summary_pct.html,访问日期:2021年10月29日。

明人证书、实用证书、实用新型、增补专利或增补证书、增补发明人证书和增补实用证书。如此看来,《专利合作条约》下的专利主要包括发明专利与实用新型专利,且于后续有关申请审查章节中出现的“现有技术”以及“技术特征”等词也都只与发明和实用新型相挂钩,并不涉及外观设计。因此,作为《专利合作条约》的成员国之一,我国《专利法》语境下的外观设计专利无法通过《专利合作条约》途径进行国际申请,并在他国获取外观设计专利权。

(2)《海牙协定》(日内瓦文本)

《海牙协定》于1925年11月在海牙缔结,后成为由世界知识产权组织负责管理的国际条约。由于1934年伦敦文本的冻结适用以及1960年海牙文本注册活动的大幅减少,目前绝大多数国家基本适用1999年日内瓦文本。日内瓦文本为在多个成员国和/或政府间组织(以下简称缔约方)注册工业品外观设计规定了一种中心化的标准机制,而申请人在这种机制下可以只用一种语言以及货币,按照一套手续向世界知识产权组织国际局提出一件国际申请,即可在自己选择的缔约方取得工业品外观设计保护。考虑到《海牙协定》某些条款的强制性特征,如保护期等规定,希望加入或批准《海牙协定》的缔约方可能需要修改本国法律。因此,在这个意义上,《海牙协定》可能对缔约方的法律起到了一定程度的统一效果。《海牙协定》是中小型企业参与国际竞争不可或缺的有效工具,加入《海牙协定》以推动外观设计“走出去”并实现更大发展,是我国企业进一步参与国际竞争的重要机遇。[1] 我国目前也正积极推进加入《海牙协定》的相关事宜,2020年修改的《专利法》将保护期限从10年延长至15年,可以说在制度构建层面基本打通了加入《海牙协定》的通道。为做好我国加入《海牙协定》的进一步准备,国家知识产权局也于2021年启动了《专利法实施细则》的修改工作,根据《专利法实施细则修改建议(征求意见稿)》,其准备新增一章作为《海牙协定》专章,对有关外观设计国际申请的特别规定进行说明。然而,关于《海牙协定》专章的设置问题,目前日本、韩国和美国的做法是就海牙国际注册相关事宜直接在法律中另设《海牙协定》专章,而我国则是打算将其置于实施细则之下,虽然这种设置在一定程度上能够避免法律规定当中有关外观设计的例外规定过于突出,但实施细则与法律项下条文执行力度差异的问题还有待进一步考量。

(3)《外观设计法条约》

从世界知识产权组织商标、工业品外观设计和地理标志法律常设委员会(SCT)秘书处编拟的文件——《工业品外观设计国际注册海牙体系与〈外观设计法条约〉草案之间的关系》中可以看出,《外观设计法条约》是一部关于工业品外观设计手续和程序的潜在新国际条约,其制定目的是建立一个有活力、可预测的法律框架,简化并统一各个国家局与地区局规定的工业品外观设计手续和程序,以缩小未来各缔约方之间的差异。在内容上,《外观设计法条约》实际上与《海牙协定》并

---

〔1〕 刘运华:《新常态下我国加入〈海牙协定〉推动外观设计专利“走出去”可行性研究》,《中国发明与专利》2015年第11期,第12页。

不完全一致,缔约方想要加入《外观设计法条约》并不必然需要加入或者批准《海牙协定》的任何文本。相应地,符合《海牙协定》有关文本规定条件的任何国家也不必为了加入或批准《海牙协定》有关文本而加入或批准《外观设计法条约》,因此两者之间并不冲突,也不存在任何优先级关系。[1] 目前,我国正努力推动各方早日就召开《外观设计法条约》大会达成一致,积极融入外观设计全球体系。[2] 可以预见的是,随着与国际接轨进程的不断推进,我国未来必然将会对外观设计制度进行广泛修改,而外观设计与发明之间于制度规则上的界线也将愈加明显。在此发展关键时期,我国可以把握机会对将来外观设计制度的完善革新予以更进一步的研究,提升国内外观设计保护水平,加强我国国际规则制定的话语权。

(三)比较研究总结

我国作为知识产权保护的后发国家,对世界各主要国家的外观设计制度发展史以及现行立法模式进行研究,有利于我们从更为广阔的视角对该制度进行重新审视与理解,而国际条约作为世界各国进行磋商协调后的产物,其基本能够反映各国对有关问题所持态度及立场,因此也同样具备较高的参考与研究价值。经过上述国际层面的比较分析,主要可以得出以下几点结论:

首先,从各国的外观设计立法史来看,都存在将其与专利、著作权或者商标进行合并立法的尝试,但主流观点还是认为其与著作权之间的联系更为紧密,在保护途径上或将其作为特别著作权予以保护,或试图明晰其与著作权之间的界线并进行单独立法。美国与俄罗斯作为除了我国之外世界范围内主要采取专利保护模式的国家,其一直以来也并非对专利保护模式无任何异议或者一以贯之地采用此模式,如美国自立法之初就存在针对外观设计采取专利保护模式的质疑,其立法模式至今也广受美国学界及产业界的诟病。实际上,有关外观设计单独立法的法案于先前曾被美国国会数次提及,也都存在将如船体设计、时尚设计等客体进行单独立法以给予特别著作权保护的立法尝试。而俄罗斯虽最后将外观设计纳入《俄罗斯联邦专利法》的保护范畴当中,但先前也曾颁布过单独的工业设计法以及保护条例。由于未对各国起初的立法决策进行更加深入的研究与分析,因此暂且谈不上模式选择的理性与非理性之分,但从整体的立法趋势上看,虽然世界各国还并未形成统一的外观设计立法与保护模式,但不论是给予单一保护还是双重保护的国家,基本都将外观设计予以单独立法并且不存在与专利制度竞合与冲突的问题。由此观之,世界各主要国家对于外观设计与专利之间关系的认知可见一斑,即外观设计并不属于专利的类型之一,而是与专利并列作为工业产权项下独立的知识产权保护客体,只是与著作权存在着某种联系,针对外观设计的不同类型或者不同阶段,多了一条借由著作权实现的保护途径。

---

〔1〕 世界知识产权组织官网:《工业品外观设计国际注册海牙体系与〈外观设计法条约〉草案之间的关系》,https://www.wipo.int/edocs/mdocs/sct/zh/sct_29/sct_29_4.pdf,访问日期:2021年10月29日。

〔2〕 中国网:《国务院政策例行吹风会:〈"十四五"国家知识产权保护和运用规划〉有关情况》,http://www.china.com.cn/zhibo/content_77840959.htm,访问日期:2021年10月29日。

其次，在对各国立法体例进行比较分析后可以大致总结出以下几点各自的优劣所在：

(1)如美国与俄罗斯采取的“合并立法，集中规定”模式，对于共通适用的规则而言，于同一条文的表述当中要么是以“发明、实用新型或外观设计”分别称之，要么是以“发明创造”或“专利”统一称之；而对于需要个别适用的特殊规则而言则基本是以连续不同条、同条不同款或者单列一章的形式进行规定。这样一方面能够使得法律结构及条文内容精简干练，避免不必要的条文重复，利于一般性普法宣传，另一方面出于制度协调性的考量，修法时一般也不会做出较大的规则变动，因此法律体系也会相对稳定一些。然而，采取集中规定的方式首先容易产生先前章节所述的理解歧义与混淆，而且客体之间的差异性必然导致将来例外规定的堆叠，进而影响法律体系的整体性。此外，制度保持稳定的同时相应地也会使得修改的灵活性与针对性欠佳。

(2)如法国与意大利采取的“合并立法，法内分编”模式，其主要是在上位的知识产权法典或者工业产权法典之下进行更加细化的分门别类。例如，《法国知识产权法典》是在传统的著作权与工业产权二分法的基础之上，将工业产权又分为外观设计与发明及技术知识等客体，而《意大利工业产权法典》则是直接对外观设计、实用新型以及发明等予以分别规定。采用这种立法模式的优势主要在于其体系化较为突出，有利于实现体系的完整性与逻辑性，且这种汇编形式的法典具有找法用法上的便捷性这一特征。此外，其体系性与整体性较强的优势同时也会带来不利于适应时代变革等劣势。

(3)如英国、德国、加拿大、澳大利亚、日本以及韩国等国采取的单独立法模式，顾名思义是将外观设计作为独立的知识产权客体予以保护，且未有更加上位的法典对其进行统一管理。外观设计单独立法属于目前世界范围内各国的主流做法，其优势也非常明显，即法律定位清晰、部门法特色突出、规则设计更具针对性，使人们对于条文内容不易产生理解上的歧义，能够避免条文解释出现偏差，也能避免因特殊制度的建立需求导致例外规定过多进而破坏制度整体性。当然，外观设计与发明、实用新型在程序性规定上几乎无较大差异，单独立法后难免产生不必要的条文重复。

最后，经过对综合性国际条约以及专门性国际条约的条文内容进行解读可知，专利与外观设计于各国际条约语境下同样是彼此独立的知识产权客体，并非包含与被包含关系，且各条约在立法与保护模式选择上更倾向于对外观设计进行单独立法或者将其作为艺术作品使之获得著作权保护，于字面上排除了专利保护模式的适用。当然，上述国际公约与协定做出的规定仅具原则性，各成员国可以在不违反基本义务的情况下遵循国情及立法传统进行相应变通，但由于国际条约一般是签署国达成共识而制定的双边或多边条约，这在一定程度上反映了各国知识产权保护的基本观点。[1] 笔者认为，我国作为条约的缔约国，一定程

---

〔1〕 赵小东：《外观设计保护专门立法模式再论》，《湖北警官学院学报》2012年第25期，第166页。

度上还是应当与条约内容保持内在逻辑上的一致性较为适宜。另外,后续加入与外观设计相关的、如《海牙协定》与《外观设计法条约》等专门性国际条约需要对国内法进行适应性修改以符合条约的加入条件,届时外观设计有关规定与发明、实用新型之间的差异将越来越大,例外规定也将越来越多,制度间的界线也愈加明显。同时,笔者认为,为了成为全球知识产权治理的积极参与者及推动者,我国应当积极研究并改善国内现行制度,做出具有前瞻性的制度设计,进而提升我国于国际规则制定过程中的话语权与影响力。

五、外观设计单独立法优势与前瞻性分析

(一)外观设计单独立法的优势分析

1. 法律法规保护的针对性

经过上述章节分析,从客体差异性的角度来看,外观设计这类非技术类知识产权客体置于专利法体系下无法凸显其特殊性,在修改上容易受到限制。另外,从制度空间的角度来看,于专利法体系中同时对3种客体予以规范显然又无法任其施展拳脚。此外,作为介于工业产权与著作权之间的知识产权客体,以著作权法对外观设计进行保护又存在仅能禁止他人复制却不能排除他人独立创作出相同或类似设计的缺点。[1]

对此,将外观设计进行单独立法后,首先,能够使其无须再考虑与发明、实用新型规则之间的协调性问题,可根据外观设计自身所需,建立与其特性相契合的制度规则。在特殊制度的建立上,我国目前只建立了成套产品外观设计、相似外观设计、局部外观设计以及专利权评价报告制度,美国与俄罗斯仅于制度层面上规定了如成套产品设计与部分外观设计制度,而韩国与日本则根据需求建立了如关联或类似外观设计、成套产品设计、部分外观设计、重新确定申请日、申请转换、保密外观设计等数量较多的特殊制度。由此可见,日本、韩国采用单独立法的形式则没有制度协调性的顾虑,可以根据外观设计的保护需求灵活添加、修改或者删除规定,创建或者从他国借鉴一些特殊制度。虽然特殊制度的建立一定程度上与一国国内的设计发展水平有关,但不同的立法模式显然对于外观设计的重视程度也是不同的。随着国内设计水平与质量的稳步提升,现在与将来必然需要面对如何回应广大创新主体对特殊制度建立的需求的问题。

其次,外观设计单独立法最明显的优点之一还在于可以根据相关产业的特定需求灵活调整具体制度的构建,[2]提升制度修改的客观性。一项法律制度应以"解决实际问题"作为其核心要旨,充分满足人民需求、回应产业发展需要也是知识产权制度完善的重要导向,一些制度的引入与创新也需要对产业进行积极

---

〔1〕 杜蓓蕾、程万华:《三种外观设计保护模式之比较》,《中国发明与专利》2008年第11期,第60页。

〔2〕 Regan E. Keebaugh, "Intellectual Property and the Protection of Industrial Design: Are Sui Generis Protection Measures the Answer to Vocal Opponents and a Reluctant Congress?", *Journal of Intellectual Property Law*, 13(2005), p. 275.

调研，寻求业界的意见。由于我国未对外观设计进行单独立法，以往进行法律修订时，往往不会专门针对与外观设计有关的行业和企业单独征求意见，对创新主体的需求关注较少。这难免会使得一些声音不能被听到，或者不易受到重视。单独立法后则可以集中人力与物力征求意见，更能体现“科学立法、民主立法”的精神。〔1〕从日韩两国的立法经验来看，对外观设计进行单独立法有利于突出外观设计的特殊性与重要性，这对日本、韩国诸多企业的外观设计发展也起到了一定的促进作用，如日本的无印良品、索尼以及韩国的三星、乐金等企业向市场输出了大批量设计新颖的产品，在国际市场上收获了丰厚的利润。

此外，单独立法能够给予外观设计制度更多的规则填充，主要包括能够将原先作为法律补充存在于实施细则中的规定提升至法律层面。这一方面可以使得外观设计制度的体系性更加完整，增强人们对于外观设计制度的整体性认知，增加实践主体运用法律制度的便捷性；另一方面也可以对条文执行力度予以一定程度的提升。同时，在释放制度空间的条件下，也能够将原先适用标准并不明确的制度规则予以更进一步的细化与设计，进而提升其可操作性及适用结果的可预见性，解决实践主体规则适用难的问题。

当然，受到立法资源以及国内立法程序等客观因素的影响，将外观设计剥离于《专利法》进行单独立法后，外观设计法在修法速率上或许不会有太过显著的提升，但倘若因此能够提升制度的针对性与可操作性，对社会需求以及规则修改的合理性进行更加充分的研究、分析与论证也不失为一种进步。

2. 行政审查模式的创新性

随着国内创新主体的设计创新水平的提高，中国的创新环境及创新思维也正由模仿创新走向自主创新。为了能够超越世界各主要发达国家的创新能力与水平，笔者认为我国应当积极实现从“外源创新”到“内生创新”的转变，把提升原始创新能力摆在更加突出的位置，牢牢把握创新和发展的自主权，走出具有中国特色的自主创新道路。对此，应当以“源头治理”作为解决问题的基本导向，从源头提升授权外观设计的质量，这将对后续的外观设计保护产生一定的积极影响，减轻外观设计保护各环节的负担，因此目前笔者走访的绝大多数企业也都自发地建议针对外观设计实行实质审查制。自设立评价报告制度以来，评价报告请求量逐年增加，这也表明公众对于确定外观设计专利权的稳定性有较高的需求。但与此同时，也不能忽略不同产品类型对于外观设计审查的不同需求，站在快速消费品行业的角度看，其往往只要求获得法律层面的保障，而对于产品外观设计的权利稳定性则无太高的要求。

然而，专利作为以“解决技术问题”为基本价值导向的知识产权客体，倘若仍然将外观设计置于专利的范畴之内，考虑到外观设计本身并不具有突出的技术价值，其将很难突破长期以来传统观念的束缚。由于行政资源有限且为了实现

〔1〕 王美芳：《外观设计保护单独立法之我见》，载国家知识产权局条法司编：《专利法研究（2011）》，知识产权出版社 2013 年 1 月版，第 10 页。

资源的最优化配置,外观设计的审查需求往往容易受到忽略,审查成本的投入力度远不及发明审查。随着我国近些年对于外观设计的重视程度越来越高,在产业转型升级的背景下,为了提升外观设计对我国经济发展的促进作用,笔者认为在行政审查层面理应加大对于外观设计审查资源的投入。为了满足产品及其外观设计的多样性特点,考虑不同类型产品对于外观设计的审查需求,笔者认为我国现阶段应当考虑实现外观设计审查模式上的创新突破,可根据实际需要建立多种审查方式以适应不同创新主体的需求,也满足不同领域产品的外观设计保护需求,如设置登记制结合异议制、初审制结合评价报告和实审制,形成一套权利边界清晰的外观设计保护制度并在此基础之上建立与之相配套的制度与措施,而将来可跟随时代发展的脚步对其予以更进一步的调整,建立处于世界前沿且科学有效的审查模式,充分体现外观设计"源头治理"的应有之意。

3. 国际交流话语的协调性

目前,在世界范围内对外观设计采取专利保护模式的国家与地区基本上只有我国、美国、俄罗斯以及一些中亚国家,外观设计在绝大多数国家被当作一项独立的知识产权客体,在各国国内可获得一项外观设计权。就外观设计单独立法也已成为大多数国家的立法选择或者计划方向。除此之外,不论是在综合性还是专门性国际条约的语境之下,外观设计与专利均属于工业产权下并列存在的保护客体,且外观设计专利保护模式也均不在各条约的考量范围之内。在同他国进行经济交往与知识产权保护上的交流合作时,我国是在"专利权"而非"外观设计权"的概念下就外观设计法律保护问题进行讨论,也就需要将汲取到的想法与意见以专利思维加以理解与吸收。此外,我国将外观设计列为专利类型之一的做法还会造成我国专利统计与世界各国口径不一,[1]进而对专利数量的国际比较造成一定影响。我们应当认识到,我国作为拥有丰富传统文化资源的发展中国家,具有为外观设计提供大量基础性创作材料的优势,因此利用外观设计的国际保护在世界经济竞争格局中取得突破是可行的,但取得突破的前提就在于实现我国外观设计制度与国际制度相协调。[2]

当前,知识产权国际保护的新体制已基本形成,知识产权保护的国际化也已成为不可逆转的现实。在此背景之下,国内知识产权立法在符合国家利益的前提下应当顺应国际潮流,做到与国际接轨。我国将外观设计与专利相区分并进行单独立法有利于实现国际交流上的语境统一,可以减少涉外法律交流上不必要的障碍,[3]避免造成话语理解与后续共识形成上的歧义,减小我国外观设计寻求国际保护的阻力。对于行政机构而言,单独立法也更有利于其对外审查业务交流以及法律政策研究等工作的开展。

---

〔1〕 胡嘉禄:《关于工业品外观设计重要性和法律保护模式的思考和建议》,国家知识产权局条法司编:《专利法研究(2009)》,知识产权出版社2010年7月版,第34页。

〔2〕 彭学龙、赵小东:《外观设计保护与立法模式比较及对我国的启示》,《知识产权》2007年第6期,第79页。

〔3〕 刘秀臣:《外观设计知识产权保护的立法模式》,《广西社会科学》2001年第2期,第107页。

4. 国际规则制定的引领性

由于我国知识产权保护起步较晚，虽然目前已逐步建立起具有中国特色的知识产权保护制度，但长久以来，我国大部分时间都一直处于制度学习与借鉴的阶段，需要汲取各国立法与修法上的先进经验，时至今日也是如此。于我国而言，美国的商业制度对于当时着力追求经济发展的我国来说影响无疑是巨大的，这就不免对国内相关法律体系的构造思想与观念产生一定指引作用。但在美国多次的单独立法尝试中也可看出，美国国内实际上对于专利保护模式的效果并不满意，这也证明了将外观设计作为专利保护还是存在着某些难以解决的问题，至少该模式并非是最优方案。笔者认为，为了更好地提升我国外观设计的制度设计水平，我国在制度建设上应当具备平台转换思维，将学习与借鉴的主要对象转至周边的日韩等国以及欧洲国家。

更进一步说，虽然在结合本国国情的基础之上，对他国立法实践经验进行研究与分析，择其精华、去其糟粕是一件值得鼓励的事情，但笔者认为，我国现阶段知识产权事业发展的眼光与目标已不再局限于与国际相接轨，而是要充分参与、积极推动并实现引领知识产权全球治理进程。因此，我国应当借此机会积极对各知识产权保护制度进行深入研究并大胆创新，而对外观设计而言，虽然先前已经错过了参与《海牙协定》规则制定的时机，但我国目前正努力推动《外观设计法条约》大会的召开，这彰显了我国在知识产权领域引领国际规则制定的决心。因此，我国应当以外观设计单独立法作为首要目标。只有以独立的法律制度为基础时才能充分实现上述法律法规的针对性与可操作性，进而实现制度创新的引领性，把握规则制定的主动权。

（二）外观设计单独立法前瞻

1. 单独立法要素及框架

从知识产权各单行法的立法文本可以看出，一项知识产权法律制度的内在要素基本包含立法宗旨、基本原则、保护客体、权利主体、权利内容、申请程序、审查模式、期限、终止和无效、权利的行使与限制以及权利保护这些要点。在法律结构上，经过对表 2 及表 3 显示的各主要国家与地区外观设计单行法立法体例的梳理，结合同属于工业产权范畴的我国现行《专利法》与《商标法》的传统立法体例特点分析后，建议将来的外观设计法体例可如表 4 所示，按顺序主要包含以下几个章节，并对上述内在要素予以规范：①总则。对外观设计法的立法宗旨，权利归属、行使及保护等方面的基本原则和对外观设计及其相关概念的定义进行说明。②外观设计的授予条件。对外观设计的保护客体以及权利主体进行剖析，明确保护客体类型，列明外观设计的构成要件及概念，划定不予保护的外观设计类型。③外观设计的申请。对可申请外观设计的主体类型、外观设计的申请类型（是否属于相似设计、成套产品设计等）、不丧失新颖性的例外、优先权、选择的审查模式、申请费用、申请文件类型及修改、申请的驳回、申请公布、转换申请等内容进行规定。④外观设计的审查与批准。审查模式及对应的审查流程、审查要点、审查决定、复审及行政诉讼程序等内容予以明确。⑤外观设计权的行使。对外观设计权的许可、转让、作价入股等行使方式的条件、类型、效力等,以及权利例外和限制条件的适用情形和相关示例进行分析。⑥外观设计权的期限、终止与无效。对权利的保护期限长度、是否可续展、期限起算日、终止与视为终止的情形、终止后的效力、无效宣告申请及其程序与相关法律适用等问题进行规定。⑦外观设计权的保护。外观设计纠纷的民事、行政、刑事责任以及行政、司法救济程序,并对侵权行为、责任类型、损害赔偿以及外观设计权评价报告及其法律效力等内容给予明确。⑧外观设计海牙国际注册。对外观设计国际注册的国际申请、申请人、申请文件及提交、申请费用、程序、注册条件及特殊规定等内容进行规定。⑨附则。对本法实施日期进行说明。

表2 各主要国家与地区外观设计立法体例梳理

国别 章节	日本	韩国	澳大利亚	德国	欧盟
第1章	总则	总则	引言	保护条件	总则
第2章	外观设计注册及注册申请	外观设计注册条件及申请	外观设计权、所有权及可注册性	权利人	与外观设计相关法律
第3章	审查	审查	设计申请	注册程序	欧共体外观设计作为所有权的客体
第4章	外观设计权	注册费及注册	设计的注册或公布	保护的起始与期限	注册外观设计申请
第5章	复审	外观设计权	设计审查	作为财产客体的注册设计	注册程序
第6章	重审及诉讼 基于海牙协定的国际注册	外观设计权人保护	侵权	无效与注销	注册外观设计的放弃与无效
第7章	杂则	审判	法院的管辖权与权力	保护效力及限制	申诉
第8章	罚则	再审和诉讼	王国	侵犯外观设计权	协调局程序
第9章		有关海牙协定的国际申请	注册登记簿	诉讼与审理	诉讼管辖与程序
第10章		附则	行政管理	海关措施	成员国法律效力
第11章		刑则	杂则	特殊规定	关于协调局的补充条款
第12章			废除、过渡性及保留条文	共同体设计	最终条款
第13章				海牙注册设计	
第14章				过渡性条款	

表 3 我国《专利法》与《商标法》立法体例梳理

	《专利法》	《商标法》
第 1 章	总则	总则
第 2 章	授予专利权的条件	商标注册的申请
第 3 章	专利的申请	商标注册的审查与核准
第 4 章	专利申请的审查和批准	注册商标的续展、变更、转让和使用许可
第 5 章	专利权的期限、终止与无效	注册商标的无效宣告
第 6 章	专利实施的特别许可	商标使用的管理
第 7 章	专利权的保护	注册商标专用权的保护
第 8 章	附则	附则

表 4 我国《外观设计法》立法框架初步构想

《外观设计法》立法框架初步构想		
第 1 章	总则	立法宗旨,权利归属、行使及保护的基本原则,外观设计及其相关概念的定义等
第 2 章	外观设计的授权条件	保护客体类型,构成要件,不予保护的类型等
第 3 章	外观设计的申请	申请的主体类型,外观设计的申请类型(相似设计、成套产品等),不丧失新颖性的例外,优先权,申请费用,申请文件类型及主动补正等
第 4 章	外观设计的审查与批准	审查流程,审查要点,审查的驳回,审查决定,复审及行政诉讼程序等
第 5 章	外观设计权的行使	外观设计权的许可、转让等行使方式的条件、类型、效力,以及权利例外和限制条件的适用情形和相关示例等
第 6 章	外观设计权的期限、终止与无效	保护期限长度,是否可续展,期限起算日,终止与视为终止的情形,终止后的效力,无效宣告申请及其程序,相关法律适用等
第 7 章	外观设计权的保护	民事、行政、刑事责任以及行政、司法救济程序,侵权行为,责任类型,损害赔偿以及外观设计权评价报告及其法律效力等
第 8 章	外观设计海牙国际注册	国际申请,申请人,申请文件及提交,申请费用,申请程序,注册条件及特殊规定等
第 9 章	附则	本法实施日期等

2. 单独立法工作任务初探

为给将来外观设计单独立法打下坚实基础,使我国能够制定出科学、客观、有效且处于世界前沿的外观设计法律制度,笔者建议后续还应当针对如下几个方面开展相关专题研究工作:①针对我国外观设计发展制定以 15 年为期的发展路线规划,对我国外观设计事业发展做前瞻性分析,为将来的阶段性部署提供大致方向与安排;②针对外观设计法的立法宗旨、价值导向、立法框架以及保护内容进行更加深入地探索,并对各领域的实践主体开展广泛的调研工作,对实践需求深入地进行研究与分析,尝试给出切实可行的立法方案;③针对外观设计单独立法的可行性进行分析,主要包括法律及其配套制度与措施的制定及运行成本的预估,对具体的落地实施政策与措施等内容进行研究与分析,为将来法律的制定与实施提供可靠保障;④针对单独立法后的机构设置调整开展内部研究与讨论,力图在保障各机构与部门利益的基础之上得出最优方案;⑤针对《专利法》的后续修改提出基本方案,对其进行更进一步地结构优化与规则细化,实现制度上的创新突破。

结语

真正的思维不是人云亦云,不能因为是经典模式就跟着做,哪怕过去曾经成功,也不能路径依赖,要学会反思所做的一切是否与时俱进。诚然,我国彼时之所以采取“三合一”的合并立法模式,也是根据自身条件的不足与融入国际秩序的需要而做出的最合时宜的选择。然而,每个国家的专利制度都并非永远不变,其不仅要根据科学技术发展带来的新问题而适时进行调整,而且必须与国际、国内市场的变化以及本国经济发展水平相适应,还必须与本国所参加的有关国际公约或地区性条约不相冲突。时至今日,经过近40年的社会发展与立法实践,一个健全的法律制度不应只是满足于现有立法模式下的“舒适圈”,而是应当从中跳出来,清醒地认识到我们现阶段所面临的社会需求与立法问题,并因时制宜地做出调整与革新。

在本质上,外观设计作为一种兼具“装饰性”与“功能性”复合特征的知识产权客体,在专利制度之下容易掩盖其特殊性,无法根据其自身需要进行适应性修改与完善,这使得实践主体在规则适用的过程中容易遭遇困难,而在著作权制度下又无法针对外观设计形成较强的排他性保护,因此采用专利制度或者著作权制度对其予以保护都存在着一定的困难与不和谐之处。对此,作为知识产权法律体系中的重要一环,也作为支持我国工业品外观设计实现高质量持续发展的法律保障,笔者认为单独建立与外观设计本质特征相契合、与实践主体需求相适应的外观设计制度,在营造良好的外观设计创新环境,提升国内外观设计创新能力与国际竞争力,确保司法机构和行政机构进行公平合理、高质高效的活动等方面都将起到至关重要的支撑作用。

除此之外,随着知识产权保护全球化进程的不断推进,我国一方面需要着眼于当下,及时把握国际知识产权保护发展之大势,于制度层面做到与国际水平相接轨,增强与其他国家不同制度之间的互操作性,参与和推动外观设计制度国际化;另一方面也需要放眼于未来,积极寻求成为知识产权全球治理的领航人,掌握规则制定的话语权,使国际规则能够更加符合我国利益。

笔者认为,我国当前的外观设计水平已经发展到需要对工业设计的发展实力进行重新认识与评估的重要阶段。将外观设计单独立法并不只是一种流于形式的变化,而是要发掘其所折射出的更深层次的含义与价值,即一种意识的升华与角度的转换,只有将外观设计作为一种独立的知识产权客体看待才能释放其应有活力，助力我国构建更好的设计创新环境以及“中国特色，世界一流”的外观设计法律制度。因此，笔者认为，将外观设计单独立法已存在现实的必要性，随着时代与社会发展的步伐加快，我国应当充分把握住机会，做好相关研究与前期准备工作，为我国外观设计法的制定打好坚实基础，铺平道路。

人工智能民事法律地位辨析[1]

张志坚*

摘　要　能否赋予人工智能这种独立存在以主体地位，学界存在否定说、肯定说和人格有限等中间说。否定说以人工智能不具有人的生物质、自我意识和意志能力等视角得出它仍是工具的观点并不合理，也过于保守。肯定说从前瞻性角度主张赋予人工智能法律主体地位具有积极意义，但未深入考察人工智能法律人格方面的条件性、有限性、阶段性以及特殊性，而且与应否赋予人工智能主体资格的根本理由仍有差距。中间说注意到了人工智能法律人格的取得具有条件性、有限性、阶段性以及特殊性，但未予全盘考虑和具体深化，有的还停留于将人工智能看成是一种"产品"或"法律行为"。其实，能否赋予人工智能法律主体地位的关键，在理论上是有无理性能力，在实践上是有无现实必要。

关键词　人工智能；法律人格；民事客体；民事主体

目　次

---

* 张志坚（1982—），江西理工大学智慧法治研究中心负责人，副教授，主要研究方向：大数据与人工智能法学。

〔1〕 本文系2021年度国家社科基金一般项目"人工智能自主行为的私法规制研究"（21BFX081）成果。

人工智能作为独立于人、物之外的，一种比动物更“近人”的客观存在，能否被赋予法律人格，使其以主体身份参与社会经济生活？[1] 学界围绕这个问题展开了激烈讨论，概括而言，主要有主体否定说、主体肯定说和中间说。

一、主体否定说

否定赋予人工智能主体地位的学者认为，现在将高端机器人赋予类似于人的人格地位仍然有待考虑。因为人工智能本质上是机器，并没有人类健全的人体和独立的人脑，从这一点来看，自然应当否定人工智能的主体地位。[2] 笔者对此种观点进行分析，认为当前否定人工智能主体资格的理由主要有以下几点：

第一，人工智能不具有人的生物质。从本质区别来看，智能机器人并不具备生物学上的要素，因而不能赋予其独立的法律人格，人工智能毕竟只是研发出的机器，而非自然人，也并不具有自然人的人体和人脑。[3] 机器人本身是由人类进行研究开发而创造的，并不具备生命和生命权，也没有所谓的伦理道德观念，也不能够形成良知良心和习惯，因而不能够进行责任的承担。如果将其作为独立的民事主体，使其可以参与到社会活动中，一方面，它并不能够作为独立的责任承担主体，另一方面，人工智能所带来的伦理宗教观念，将会对现代社会产生极大的冲击，也很有可能直接带来不可估量的严重后果。[4] 作为人类技术的理性延伸，人工智能所预设的是一种理性的法律主体，但它并不具备欲望机制，因此难谓具有主体性。[5] 而且，人类与生俱来的直觉以及同情心等，判断力以及想象力等禀赋，这些都是人工智能所不具备的，这些与生俱来的能力是不可能被人工智能所获得或超越的。[6] “人之所以为人，具有多方面的因素。从本质上来看，人具有智性、心性和灵性。机器人所模仿的仅仅是人类的智性技术，可以达到人类智商所能达到的最高水平，但它并不具备心性和灵性。心性强调的是情感和情绪，机器人并不具备人类的感情，也不会为情所累。灵性是人类精神世界的发源地，与人的信仰息息相关，从当前来看，并没有发现机器人具有灵性，人类所掌握的经验、从历史中吸取的教训、所培养的兴趣爱好，这些都是机器人所无法复制的，因此它们并不具备心性和灵性。这就意味着，机器人因无法达到人类层次的灵性和心性，所以也就无法具备如同人类一般的‘主体性’。如果某一天机器人具有与人类相同的心性和灵性，那么它们占领世界的预言将会成为现实。”[7]

---

[1] 张志坚：《论人工智能的电子法人地位》，《现代法学》2019 年第 5 期，第 75 页。

[2] 杨立新：《用现行民法规则解决人工智能法律调整问题的尝试》，《中州学刊》2018 年第 7 期，第 44 页。

[3] 杨立新：《人工类人格：智能机器人的民法地位——兼论智能机器人致人损害的民事责任》，《求是学刊》2018 年第 4 期，第 89 页。

[4] 赵万一：《机器人的法律主体地位辨析——兼谈对机器人进行法律规制的基本要求》，《贵州民族大学学报（哲学社会科学版）》2018 年第 3 期，第 147 页。

[5] 龙文懋：《人工智能法律主体地位的法哲学思考》，《法律科学（西北政法大学学报）》2018 年第 5 期，第 24 页。

[6] 范忠信：《人工智能法理困惑的保守主义思考》，《探索与争鸣》2018 年第 9 期，第 77 页。

[7] 於兴中：《人工智能：法律界的期待远远超过恐惧？》，《法制日报》第 07 版 2017 年 11 月 6 日。

第二,人工智能不具有自我意识和意志能力。人类的科学技术发展到一定程度便创造出智能机器人。最初,智能机器人仅是作为民事法律关系的客体而存在,尽管它可以如同人类一般进行各种活动,但是其本身仍然是受自身算法控制的,并不具备自主思考的意识和能力。[1] 即便其发展到一定阶段后,可以自主为一定行为,但它没有选择的自由,也没有自己行为的目的。机器人所自认为的目的是由人类进行掌控的,与人类有意识的目的行为存在极大差异。[2] 自然人所具备的情感、意识、理性,使得人类能够在自我发展过程中约束自身,而人工智能仅具备在特定的算法之下所表现出来的智能,实施的指令也只是人类所进行预设的,本质上只是一种逻辑运算,因此并不具备自我意识。[3] 换言之,只要它初始被设定为服从人的指令,就不会有自我意识。而没有自我意识,当然也就没有意识,从而也就没有学者所说的“意志能力”。[4]

第三,人工智能不具有责任能力。人工智能按照人类的设计可以为一定的行为,如文字创作、签订合同、驾驶汽车等,具有相应的行为能力,但有行为能力并不一定就有责任能力。一方面,在技术层面,人工智能仍然存在较大的问题,因为它们大多并不具备自我管理的能力,所以现有的法律责任体系并不能够对人工智能的行为进行调整,而且,在责任承担方面也难以找到较为适合的责任主体,因此,在法律层面缺乏规制;另一方面,虽然有少部分机器人已经具有一定的自我管理能力,但其并不具有可以谴责的内心意愿,而且也不能够对其人身进行惩戒,同样难以对所造成的行为后果进行责任承担。[5] 在一般情况下,需要有独立的财产才能够承担相应的民事责任。然而,机器人不可能有独立的财产,其对人造成损害后,最终的责任承担还是需要落实到自然人身上。所以无论承担责任的方式如何,最后还是需要人来进行承担,因此完全没有必要单独赋予其“法律人格”,这显然是多余的。[6]

第四,与法人不同,将人工智能拟制为主体没有现实意义。尽管智能机器人在形体方面与人类相似,但是仍然不具有民法意义上的人格。法人机构是一种拟制人格,与人工智能也存在明显区别。[7] 作为自然人集合而形成的组织,法人的意思能力由法人机关行使,实质是由其背后的自然人为意思表示,故与人工智能自己为意思表示明显不同。尽管机器人在智能方面已经与人类相当,甚至超

〔1〕 王利明:《人工智能时代对民法学的新挑战》,《东方法学》2018年第3期,第5页。

〔2〕 吴汉东:《人工智能时代的制度安排与法律规制》,《法律科学(西北政法大学学报)》2017年第5期,第131页。

〔3〕 房绍坤、林广会:《人工智能民事主体适格性之辨思》,《苏州大学学报(哲学社会科学版)》2018年第5期,第69页。

〔4〕 该学者认为意志能力即为意识和选择/反思调整的能力,并认为意志能力是能否成为法律主体的一个必要要件。冯洁:《人工智能体法律主体地位的法理反思》,《东方法学》2019年第4期,第47页。

〔5〕 Mark A. Chinen, “The Co-Evolution of Autonomous Machines and Legal Responsibility”, *Virginia Journal of Law & Technology*, 20(2016), p. 338.

〔6〕 郑戈:《人工智能与法律的未来》,《探索与争鸣》2017年第10期,第82页。

〔7〕 杨立新:《从民法通则到民法总则:中国当代民法的历史性跨越》,《中国社会科学》2018年第2期,第94页。

越人类，但是在心性和灵性方面仍不具备，所以不能简单地将这种人工智能等同于自然人或自然人集合。[1] 尽管法人制度也是从法律概念上对“人”进行挑战与拟制，但是仍然需要肯定这种制度安排具有现实价值，并且法人本身是多数人意志的集合，而且能够进行责任承担，因此，有必要在立法上将其拟制为主体。[2] 然而，智能机器人尚不能独立地享有权利和承担义务。[3] 因为立法不可能直接规制人工智能的行为，如所确立的过失赔偿机制，对于机器人而言，并不能够通过立法或处罚而提升其注意能力，即无法实现预防目的。[4] 应当明确的是，机器人并不具有生命，与自然人集合而成的法人组织也不同，机器人并不具有自身的独立意志。法人组织尽管与其他有精神意志的生物存在区别，但是其能够在集合自然人意志之下形成自己独立的意志进行决策，并具有独立的财产承担责任。而人工智能不具有这些特征，因此赋予其主体地位并不现实。[5] 尽管并不排斥在立法上创造出一个新的主体，但应拒绝没有现实意义的拟制。[6] 当前，并没有紧迫的现实需要将人工智能在立法上定位为主体，否则，反而有可能贬低人的价值或者产生将人物化的潜在危险。[7]

第五，人工智能是受人类控制的工具。在特定领域，人工智能的智慧远高于人类。甚至有科学家认为，非生物智能在 21 世纪中叶便将远超今天所有人的智慧。[8] 但在行为目的方面，人工智能与人类存在差异，它是按人类设计的程序运行、行动，仍仅是受人类控制的一种高度智能化的工具而已。换句话说，机器人是受到包括自然人、法人或其他组织的民事主体控制的，它本身并不能够独立地进行民事行为，当然也就无法取得独立法律地位。[9] 因此，虽然赋予机器人以“人”的名义，但是其本身仅是一种工具而非人，也不具有人格，只是这种工具通过高新技术而体现出更强的先进性。[10]

二、主体肯定说

持肯定说的学者认为，法律主体在整个法律的发展历史中是逐步扩大的。最初，主体范围中只有自然人，后来逐步扩大到法人和组织，并且是通过法律拟

---

〔1〕 吴汉东：《人工智能时代的制度安排与法律规制》，《法律科学（西北政法大学学报）》2017 年第 5 期，第 131 页。

〔2〕 吴习彧：《论人工智能的法律主体资格》，《浙江社会科学》2018 年第 6 期，第 63 页。

〔3〕 王利明：《人工智能时代对民法学的新挑战》，《东方法学》2018 年第 3 期，第 5 页。

〔4〕 吴习彧：《论人工智能的法律主体资格》，《浙江社会科学》2018 年第 6 期，第 63 页。

〔5〕 杨立新：《人工类人格：智能机器人的民法地位——兼论智能机器人致人损害的民事责任》，《求是学刊》2018 年第 4 期，第 90 页。

〔6〕 吴习彧：《论人工智能的法律主体资格》，《浙江社会科学》2018 年第 6 期，第 63 页。

〔7〕 龙文懋：《人工智能法律主体地位的法哲学思考》，《法律科学（西北政法大学学报）》2018 年第 5 期，第 24 页。

〔8〕 杜严勇：《论机器人的权利》，《哲学动态》2015 年第 8 期，第 83—89 页。

〔9〕 吴汉东：《人工智能时代的制度安排与法律规制》，《法律科学（西北政法大学学报）》2017 年第 5 期，第 131 页。

〔10〕 郝铁川：《不可幻想和高估人工智能对法治的影响》，《法制日报》第 10 版 2018 年 1 月 3 日。

制的方式将法人、组织纳入到法律主体的范畴中,从而使它们可以作为法律关系主体参与社会经济活动,进一步促进经济的发展。而科学技术的快速发展,促使人工智能出现,而且在未来,人工智能可以拥有生物大脑,甚至在神经元数量方面,与人脑相类似。因此,在未来阶段,也可以以法律拟制的方式对人工智能机器人进行规定,赋予其主体资格,从而使其能够以主体身份参与民事交往和社会活动。[1] 肯定说与否定说针锋相对,其理由如下。

第一,人工智能不具有生物质并不影响其成为民事主体。人工智能的生成材料是以硅晶作为机体,而人类更多是以碳基为机体,因此在生物属性方面存在根本差异。但是,法人也是一种拟制的主体,同样不具备人的生物属性。因此,应当破除法律主体是人类或者是人类代理人的伪命题,也应当适时更新赋予法律人格的标准。[2] 从客观角度来看,影响机器人是否能够取得主体地位的要素在于是否能够同人类进行实力对比;而从主观角度来看,重点在于人们对于人工智能的态度。[3] 从客观方面来看,根据"实力界定权利"理论,[4]人工智能的发展趋势表明应赋予其主体资格。在机器人的社会实力不断增强的情况下,赋予其权利也是一种必然结果,从权利发展的历史来看,机器人享有法律主体地位,合乎历史发展规律。[5] 如果不赋予人工智能这种权利,则也不会产生法律地位赋予的问题,人工智能也就不具备法律上的真实性。[6] 因此,人类的决断是影响机器人能否真正成为人的最关键因素,而不是科学技术的发展程度。[7] 现代社会的发展中,对机器人的应用已经无法避免,应当肯定机器人所带来的变革,因此赋予其法律地位和必要的权利,是在人工智能时代下,积极迎合社会发展趋势的必然要求。[8]

第二,人工智能并不完全是一种工具,其具有一定的自我意识。现代理性强调人作为自然界中唯一可以进行理性思考的自然生物,可以进行独立的思考交流,并且具有发明创造的能力,可以进行情感共鸣,具有善良、良知。因此,人类可以享有法律上的独立人格,但是通过研究发现,某些动物也可以具备这种能

---

〔1〕 金东寒主编:《秩序的重构——人工智能与人类社会》,上海大学出版社2017年12月版,第86页。

〔2〕 徐文:《反思与优化:人工智能时代法律人格赋予标准论》,《西南民族大学学报(人文社会科学版)》2018年第7期,第108页。

〔3〕 Hilary Putnam, "Robots: Machines or Artificial Created Life?", *The Journal of Philosophy*, 21 (1964), pp. 668-691.

〔4〕 在原有权利遭遇新兴事物冲击的情况下,不同群体的实力博弈将重新构筑权利体系。约翰·厄姆拜克将这种现象归结为"实力界定权利"。John Umbeck, "Might Mikes Right: A Theory of the Formation and Initial Distribution of Property Rights", *Economic Inquiry*, 19(1981), pp. 38-59.

〔5〕 张玉洁:《论人工智能时代的机器人权利及其风险规制》,《东方法学》2017年第6期,第56—66页。

〔6〕 菲尔·麦克纳尔、索海·伊纳亚图莱:《机器人的权利——二十一世纪的技术、文化和法律》(下),邵水浩译,《世界科学》1989年第7期,第54—57页。

〔7〕 Hilary Putnam, "Robots: Machines or Artificial Created Life?", *The Journal of Philosophy*, 21 (1964), pp. 668-691.

〔8〕 张玉洁:《论人工智能时代的机器人权利及其风险规制》,《东方法学》2017年第6期,第66页。

力。[1] 而且，随着现代科学的不断进步，人工智能也逐步显现出这种特征：一是能够对外在世界进行感知，并且可以进行独立的对话交流；二是可以对生活进行规划，并且拥有一定的自我意识；三是与同类之间可以进行彼此交流，构建共同的生活群体。[2] 人工智能并非仅是一种工具，其在行为精确性、理性以及决策科学性等方面均远超人类，个人、公司和国家的部分决定将由人工智能做出。申言之，科技的发展将导致人工智能并不完全听命于人类。在未来人工智能已经实现了高度发展之后，机器人体内也将觉醒出自我意识。[3] 之所以不能单纯地将智能机器人归类于技术产物，是因为它们已经具备了一定的独立精神，而不仅仅是在外形上与人类相似，所以应当赋予其权利。[4] 例如，"电子人"的材质是金属，作为一种电子系统，能够对事物有推理和记忆能力，并且具备一定的情感意识，正在向着人脑意识迈进，所以从现在的法律主体框架来看，可以将其纳入主体范畴。[5] 强人工智能阶段，将会产生人机共存的状态，这时人与机器人的界限进一步模糊，并且成为一种新的社会特征，从而出现智能机器人具备法律人格或者类似于法律人格的形象，这种颠覆性的变革是以人际关系作为法律的调整对象而进行的。届时，并非是对智能机器人的法律人格进行赋予，而是由其主动地取得法律人格，当然，还需要在存在"法律人格"一词的条件下。[6]

第三，人工智能具有责任能力。机器人在同时具备"智力"和"意志"的情况下，几乎可以独立进行所有人类可以从事的工作。例如，作为投资受托人，机器人可以在保障委托人实现财产增值的情况下签订合同，在代理运行与设计时，也能够获得一定的财产收益。如果没有尽到注意义务，则需要承担进行赔付的不利后果，在这种意义下，机器人能够承担相应的责任，并且具备这种能力。[7] 承担责任的关键在于须有独立的财产。部分人工智能可以创作、进行投资决策、充当收取乘客费用的载人工具等，具有一定的收入来源，当其致人损害时，可以用该笔收入先行赔付。同时，根据"谁受益，谁担责"的原则，可以要求相关的受益方给人工智能注入一定的资金。有学者认为可以通过购买保险，在发生损害行为或者由于错误而导致损害的情形下，获得保险的赔付，减轻自身的赔付义

---

[1] Mary Midgley, *Utopias, Dolphins and Computers: Problems of Philosophical Plumbing*, Routledge Press, 2000, p. 115.

[2] F. Patrick Hubbard, "'Do Androids Dream?': Personhood and Intelligent Artifacts", *Temple Law Review*, 83(2011), p. 419.

[3] Hilary Putnam, "Robots: Machines or Artificial Created Life?", *The Journal of Philosophy*, 21(1964), pp. 668-691.

[4] 菲尔·麦克纳尔、索海·伊纳亚图莱：《机器人的权利——二十一世纪的技术、文化和法律》(上)，邵永浩译，《世界科学》1989年第6期，第47—50页。

[5] 郭少飞：《"电子人"法律主体论》，《东方法学》2018年第3期，第44页。

[6] 孙占利：《智能机器人法律人格问题论析》，《东方法学》2018年第3期，第17页。

[7] Lawrence B. Solum, "Legal Personhood for Artificial Intelligences", *N. C. L. REV.*, 70(1992), p. 1245.

务。[1] 如此,人工智能便可像法人一样拥有自己独立的财产。另外,人工智能本身具有一定的智能,因此可以通过合法途径对经济责任进行承担,如开设银行账户,在其行为对他人造成损害时,可以利用该账户内的资金先行给付。[2] 所以,从当前的立法制度来看,人工智能完全可以享有一定的财产权,并且能够独立地签订合同,责任能力在法律上并不阻碍人工智能机器人成为权利义务的主体。[3]

第四,从现实角度来看,有必要将人工智能拟制为法律主体。当前立法之所以允许机器人自己为意思表示,是因其比人类更符合理性主体的预设,这不应成为其不能像法人那样进行拟制的障碍,将人工智能拟制为主体的关键在于现有法律制度无法应对人工智能所带来的新问题。有学者认为,区别于公司的拟制人格,人工智能并不是要拟制为公司那样的实体,而是根源于主体间的利益分配,才需要对其进行法律人格的赋予和确认。[4] 因为人工智能的收益与致害往往不是与人类的一方主体有关,而是与多方主体均密切相关的。由于机器人的法律人格所代表的是所有参与方法律人格的集合,因此,对这些机器人按不同的适用场景进行分类,就会更加具有现实意义。[5] 此外,只有承认人工智能法律地位,才能进一步分析有关人工智能所缔结合同的法律关系和效力问题,以及由此产生的举证责任和义务承担等方面的问题。[6] 例如,有学者认为应当对计算机交易系统赋予独立的人格,使其在该系统中签订的合同具备合同效力以及正当性,从而可以强制执行。[7] 由此,赋予人工智能独立的民事主体地位,会使与其相关的交易、决策以及行为等方面会变得高效、便捷。而且,仿照法人的拟制,运用一定的手段赋予民法主体资格不存在技术障碍,民法的立法技术发展到今天完全可以支持这一点。[8] 因此,人工智能的发展和传播促使我们改变法律,因为这些法律中有很多地方不能充分地规范人工智能产品和其他人工智能产品之间、与人类之间的互动,因此其将会促进多个领域法律的调整,若不能将这些不由人类控制的行为规范到法律的调整范围内,则会造成社会秩序的混乱。[9]

第五,人工智能有独立思考、独立行为的能力,并非完全被人类控制的工具。

---

〔1〕 Lawrence B. Solum, "Legal Personhood for Artificial Intelligences", *N. C. L. REV.*, 70 (1992), p. 1240.

〔2〕 Ugo Pagallo, *The Laws of Robots: Crimes, Contracts, and Torts*, Springer, 2013, pp. 143-144.

〔3〕 Mark A. Chinen, "The Co-Evolution of Autonomous Machines and Legal Responsibility", *Virginia Journal of Law & Technology*, 20(2016), p. 378..

〔4〕 Jessica Berg, "Of Elephants and Embryos: A Proposed Framework for Legal Personhood", *Hastings Law Journal*, 59(2007), p. 387.

〔5〕 Susanne Beck, "The Problem of Ascribing Legal Responsibility in the Case of Robotics", *AI & Soc*, 31(2016), pp. 473-481.

〔6〕 徐文:《反思与优化:人工智能时代法律人格赋予标准论》,《西南民族大学学报(人文社会科学版)》2018年第7期,第108页。

〔7〕 Ugo Pagallo, *The Laws of Robots: Crimes, Contracts, and Torts*, Springer, 2013, p. 154.

〔8〕 陈吉栋:《论机器人的法律人格——基于法释义学的讨论》,《上海大学学报(社会科学版)》2018年第3期,第82页。

〔9〕 约翰·弗兰克·韦弗:《机器人是人吗?》,刘海安、徐铁英、向秦译,上海人民出版社2018年8月版,第4页。

法律规制行为,发生作用的前提在于所有的行为均是由人类做出的,或是在人类完全控制下做出的。然而,现实中很多行为是由人工智能自己独立做出的,若用法律调整人工智能与人之间的各种关系,则会使得以上假设失去意义,进而会对传统法律的适用和规制方式产生很大的影响。[1] 人类对人工智能的控制并不完全,或许人类可以通过切断终端电源的方式使人工智能无法工作,但是在人工智能运行的过程中,其深度学习和独立判断的行为与结果却是人类无法完全控制的。比如,阿尔法狗,其能够通过自主学习棋的行走步骤,研究生成胜算大的行走路径。正是因为人工智能的深度学习和独立判断的能力,人类的智慧才不足以抗衡人工智能的智慧,从而造成其运行过程及结果可能无法预测。学习型人工智能一旦被投放到市场中,即便人工智能的设计者故意设计了某一目的,设计者本人也无法预测其学习的程度和行为能力,无法预测该意欲的目的能否实现。[2] 因此,基于人工智能能够深度学习、独立思考、独立行为,甚至为自己的利益奋斗和辩护的能力,我们没有足够的理由否认其主体地位。[3]

三、中间说

(一)特殊主体说

有学者主张,可以将人工智能看成一种特殊的民事主体,因为其不仅可以独立地做出意思表示,还可以作为智慧的工具。[4] 人工智能的发展已经取得了很大的进步,已经不再仅是模仿人类的行为或是按照固定的代码从事单一、特定的简单行为。人工智能远远超过其他科技成果的重要特点在于其深度学习和独立思考的能力,人工智能能够根据现有的行为不断地进行学习,独立判断,从而使得行为最优、结果最优。深度学习和独立判断的能力使得人工智能具有了曾经专属于人的特征,因此有必要在法律上赋予其一定的法律人格,以便更好地规制其行为,同时为未来人工智能的健康有序发展提供一定的制度保障,避免将来产生很大的矛盾与冲突。

也有学者认为,可以借鉴古罗马的特有产制度,将人工智能视为一种数字特有产。人们可以主张自己的责任仅限于该人工智能本身的价值(加上最终的强制保险),以此能通过使用人工智能从事商业、交易或合同业务,并能向其交易相对方(不论是人类还是其他人工智能)保证义务将会被履行,从而能够成功处理

---

〔1〕 约翰·弗兰克·韦弗:《机器人是人吗?》,刘海安、徐铁英、向秦译,上海人民出版社2018年8月版,第2页。

〔2〕 Jack M. Balkin,"The Path of Robotics Law",*California Law Review Circuit*, 6(2015),pp. 45,52.

〔3〕 F. Patrick Hubbard,"'Do Androids Dream?':Personhood and Intelligent Artifacts",*Temple Law Review*, 83(2011),p. 407.

〔4〕 John Lightbourne,"Algorithms & Fiduciaries:Existing and Proposed Regulatory Approaches to Artificially Intelligent Financial Planners",*Duke Law Journal*,67(2017),pp. 651,674.

新一代的无人驾驶汽车所带来的法律挑战。[1] 还有学者认为,若肯定智能机器人的法律人格,则应当将智能机器人视为新型民事主体。[2]

(二)条件主体说

条件主体说认为,可以在一定条件下赋予智能机器人一定的法律人格。有学者主张,我们要在实定法解释论的基础之上研究机器人的法律人格。研究其法律人格时,我们要将传统的思考问题的角度重新排位,我们首先要站在法律政策的立场上,而非传统逻辑的立场上。从逻辑必然的角度出发,机器人显然不具备法律主体应具有的全部特征,但是科技的不断发展使得机器人已经普遍运用于各行各业,逻辑的必然性使得法律在面对现实时变得慌乱无比。因此,有必要对具备客体属性的人工智能在特定条件下承认其主体资格。[3] 这种主体资格不是真正意义上的主体,而是法律拟制的一种主体,其目的是为了解决人工智能不断发展带来的问题。还有学者认为,承认人工智能的主体资格的困难性体现在"符号主义"和"联结主义"语境下,[4]但是在非公理化推理系统(NARS)下,[5]人工智能被承认具有一定的人的认知属性。基于此,在满足特定条件的情况下,通过法技术手段能够在一定程度上赋予其法律主体资格。[6] 由此可以看出,条件主体说认为人工智能成为主体需满足一定条件、特定情形并且只能赋予一定程度的主体资格。

(三)有限人格说

有限人格说主张,人工智能享有法律人格,但是其所享有的法律人格是受限制的,主要表现为行为的有限性和责任的有限性。首先,人工智能可以独立实施一个行为,其有权享有相应的法律权利、承担相应的法律后果。其次,人工智能的本质是工具,尽管其具有一定的独立行为能力,但是其行为取决于人类为其编写的程序,其无法改变自身服务人类社会的工具本质。最后,人工智能在民事责

---

[1] 乌戈·帕加罗:《谁为机器人的行为负责?》,张卉林、王黎黎译,上海人民出版社2018年8月版,第110—118页。

[2] 石冠彬:《论智能机器人创作物的著作权保护——以智能机器人的主体资格为视角》,《东方法学》2018年第3期,第148页。

[3] 陈吉栋:《论机器人的法律人格——基于法释义学的讨论》,《上海大学学报(社会科学版)》2018年第3期,第87—88页。

[4] 符号主义(Symbolism)是一种基于逻辑推理的智能模拟方法,符号主义的主要思想就是应用逻辑推理法则,从公理出发推演整个理论体系。联结主义是一种演绎逻辑,强调人类大量的视觉听觉信号的感知处理都是下意识的,是基于大脑皮层神经网络的学习方法把认知看成是网络的整体活动,组成网络的基本单元随着外部信息和其他单元的活动发生动态变化。顾险峰:《人工智能中的联结主义和符号主义》,《科技导报》2016年7期,第20、24页。

[5] 非公理化推理系统即"Non-Axiomatic Reasoning System",指在资源和信息不充分的情况下,主体也会依据有限的资源做出决断。Ben Goertzel & Pei Wang, *Advanced in Artificial General Intelligence: Concepts, Architectures and Algorithms: Proceedings of the AGI Workshop* 2006, IOS Press, 2006.

[6] 沈建铭:《论人工智能实体的法律主体资格》,华中师范大学2017年硕士学位论文,第1页。

任的承担上具有很大的局限性，人工智能并不能单独地承担民事责任，其行为所造成的损害结果的责任承担主体应是其设计者、开发者、制造者或使用者，这应当是一种的特殊的侵权责任承担主体。而人工智能在行为和承担责任方面的有限性决定了其法律人格的有限性。[1] 还有学者主张智能机器人的法律人格是人类智慧的延伸，其本质仍然是服务于人类社会的一种工具，其作为法律主体在行为能力、责任能力和权利义务方面都是有限的，因此其法律人格只能是一种工具性的法律人格。[2]

(四)法律行为说

李爱君教授认为，在以主体、客体和行为为基本结构的民法中，人工智能既不是主体，也不是客体，而是一种法律行为。其理由是：人工智能只是一种技能，是一种算法而非人类认知神经科学，从而无法与人的“智能”相提并论；它没有自我意识、没有资源、没有对自身行为控制的能力，从而不符合自然科学主体性的构成要素；而且参照人而创造一个新的“人”，并不是人工智能所要表达的科学价值目标，人工智能的价值在于行为的智能性，是为了使它承担的智能任务类型分别形成不同的“行为”功能；人工智能是基于人的研究行为不断深化而产生的，是人类的大脑行为创造的一种精确复杂的技术行为，因此人工智能的本质是一项技术行为，是人类行为的延伸，不具有法律主体的本质特征。更确切地说，人工智能是它的研发者、制造者和使用者等主体的法律行为。[3]

四、对三种学说的评析

否定说和肯定说分别从人工智能的生物质、自我意识、责任能力、拟制的意义以及是否仍为工具 5 个方面，对应否赋予人工智能主体资格形成了观点交锋，反衬出人工智能法律地位问题的分歧和复杂程度之高。不过，很少有学者将“法律地位问题中的人工智能到底是什么，它的民法属性又是什么”这两个问题讲清楚，或者进行过深入研究，而这是探讨人工智能法律地位问题的前提和基础。若未解决好这两个前置性问题就去判定能否赋予人工智能主体地位，所得出的结论的可信度和科学性仍是值得怀疑的。

第一，各学说对人工智能的概念、特点和所处阶段的分析不够。比如，人工智能一词的表述就不规范、不统一，有的学者用“机器人”进行表述，有的用“人工智能实体”“智能机器人”等进行表述，不一而足。又如，对其探讨的人工智能所处的阶段未做合理限定。人工智能所处阶段不同，对它是否赋予主体地位的结论当然也就不同。正如王利明教授所指出的，机器人在现阶段仍为法律客体，但随着科技的发展，其可能会不断“进化”，思维能力也会进一步发展，具备与人类相当甚至超越人类的意识和思考能力，并可以在一定范围内独立地享有权利、承

---

〔1〕 袁曾：《人工智能有限法律人格审视》，《东方法学》2017 年第 5 期，第 50—57 页。

〔2〕 许中缘：《论智能机器人的工具性人格》，《法学评论》2018 年第 5 期，第 161—162 页。

〔3〕 李爱君：《人工智能法律行为论》，《政法论坛》2019 年第 3 期，第 176—182 页。

担义务,从而在未来有可能进入民事主体的范畴。[1] 笔者认为,当下所讨论的"人工智能"应限于已超越弱人工智能阶段,但又尚未达至强人工智能阶段,即从弱人工智能向强人工智能过渡的智能形态,也是当前已发生、在不远将来就要经历的过渡阶段,如此才有现实意义。因为弱人工智能系辅助人类工作的工具,难谓有主体资格,而强人工智能与人类相似,拥有情感和自我意识,理应赋予其参与经济生活之主体资格,只是它离我们还很遥远,能否达至该阶段还未可知。然后,再将从弱人工智能到强人工智能的过渡期细分为初级人工智能、中级人工智能和高级人工智能。因此,在探讨人工智能民事法律地位问题时,应先确定其讨论人工智能所处的阶段,合理限定其论述场域的范围。

第二,否定说和肯定说所争论的5个方面与人工智能能否成为民事主体的真正理由还有差距。具体而言:在人工智能的生物质方面。两者均不否认人工智能不具有自然人的生物质,但对于生物质是否为人工智能成为民事主体的必备要件存有分歧。[2] 人工智能是硅基体,与碳基人类不同,不具有人的生物质。然而,法人作为被拟制的主体,同样不具有人的生物质。以生物质这一点就足以成为民法上的"人"的,有且仅有自然人。所以,作为非生命体的人工智能,其可像法人那样无须以生物质作为能否成为主体的判定要件,故而人工智能是否具有生物质并不影响其能否成为民事主体。

在人工智能是否具有自我意识和意志能力方面。笔者认为,自我意识主要是指能否认识到自我的存在,人类是由猿进化而来,在其不能直立行走、没有语言和交流之前,同样没有自我意识。比如,明太祖的曾孙朱文圭从2岁开始被囚禁,达55年之久,出来以后连牛羊都不认识,朱文圭在自然属性上是人,但他在社会属性上,却跟动物或者植物人差不多,从而基本上不会有自我意识和学者所认为的那种带有意识性的意志能力。所以,意识、自我意识的产生与交互有关。若人工智能可以自由行走、发明语言,经过不断地与环境、人类交互和长期的进化,也有可能产生自我意识。[3] 而且,意识、自我意识并非能否成为民事主体的必要条件。法人自身也没有意识和自我意识,但它作为一种无生命的组织体,由于现实需要而可以被拟制为民事主体。何况,即便是有意识,如动物,也有意识,

---

〔1〕 王利明:《人工智能时代对民法学的新挑战》,《东方法学》2018年第3期,第5页。

〔2〕 否定说认为,机器人就其生成机理来说不可能产生生命和生命权,也没有作为责任承担主体所必备的道德、良心、良知、伦理、宗教、规矩和习惯,如果仓促确认机器人的独立民事主体资格,有可能给人类带来灾难性的后果。赵万一:《机器人的法律主体地位辨析——兼谈对机器人进行法律规制的基本要求》,《贵州民族大学学报(哲学社会科学版)》2018年第3期,第147页。肯定说认为,"人可非人"到"非人可人"的历史演变阐释了民事主体只是社会需要的法律形式,法律对民事主体的承认基于现实需要,根基在于以人的利益为中心的功利主义,伦理性并不是民事主体的必然要求,没有生命但具有"智能"的机器人也应当被赋予法律人格。许中缘:《论智能机器人的工具性人格》,《法学评论》2018年第5期,第163—164页。

〔3〕 人工智能实现自我意识有两种可能的途径:一种是雅克·拉康的镜像理论,即通过某种媒介,在类似于照镜子的活动中找到自我;另一种是查尔斯·泰勒的主体间性理论,即通过某种媒介,在群体的活动和意识当中发现自我。高奇琦:《人工智能驯服赛维坦》,上海交通大学出版社2018年3月版,第196—197页。

特别是如黑猩猩等的一些自然人以外的高等动物，甚至会有自我意识，[1]但法律并未赋予其主体地位。所以，民事主体与自然人并不是完全相同的概念，部分学者完全以自然人所独有的生物质、意识和自我意识等标准作为判定人工智能能否成为民事主体必要要件的观点，值得商榷。

在人工智能是否具有责任能力方面。笔者认为，人工智能并非生物人，不会主动犯错，更不会有故意犯罪或侵权的动机，由此决定其不宜成为刑法上的主体，[2]但有可能成为民法上的主体，因为没有过错也可被科以民事责任。笔者并不否认责任的最终承担者是自然人，因为即便是法人，虽以其责任财产为限对外承担责任，但该责任财产最终还是落在了相应的自然人身上。从这个意义上讲，法人其实是充当了其背后自然人所生权利、义务和责任转承的一种媒介。同样，赋予人工智能民事主体资格后，其致害责任的实际承担者也是自然人，只不过他人所遭损害是与人工智能之间存在因果关系，与人工智能背后的自然人并无直接因果关系，但自然人因与人工智能之间存在利害关系，从而间接地转承了人工智能对外所生的权利、义务和责任。所以，是否赋予人工智能民事主体资格的关键不在于它有无自然人那样的责任能力，而在于能否像法人那样拥有独立的责任财产。

在人工智能是否具有拟制的意义方面。笔者认为，当前学界所热议的人工智能所为行为的效力问题，如由人工智能签订的合同是否直接有效，人工智能因不可归责于任何一方人类主体的技术风险类侵权，[3]其因果关系如何认定、被侵权人告谁、所产生的责任又该如何承担，以及人工智能创作作品的性质和权利归属问题。还有，作为初级人工智能的无人驾驶汽车在完全替代人类成为“司机”后，应由谁投保、保费由谁承担、遵守交通规则的主体是谁、又由谁负责它违反规则后的处罚，而且它不但有致害风险，也能获取收益，其风险收益又当如何分配等问题。这些问题都是因人工智能的发展所带来的新问题，具有须妥善处理的现实必要性，而这些问题背后的实质其实都指向“应否将人工智能拟制为民事主体”这一命题。

关于人工智能是否仍为工具方面。笔者认为，人工智能的民法属性既非物，亦非人，而是独立于人与物之外的、比动物更“近人”的客观存在。动物虽然受人类的支配，但并非完全是一种工具，如野生动物。而人工智能就更加与人接近，可以自主决策和行为。也就是说，由于人工智能远超人类智慧，从而被人类给予

---

〔1〕 尤瓦尔·赫拉利：《未来简史》，林俊宏译，中信出版集团2017年2月版，第112—115页。

〔2〕 有学者认为智能机器人可以作为刑事责任主体，应针对其特点设立特殊的刑罚处罚方式。刘宪权：《人工智能时代的刑事责任演变：昨天、今天、明天》，《法学》2019年第1期，第79—93页；刘宪权：《涉人工智能犯罪刑法规制的路径》，《现代法学》2019年第1期，第79页。

〔3〕 技术风险主要是指人工智能通过深度学习后超出程序设计范围，即“擅自”而为致害行为所导致的风险，该风险是符合人工智能发展需要的，因为只有给予人工智能更多的自主性，才能给人类带来更大的福利，因而该风险不具有可预见性和可归责性。

了充分的自主权,造成人类难以预测其运行过程和结果,[1]所以出现人工智能自行“创设”和自主“应对”等“擅自”而为的偏离行为。而人工智能的自主性越强,给人类带来的便利度也就越高,两者呈正相关关系,所以这种偏离行为是在技术风险所允许范围内的。正如工业革命解放了人的体力,人工智能将解放人的脑力。这就要求人工智能表现地越来越像人一样思考、决策和行动,人类只需掌握对它的终极控制,如开关键、切断电源等,其他方面则会越来越把它像人一样看待,而不再或者说不应将它视为一种完全受人类控制的工具,否则就失去了研发和制造它的意义和动力。

第三,否定说固守传统,缺乏前瞻性。人工智能虽有一定的工具属性,是人类拥有的一种财产,但人为拟制的法人又何尝不是如此,而且法人同样是可以被人类处分的一种财产,不然怎么能被买卖或并购。时代的飞速发展与进步也带来了法律人格适用范围的不断扩大,法律人格的范围已经不再局限于传统的自然人和法人,“没有脸庞”的权利主体,如冷冻胚胎和动物的权利,也逐渐进入人们的视野,纳入法律人格的讨论范围。[2] 随着科技的发展,人工智能也可能会被拟制为民事主体,否则将有可能阻碍人工智能及其相关产业的健康发展。例如,为了应对19世纪的工业革命,我们花费了20世纪的大部分时间,通过改变法律并规定最低工资,限制工时不加班,禁止使用童工,保护环境健康和工作场所安全,确保了一个繁荣昌盛的中产阶级的诞生,而制定将工业革命的益处广泛传给繁荣的中产阶级的法律花费了100年。[3] 因此,我们不应再囿于传统观点,而应从前瞻性角度审视人工智能对现有法律制度造成的冲击和挑战。这一天也许还不会来得太快,上次启蒙时代所创造的理念价值、伦理规则已经落后于现代社会的快速发展,无法适应当前的社会现状。现代社会科技和互联网的快速发展已经给传统的人文价值和理论规范带来了新的挑战,民法传统的立法观念和价值准则无法有效地调整其产生的各种法律关系,变革势在必行。因此我们必须尽快开展法律、科技和伦理的对话,避免没有抓住机遇而无法建立有效机制予以调整。[4] 由此观之,赋予人工智能民事主体资格关乎人工智能产业的健康发展、相关主体权利义务的分配以及法律秩序的稳定,是必要的,也是有现实意义的。正如张文显教授所指出的,当前学术体系存在保守性、封闭性和参照系的不确定性3大弊端,如在“新兴人权”“未来法治”以及“科技法理”等新的概念和命题提出后,我国法学传统理论在应对复杂的实践中暴露出“贫困”与“幼稚”的问题,使我们急需要突破与创新,需要新生理论和新鲜血液的注入,以此来打破我国法学理

---

[1] 学习型人工智能的设计者无法预见它被派入世界后如何行动,但另一方面,此一不可预见的行为是人工智能设计者意欲的,即使某一特定的行为并非如此。Jack M. Balkin,“The Path of Robotics Law”,*California Law Review Circuit*, 6(2015), p. 45, p. 52.

[2] 颜厥安:《没有脸庞的权利主体——由法理学检讨生物科技与人工生殖技术》,《月旦法学杂志》1995年第2期,第9—17页。

[3] 约翰·弗兰克·韦弗:《机器人是人吗?》,刘海安、徐铁英、向秦译,上海人民出版社2018年8月版,第222—231页。

[4] 苏永钦:《民事财产法在新世纪面临的挑战》,《人大法律评论》2001年第1期,第193页。

论落后于社会现实，落后于司法实务的现状。[1]

第四，肯定说敢于从前瞻性角度明确人工智能主体地位，值得借鉴，不足之处在于从"实力界定权利"角度论证应赋予人工智能主体资格，有失偏颇。其一，因为是否赋予人工智能主体资格的关键并不在于其实力是否不断提升，而在于是否能切实解决当前所面临的人工智能生成物的权利归属问题、人工智能交易行为的效力问题以及人工智能致害的责任承担等问题。而且，权利并不一定与其实力成正比。例如，《中华人民共和国劳动合同法》《中华人民共和国消费者权益保护法》等，均是彰显弱者权利保护的典范。申言之，实力是否强大与能否取得主体地位之间并无必然性。其二，忽视人工智能成为民事主体所需的特定条件。人工智能种类繁多，对于不具有自主学习能力或只是完成辅助性工作（如医疗机器人）的人工智能，没有必要赋予其主体资格。其三，未指明人工智能成为民事主体的人格是受限的。虽然人工智能可能被赋予民事主体资格，但其享有的权利义务与人类是永远不可等同的，人类应始终保持对它的绝对控制，其人格权主要限于财产方面，而无伦理性方面的人格。其四，未注意不同阶段的人工智能之间存在法律地位的差别。在弱人工智能阶段，没有必要赋予其主体资格，而在强人工智能阶段，其具有情感和自我意识，能与人类自由交流，完全与人类似，其在通用领域的智能均远超人类，没有任何站得住脚的理由去否认赋予其民事主体资格，只是强人工智能是否可以实现并不确定而已。然而，即便是在从弱人工智能到强人工智能的过渡期，其人格受限的程度也会因其处在不同的发展阶段而有所差别。因此，笔者认为，笼统地将不同条件、不同类型、不同阶段下的人工智能概而论之的做法有失偏颇。

第五，中间说分别从人工智能的法律人格具有条件性、有限性、阶段性以及特殊性的视角审视主体地位确认的不同情况，颇值借鉴，不足之处在于特殊主体说认识到人工智能发展到一定阶段后可独立为意思表示，但未明确它是否具有意思能力。其一，由于人工智能具有自主性、交互性和唯一性，它可以在其"擅长"的特定领域可以像人一样理性地与环境和人类互动，如无人驾驶汽车，它完全取代人类作为"驾驶员"方面的理性能力其实远胜于人类驾驶员，所以人工智能这种在特定领域可独立为意思表示的能力实质上就表明它具有意思能力，即它完全能以"自己"的名义对外独立地为意思表示。比如，人工智能交易员，在它"主人"设定的交易金额范围可独立与他人直接进行交易，交易行为后果直接发生法律效力，而无须经过它的"主人"进行追认。其二，将人工智能视为一种数字特有产，认识到人工智能可直接为一定民事活动并承担有限责任的积极现实意义。然而，古罗马法上的特有产，如奴隶，它只是作为家父的一项财产，并无法律主体地位。而且，人工智能主要由数据、软件和硬件组成，而这三者分属于不同的主体。一般而言，使用者购买人工智能后，只对它的硬件享有所有权，而软件

[1] 张文显：《在新的历史起点上推进中国特色法学体系构建》，《中国社会科学》2019年第10期，第31页。

的所有权仍归研发制造者,研发制造者向人工智能的购买者只是让渡了软件使用权而已,而数据一般又是由平台掌控,故人工智能不同于古罗马法上只有家父这一"主人"的特有产,它的"主人"是多方主体。其三,虽然该学说的学者认为人工智能是一种特殊的,在传统自然人、法人等民事主体之外的新型主体,但未明确到底是哪种类型的主体,这种主体的权利义务如何,具体的制度安排又是怎么构建的,从而导致该学说停留于一种理论上的想象,而缺乏付诸实践的具体操作。

条件主体说的前一种说法虽然认识到只有具备一定条件的人工智能才有可能被拟制为法律主体,但未明确到底需要何种条件,而且认为人工智能仍是客体,只有在特定情形下才可被拟制为主体,这就令人颇为费解。其一,既然人工智能是客体,又怎么可能被拟制为主体呢,难道民法上还有既是客体又是主体的存在,值得深究。其二,在笔者看来,人工智能是否有可能被拟制为主体的条件其实就是本文所探讨的初级人工智能、中级人工智能和高级人工智能,其他阶段或类型的人工智能要么不能被拟制为法律主体,要么没有讨论的意义。其三,条件主体说明确"需在非公理化推理系统(NARS)下,以人的理性原则为指导而赋予一定程度的主体资格"的后一种说法颇有见地,指出了人工智能欲获得主体资格的关键要素在于理性,不过对所谓的"一定程度"的主体资格到底是何种程度语焉不详,未指明应将人工智能权利义务的范围主要限于财产方面。

有限人格说认识到人工智能的行为能力、责任能力和权利义务方面都是有限的,与人工智能只是在其"擅长"的特定领域可为一定行为,所承担的责任有一定的限制以及权利义务范围主要限于财产方面的现实相符合,但是两位学者均认为人工智能的本质仍为工具。不可否认,人工智能具有为人类服务的工具性的一面,但笔者认为人工智能的本质是财产而非工具。因为人工智能具有"近人性",是一种能像人一样自主思考、决策和行为的独立存在,不再是完全听命于人类的工具。[1] 基于人工智能具备智力上的学习能力,因此它改变了过去使用者和工具之间形成的"单向"服务关系,也改变了人工智能只能作为工具的单纯身份。[2] 所以人工智能的本质是财产,其法律人格应是一种财产性人格。[3]

法律行为说将人工智能的行为看作是人工智能研发者、制造者和使用者等主体的法律行为的观点很独特。然而,其一,人工智能的行为是研发者、制造者和使用者等主体中单个主体的法律行为,还是他们共同的法律行为,若是共同的行为,各主体在其中所起的作用力大小又是怎样的,该学说对此均未能予以明

---

〔1〕 与工具不同的是,财产含有"近人性"的一面,如野生动物作为一种财产,它们至少具有生存的目的。又如,古代的奴隶也被看成是财产,他们的目的就不仅仅是生存的欲望了。而工具则侧重于"近物性"的一面。由于人工智能的自主性,与人类的交互性以及理性思考能力,表明其具有"近人性"。因此,将人工智能的本质认定为工具其实只看到了它"近物性"的一面,而忽视了它"近人性"的一面。张志坚:《论人工智能的电子法人地位》,《现代法学》2019年第5期,第79页。

〔2〕 陈景辉:《人工智能的法律挑战:应该从哪里开始?》,《比较法研究》2018年第5期,第144页。

〔3〕 基于民法是调整人身关系和财产关系的法,笔者认为可将主体法律人格相应的分成人身性人格和财产性人格,前文已论及人工智能的权利义务范围主要限于财产方面,即它只拥有财产性人格,而一般情况下,只有自然人才能真正拥有人身性人格。

确。其二，人工智能主要是由数据、硬件和软件构成的，一种既含有形部分又含无形部分的独立存在，要将它视为研发者、制造者和使用者等主体的行为，应该是拟制性的，但该学说并未提出拟制的观点，而是直接将它视为一种法律行为，超出了一般人的理解和认识。其三，该学说在将人工智能视为一种技术、一种科学的前提下探讨人工智能法律地位问题，其立论基础就颇值怀疑。而且，该学说仍将自我意识、意志能力视为人工智能能否成为法律主体的必备要件亦值商榷，在笔者看来，人工智能在理论上能否成为民事主体的核心要件是理性。其四，人工智能基于自主性可自行“创设”、自主“应对”而“擅自”为一定的行为，这种偏离行为不但是人工智能自己的独立行为，而且是研发者、制造者和使用者等人类主体所无法预测和控制的，怎能看成是他们行为的延伸呢？因此，法律行为说完全超出了一般人的理解，也没有可靠合理的立论依据，难以逻辑自洽。

五、结语

一般认为，自主性和深度学习是人工智能的两个核心特征。随着人工智能的发展，其自主性和学习能力会越来越强，甚至有可能进化出自我意识。一旦人工智能获得自我意识，便进入了强人工智能阶段。虽然人工智能最终能否获得自我意识未有定论，但法律在人工智能领域应该要有超前性，为未来社会的发展提前预留空间。反观当前对人工智能民事法律地位的讨论，要么过于保守，固守传统的人、物与主体、客体相对应理论，以及人工智能的民法属性是物、本质是工具等不合时宜的观念；要么过于超前，在强人工智能、甚至是超人工智能阶段进行臆想，殊不知，强人工智能阶段的法律至少是要在人类与人工智能的共同参与下制定，而超人工智能阶段，人类是否继续存在都是问题。因此，我们应该秉持一种务实的态度，将讨论的范围限定在人工智能从弱到强的过渡期（具体又分为初级、中级和高级 3 个阶段）内探寻否认或确认其民事主体资格的根本理由。

笔者认为，从理论角度，能否赋予人工智能法律主体地位，关键看其是否具有理性能力，或者说人工智能与法律主体要素的契合度。在本体要素方面，不同历史时期皆有将无生命体作为法律主体的例证。比如，古罗马时期的寺庙、中世纪的宗教建筑就被视为权利主体。2014 年，新西兰国家公园尤瑞瓦拉已经获准为法人。2017 年 3 月，新西兰旺格努伊河被新西兰国会赋予法律人格。人工智能作为无生命体，也有可能被纳入法律主体范畴。在能力要素方面，婴儿、精神病人理性不足，但仍是法律主体。人工智能具有自主性和一定的理性能力，在某些方面的能力（如记忆、计算和反应速度等方面）甚至要远超人类，满足法律主体能力要素上的要求。在道德要素方面，人工智能被创造之初，就被编入伦理代码，其行为会比人类更符合伦理要求，所以人工智能也能被纳入道德责任主体范畴。也就是说，在本体、能力和道德要素方面，人工智能可以被现有法律主体制度所容纳。[1]

---

〔1〕 郭少飞:《“电子人”法律主体论》,《东方法学》2018 年第 3 期,第 45 页。

从现实需要的角度,赋予人工智能法律主体地位具有现实必要性。上述河流、公园没有行为能力、意思表示和责任能力,但因现实需要而被赋予法律主体地位。2016 年 2 月,美国高速公路交通安全管理局表示,谷歌自动驾驶系统可以被视为“司机”。[1] 2016 年 5 月 31 日,欧洲议会法律事务委员会发布《关于机器人民事法律规则立法建议致欧盟委员会的报告草案》。该草案于 2017 年 1 月 12 日由该委员会表决通过并成为决议。2017 年 2 月 16 日,欧洲议会通过了该决议。该决议第 59 段建议:从长期着眼为机器人创立特定的法律地位,以至于至少明确最精密的自主机器人拥有“电子人”地位,能够承担弥补其引发的损害的责任,并可能把“电子人格”适用于那些机器人自主决定或其他独立于第三方交互的案件。[2] 2017 年 10 月 25 日,在“未来投资计划”大会上,沙特政府授予“女性”机器人索菲亚公民身份。[3] 以上这些做法足以表明,随着人工智能技术的快速发展,赋予人工智能一定的法律地位,使其以主体身份参与民事交往,将是今后解决其致害责任承担和获益归属等现实难题的一种趋势和可行方案。

---

〔1〕 Kyle Field, *Google Self-Driving Cars Now Considered Drivers by NHTSA*, https://cleantechnica.com/2016/02/16/google-self-driving-cars-now-considered-drivers-nhtsa/, last visited: 2016/2/16.

〔2〕 European Parliament, Report with Recommendations to the Commission on Civil Rules on Robotics, A8-0005/2017:18.。中文版参见欧洲议会:《欧洲议会机器人民法规则》,朱体正、童颖、陈梦飞译,《民商法论丛》2019 年第 2 期,第 359—386 页。

〔3〕 李薇:《索菲亚成为首位被授予公民身份的机器人》,https://www.sohu.com/a/237964776_313745,访问日期:2020 年 9 月 26 日。

论知识产权惩罚性赔偿判决的域外承认与执行[1]

孙　那*
田　帆**

摘　要　从我国承认与执行外国法院判决的司法实践情况分析，存在论证说理不充分、审查要素不统一、举证责任不明确等问题。其中，知识产权惩罚性赔偿案件的域外承认与执行在我国目前的案例数量很少。尽管欧洲大陆法系国家对知识产权惩罚性赔偿采取一种谨慎的态度，但在本国私法基本原则审查以及比例原则指导下，各国法院已经部分地对此类案件予以承认与执行。由于我国在知识产权法律制度中全面引入了惩罚性赔偿制度，未来必然会面对此类案件的域外承认和执行，以及会有更多该类型域外案件在我国要求进行判决的承认和执行。因此，我国应积极推进互惠关系的发展与司法实践审查标准的完善，同时坚持公共秩序保留的谦抑性适用。

关键词　承认与执行；惩罚性赔偿；公共秩序保留；互惠原则

目　次

---

* 孙那（1986—），西安交通大学法学院副教授，博士研究生导师，北京大学国际知识产权研究中心研究员，研究方向：知识产权法。

** 田帆（2000—），西安交通大学硕士研究生，研究方向：知识产权法。

〔1〕 本文系陕西省软科学项目“秦创原创新驱动平台的知识产权法律制度研究”（2022KMR163）成果；陕西省社会科学基金“更高水平平安陕西法治陕西建设”研究课题“陕西‘秦创原’建设中的知识产权问题研究”（2022PZX12）成果；陕西省哲学社会科学重大理论与现实问题项目“陕西省知识产权惩罚性赔偿制度的司法适用研究”（陕社科联〈2022〉41 号）成果。

一、问题的提出

我国知识产权法律体系中已经确立了惩罚性赔偿制度。目前,我国基本形成了以《中华人民共和国民法典》(以下简称《民法典》)第1185条的知识产权惩罚性赔偿条款为引领,以《中华人民共和国著作权法》(以下简称《著作权法》)、《中华人民共和国专利法》(以下简称《专利法》)、《中华人民共和国商标法》(以下简称《商标法》)等知识产权专门法为依托的完整的知识产权惩罚性赔偿制度体系。我国惩罚性赔偿制度完整体系的建立,开创了大陆法系国家在知识产权法律体系中确立惩罚性赔偿的先河,可以说是两大法系相互借鉴吸收的典范。知识产权法具有地域性的特征,但是随着知识产权法地域性特征的减弱,承认和执行国外的知识产权判决已经成为我国融入全球化进程的必然要求。目前,我们还没有对国外法院做出的知识产权惩罚性赔偿类的判决进行承认和执行,但是随着国家间经贸往来日益密切,我国也将面临对国外做出的知识产权惩罚性赔偿判决进行承认和执行的问题。如何处理好该类判决的承认和执行,关系着我国和其他国家在知识产权领域的司法合作,也是我国进一步推进知识产权强国建设的重要步骤。

二、我国对域外判决承认与执行的司法实践分析

外国判决的承认与执行一般是指一国法院依据一定的法律程序,对外国法院就涉外民商事案件所做的判决,承认其在本国境内的效力或者在承认的基础上予以强制执行。[1] 随着全球一体化进程的推进和区域协定的不断增加,国家之间司法协助的需要与日俱增。但是纵观我国申请承认和执行外国法院裁判司法实践,极少有申请人的诉讼请求最终得到法院支持。

我国目前仅与30多个国家[2]订立了包含有承认和执行对方国家法院判决内容的双边司法协助条约、协定,或者在双边经济合作或保护投资协定中约定相关内容,与世界上大多数国家并没有订立司法协助条约。因此,如果这些国家的法院做出的司法裁判需要得到我国法院的承认和执行,只能寄希望于两国之间存在司法协助互惠关系。[3] 通常情况下,本国法院对于外国法院的判决会基于"公共利益保留"的理由不予承认和执行。所谓的"公共利益"根据《中华人民共和国民事诉讼法》(以下简称《民事诉讼法》)第289条的规定,是指中国法律的基

---

〔1〕 丁伟主编:《冲突法论》(第2版),法律出版社2005年4月版,第238页。

〔2〕 我国目前与下列国家签订有双边司法协助条约或协定:法国、俄罗斯、澳大利亚、波兰、希腊、泰国、老挝、越南、乌兹别克斯坦、吉尔吉斯斯坦、塔吉克斯坦、摩洛哥、突尼斯、匈牙利、塞浦路斯、埃及、保加利亚、哈萨克斯坦、白俄罗斯、古巴、乌克兰、土耳其、西班牙、意大利、罗马尼亚、蒙古、比利时、奥地利、巴巴多斯等。

〔3〕 所谓互惠关系,通常是指互相地、双向地给予同等待遇的意思。法律互惠是指通过立法确定的互惠关系,只要有相关立法或条约依据,即可以认为存在互惠关系。实施互惠是指虽然不存在法律互惠关系,但两国通过司法实践,确定了给予对方同等待遇。我们目前采用事实互惠的认定标准。邓益洲:《跨境民商事诉讼实务要点解析》,中国法制出版社2018年10月,第171页。

本原则或者国家主权、安全、社会公共利益。如果外国判决的承认或执行将会和本国的公共利益相抵牾，法院可以拒绝承认和执行。

我国《民事诉讼法》第 288、第 289 条规定了我国法院承认与执行外国判决的 3 项条件：外国判决是生效判决；我国与判决做出国存在条约或互惠关系；该判决不违反我国法律的基本原则或我国的国家利益、公共利益。[1] 这些原则性规定为我国法院对外国民商事判决的承认与执行案件的审理提供了行动指南，但是具体的审查细则有赖于国际条约的规定和互惠原则的界定以及对“生效判决”与公共利益的进一步解释说明。而我国法院如何依法审查外国判决并予以承认与执行，化解法律规定抽象、标准边界模糊的法律难题，是我国开展司法协助的关键议题，也是我国扩大国际民商事交往规模的重要保障。

（一）我国承认与执行不同类型外国判决的司法现状

目前我国承认和执行外国判决的案件数量很少，涉及惩罚性赔偿的案件在检索中仅查找到 1 例，[2]法院认为该案存在违反我国法律公平合理原则的情形。原因在于本案基于美国一审判决所确定的赔偿金额，具有基于信托义务而进行惩罚的特点。该惩罚性赔偿不符合我国法律基于公平合理原则所确定的、以损失填补为基本目标的相关法律原则、习惯，如认可该判决金额将构成对我国基本法律原则的严重冲击，因此我国法院拒绝承认和执行该判决。除此案之外，我国目前还没有涉及外国知识产权惩罚性赔偿判决的承认和执行的司法裁定。研析我国承认与执行其他类型案件判决的裁决结果，有助于厘清我国司法现状，为优化司法实践奠定基础。

1. 外国离婚判决的承认与执行

不同于其他类型的民商事判决，离婚判决由于直接涉及自然人的身份与地位，仅涉及承认程序，无须执行，也不以互惠关系或条约的存在作为条件。《最高人民法院关于适用〈中华人民共和国民事诉讼法〉的解释》（法释〔2022〕11 号）第 542 条也明确规定，国际条约与互惠关系的存在并不是承认外国离婚判决的前提要件。例如，在金某范申请承认和执行韩国法院判决、裁定案中，法院并未对互惠关系的存在进行审查，而是直接依据我国相关法律规定对韩国大田家事法院做出的离婚确认书予以承认。[3] 值得注意的是，依据条约优先原则，若我国与做出离婚判决的外国法院签署有司法协助协议，仍应按照协议的规定申请审查承认。

同时，因《最高人民法院关于中国公民申请承认外国法院离婚判决程序问题的规定》（法释〔2020〕20 号）第 2 条明确该规定适用范围并未涵盖“外国法院离婚判决中的夫妻财产分割、生活费负担、子女抚养方面判决的承认执行”，故中国法院只能就外国法院做出的离婚判决中有关婚姻关系的解除问题予以审查处理，

---

〔1〕 刘家兴、潘剑锋主编：《民事诉讼法学教程》（第 2 版），北京大学出版社 2008 年 4 月版，第 367 页。

〔2〕 江苏省无锡市中级人民法院民事判决书（2017）苏 02 协外认 1 号。

〔3〕 吉林省吉林市中级人民法院民事判决书（2018）吉 02 协外认 8 号。

而对于该判决涉及的前述其他问题不予受理与承认。申请人可以向我国法院另行起诉解决争议。在上述金某范申请承认和执行韩国法院判决、裁定案中,韩国法院做出的离婚确认书包含婚姻关系的解除与财产的分配问题,而我国法院似乎并未对此给予过多关注,不但未判断外国法院离婚判决所涉及的案件范围,也未辨明外国法院离婚判决内容类型,更未区别对待外国法院离婚判决所涉事项。最终,我国法院仅粗略地给出"对离婚确认书的法律效力予以承认"的裁定,与我国上述规定背道而驰,也反映了我国部分法院对法律体系掌握能力与理解能力存在一定的欠缺。

2. 财产给付类案件判决的承认与执行

对2016年以来可以公开查询到的10起涉及外国财产给付判决的承认与执行的案例进行分析,其中我国法院裁定承认与执行外国法院判决的案例9起,拒绝承认与执行外国法院判决的案件1起。9起支持承认与执行申请的案件中,有3起系依据双边司法协定而承认与执行,6起系无双边司法协定但存在互惠关系而承认与执行。仅有1起案件因外国判决不符合生效判决要件而未予承认和执行。没有外国判决因互惠原则或公共利益保留而被人民法院拒绝承认与执行。由此可见,2016年以来我国法院承认和执行外国法院判决的案件数量较多,在司法协助案件的司法审查与认定问题上,我国法院持越来越开放与包容的态度。

表1 2016—2021年我国法院承认与执行外国法院财产给付民商事判决案例

判决年份	原审判决国家	我国法院	相关文书案号	结果及法律基础
2016	新加坡	江苏省南京市中级人民法院	(2016)苏01协外认3号	承认与执行:事实互惠
2017	美国	湖北省武汉市中级人民法院	(2015)鄂武汉中民商外初字第00026号	承认与执行:事实互惠
2017	法国	浙江省金华市中级人民法院	(2016)浙07协外认1号	承认与执行:双边民商事司法协助协定
2019	韩国	山东省青岛市中级人民法院	(2018)鲁02协外认6号	承认与执行:事实互惠
2019	韩国	北京市高级人民法院	(2019)京民他770号	承认与执行:事实互惠
2020	美国	浙江省宁波市中级人民法院	(2018)浙02协外认6号	承认与执行:事实互惠
2020	美国	江苏省无锡市中级人民法院	(2017)苏02协外认1号之二	驳回:外国判决不具有终局性
2020	韩国	北京市高级人民法院	(2020)京民他180号	承认与执行:事实互惠
2020	白俄罗斯	上海市第二中级人民法院	(2020)沪02协外认4号、(2020)沪02协外认5号	承认与执行:双边民商事司法协助协定
2021	意大利	浙江省温州市中级人民法院	(2019)浙03协外认18号	承认与执行:双边民商事司法协助协定

(1)依据条约承认与执行外国判决

虽然我国已于2017年9月加入《选择法院协议公约》,但实践中尚未有法院开启先河,依多边国际公约承认与执行外国判决。而双边司法协助条约因更具针对性与可操作性,仍然是我国法院承认与执行外国判决的首要依据。司法协助条约均会明确条约适用范围,我国与部分国家签订的双边司法协助条约就将对方国判决的承认与执行纳入司法协助范围。此外,条约还会关注判决的承认与执行中的焦点问题,明确规定各项程序要求,以减少裁判中的不确定性,提高司法效率。

如《中华人民共和国和法兰西共和国关于民事、商事司法协助的协定》明确划定了司法协助的范围,包括"承认和执行已经确定的民事、商事裁决以及仲裁裁决",同时也规定了做出判决的法院无管辖权、根据做出裁决一方的法律裁决尚未确定或不具有执行力、公共利益保留等6种拒绝承认和执行的情形。此外,该协定还规定承认与执行程序的法律依据,以及非实质性审查原则。在肖莱公司、特力股份有限公司申请承认和执行法国法院判决一案中,浙江省金华市中级人民法院便据此协定对原审判决进行了审查,针对被申请人的管辖权异议以及原审法院的判决瑕疵抗辩,法院也一一驳回。[1] 首先,依据2012年《民事诉讼法》第127条,由于道明公司未于递交答辩状期间提出管辖权异议,法院推定其行为对法院的合法管辖权构成默示的同意,故浙江省金华市中级人民法院有权对该案进行审理;其次,依据双边条约形式审查的要求,浙江省金华市中级人民法院不应实质审查法国判决,对第2项抗辩也不予审查。最终法院承认了涉案外国判决在我国的法律效力并执行相应判决。在多甘柴·伊利娜·尼古拉耶夫娜申请承认与执行白俄罗斯法院判决一案中,[2]上海市第二中级人民法院依据《中华人民共和国和白俄罗斯共和国关于民事和刑事司法协助的条约》,对于涉案判决是否属于司法协助范围、是否符合请求途径要求、是否符合请求形式要件、是否存在不予承认与执行的情形等各方面进行审查,并最终裁定对白俄罗斯法院的2份生效判决予以承认和执行。

在国际司法协助实践中,我国法院秉持恪守条约规定、尊重外国法院判决的态度,条分缕析地审查外国判决承认与执行要件,不断锻炼法院涉外案件审理能力,树立我国司法公正的国际形象。

(2)依据互惠原则承认与执行外国判决

互惠原则是我国承认与执行外国判决的另一基础。当我国与原审国之间尚未缔结相互承认和执行民事判决的国际条约时,我国法院通常就互惠关系存在与否开展进一步审查。因为"互惠关系"的概念与司法标准尚不明确,我国法院仍然采取谨慎态度,以事实上的互惠,即外国法院对我国法院判决的承认与执行的先例,作为互惠关系存在的前提条件,并未采取更为宽松的"法律互惠"或者

---

〔1〕 浙江省金华市中级人民法院民事判决书(2016)浙07协外认1号。

〔2〕 上海市第二中级人民法院民事判决书(2020)沪02协外认4号、上海市第二中级人民法院民事判决书(2020)沪02协外认5号。

"推定互惠"的认定标准。[1]

上述10起案件之中,有6起案件涉及承认和执行外国法院判决时对互惠原则的适用,对各案具体的审查过程进行分析发现,我国法院的审查要件也不尽相同。有的法院对外国判决承认与执行的条件逐一审查,并根据案件进行了详细的阐述。如刘某与陶某、童某申请承认和执行美国法院判决一案中,[2]湖北省武汉市中级人民法院首先认定,被申请人财产所在地和经常居住地法院对本案依法享有管辖权。其次根据刘某提交的美国法院判决副本及中文译本,认定其符合申请承认和执行外国法院判决的形式要件。首先,依据申请人提交的证据,查明了美国曾经存在承认与执行我国法院判决的先例,从而认定互惠关系的存在。其次,依据该判决的性质,认定对该判决的承认并不违反公共利益保留条款,不存在不予承认与执行的情形,因此对该判决予以承认与执行。此外,针对被申请人未接到应诉通知的抗辩,法院也对于被申请人在原审国案件审理过程中的权利保障进行了形式审查。在温某川申请承认与执行美国法院判决一案中,[3]法院也坚持了该审查思路,但因被申请人未进行答辩,故未审查判决过程中被申请人的权利保障情况。

但有的法院在案件审理中会跳过相关步骤,忽视对管辖权或形式要件的审查,或在论述中对推理过程一笔带过,仅以法条与查明的事实就得出相应的结论。例如,在高尔集团股份有限公司申请承认和执行新加坡法院判决案[4]与崔某元申请承认和执行韩国法院判决案[5]中,法院裁定书中没有论及对形式要件的审查。但是这2个案件与前述案件的不同之处在于,对于互惠关系的存在与相关案例的查明并非由申请人举证,而由审理法院查明。

尽管近年来随着"一带一路"的建设以及相关文件的出台,我国以国际化的目光不断优化司法环境,在涉外案件中适当放松了互惠原则的认定标准,并且对证据采取了宽松的认定方式。但是依旧没有对事实互惠标准做出根本性转变,在两国缺乏肯定性事实证据证明此前两国适用事实互惠给予对方国家判决承认与执行的情况下,仍断定互惠关系不存在。且中国法院迄今为止尚未主动给予外国互惠待遇,仍然等待外国的首先承认与执行,不仅会损害个人权益的保护,也会使得两国落入互相报复的"囚徒困境"中。[6]

此外,无论是立法表达还是司法实践,我国对外国民商事判决均采取形式主义审查模式,即人民法院依法律规定的承认要件进行判断,并不对请求国法院判决认定事实及法律适用进行实质审查,只要相应的形式外观满足我国法律与相

---

〔1〕 王雅菡:《外国法院判决承认与执行中互惠的认定标准》,《武大国际法评论》2019年第3期,第30页。

〔2〕 湖北省武汉市中级人民法院民事判决书(2015)鄂武汉中民商外初字第00026号。

〔3〕 浙江省宁波市中级人民法院判决书(2018)浙02协外认6号。

〔4〕 江苏省南京市中级人民法院民事判决书(2016)苏01协外认3号。

〔5〕 山东省青岛市中级人民法院民事判决书(2018)鲁02协外认6号。

〔6〕 黄志慧:《我国判决承认与执行中互惠原则实施的困境与出路》,《政法论坛》2018年第6期,第68页。

关条约的要求即可获得我国的承认与执行。[1] 如刘某与陶某、童某申请承认和执行美国法院判决案中针对被申请人提出的有关原审案件诉讼权利的抗辩，湖北省武汉市中级人民法院就该案司法协助的性质明确声明“法院不需要去审查每个当事人之间的权利义务关系”，坚持形式主义审查原则，未对原判决的实体部分进行审查。

（二）我国承认与执行外国判决的实践难题

1. 论证说理不充分

法院判决的论证说理部分是衡量裁判质量的重要指标，关系到司法公信力与司法权威。由于我国法律仅明确了条约和互惠原则的程序性地位，因此如何在外国判决承认与执行问题上落实相关规定，运用严谨缜密的思维逻辑进行鞭辟入里的分析论证，是法院必须解决的难题。

梳理我国对外国判决的承认与执行情况发现：在依据条约承认与执行外国判决的案件中，有一部分裁判文书仅罗列了审理与审查所依据的法律条文与国际条约，而没有结合具体的条约内容对案件事实进行分析，推理论证过程缺失，也未体现双边条约在承认与执行外国判决中的重要性。如在叶某文申请承认和执行意大利法院判决一案中，[2]浙江省温州市中级人民法院仅指明裁判依据为我国 2017 年《民事诉讼法》第 281、第 282 条、第 144 条，及《中华人民共和国和意大利共和国关于民事司法协助的条约》第 21 条相关规定，并根据被申请人提出的异议排除了不予承认与执行的可能性，而没有展现案件事实与法律规范符合性判断过程。在根据互惠原则承认与执行外国判决的案件中，事实互惠的标准使外国判例的存在成为关键条件，但信息获取不充分与案例查证困难增加了法院的案件审查难度，也难以做出论证全面、说理透彻的裁判结果。[3] 部分法院对适用互惠原则的原因、标准未做阐释，仅以外国法院承认与执行我国判决的先例的存在而直接认定“我国法院可以对符合条件的外国法院的民事判决予以承认和执行”，[4]过于保守僵化，既无法展现法官的认知与见解，也不利于我国司法的创新发展。

2. 审查内容不统一

从各地的司法裁判结果看来，在审理有关外国法院判决的承认与执行案件的过程中，不同地区法院审查内容与审查路径呈现差异化。长此以往，不仅容易导致审查不充分，诱发“同案异判”的乱象，不利于审判的公平公正，也影响我国法律适用统一的进程。尽管不同的答辩理由可能导致部分审查内容的差异，但仍应进一步明确哪些要件必须由法院依职权查明，明晰承认与执行外国判决时

---

〔1〕 沈红雨：《外国民商事判决承认和执行若干疑难问题研究》，《法律适用》2018 年第 5 期，第 9—10 页。

〔2〕 浙江省温州市中级人民法院民事判决书(2019)浙 03 协外认 18 号。

〔3〕 陈亮、姜欣：《承认和执行外国法院判决中互惠原则的现状、影响与改进——从以色列承认和执行南通中院判决案出发》，《法律适用》2018 年第 5 期，第 19 页。

〔4〕 江苏省南京市中级人民法院民事判决书(2016)苏 01 协外认 3 号。

审查框架与步骤。

第一,管辖权的审查。管辖权的正当性是程序正当的公认要件,间接管辖权是承认与执行外国民商事判决的基本前提之一。我国签订的双边司法协助条约多数涉及间接管辖权的审查问题,但纵观我国《民事诉讼法》及相关司法解释,其中仍然没有规定能够解答原审国案件管辖权审查要件及确定依据等问题。虽然"作出判决的外国法院对案件没有管辖权"被《最高人民法院关于中国公民申请承认外国法院离婚判决程序问题的规定》(法释〔2020〕20号)明确为不予承认外国离婚判决的情形,但该规定并不适用于外国判决的承认与执行的所有情形。而在处理具体案件的过程中,我国法院通常对管辖权的审理持含糊暧昧的态度,不对此做过多阐释,事实上无法保证外国判决的正当性,也不利于保护当事人合法权益。〔1〕

《民事诉讼法》第288条规定了"……可以由当事人直接向中华人民共和国有管辖权的中级人民法院申请承认和执行"外国法院生效裁判。该条款明确限定了级别管辖的要求,但只有结合《最高人民法院关于涉外民商事案件诉讼管辖若干问题的规定》和相关规定才能最终确定哪些法院享有管辖权。然而,部分法院在裁定书中并未对我国法院的管辖权加以说明,论及我国法院管辖权的案件,也存在一定的逻辑错误。〔2〕如在崔某元申请承认和执行韩国法院判决案中,法院仅依据被申请人在中国的居住时间以及经常居所地等事实就认定了山东省青岛市中级人民法院享有管辖权,并未厘清管辖依据并加以论证。温某川申请承认与执行美国法院判决案的判决也存在此问题。如此简单审查不仅存在着混淆管辖依据的嫌疑,也不利于审判的公平公正。

第二,外国判决效力的审查。虽然我国《民事诉讼法》中强调了外国生效判决这一"确定性要件"的必要性,但是该规定仍停留在抽象概念框架之中,该要件的适用有赖于实践的丰富和发展。在无锡洛社印染有限公司、黄某泽申请承认与执行美国法院判决一案中,〔3〕面对被申请人提出的判决缺乏终局性的抗辩,江苏省无锡市中级人民法院对"生效判决"要件做出进一步阐释,认为外国法院做出的判决除了应当已经依据原审国法律发生法律效力之外,还应同时具备可执行性、终局性与确定性。而本案因被申请人在美国加利福尼亚州提起上诉而进入上诉程序,故涉案美国法院判决尚不具备终局确定性,也就不满足承认与执行的先决条件,从而无须审查是否满足其他要件,最终据此驳回了申请人的诉请。除此之外,在前述其他案件中,鲜有被申请人以"确定性要件"的瑕疵或欠缺为由对抗承认和执行申请,其他受诉法院也未以外国判决的确定性为关注焦点,未对外国判决确定性的标准及相关法律适用等问题剖玄析微,阐明态度观点,裁判结

〔1〕李双利、赵千喜:《论承认和执行外国法院判决申请之司法审查——以中美两国的立法和司法案例为分析对象》,《法律适用》2018年第5期,第24—25页。

〔2〕刘敬东、张灿:《我国承认与执行外国法院生效判决的实证研究——基于对2018年至2020年人民法院典型案例的分析》,《海峡法学》2021年第3期,第89页。

〔3〕江苏省无锡市中级人民法院判决书(2017)苏02协外认1号之二。

果缺乏足够的说服力，亟待立法与司法完善补缺。[1]

第三，程序正当性的审查。在拒绝承认与执行违反正当程序的外国判决的问题上，各国已经达成了共识并建立了相应的规则，但通观我国法律法规，并没有规定明确外国判决程序正当性的重要地位。尽管我国在实践中仍然坚持形式审查模式，对事实证据部分不再进行审查，而只需审查司法程序的正当性，但是我国法院的关注点集中在我国法院审理申请过程中的程序正当问题，忽略了原审法院程序正当性认定的问题，导致司法实践中正当程序审查的空白。

在缺乏有章可循的条约依据的情形下，因我国立法未明确外国判决的送达、送达的法律标准，法院也极少对当事人是否获得充分的程序权利进行主动审查，仅在被申请人提出程序不正当的抗辩之时，才对原审程序中的程序权利保障的相关问题进行审查。如在刘某与陶某、童某申请承认和执行美国法院判决案中，被申请人虽辩称未接到美国法院参加诉讼通知，湖北省武汉市中级人民法院经审理后发现涉案判决系于原审法院依法传唤并履行合法程序后，缺席判决做出，故未支持此项抗辩。此外，在高尔集团股份有限公司申请和执行新加坡法院判决案中，尽管被申请人未出庭应诉，但因其未提出异议，江苏省南京市中级人民法院默认该案送达不存在问题，未对送达抗辩发表见解。

而由于我国立法未对正当程序规范做出明确回应，部分法院不得不对法律基本原则做扩大解释，将违反程序正当性的情形纳入公共利益保留的认定范畴，并据此做出拒绝承认和执行外国判决的裁定，降低了司法裁判的稳定性与可预见性。[2]

第四，其他程序要件的审查。我国《民事诉讼法》第 289 条仅做出笼统而简明的规定，对于符合承认和执行要求的外国判决、裁定，经审查后予以承认，需要执行的发给执行令，并依据国内的执行程序进行执行。但是对于申请书的审查程序、审查内容以及审查期限等程序要件并没有做出明确界定，对于原审法院做出的判决书的各项审查标准也未提及。各地法院在审理案件时虽然会参考之前做出的裁定，但因司法案例并不属于我国法律渊源，各地法院发展水平的差异与对法条的不同理解使得法院在考量审查的要件时侧重点不一致，审查的要件也不尽相同。但长此以往容易导致异地异法，加深了不同地区之间的司法差距。

3. 举证责任不明确

互惠原则是承认与执行外国判决的重要依据，而互惠关系的存在是承认与执行外国判决的逻辑起点与审查重点。我国法律并没有对域外判决承认和执行领域下互惠关系的举证责任分配问题做出明确规定与特殊说明。司法实践中，根据民事案件"谁主张，谁举证"的一般举证规则，多由申请人举证互惠关系的存在。在事实互惠的背景下，案件当事人会尽力寻找外国承认与执行我国判决的

---

〔1〕 张文亮：《论外国判决承认与执行中的"确定性要件"》，《武大国际法评论》2020 年第 2 期，第 33—35 页。

〔2〕 张玲：《我国承认与执行外国判决的司法问题与立法完善》，《山东社会科学》2020 年第 8 期，第 136 页。

先例,以证明互惠关系成立。但由于各国法律制度的差异性以及个体能力的局限性,当事人可能无法准确掌握外国司法实践情况,致使法院在我国与同一国家的互惠关系认定上出现前后矛盾的现象,[1]故也存在法院依职权查明是否存在互惠关系的案例。如在高尔集团股份有限公司申请和执行新加坡法院判决案中,虽然当事人没有就互惠关系的存在提供有力证据,但是法院为案件的公正审理查明了新加坡承认与执行的先例。此外,还存在法院要求被申请人就互惠关系不存在进行举证的可能。立法规定上的语焉不详与法律诠释上的莫衷一是,导致司法实践中举证责任问题悬而未决,不仅影响了互惠原则适用的稳定性与可预见性,而且导致法院自由裁量权的过度扩张。[2] 因此,笔者认为举证责任归属问题也应在未来的立法中有所回应。

通过分析我国的司法实践可以发现,近年来我国承认与执行外国判决的裁定数量有所增长,对于审查标准也有所探索与完善。因在外国判决承认与执行领域中,我国法律体系与法律制度的不健全,承认和执行的实际操作上缺乏法律依据,加之法院对此类案件的审理过于拘谨,从而出现了论证说理不充分、审查内容不统一、举证责任不明确等问题,甚至存在法律适用错误等情形。这不仅可能损害当事人的合法权益,也阻碍了我国司法协助进程,影响了国际司法交流合作的开展。而积极解决上述问题,寻找司法协作机制的利益平衡点,也是提升我国国际形象、司法国际公信力的重要途径。

三、两大法系对知识产权惩罚性赔偿案件承认与执行的实践分歧

(一)欧洲大陆法系国家对知识产权惩罚性赔偿判决的司法实践考察

在欧洲大陆法系,惩罚性赔偿被描述为"美国法上不被需要的特殊特征",甚至是被描述为大陆法系中"美国化的特洛伊木马"。惩罚性赔偿的概念在大陆法系被认为与公私两分法的基本理念有着根本性的矛盾。

欧盟的整体态度是将此事项交由各国进行立法考量,根据2007年欧洲议会通过的《欧盟非合同之债法律适用条例》(以下简称《罗马条例II》)第32条,欧洲议会认为考虑到各国公共利益的原因,成员国法院可以在适用公共政策的基础上确定某些例外和不适用某些强制性条款。在某些特殊情况下,可能导致发生具有非补偿性的惩罚性赔偿时,按照案件的不同情形以及法院所在地国的法律秩序,可能被认为违反了法院地国的公共政策而予以保留。[3] 立法在考察知识产权惩罚性赔偿的相关判决是否能在欧洲各国得以承认和执行时,各国法院考

---

[1] 徐伟功:《我国承认与执行外国法院判决制度的构建路径——兼论我国认定互惠关系态度的转变》,《法商研究》2018年第2期,第181页。

[2] 刘亚军、陈婉姝:《"一带一路"倡议下互惠原则在中国承认与执行外国判决领域的适用》,《新疆大学学报(哲学·人文社会科学版)》2020年第4期,第40页。

[3] Regulation(EC) No. 864/2007 of the European Parliament and the Council of 11 July 2007 on the law applicable to non-contractual obligations, *Official Journal of the European Union*, 2007, L 199/40-49.

察的一个核心要素是本国的公共政策。

在欧洲各国拒绝承认和执行外国判决时，适用最多的理由是本国的公共秩序保留。所谓公共秩序保留，通常是指一国冲突规范的规定应当适用外国法时，如果该法院认为外国法的适用或外国法适用的结果会违背本国的公共秩序，则限制或排除该外国法适用的制度。[1] 公共秩序保留制度的重要功能在于，当一国法的某些规定考虑到本国的国家和社会重大利益或者是本国法律与道德的基本原则时，可以排除外国法的适用。

关于判决承认和执行中的基于公共政策保留问题肇始于1968年欧洲国家普遍加入的《布鲁塞尔关于民商事案件管辖权及判决执行的公约》，该公约首次纳入了公共政策保留条款，但是直到2000年欧盟才在其通过的《民商事管辖权及判决承认与执行条例》[2]（以下简称"布鲁塞尔条例I"）中开始将这一问题从国际条约的层面开始在欧盟层面进行转化适用。但是，该条例并没有消除欧盟成员国之间关于何为公共政策保留的分歧意见，可以肯定的是在最后的"布鲁塞尔条例I"中明确了欧盟各成员国基于公共政策保留拒绝判决的承认和执行的原因必须是"与本国的公共政策明显违背"。[3] 关于知识产权相关的判决也同样适用"布鲁塞尔条例I"的相关规定，同时"布鲁塞尔条例I"确定的、只有在"与本国公共政策明显违背"时才能进行公共政策保留的基本原则的适用范围不仅局限于欧盟成员国，还扩展至欧洲的其他非欧盟成员国。[4]

由于知识产权惩罚性赔偿制度的法律实施效果具有一定的惩罚性，与传统大陆法系的填平原则相背离，知识产权惩罚性赔偿相关的判决往往被大陆法系国家的司法机关认定是与本国法的基本法律原则相冲突而拒绝执行。所以，当涉外案件尤其是由规定知识产权惩罚性赔偿的国家的案件以本国的惩罚性赔偿规范为准据法进行裁判的场景下，大陆法系国家的法官会行使公共秩序保留进行排除，进而维护本国的法律基本原则与本国当事人的预期权益。[5] 实践中，主要包括以下2个方面。

第一，本国私法基本原则的审查。第一类考量是否予以执行的理由在于是否与本国法所确立的私法目标相违背。以德国和意大利为代表的国家普遍认为惩罚性赔偿的惩罚性因素与民事立法的补偿性原则相冲突。德国联邦最高法院认为，德国私法为实际损失提供了补偿，但是不能使被告不当得利。因此，法院认为对受害人进行补偿是德国法的单一目标。惩罚性赔偿的目的在于惩罚和威慑，这些目标都是刑法而非民法的目标。惩罚性赔偿允许原告私人充当了公诉

---

〔1〕 丁伟主编：《冲突法论》，法律出版社2005年4月版，第74页。

〔2〕 Brussels Council Regulation(EC) No. 44/2001 of 22 December 2000。该条例指导欧盟各成员国关于判决承认和执行的相关内容。

〔3〕 原文是"manifestly contrary to the public policy", Article 34 (1) of the Council Regulation (EC) No. 44/2001.

〔4〕 在2007年修改的《关于民商事管辖权和判决承认的卢加诺公约》中，同样规定了"与本国公共政策明显违背"的公共政策保留，其适用范围除欧盟成员国之外，还包括冰岛、挪威、瑞士、列支敦士登等国家。

〔5〕 马德才主编：《国际私法中的公共秩序研究》，法律出版社2010年12月版，第106页。

机关的角色，干预了国家对惩罚权的垄断。[1] 持同样态度的意大利最高法院认为，[2]私法中的损失与行为人的错误行为以及惩罚的理念没有关联。这些损害赔偿的目的在于补偿受损害一方，并通过金钱方式减少受损方的损害。这在所有类型的民事损害赔偿中都适用，包括精神损害赔偿。补偿性赔偿，如精神损害赔偿，聚焦于受害人，与其所受损失相关，意图在于弥补其全部损失。惩罚性赔偿聚焦于错位行为人的行为，与被侵权人所受损失无关，意图在于惩罚错误行为人的行为。

但是，对此持反对态度的西班牙最高法院提出了相反观点。针对美国法院判决的米勒进口公司诉阿拉巴斯特雷斯·阿尔弗雷多有限公司案，西班牙最高法院决定执行美国的三倍惩罚性赔偿的判决。[3] 本案的原告米勒进口公司(住所地在美国)以及弗洛伦斯有限公司(住所地在西班牙)指控被告阿拉巴斯特雷斯·阿尔弗雷多有限公司(住所地在西班牙)在西班牙制造了假冒原告的注册商标，请求法院判决被告停止侵权并赔偿损失。美国得克萨斯州南区法院支持了原告的诉讼请求并给予原告3倍的损害赔偿。由于本案的被告住所地和可供执行的财产地均位于西班牙，因此，美国法院请求西班牙法院对本案的判决予以承认和执行。在请求执行法院判决时，西班牙法院认为美国法院的判决包含的损失不仅具有补偿性的目的，在本质上还具有预防的目的。西班牙法院将对被侵权人的损害赔偿归类为国际公共政策的一部分。但是，西班牙法院强调强制性的制裁机制在西班牙的实体法中并非罕见，特别是在合同法和程序法中。私法中的惩罚性机制可以弥补刑法的不足，与刑法中的最小干预原则[4]相一致。

进一步说，西班牙最高法院认为赔偿的概念之间经常难以区分。例如，精神损害赔偿不仅有补偿功能也有制裁功能，且两者之间很难进行区分。因此，西班牙法律允许民法的赔偿和刑法的惩罚之间有最小范围的重叠。首先，法国最高法院首先在“施伦茨卡与兰霍恩诉枫丹白露案”[5]中，明确了其愿意承认和执行美国法院做出的惩罚性赔偿案件的判决[6]。

第二，比例原则的适用。在适用比例原则进行判断时，法院经常以2个要素来判断3倍赔偿是否过度：一是惩罚性赔偿的可预测性；二是需要保护利益的性质。

德国联邦最高法院在判定是否可以对外国判决进行承认和执行时，运用的重要方法之一是评估它是否能通过比例原则的测试。德国联邦最高法院认为，要评价惩罚性赔偿的执行是否过度，需要判定该判决中的惩罚性赔偿金额是否

---

〔1〕 Bundesgerichtshof[BGH], *Federal Court of Justice*, 4th June, 1992, No. 168-169.

〔2〕 Lucia Ostoni, “Italian Rejection of Punitive Damages in a U. S. Judgment”, *Journal of Law and Commerce*, 24(2005), pp. 245-252.

〔3〕 S. T. S., Nov. 13, 2001(J. T. S., No. 1803).

〔4〕 该原则要求立法机关在处理不法行为时减少干预行为，如民事的处罚、刑事的处罚应当在最后适用。

〔5〕 Cour de cassation [supreme court for judicial matters]le civ., Dec. 1, 2010, Bull. Civ. I, NO. 1090(Fr.).

〔6〕 Schlenzka v. Fountaine Pajot, State of Michigan in the 13th Circuit court for the county of Grand Traverse, No. 03-22655-PZ(2003).

超过了所有补偿性赔偿的总和，[1]补偿性赔偿和惩罚性赔偿之间的最高比例为1∶1。[2] 另外一种考量路径是法国法院确立的标准，首先，法国最高法院首先在施伦茨卡与兰霍恩诉枫丹白露案[3]中，明确了其愿意承认和执行美国法院做出的惩罚性赔偿案件的判决，其次，在该案的审理中，法国最高法院的裁判思路是在补偿性赔偿和惩罚性赔偿的最大1∶1比例之外，还考虑被告行为的可责性，如果被告行为恶意明显，判决执行地的法院可以根据被告行为的可责程度调整该比例，不受1∶1的最大比例上限的限制。[4]

（二）大陆法系国家立法中隐含的惩罚性赔偿要素的探寻

1. 西班牙社会保障法中的额外收益条款

《西班牙社会保障一般法》[5]在私法领域中提供了一个惩罚性条款的清晰例证。该法规定了因劳动者过错导致的劳动事故或者职业病法律后果的另外处理方式。如果劳动者的损害是由故障设备引起的，且该工作环境中没有安全保障设施，那么劳动者获得损害赔偿将会增加30%—50%，具体取决于雇主错误行为的严重程度。此外，该法规定在这种情况下，雇主对额外的赔付费用承担责任，而且不能因保险免除其责任。因此，当劳动事故的受害人或者职业病的受害人的情况可以归因于雇主责任时，其可以获得额外的财产性收益。该项财政负担由西班牙的劳动部门决定并且由雇主承担，具体的比例在30%—50%，其多少取决于雇主行为的过错程度。[6] 该标准反映了与补偿性赔偿观念相反的、以侵权人为导向处理惩罚性赔偿的理念。这种额外的财产性收益同时具有惩罚性和威慑性目的。该法的目的在于惩罚事故发生地的雇主并寻求防止未来类似事故发生。这种行政性制裁的惩罚性和威慑性为西班牙最高法院明确确认。

2. 德国著作权法的双倍许可费

德国音乐表演和机械复制权协会（GEMA）的双倍许可费也并非仅具备单纯的补偿性质。[7] 德国音乐表演和机械复制权协会是一个集体管理组织，保护作曲家、词作者和音乐出版商的权利。如果德国音乐表演和机械复制权协会发现其成员的知识产权被侵权，其有权向侵权方收取双倍许可使用费。双倍许可使用费是用来补偿德国音乐表演和机械复制权协会的运营和监管成本。这种实践

---

〔1〕 118 BGHZ 312(76)(Ger.).

〔2〕 Volker Behr, "Punitive Damages in American and German Law—Tendencies Towards Approximation of Apparently Irreconcilable Concepts", *Chicago-Kent Law Review*, 78(2003), pp. 105-161.

〔3〕 Cour de cassation [supreme court for judicial matters] le civ., Dec. 1, 2010, Bull. Civ. I, NO. 1090 (Fr.).

〔4〕 Matthew Parker, "Changing Tides: The Introduction of Punitive Damages into the French Legal System", *Georgia Journal of International & Comparative Law*, 41(2013), pp. 390-432.

〔5〕 General Act on Social Security art. 123(B. O. E. 1994).

〔6〕 Manuel Luque Parra et al., "Workplace Injuries and Tort Liability", *InDret*, Apr. 2001, p. 295.

〔7〕 Peter Müller, *Punitive Damages Und Deutsches Schadensersatzrecht*, De Gruyter, 2012, p. 126.

被德国联邦法院接受,其认为如果没有这种制裁机制,侵权人则不会主动遵守该规则。这种双倍的许可使用费包含惩罚性和威慑性因素。额外的损害赔偿是用来补偿德国音乐表演和机械复制权协会为保护权利人对抗侵权人而支出的成本,[1]其让侵权人为其没有造成的损失承担相应的损害赔偿时,可以认为其中已经包含了惩罚性因素。

3. 法国的精神损害赔偿

精神损害赔偿不能以客观的方式用金钱量化衡量,因此,法官不得不用自由心证来裁量这种损失。法国法院在评估和确定损害精神损害赔偿时拥有较大的自由裁量权。法国最高法院仅在基层法院的判决违反了全额赔偿的原则时才会将其推翻,这使得法官可以考虑被害人遭受的痛苦程度之外的其他因素。法国法院在计算原告的实际损失时不仅要衡量其所遭受的损失,而且要考虑其他因素,如行为人的过错程度。如果法院认为行为人故意侵权,他们会对行为人处以更高金额的精神损害赔偿。[2] 因此,我们可以类推得出的结论是在知识产权侵权案件中,由于被侵权人的损失的计算和衡量与精神损害赔偿有相似之处,即都很难量化,法官在运用自由心证确定最终的损害赔偿数额时,即便是其认为的补偿性赔偿,但是因为无法精准计算,其中也很可能包含了某些惩罚性赔偿的考量因素。只是这些惩罚性赔偿的因素没有被这些国家在立法中对其性质予以明确。

4. 处罚条款中包含的惩罚性赔偿要素

欧盟内的部分法律体系允许合同当事人在他们的合同中嵌入处罚条款。例如,《德国民法典》第339条就确立了该条款的有效性:“如果债务人与债权人约定,在债务人不能履行或者不能以适当方式履行债务时,须支付一定金额作为违约金,那么在债务人迟延履行时,需支付违约金。以不作为为给付标的时,在有违反行为时,罚付违约金。”[3]该条款的目的在于鼓励行为人积极履行合同或者说是以合同的形式对违约者进行威慑。虽然合同中的处罚条款来源于合同双方的意思表示而非法律规定的具有惩罚性质的条款,但是德国、意大利等大陆法系国家的立法中部分允许当事人在合同中约定具有惩罚性质的违约金,可以被视为惩罚性赔偿制度在合同领域的映射。该做法促使合同双方约定对违约方实施处罚,具有督促交易双方诚实履约的作用,这也证明了惩罚性赔偿制度在欧洲大陆法系为处理私人关系领域的处罚性问题留有一定空间。

---

〔1〕 Madeleine Tolani,“U. S. Punitive Damages Before German Courts: A Comparative Analysis with Respect to the Ordre Public”, *Annual Survey of International & Comparative Law*, 17(2011), pp. 185-207.

〔2〕 Patrice Jourdain & Rapport Introductif, *Les Petites Affiches* 3, no. 7(2002).

〔3〕 Thomas Rouhette,“The Availability of Punitive Damages in Europe: Growing Trend or Nonexistent Concept?”, *Defense Counsel Journal*, 74(2007), pp. 320-324.

四、我国对涉外知识产权惩罚性赔偿类判决的未来处理路径

我国目前涉外判决的承认与执行的案件主要是民商事案件，其中以婚姻家庭类案件居多。但是未来随着我国与各国国际交往的程度日益密切，涉外案件中知识产权类型的案件数量必然会随着增加。从上文的讨论与分析来看，虽然大陆法系国家对来源于英美法系的惩罚性赔偿整体持谨慎态度，但是不同国家的司法实践中存在对这类案件判决的承认与执行的情形。一方面，各国基于本国公共利益的考量和互惠关系的考察对此类案件的承认与执行的态度更加开放，另一方面，也希望可以通过国内法中如比例原则的考察来合理审查案件的合理性。

（一）增加司法互惠国家的范围，扩大司法国际公信力

我国目前仅与包括法国、俄罗斯、澳大利亚、波兰、希腊、泰国、老挝、越南等在内的 30 多个国家订立了包含有承认和执行对方国家法院判决内容的双边司法协助条约、协定，或者在双边经济合作或保护投资协定中约定相关内容，与世界上大多数国家并没有订立司法协助条约。此外，我国目前尚未加入《海牙民商事案件外国判决的承认与执行公约》《民商事管辖权和外国判决公约》《选择法院协议公约》《海牙收养管辖权、法律适用和判决承认的公约》《关于承认与执行扶养义务判决的公约》等在内的、关于判决承认与执行的主要国际条约。在众多我国签订的双边司法协助条约中也没有涉及该方面的内容，因此我国法院在涉及该问题的处理时，大多数依赖于互惠原则的审查。笔者认为，我国应积极增加司法互惠国家的范围，并适时考虑加入相关的国际条约，这将在很大程度上有助于提高我国涉外知识产权惩罚性赔偿判决在国外获得承认与执行的可能性，扩大我国的司法公信力。

（二）明确涉外知识产权惩罚性赔偿类判决的审查标准

目前，我国承认和执行外国判决的规定见于《民事诉讼法》第 289 条，“人民法院对申请或者请求承认和执行的外国法院作出的发生法律效力的判决、裁定，依照中华人民共和国缔结或者参加的国际条约，或者按照互惠原则进行审查后，认为不违反中华人民共和国法律的基本原则或者国家主权、安全、社会公共利益的，裁定承认其效力……”。该条文的表述中仅提供了司法审查的方向，即不违反我国法律的基本原则或国家主权、安全和社会公共利益，至于到底如何判断还要在具体案件的语境中进行分析。回到外国知识产权惩罚性赔偿案件判决的承认与执行上，我国法院在接收到另一国家做出的包含惩罚性赔偿内容的判决时，应首先识别该判决中的“惩罚性因素”，由于世界上各国的立法差异，对于该问题容易产生识别上的法律冲突。虽然我国目前 3 部主要的知识产权立法中都引入了惩罚性赔偿制度，但是传统的大陆法系国家对惩罚性赔偿制度的态度仍然正经历着从完全否定到部分缓和接受的转变。因此，我国法院应对判决中明确说

明是惩罚性赔偿的部分予以识别,严格审查知识产权惩罚性赔偿的确定标准,对于明显超出我国立法规定的惩罚性赔偿倍数的部分不予承认和执行,除此之外,应对外国判决中涉及的知识产权惩罚性赔偿的金额和相应的判赔倍数,应根据我国立法所确定的倍数予以审查,合理确定惩罚性赔偿的比例,最大限度地消除各国在该问题的分歧。

(三)谨慎适用公共秩序保留排除外国判决的承认与执行

虽然各国在国际私法中运用公共秩序保留制度排除国外法律适用的情况很多,但是随着两大法系的不断融合、借鉴,公共秩序保留制度的适用空间正在不断被压缩。《中华人民共和国涉外民事关系法律适用法》中规定了公共秩序保留制度。在我国的实践中,具体判断是否违反中国的公共利益,主要有3种做法。第一种是仅审查外国法院的判决是否符合我国法律规定的承认与执行外国法院判决的条件,对判决中认定的事实和法律问题不予审查。第二种是对比分析我国与其他国家司法协助条约的情况。第三种在缺乏相应的双边司法协助条约时,我国法院根据互惠原则进行审查,这实际上是强调按照我国的法律标准进行审查。尤其在第三种处理方式下,需要审查我国国内法与外国判决中相关制度的规定是否一致,如果不一致,则需要判断外国判决的执行是否会损害我国的公共利益。在我国知识产权立法最近修订之前,由于我国知识产权立法中并没有引入惩罚性赔偿制度,因此在国外判决的承认与执行过程中还可以用公共秩序保留为理由裁定对相关判决不予承认与执行。但是随着我国三部知识产权立法(《专利法》《商标法》《著作权法》)中全面引入惩罚性赔偿,如果未来在外国判决的承认与执行过程中,相关判决含有惩罚性因素,我国再以公共秩序保留为理由进行排除就缺乏了合理性。既然我国的实体法已经承认了惩罚性赔偿制度,就不应当阻止外国判决的适用。从长远角度分析,部分放弃公共秩序保留制度在知识产权法领域的适用并非对我国不利,从互惠的角度考虑,会使得我国法院未来做出的、涉及知识产权惩罚性赔偿的判决更容易在外国法院得以承认和执行。

论“有关身份关系协议”的法律适用方法
——以“生继”赡养协议的撤销为视角

顾　彬*

摘　要　《中华人民共和国民法典》第464条第2款改变了《中华人民共和国合同法》第2条第2款的规定，“有关身份关系协议”的法律依据不再局限于亲属法，而是可以参照适用《中华人民共和国民法典》合同编的规定。这为此前活跃于社会生活但却缺乏法律依据的“生继”赡养协议提供了新的法源。“生继”赡养协议依其案型特征可归属于广义的身份关系，继而适用第464条第2款。在法律适用方法上，应当遵循先直接适用、再间接适用的逻辑思路，直接适用《中华人民共和国民法典》总则编时需谨慎关注身份关系的伦理性。撤销“生继”赡养协议中财产赠与条款这一案型，经“五步法”验证确存在法律漏洞，按“本质特征相似说”分4步进行相似性判定后，该案型可类推适用《中华人民共和国民法典》第663条。

关键词　有关身份关系的协议；“生继”赡养协议；直接适用；类推适用

目　次

* 顾彬（1985—），江苏省南通市崇川区人民法院员额法官，中国政法大学法学硕士，主要研究方向：民法、司法制度。

一、问题的提出

笔者曾承办过以下这样一起案件。老夫妇二人膝下有两子一女,大儿子先分家并居于外地,小儿子夫妻俩住在老夫妇所有的平房内,女儿则已出嫁,这样的家庭状态延续多年。后老夫妇体弱多病需要人照料看护,一家人遂在公亲的见证下共同签订了一份赡养协议书,基本内容有两条:第一,老夫妇将自有平房赠与小儿子;第二,小儿子夫妻俩负责照料老夫妇日常生活起居。多年过去,一家人相安无事,也无人想到房屋过户事宜,亲戚邻居都知道房子已经给了小儿子,直到当地发出拆迁公告后的某一天,老夫妇将小儿子诉至法院主张撤销协议书中的房屋赠与条款,其法律依据为《中华人民共和国合同法》(以下简称《合同法》)中赠与合同任意撤销权的规定。虽然老夫妇的赠与意思非常明确,但碍于这种协议带有浓重的亲属关系色彩,法官对适用赠与合同的法律规定心存顾虑,因为该法第2条第2款[1]的立法本意是排除"有关身份关系的协议"适用《合同法》。[2]

然而,《中华人民共和国民法典》(以下简称《民法典》)的颁布令上述问题趋于明朗,该法第464条第2款规定:"婚姻、收养、监护等有关身份关系的协议,适用有关该身份关系的法律规定;没有规定的,可以根据其性质参照适用本编规定。"对此,有学者便指出:"不能回避的一个趋势是:在现代社会债法的适用范围处于持续扩张中。"[3]但"有关身份关系的协议"如何参照适用合同编的规定,在《民法典》施行后将会成为司法者面临的新问题。

本文拟对上述案例中赡养协议里的财产赠与条款撤销问题做出分析,借此明晰"有关身份关系协议"的解释论界定和法律适用方法。该案中,赡养协议书签订于被继承人和法定继承人之间,权利义务模式是被继承人将自有的财产以无金钱对价的方式赠与继承人,继承人则有义务按照约定的内容赡养被继承人,两方主体各自的义务存在因果牵连,赡养义务的内容通常多样、具体,可较法定赡养义务减轻或加重。由于本案案型发生在具有法定继承关系的主体之间,且转让的标的物实体在被继承人在世时即已交接,故笔者将此类协议称为"生继"赡养协议。[4] 该案的基本分析思路是这样的:首先,案涉赡养协议书是否属于"有关身份关系的协议"?其次,如果案涉赡养协议书属于"有关身份关系的协议",那么该协议中房产赠与条款的撤销问题有无可直接适用的具体规定?再次,如果没有可直接适用的具体规定,是否直接参照《民法典》合同编的规定?复次,如果参照适用,是否只有《民法典》合同编可以参照?最后,参照适用是纯凭"法感"还

---

[1] 该款规定:"婚姻、收养、监护等有关身份关系的协议,适用其他法律的规定。"

[2] 胡康生主编:《中华人民共和国合同法释义》,法律出版社2009年8月第2版,第4页。

[3] 桑德罗·斯奇巴尼:《债之概念反思及其在体系中的地位》,陈汉译,《北方法学》2015年第3期,第12页。

[4] 本文讨论的"生继"赡养协议并不包含继承人于被继承人死前即放弃继承权的情形,理论界和实务界一般都认为此种事前弃权行为应归于无效。郭晓娟、孙硕:《预设继承协议的效力界分》,《人民司法》2019年第28期,第69—70页;叶名怡:《论事前弃权的效力》,《中外法学》2018年第2期,第330页;王雷:《论身份关系协议对民法典合同编的参照适用》,《法学家》2020年第1期,第43页。

是有着固定的逻辑思路？该案中这一系列问题的认定，承载着"有关身份关系协议"的法律适用方法，对司法实践有普遍指导意义。在认定具体问题时，还涉及财产法与身份法的区分和融合问题，需要在尊重自治和维系人伦之间找到平衡点。

二、"生继"赡养协议的定性

要讨论"生继"赡养协议的性质，需要将其置于整个民事法律关系的框架体系中，并与相关概念相辨析。民事法律关系分为财产关系和人身关系，后者是指"与财产关系不可分离而又不具有直接物质利益内容的社会关系"[1]。所谓身份是指"自然人在团体或者社会体系所形成的稳定关系中所处的地位"[2]，身份关系隶属于人身关系，主要在亲属法框架内论述和运用。就如《民法典》第 464 条第 2 款列举的婚姻、收养、监护 3 种典型身份关系，它们均不具有直接物质利益内容，而同为家事范畴的"继承"却没有出现在该法条中。"生继"赡养协议与继承关系均具有财产内容，要厘定前者，有必要先回答继承关系是否属于身份关系这一问题。

（一）继承关系可归入广义的身份关系范畴

继承解决的是死者遗留财产的移转归属问题，包括法定和意定两种方式，前者的财产流转对象是亲属，后者则不限于亲属。鉴于继承关系的标的指向财产，故继承关系难以定位为典型的身份关系。我们通常认知中的典型身份关系是通过直接以亲属关系变动为目的的法律行为而产生，如结婚、收养等。但广义的身份关系除"形成的身份行为"外，还可通过"支配的身份行为"和"附随的身份行为"[3]形成或解消。顾名思义，支配的身份行为是指基于自己的身份而对他人行身份法上的行为，如监护；附随的身份行为是指附随于身份变动的行为，如夫妻财产契约[4]、离婚后子女探视协议等。除了此种"三分说"以外，我国台湾地区还有学者将广义的身份行为"两分"为纯粹身份行为和身份财产行为，后者即指基于身份发生而以产生财产关系为目的的行为。[5] 广义的身份关系将财产内容吸纳进来，并且"二分说"较"三分说"进一步放宽了标准，即便没有身份变动，只要是以身份为基础的行为就可以纳入广义的身份关系中来。我国的法定继承和遗嘱继承一般仅涉及财产变动，在"三分说"下不能纳入身份关系，也不是纯粹的身份行为，但可以归属于"二分说"框架下的身份财产行为，从这个意义上讲，继承关系属于广义的身份关系，梁慧星教授亦有类似观点。[6]

在我国的遗产取得方式规范体系中，还有遗赠和遗赠扶养协议 2 种法律关

---

〔1〕 江平、张佩霖编著：《民法教程》，中国政法大学出版社 1986 年 7 月版，第 6 页。

〔2〕 张俊浩：《民法学原理》，中国政法大学出版社 1991 年 1 月版，第 5 页。

〔3〕 史尚宽：《亲属法论》，中国政法大学出版社 2000 年 2 月版，第 9 页。

〔4〕 《民法典》第 1065 条。

〔5〕 陈棋炎：《亲属、继承法基本问题》，三民书局 1980 年 1 月版，第 124 页。

〔6〕 梁慧星：《民法总论》，法律出版社 2001 年 5 月版，第 11 页。

系。遗赠与当事人的主体身份关联较弱,甚至受遗赠人被排除在法定继承人的范围之外,故遗赠不宜归入身份行为。遗赠扶养协议为我国所独创,具有社会主义福利性质,相较"遗赠"增加了受遗赠人的生养死葬义务,法律拟制了法定继承以外主体的身份及义务,与收养类似,笔者认为可以归入形成的身份行为。

(二)订立"生继"赡养协议系身份行为

1."生继"赡养协议的特征辨析

既然继承关系可归入广义的身份关系,那么与之类似的"生继"赡养协议能否也归入身份关系呢?从本文开头的案例中归纳出的案型特征可以看出:第一,"生继"赡养协议的主体是被继承人和法定继承人,这与遗赠扶养协议、遗赠相区别;第二,"生继"赡养协议作为双方甚至多方法律行为,区别于遗嘱、遗赠这一单方法律行为;第三,"生继"赡养协议中财产赠与行为于被继承人在世时即发生法律效力甚至实际履行,系生前行为,这与法定继承、遗嘱相区别;第四,"生继"赡养协议主体间的权利义务具有牵连性,而在法定继承和遗嘱继承关系中,被继承人的赡养义务是法定的,与其获得遗产不存在法律上的牵连,至多是在遗嘱继承关系中夹杂情感道德因素,反观"生继"赡养协议中,财产转让与赡养行为往往具有明确的互为目的的指向;第五,"生继"赡养协议下的赡养义务往往是具象的,具有灵活性和特殊性,而法定继承和遗嘱继承中的被继承人扶养、赡养义务均由法律预设,是抽象的。因此,笔者认为"生继"赡养协议与继承关系仍有很多区别,难以归入现行法规定的继承方式之中,故不能借继承关系归属广义身份关系这座桥梁达成适用《民法典》第464条第2款的目的。

除了继承关系外,与"生继"赡养协议在行为模式上非常类似的是附负担赠与,但两者的协议主体有明显区别,"生继"赡养协议的主体是具备法定继承关系的亲属,而附负担赠与则没有这一要求和条件。当然,法律上并未禁止亲属之间订立附负担赠与合同。

德国法上还存在一种"继承合同"[1],是指被继承人与相对方订立的指定继承人或指示遗赠、负担的合同,它与"生继"赡养协议均为双方法律行为,权利义务内容都可以多样化,但继承合同属死因行为,相对方不限于法定继承人,这两点区别于"生继"赡养协议。

考察国内外立法例,"生继"赡养协议并无制定法依据,但在生活实践中已经客观出现。其实,中国版的继承合同或者叫做"死继"赡养协议在我国古代和当代都活跃于社会生活中,[2]并且具有相当高的民众认可度,[3]而"生继"赡养协议的基本特征在于突破了继承的死因要件,吸收了遗赠扶养协议的双务属性,缓解了继承关系中赡养义务和遗产移转"桥归桥、路归路"的僵硬格局。对受赠人

---

〔1〕 陈卫佐译注:《德国民法典》,法律出版社2010年6月第3版,第555页。

〔2〕 樊丽君、邓画文:《论继承契约》,《中国社会科学院研究生院学报》2006年第4期,第98页。

〔3〕 陈苇:《当代中国民众继承习惯调查实证研究》,群众出版社2008年1月版,第231、365、477页。

而言，既然提前享受“遗产”的价值，就应严格遵守约定的赡养义务，而这些义务通常会较法定赡养义务更为具体精细，从而更加凸显出国人对养老生活的自主自治意识和对“遗产”的生前用益追求。

2.“生继”赡养协议的身份属性

既然“生继”赡养协议有自己的独有特征，那还能否纳入到《民法典》第464条第2款的“等”之内而认定其为身份关系？笔者认为是可以的。考察身份行为的性质和内涵可以发现，其基本属性有以下几点：一是以变动亲属法上的权利义务或实现亲属法上的效果为必要目的；二是亲属身份创制的“事实先在性”，这根本区别于财产行为的创设性特征，正是因为亲属身份的种类和内容等在人伦秩序上早已安排，身份行为才被认为不得附期限或条件，身份法上的强行性规范才如此之多；三是特殊身份地位的设定和解消仍源自于行为人的意思表示，这是身份行为的本质，“身份行为不仅存在意思表示空间，而且，该意思表示的内容与身份关系的变动效果直接关联”[1]。“生继”赡养协议完全符合上述身份行为的内涵特征：以变动调整赡养关系的具体内容为必要目的，协议主体双方的亲属关系是签约的先决基础，“受赠人”的赡养义务或多或少、或重或轻，皆取决于当事人的意思表示（当然不得违反亲属法的强行性规范）。因此，“生继”赡养协议应当属于身份行为，且为共同行为，行为效果上具有“统体性”，从类型上看，较纯粹身份行为增添了变动财产关系的目的，而较身份财产行为增添了变动亲属法上权利义务的目的，似纯粹身份行为和身份财产行为的融合类型或者说中间类型，涵盖到《民法典》第464条第2款中的“等”内是解释得通的。诸如其他非典型的身份财产混合型协议能否归入身份关系的问题，均可从上述身份行为的内涵标准及外延分类上进行考察。

（三）“有关身份关系协议”的解释论界定

将“生继”赡养协议认定为身份行为，是将身份行为做广义理解的，而且局限于“二分说”的理论视野内。坚持身份行为“纯粹化”的学者大有人在，这一派认为亲属身份领域内存在财产变动目的的法律行为仅是“基于身份的行为”——或是行使身份权的事实行为或是纯粹的财产行为。[2] 如果遵从此种狭义观的界定，订立“生继”赡养协议则无法被认定为身份行为，那能否退一步将其视为与身份关系“有关”，如此亦可为《民法典》第464条第2款所涵摄？

笔者认为，法律解释不可浮于法条文义表面。依体系解释，“有关身份关系的协议”处于“婚姻、收养、监护”之后并以“等”字联结，那么前后两部分对象应当是并列关系，不可能只要求后者与身份关系相关，而应与婚姻、收养、监护关系具有同等的定位或类似的属性，此时法条中的“有关”应当做限缩解释，即“有关身

---

〔1〕 张作华：《亲属身份行为性质的民法解析》，《武汉大学学报（哲学社会科学版）》2012年第1期，第28页。

〔2〕 张作华：《亲属身份行为的分类研究》，《政法论坛》2009年第3期，第93页。

份关系的协议"至少是基于身份关系而成立或者说以身份关系为基础的协议。以这样的解释结果去考察"生继"赡养协议,鉴于当事人双方的义务具有牵连性,故该种协议仍可适用《民法典》第464条第2款。从这个意义上讲,即便将身份关系做狭义理解,该法条的适用范围仍具有较大的包容性。至于那些仅是形式上包含身份、财产两部分内容而无关联,或者仅具有一般关联的协议,则不在该法条的涵摄范围之内。

三、"有关身份关系协议"的直接法源及其适用

(一)总则编的直接适用应当优先于分则编的间接适用

《民法典》第464条第2款的落脚点在"参照适用"上,但在法律方法上直接适用应当优先于间接适用,这是法的确定性和可预见性特征的当然要求。鉴于"生继"赡养协议可归属于"有关身份关系的协议",故依法应当首先适用"有关该身份关系的法律规定"。对此,《民法典》婚姻家庭编、总则编中的监护一节属于当然的直接法源,继承编基于上文对继承关系属性的分析也应属于直接法源。需要讨论的是:这部分法律规范无法涵摄"生继"赡养协议后,是否可以参照适用?笔者认为不可。理由在于特别法没有规定的话还有一般法,一般法虽然相对笼统概括,但仍然属于可直接适用的法律规则,这一点是法学方法论的应有之义。因此,作为身份行为和财产行为之共同上位概念的"民事法律行为"乃至"代理"等总则编规范,也应属于"有关该身份关系的法律规定",应置于优先于合同编的适用顺位。

(二)直接适用总则编需谨慎关注身份关系的伦理性

对"有关身份关系的协议"适用总则编规范后,问题并未止于此。总则编中民事法律行为及代理等规范是基于财产法的理念和视角进行创制的。"从民法典的发展历史可以发现,财产法主导的立法倾向一直存在。"[1]总则编中的规范不加区别地适用于"有关身份关系的协议"肯定会出现问题,因为物法与人法的理念是不同的,"与由个人权利义务体系构建的财产法相比,家族法在出发点上具有许多性质不同的要素"[2]。在传统亲属法理论上,形成的身份行为或者说纯粹的身份行为不得代理、不得附条件或期限。[3] 立法注意到了这个问题,包括《民法典》第158条、第161条等,做出了"根据其性质不得……"的除外规定。而除了这些存在特别提示的规范外,其他总则规范是否就可以当然适用于"有关身份关系的协议"呢?笔者认为也不尽然,在适用时仍然需要充分关注身份关系的伦理性,与此不相兼容的总则规范原则上不得适用于"有关身份关系的协议",以

---

〔1〕 陈信勇:《身份关系视角下的民法总则》,《法治研究》2016年第5期,第20页。

〔2〕 加藤雅信等编:《民法学说百年史:日本民法施行100年纪念》,牟宪魁等译,商务印书馆2017年12月版,第866—867页。

〔3〕 田韶华:《民法典编纂中身份行为的体系化建构》,《法学》2018年第5期,第95页。

下列举 3 条具体标准。

一是基于经济理性设置的总则规范，如《民法典》第 152 条第 1 款第 3 项有关撤销权放弃的规定。对财产性权利的抛弃一般被认为是理性人自我处分的表现，并不危害他人或社会，而“人身权利和自由不得让渡或放弃，此为保障人权至高无上性所必需，殆无疑义”[1]，所以《民法典》在婚姻撤销制度上无放弃规则；同理，《民法典》第 152 条第 2 款是对交易秩序的妥协性保护，也不宜适用于婚姻撤销问题。

二是立法目的指向财产关系的总则规范，如《民法典》第 151 条有关显失公平的规定。该制度发端于古罗马戴克里先帝时期创设的“非常损失规则”，即交易价格不足实际价值一半时，卖方可以即行解约。[2] 虽经历后续时代的发展，如从单方面要件向主客观两方面要件的演变，但其制度宗旨仍然是基于客观上财产利益失衡，故不宜适用于纯粹身份关系。

三是与亲属法强行性规范相抵触的总则规范，如《民法典》第 146 条有关通谋虚伪行为的规定。这一规则能否适用于“假离婚”的效力问题在学界争议极大，但我国婚姻实务的倾向性结论是明确的，《民政部办公厅关于能否撤销李某与张某离婚登记问题的复函》(民办函〔2003〕71 号)规定：“当事人李某以假离婚、离婚的目的是为了逃避债务为由，请求宣布其解除婚姻关系无效，没有法律依据……”据此，虽然离婚双方解除婚姻关系的意思表示虚假，但法律并未规定离婚目的对离婚效力的影响，“离婚协议与协议离婚之间具有独立性与无因性”[3]，“假离婚”已登记公示，应当具有法律效力，并且我国司法实践中也普遍认为“假离婚”在法律效力上是一个假命题。在这样的结论下，总则编中有关通谋虚伪行为的规定显然不能适用于“假离婚”的效力判定。究其原因，正是因为适用总则规范将抵触婚姻家庭编中的强行性规范——解除婚姻关系必须办理离婚登记。

(三)“生继”赡养协议的直接适用分析

婚姻家庭编、继承编中显然没有规则直接规制“生继”赡养协议；而若适用总则规范，其撤销问题很容易就聚焦到总则编第 6 章第 3 节即“民事法律行为的效力”，其中规定的撤销事由包括重大误解、欺诈、胁迫、显失公平 4 种。然而，“被赡养人撤销赠房案”中并不存在前述任何一种事由，因为赡养协议是在公亲见证下签订，基本排除了意思表示出现重大瑕疵的情形，故原告单单以房屋没有过户为由来适用上述撤销规则缺乏事实依据。鉴于农村的房屋登记制度不甚完备，在村里人看来，小儿子对房屋的占有控制已经具备了公示效果，登记的公示意义在该个案中并没有那么大。

值得一提的是，原告能否援引法定解除规则来终止赡养协议以实现索回房产的目的？笔者认为，法定解除制度是合同目的落空情形下立法为救济当事人，尤其是为了救济守约方而设定的，因此，当附有赡养义务的一方出现重大违约情

[1] 叶名怡：《论事前弃权的效力》，《中外法学》2018 年第 2 期，第 334 页。
[2] 海因・克茨：《欧洲合同法》，周忠海等译，法律出版社 2006 年 3 月版，第 189 页。
[3] 刘耀东：《虚假离婚若干法律问题研究》，《云南大学学报(法学版)》2011 年第 2 期，第 49 页。

形或遭遇不可抗力时,便存在适用法定解除规则的可能。同样,情势变更规则也存在适用的空间。只不过这两项总则规范在“被赡养人撤销赠房案”中不具备适用所需的要件事实。

那么,法官在适用总则规范无果的情况下是否就应径行判决驳回原告的诉请呢?笔者认为不可,这种本能不外乎法官对公平正义的坚守。2002年的“重庆鹅卵石案”[1]、2007年的“广州瓷片案”[2]等高空抛物侵权案件中,受害人败诉后的苦怨仍余音绕耳,法院正是基于法无明文规定驳回了他们的诉求,恰恰是这些直击社会痛点的判决催生了2010年《侵权责任法》第87条[3]。在“被赡养人撤销赠房案”中“法无明文规定”之痛何解?答案就在《民法典》新增的身份关系协议参照适用规则里面。

四、“有关身份关系协议”的类推适用方法

(一)“参照”的含义厘定

《民法典》中“参照”这一表述并不鲜见,如第108条、第174条、第311条等,是指准用其他法律规范的意思;但少数情况下也指向非规范因素,如《民法典》第470第2款、第410条第3款等。而本文讨论的第464条第2款中的“参照”系前一种含义,在学理上称之为授权式类推适用,意指由法律明文授权法院将某案型之法律规定适用到另一类似的案型上,[4]与法官依职权进行的司法类推相并称。类推适用基于“同类事物应作相同处理”[5]的正义要求,是法律漏洞的一种填补方法,属于法律的间接适用方式。

(二)类推规范的搜寻逻辑

“生继”赡养协议无总则规范可循或要件事实不具备时,《民法典》第464条第2款指引法官参照适用合同编的规范。但我们有无思考过,是否唯合同编可参照?笔者认为,从法律适用方法上,认为只能适用合同编是不严谨的,应当说整个分则编都是可搜索的法源范围。因为《民法典》第467条第1款规定:“本法或者其他法律没有明文规定的合同,适用本编通则的规定,并可以参照适用本编或者其他

---

[1] 该案中,王某某一家人走到重庆市渝中区文化街48号的家门口时,一块重达2.5公斤的鹅卵石从天而降,击中王某某左侧颅脑致其瘫痪,王某某妻子遂将整栋楼32家住户及楼内4家单位告上法庭,索赔40余万元。参见徐建:《鹅卵石从天而降砸瘫路人 32住户及4家单位成被告》,载新浪网,https://news.sina.com.cn/c/2003-09-10/1148724776s.shtml,2022年11月10日访问。

[2] 该案中,毛女士怀抱女婴经过广州市荔湾区芳村一栋楼下时,高空落下一块瓷片砸中女婴,后毛女士将该栋楼18家住户告上了法庭,索赔5万余元。参见黄琼:《高空坠落瓷片砸伤女婴 家人起诉整楼住户》,载新浪网,https://news.sina.com.cn/s/l/2008-04-10/010815323877.shtml,2022年11月10日访问。

[3] 该条规定:“从建筑物中抛掷物品或者从建筑物上坠落的物品造成他人损害,难以确定具体侵权人的,除能够证明自己不是侵权人的外,由可能加害的建筑物使用人给予补偿。”

[4] 黄茂荣:《法学方法与现代民法》,中国政法大学出版社2001年10月版,第306页。

[5] 卡尔·拉伦茨:《法学方法论》,陈爱娥译,商务印书馆2003年9月版,第258页。

法律最相类似合同的规定。"由此可见，物权编、人格权编、侵权责任编都可能贡献出可堪适用的类推规范，这也是第464条第2款之所以表述为"可以参照"而非"应当参照"的缘由之一，合同编只不过因为相似度高，继而"产能"相对更大罢了。并且，容易忽略的是，婚姻家庭编、继承编中虽然没有规则直接规制"生继"赡养协议，但与其存在相似度的遗嘱、遗赠扶养协议的终止规则亦可能提供类推规范。

（三）类推适用的基本方法

类推适用的内在逻辑包括两个阶段：先是法律漏洞的确认，后是相似性的判定。但这仍过于笼统抽象，实务中需要一套科学合理、可堪操作的方法及步骤，方可透视"有关身份关系协议"的类推适用路径。

1. 法律漏洞的确认

存在法律漏洞是运用类推适用的逻辑前提，这一点往往被法官所忽略，并且法律漏洞的甄别并非"法律没有规定"这一表述这么简单。大陆法系对法律漏洞的经典定义为：法律体系上之违反计划的不圆满状态。[1] 笔者根据实践经验将法律漏洞的确认分为5个步骤。

第一步，全面找法。从《民法典》各分编到总则编，从单行法到《民法典》，从民法到商法，从法律到司法解释，应穷尽可堪适用的一切法源。值得一提的是，法源的搜索范围不能落下"习惯"，《民法总则》首次在一般法的层面将"习惯"明确规定为法律适用的依据，实现了与大陆法系法律渊源主流理论的接轨。

第二步，深度释法。可堪适用的法律规则有时不够具体或者存在多重含义，此时就需要运用各种法律解释方法加以明确，法的续造离开法律解释即失去了程序上的正当性。[2] 法律解释的方法很多，不同学者有不同的分类，民事司法实践中经常用得到的方法包括文义解释、体系解释、历史解释、目的解释、扩张解释、限缩解释等。每一种方法在整个方法体系中居于不同的定位并扮演着不同的角色，应综合考量并依公认的解释规则进行推理。首先应采用文义解释以明确法条用语的通常含义，维护法律的安定和权威。然而，语言文字具有多义性，要将条文的含义聚焦其通常或核心之义，则可以借助体系解释和历史解释，通过法条的上下文、所处篇章位置乃至立法资料和释义，将条文语义最终框定。但法律解释并不止于语言学准则，在特殊情况下解释结论与立法目的发生偏离时，就要通过目的解释进行"除弊"，甚至当语义虽至核心却与当前社会主流价值悖反时，就要运用社会学解释方法通过扩张或限缩的手段确保解释结论与时俱进。

第三步，准确定位。一般认为，法律规则由假定、行为模式及法律后果3个要素组成，如果讼争案型完全没有规则依据可循，当然很好确认法律漏洞，但实践中的案型往往存在相关联或局部可涵摄的规则，而该规则又无法与讼争案型完全"咬合"，此时就需要"解剖"规则明晰其三要素，然后对应讼争案型判断该规

〔1〕 卡尔·拉伦茨：《法学方法论》，陈爱娥译，商务印书馆2003年9月版，第251页。
〔2〕 吴丙新：《法律漏洞补充理论的三个基本问题》，《法制与社会发展》2011年第2期，第21页。

则在哪个要素上是"沉默"的,准确定位漏洞所在。在法律规则结构的搜索过程中会有一种特殊情况:讼争案型有规则可以适用,三要素齐全,但结论将造成不正义,某一法律规范呈现出部分甚至全部的"恶",刘士国教授认为这也是一种法律漏洞,[1]这提醒我们,单从形式上判断法律规则的逻辑结构还不足以彻底地识别法律漏洞。

第四步,兜底检验。单单的"不圆满状态"只构成法律漏洞的外在形象,违反法之"计划性"才是法律漏洞的内在本质,此处的法之计划不单单是制定法明确规定的立法目的,还应包含更高层次、未显于条文乃至立法资料的普遍价值[2],即当"不圆满状态"危及普遍价值时才能最终确认法律漏洞的存在。虽然"普遍价值"这一概念的内涵不易把握,但法官也不必拘泥于措辞或表述,实操过程中"社会主义核心价值观"或许是一个现成的答案。

第五步,科学定型。确认法律漏洞客观存在后有必要明确其类型,因为不同类型的法律漏洞需以不同的方法进行补充,学界公认、司法实践中常见的漏洞类型有以下几种划分:按漏洞生成于立法前还是立法后可分为自始漏洞和嗣后漏洞,按立法者是否明知漏洞的存在可分为明知漏洞和不明知漏洞,按规则三要素是否齐全可分为明显漏洞和隐藏漏洞[3]。类推适用是针对明显漏洞的填补方法。明显漏洞是指"法律应对某问题明文规范却未加规范而致的法律漏洞"[4],但笔者认为这一界定过于笼统,法律对某类案型完全没有规定的情形固然是明显漏洞,但很多情况是某规则中部分要素可涵摄于讼争案型而剩余要素难以涵摄,这也是存在明显漏洞的,只不过不那么"明显"罢了,它们并不能被归入隐藏漏洞的范畴,因为隐藏漏洞专指"法律对某一问题虽有规定,但缺少对该问题的特殊情形的规范以致消极地呈现为一定的欠缺状态"[5],笔者姑且将前述明显漏洞的两种子类型称之为完全明显漏洞和不完全明显漏洞。

2. 相似性的判定

确认法律漏洞的存在后,即可进行类推适用的核心工作——相似性判定,对此学理上有多种鉴别标准,包括构成要件类似说(通说)、实质一致说、同一思想基础说等。[6] 通过考察,笔者拟改良出一种"本质特征相似说"为类推适用实践提供方法论指引,可分4步进行。

第一步,提取讼争案型的特征,尔后搜索表述、措辞、数量等形式上与这些特征重合度高的法条,从而确定拟参照的类推规范。对于拟定的类推规范可以做

[1] 刘士国:《法律漏洞及其补充方法》,《人大法律评论》2010年卷,第211—212页。

[2] 笔者未用"普世价值"这一表述,是为了与西方世界标榜的"普世价值"划清立场,每个国家都有其特有的文化土壤,不存在绝对普适于世的一元价值。在我国当下,社会主义核心价值观就很好总结了我国司法实践应当遵循的普遍价值。

[3] 隐藏漏洞是指法律对某一问题虽有规定,但缺少对该问题特殊情形的规范以致消极地呈现为一定的欠缺状态。杨解君:《法律漏洞略论》,《法律科学》1997年第3期,第15页。

[4] 杨解君:《法律漏洞略论》,《法律科学》1997年第3期,第15页。

[5] 杨解君:《法律漏洞略论》,《法律科学》1997年第3期,第15页。

[6] 屈茂辉:《类推适用的私法价值与司法运用》,《法学研究》2005年第1期,第13页。

一个“排异性”预估。言下之意，一项法律规则能否充当类推规范或者说它的普遍化之可能性，是存在大小区别的。一般情况下，类推规范案型的特殊性越高，则该类推规范普遍化的可能性越低。案型的特殊性通常体现在人、物、事三方面，三者的外延依次扩大，特殊性呈递减趋势，故可类推的概率依次增加。这种考察可以让法官在推理论证前形成一个初步的判断和预期。

第二步，提取类推规范的案型特征，从这一步开始即进入“相似性”判定的核心环节。“相似性”是比较出来的，那么要比较就应当在同一个层面上进行，类推适用过程中的“相似性”比较是针对案型而言的，所以要提取类推规范的案型特征。同样，提取出来的各项特征应当具备一定的法律意义，并且尽可能与讼争案型各项特征对应起来，比如讼争案型中单独提取了主体要素，那么类推规范的案型特征中也要单独提取这一要素。

第三步，比较讼争案型和类推规范案型之间对应特征的形式性异同，案型纷繁复杂，两起类似的案型经过对应特征分解通常会呈现出完全相同的特征、相似的特征、完全不同的特征。当然，这是法官直观上先感受到的，不是“相似性”判定的终局依据。

第四步，判定相似特征是否归属规范案型的本质属性，同时相异特征是否构成逆反属性，如果仅仅是从形式上辨别出“相似性”即认定可以类推，这是肤浅的，且只关注“相似性”而不关注“相异性”是片面的。“法学上的类推适用无论如何都是一种评价性的思考过程，而非仅形式逻辑的思考操作。”〔1〕案型特征不仅要形似更要神似，此处之“神”，意指该特征直接反映类推规范立法目的或者说与该目的紧密关涉，这样才能称之为本质属性；同时相异的特征又不能背离类推规范背后的法律价值或理念，即不构成类推规范案型的逆反属性。唯有满足以上两方面要求后方可最终被选择为类推规范。诚然，以上方法的设定是建立在“模板式案型”基础上的，司法实践中的案情是纷繁复杂的，“相似性特征”和“相异性特征”也许并不会泾渭分明，甚至在对规范目的的映射程度上存在交叉和模糊，此时法官不应固守公式思维，不能将“方法”当作“全有或全无”的规则，而应将其作为一种最佳化思维方式来掌握。此时应从“相似”和“相异”的各自分量层面，结合个案实际情况乃至社会效果进行综合衡量，如果天平倾斜于类推适用，那么法官就不要犹豫。个案法益的衡量，同样也可以成为检验论证过程有无纰漏、运用类推是否有违公平正义的兜底措施。

(四)“生继”赡养协议中财产赠与撤销的类推适用分析

1. 本文案型存在法律漏洞

上文已经分析了“生继”赡养协议中撤销财产赠与的直接适用依据，发现并无法律规定可循。得出这一结论的思维过程恰恰就是该案型确认法律漏洞的过

〔1〕 Popper，Logik der Forschung；zitiertwirdnoch die 6. Aufl. 1976，S. 31.。转引自卡尔·拉伦茨：《法学方法论》，陈爱娥译，商务印书馆 2003 年 9 月版，第 258 页。

程。下面结合确认法律漏洞的"五步法"做一分析。

首先,经过法源搜索发现《民法典》婚姻家庭编、继承编以至总则编加上有关司法解释均无可以直接适用的法律规范。其次,总则编中重大误解、欺诈、胁迫、显失公平4种制度的法律后果与本文案型需解决的问题相呼应,但经法律解释均被排除适用,因为依目的解释方法,上述撤销制度是为了救济意思表示瑕疵而设立的,并不适应本文案型的情境设定。接着,结合法律规则的三要素结构,可以发现本文案型的法律漏洞缺失于假定和行为模式方面,分则编中存在若干法律关系终止制度,但都不是规制"生继"赡养协议的。然后,立法对合同目的并未落空情形下合同非履行终止问题[1]未做规定,可能会造成当事人利益失衡时受害方的救济困境,违反了"公平"这项"法之计划",确实存在法律漏洞。最后,本文案型的法律漏洞在类型上属于明显漏洞,应以类推适用的方法加以填补。

2. 本文案型应当类推适用赠与合同法定撤销权的规定

确认存在法律漏洞后,法官的任务是找到类推规范并进行相似性判定。下文按"本质特征相似说"分4个步骤进行比较分析。

第一步:提取讼争案型的特征要素。①主体为被继承人和法定继承人;②行为模式为被继承人在世时将自有的财产赠与法定继承人,而法定继承人有义务按约赡养被继承人;③双方主体的权利义务存在因果牵连;④(法律后果)财产赠与条款能否撤销或解除。

经查找以下法条的规范特征与上述要素存在类似继而可能成为类推规范。①《民法典》第1144条(附义务遗嘱或遗赠中取消接受遗产的规则);②《最高人民法院关于适用〈中华人民共和国民法典〉继承编的解释(一)》(以下简称《〈民法典〉继承编解释》)(法释〔2020〕23号)第40条(遗赠扶养协议的解除规则);③《民法典》第658条(赠与合同的任意撤销权);④《民法典》第663条(赠与合同的法定撤销权)。

第二步:提取上述候选类推规范的案型特征以备比较分析。

(1)《民法典》第1144条

①主体为被继承人和法定继承人(受遗赠人);②行为模式为被继承人死后将遗产移转给法定继承人(受遗赠人),法定继承人(受遗赠人)则负担一定义务;③双方主体的权利义务一一对应、密切联系;[2]④(法律后果)法定继承人(受遗赠人)无正当理由不履行义务的,可以取消其接受附义务部分遗产的权利。

(2)《〈民法典〉继承编解释》第40条

①主体为遗赠人和法定继承人以外的组织或者个人;②行为模式为遗赠人在去世后将自有的财产赠与扶养人,而扶养人对遗赠人履行生养死葬的义务;

〔1〕 这里排除了清偿、抵消、混同、提存、免除等因履行而终止合同的情形,专指解除、撤销等非因履行而终止的情形。

〔2〕 最高人民法院民法典贯彻实施工作领导小组主编:《中华人民共和国民法典婚姻家庭继承编理解与适用》,人民法院出版社2020年7月版,第612页。

③双方的权利义务相互牵连,系对价关系;〔1〕④(法律后果)遗赠人无正当理由不履行,〔2〕扶养人有权解除协议并主张遗赠人偿还已支付的供养费用;扶养人无正当理由不履行,遗赠人有权解除协议,已支付的供养费用一般不予补偿。

(3)《民法典》第 658 条

①主体为赠与人与受赠人;②行为模式为赠与人把自己的财产无偿地送给受赠人,受赠人同意接受财产;③通常为单务合同;④(法律后果)未经公证且不具有公益、道德义务性质的赠与行为,在财产转移之前可以撤销(无需事由)。

(4)《民法典》第 663 条

①主体为赠与人与受赠人;②行为模式为赠与人把自己的财产无偿地送给受赠人,受赠人同意接受财产;③通常为单务合同,也可能对受赠人附以负担义务,而此种负担与赠与义务呈因果性关联,但不构成交换关系;〔3〕④(法律后果)受赠人严重侵害赠与人或其近亲属,或者对赠与人有扶养义务而不履行,或者不履行赠与合同约定的义务的,赠与人可以撤销财产赠与行为。

第三步:比较本文案型与候选类推规范案型的形式雷同之处。在主体方面,本文案型的主体与《民法典》第 1144 条(附义务遗嘱)可以重合,与《民法典》第 663 条中的主体局部重合(指受赠人对赠与人有扶养义务的情形)。在行为模式方面,本文案型的特征体现在时间点(在世时)、双方义务的因果牵连上,前一项特征与《民法典》第 658 条、第 663 条一致;后一项特征与《民法典》第 663 条局部重合(指附义务赠与),与《民法典》第 1144 条(附义务遗嘱)类似。法律后果方面,本文案型中的财产赠与撤销只有一个事实要件即财产未完全交付,与《民法典》第 658 条局部重合。综上,纯粹从雷同次数上看,《民法典》第 663 条是最多的(3 次),《〈民法典〉继承编解释》第 40 条则未被提及,可以先被排除。

第四步:考察有关案型特征的"本质性"或"逆反性"。对《民法典》第 663 条形成威胁的第 1144 条(2 次)、第 658 条(2 次)的取舍,可以考察该两条与本文案型的相异特征是否构成逆反属性。针对第 1144 条,在财产移转的时间点上与本文案型相异,这一特征属于案型的本质特征,直接形成了死因行为和生前行为的划分,而第 663 条与本文案型在财产移转的时间点上一致,两者都是生前行为,相比而言,第 663 条较第 1144 条更有优势。针对第 658 条,其单务、无偿性与本文案型相异,这些特征属于案型的本质特征,直接形成了单务合同和双务合同、无偿合同和有偿合同的划分,即便在法律后果方面与本文案型局部重合,但在要件事实方面却有本质差异——第 658 条要求赠与行为不具有公益、道德义务性质,而本文案型中的财产赠与行为是以当事人之间的亲属关系为基础,呈现浓厚的道德属性,与第 658 条的本质属性相逆反。从立法宗旨上考量,赠与合同任意撤销制度是为了保障赠与人的单方利益,区别于附义务赠与需要平衡双方利益的立法考量,故法律构造上亦需衡平双方利益的"生继"赡养协议的案型特征构

---

〔1〕 夏吟兰主编:《民法学卷五婚姻家庭继承法》,中国政法大学出版社 2004 年 9 月版,第 270 页。

〔2〕 表现形式通常是遗赠人生前滥用权利任意处分约定的财产,导致之后难以交付。

〔3〕 赵峰:《论附义务赠与合同中赠与人的救济》,《中国政法大学学报》2021 年第 2 期,第 179 页。

成第658条的逆反属性。所以比较下来,第663条较第658条更有优势。

基于上述分析,《民法典》第663条脱颖而出,成为最佳的类推规范。在本文"被赡养人撤销赠房案"中,如果查明小儿子不履行约定的赡养义务或严重侵害老夫妇或其近亲属合法权益,老夫妇就可以撤销房产赠与行为。在参照适用《民法典》第663条的过程中有几个问题有必要说明一下:一是不履行约定赡养义务的认定。笔者认为,依体系解释,小儿子的违约行为应当达到重大的程度,一般的迟延行为须经催告后仍不履行方可促生撤销权。二是当房屋已经过户后,老夫妇还能否撤销赠与的问题。在法定撤销制度下,赠与人的撤销权不再受合同订立方式、标的物是否交付、有无道义属性等因素的影响,以彰显法律对违法违约受赠人的否定性评价和对赠与人的对等保护。[1] 依此立法宗旨,即便案涉房屋已经过户,老夫妇同样可以撤销赠与。三是老夫妇是否仍可享有任意撤销权的问题。前文已经提到,"生继"赡养协议具有伦理道德属性,与赠与合同任意撤销规范的本质属性相逆,《民法典》第658条第2款对此已然明示,故老夫妇不应享有任意撤销权,即便房屋没有交付。四是房产赠与行为被撤销后,小儿子应当将房产返还老夫妇,同时法律规定的赡养义务不能免除。

五、余论

以类推适用这种漏洞填补方法规制当前社会生活中的"生继"协议,终归是权宜之计。假以时日修订《民法典》时,可以考虑将这种新型的身份行为写进立法。由于"生继"协议的特征以亲属关系为基础,故而它在《民法典》里的位置不宜放在以财产法理念铺展开的合同编,而应在婚姻家庭编和继承编两者中择一而设;又因为"生继"协议包含财产变动的目的,故将其置于以财产变动为落脚点的继承编更为合适。在该编中,法律规制的核心对象是遗产,其死因属性与"生继"协议的客体存在鲜明区分,所以要尽可能找一个与"生继"协议联系相似度较高的对象作为它的"邻居",以维系立法体系的内在逻辑。在寻找比较本案讼争案型的最优类推规范时,附义务遗嘱和遗赠扶养协议都是与"生继"协议相类似的法律关系。从规范构造上看,《民法典》就附义务遗嘱已有成型的终止规则,而就遗赠扶养协议仅做了概念及设立方面的界定,缺乏变更终止规范,故可以在第1144条上增设第2款来规制"生继"协议及其撤销规则,笔者认为可以表述为:"被继承人与继承人约定被继承人在世时将个人财产移转继承人,继承人没有正当理由不履行义务的,被继承人可参照本条第一款的规定取回相应财产。"当然,也可以相对稳妥保守一些,仅把"生继"协议的概念引入立法,对于其变动终止规则留白,待司法实践成熟后再做规范,按此思路就可以在第1158条遗赠扶养协议之后增设一条,[2]表述为:"被继承人与继承人可以订立赡养协议。按照协议,继承人承担对被继承人的赡养义务,享有被继承人的财产利益。"

---

〔1〕 胡康生主编:《中华人民共和国合同法释义》,法律出版社2009年8月第2版,第288页。

〔2〕 立法技术上可以仿照刑法修正案的模式,由于《民法典》条文众多,在不改变原条文序号的前提下添加"之一""之二"以实现条文的增设。

当然，《民法典》颁布施行时间尚短，要启动修法程序并不现实，解释法律、填补漏洞以追求个案正义的任务更多落在了司法者身上。亲属法正式回归民法大家庭后，并不意味着历史上“家法”与“私法”的分立主义思想就此偃旗息鼓，“中国终古不变的宪法的‘精神’是‘家庭的精神’”。[1] 司法相较立法而言在驾驭实践当中法律规范与人伦道德之间的张力方面更有优势。夏吟兰教授就指出，承认家庭法的特殊性及其在《民法典》中的相对独立性已渐成通说，但将家庭法整体融入债法是否妥当，仍有进一步探讨的余地。[2] 所以，将财产法适用于带有财产变动目的的身份关系协议更要慎重和精细，这也正是本文讨论“有关身份关系协议”法律适用方法的意义所在。

---

〔1〕 黑格尔：《历史哲学》，王造时译，上海书店出版社 1999 年 9 月版，第 126 页。

〔2〕 刘征峰：《论民法教义体系与家庭法的对立与融合：现代家庭法的谱系生成》，法律出版社 2018 年 10 月版，序言。

评　论

学校体育运动伤害事故责任认定

——中德规制方案的比较[1]

张启彬*
裴丽萍**

摘　要　《中华人民共和国民法典》为规制学校体育运动伤害事故提供了更加体系化的民事法律解决方案。本文以中德两则判例为切入点，揭示两国民法制度调整学校体育运动伤害的法理路径，期为妥适《中华人民共和国民法典》提供镜鉴比较。《中华人民共和国民法典》通过设置教育机构责任、一般侵权责任与违反安全保障义务责任等规制学校体育运动伤害事故中学校责任。此与德国凸显学校关系的公法属性，统一纳入公职责任调整的思路迥异。在责任认定中，中、德两国法律制度差异，决定了在学校是否承担监护责任、如何解决举证困难方面，需要立足我国法制传统。但在如何正确把握《中华人民共和国民法典》新设的"自甘风险"条款、"无因管理制度"与"好人条款"等方面，德国法经验可资借鉴。

关键词　学校体育运动伤害事故；教育关系说；自甘风险；好人条款；证据偏在

目　次

* 张启彬（1984—），华中师范大学马克思主义学院讲师，主要研究方向：民商法学、法治教育。
** 裴丽萍（1964—），华中科技大学法学院教授、博士生导师，主要研究方向：民法学。

〔1〕 本文系华中师范大学中央高校基本科研业务费专项研究项目"生态文明建设视域下的林权制度研究"（CCNU18XJ001）成果。

一、问题的提出

（一）研究背景

近来，中小学体育教学中的安全事故频发，造成学生人身伤害的实例屡见不鲜。不堪未成年子女人身权益受损的精神重负，家长在与校方解决纠纷过程中，难免情绪失控，甚至引起激烈冲突。“校闹”往往恶意操纵紧张气氛，以破坏学校教学秩序为要挟，干扰学校安全事故纠纷的合法解决：要么迫使校方在责任认定前“赔钱息事”，要么影响法官做出片面加重校方责任的判决。校方往往本末倒置，通过削减教学课时与训练科目，以牺牲体育教学质量、学生全面发展为代价，规避学校体育工作中的安全风险。体育课，正变得让学生“伤心”、学校“闹心”。

为此，教育部联合多部门出台《教育部等五部门关于完善安全事故处理机制维护学校教育教学秩序的意见》（教政法〔2019〕11 号），从“健全学校安全事故预防与处置机制”“依法处理学校安全纠纷”“及时处置、依法打击‘校闹’行为”“建立多部门协调配合工作机制”等四个方面营造学校安全事故预防与处理机制，调适“未成年人保护”与“教学秩序、教师尊严维护”关系，为办学安全“托底”。依据该意见第 4 项，本文选取“依法裁判学校安全事故侵权责任”视角，以“学校体育运动伤害事故”为主题，通过评介中、德两国相关制度和判决，厘清学校体育伤害事故侵权责任认定的大致路径；并结合《中华人民共和国民法典》（以下简称《民法典》）构建的民事责任体系，提出我国学校体育伤害事故侵权责任认定完善的可能路径，以期使学校体育工作在不断完善的法治保障下有序开展。

（二）概念界定

《学校体育运动风险防控暂行办法》第 2 条，参照《学生伤害事故处理办法》第 2 条规定，并借鉴学界观点，将“学校体育运动伤害事故”视为“学生伤害事故”子类，界定为：学校实施体育教学活动或者组织校外体育活动，以及在学校负有管理职责的教学、生活设施内从事体育运动，造成学生人身伤害后果的事故。[1]

“学校体育运动伤害事故”具有特定外延。从受损权益内容来看，表现为侵害学生的生命权、健康权和身体权，而排除单纯地侵害学生非物质性人格（名誉、荣誉、姓名、肖像、隐私等）、财产权益。从事故发生场景来看，主要包括各类“学校体育工作”，例如，体育课教学、课外体育活动（如学校学生会组织的学生篮球赛[2]）、课余体育训练（如青少年体育俱乐部、学校代表队）与竞赛[3]（如选拔性的冬夏令营、校际比赛、青少年体育赛事等）；还包括学生在校期间，利用“学校管护设施自发组织体育活动”致害。从学生、学校关系来看，《学生伤害事故处理办法》第 37 条限定：“学校”，指学制系统内、依靠国家或社会力量举办，开展全日制

---

〔1〕 韩勇：《侵权法视角下的学校体育伤害》，《体育学刊》2010 年第 11 期。

〔2〕 重庆市第二中级人民法院民事判决书（2014）渝二中法民终字第 279 号。

〔3〕 广东省广州市中级人民法院民事判决书（2015）穗中法民一终字第 1697 号。

学校教育的中小学(含特殊教育学校)、各类中等职业学校、高等院校;"学生",指注册有前述学校学籍,并全日制在校就读的受教育者。[1] 严格来讲,学校体育运动伤害事故不包括社会体育培训教育(如私营跆拳道培训)机构、"举国体制"内优秀运动队(如运动项目管理中心等事业单位)组织训练比赛、教育监管对象遭受人身伤害的事故。

二、事故责任认定的基本思路

(一)从两则引例说起

1. 我国引例:某中学教育机构责任纠纷案[2]

某中学组织的体育课上,暂未参与跑步测试的13岁学生庞某,在近跑道内侧草坪,突然向最里侧跑道冲刺的同学王某挥手。王某因躲闪偏离跑道,被临近跑道同组测试同学张某撞倒,随后同学刘某将王某扶起。其时,体育教师未将待考学生有效地隔离于冲刺跑道之外,其读表计时地点在跑道外侧、离事故现场有一定距离。学生王某被体育教师送至医务室,后转诊校外医院。经查,事故致王某右尺桡骨骨折,接受内固定手术治疗后,右腕关节仍遗有功能障碍。

一审原告王某及其法定代理人,以某中学、庞某及其法定代理人为被告,要求庞某法定代理人向其支付保险未予偿付的经济损害赔偿金以及精神损害抚慰金,并要求被告某中学与庞某法定代理人承担连带赔偿责任。一审法院基本支持原告诉讼请求,但判决某中学与庞某分别承担按份责任。后庞某法定代理人与某中学提起上诉,遭二审法院驳回。二审判决做出后,庞某法定代理人以相同理由提出再审请求,亦被驳回。

2. 德国引例:体育教师急救不力责任纠纷案[3]

不满19岁的原告学生,参加公立学校教师讲授的必修课"13年级体育"。热身活动开始5分钟左右,原告突然停下,靠在体育馆边墙,声称头疼。脸色发青的他贴着墙挪动身体至坐姿,然后晕倒。然而,从拨打电话到公共急救力量赶来的时段内(根据急救记录,15:27体育教师拨通急救电话,15:32急救车辆赶到,15:35急救医生采取复苏措施),体育教师究竟采取了哪些急救措施,各方说法不一。后原告确诊,因房颤缺氧致脑损伤,构成100%的重度残疾。其间,原告向黑森州事故(社会)保险机构提出赔付请求,保险机构认定不存在《德国社会法典》(第7卷)第8条及第2条第1款规定的保险事故,故原告的抗辩遭驳回。随后于一审诉讼中,被告亦明确做出放弃重启社会法诉讼程序的表示。

原告基于公职责任请求权(Amtshaftungsansprüche),向被告州政府提起损害赔偿和确认未来损害赔偿义务的诉讼。原告认为,教师在复苏措施上的疏忽

〔1〕 任海涛:《论学生的法律地位》,《东方法学》2020年第1期。

〔2〕 天津市高级人民法院民事裁定书(2018)津民申3022号。

〔3〕 BGH, NJW 2019, 1809, 1809ff.

致使其陷入缺氧状态，是造成原告身体现状的原因；如果教师及时采取正确的急救措施（先呼吸确认；当确认呼吸停止，实施心肺按压、人工呼吸），他将不会遭致脑部损害的严重后果。威斯巴登的地方法院根据对证人的讯问，驳回了原告的诉讼请求；缅因河畔法兰克福的高等法院也驳回了原告的二审上诉；原告的三审上告终获成功，前述判决被联邦最高法院撤销，并发回下级法院重审。

（二）请求权基础检索

学校体育运动伤害事故的法律规制中，学校责任认定是核心。中德两国民事法律制度，围绕学校责任认定，提供了截然不同的请求权检索思路。

1. 我国《民法典》方案

依据教育监管对象的行为能力差异，《民法典》提供了迥异的保护路径。

其一，学生为限制或无行为能力人。出于对脱离监护人、由教育机构照管的欠缺行为能力（主要是未成年）的受教育者的人身关切，学生在参与学校体育工作抑或利用学校体育设施受伤时，应考虑适用《民法典》第1199—1201条规定的教育机构侵权责任，即教育机构及其工作人员，未尽教育管理职责造成未成年学生人身损害，而产生的直接责任；以及，（教育机构内部学生、工作人员以外）"第三人"的不法行为构成未成年学生受害的直接原因，教育机构的疏失构成前述损害发生的间接原因，而由校方承担的间接责任。如某小学与某公司合作，利用后者提供的师资与场馆，对该校学生开展游泳教学。因场馆换衣间座位和防滑垫不足，无行为能力的学生张某，按培训人员要求垫着毛巾站立更衣时，不慎滑倒摔断牙齿。以间接责任条款为依据，终审法院认定：游泳教学已有专门培训人员负责，随班教师跟进培训机构照管的要求实属苛刻，故学校不构成间接责任。[1]

其二，学生为完全行为能力人。首先，学校开展体育工作中，学生遭受损伤的事故，一般考虑适用《民法典》第1165条第1款的侵权责任一般条款。如成年原告学生赵某参加被告大学组织的体测时，跑步冲刺后倒地，致膝盖损伤。后查明，学生进入考场前，被告并未组织热身活动与安全教育。法院遂依据侵权责任一般条款，认定学校存在过错并违反教育管理职责，并权衡原因力（案外人加重伤害）、过错程度（原告对体育风险认知，及不遵医嘱擅离医院的过错），认定学校承担30%的赔偿责任。[2] 其次，学生利用体育设施器材导致受伤，学校可能承担"违反安全保障义务的侵权责任"。校外第三人直接造成损害后果，学校仅在未尽安全保障义务的范围内承担"补充责任"。如某高校操场配置的足球门架被校外儿童轻易移动即散架，砸伤课后在操场散步的成年学生丁某。法院认为校方在排查体育器材安全隐患中存在疏忽，构成违反安全保障义务的侵权责任。综合"过错程度"（因场地开放公众使用而减轻）、"原因力"（第三人过错为直接原

---

〔1〕 上海市第一中级人民法院民事判决书(2016)沪01民终4795号。

〔2〕 辽宁省大连市中级人民法院民事判决书(2018)辽02民终9494号。

因),法院判决校方承担20%的赔偿责任。[1] 最后,因学校管理的校舍、场馆倒塌、坠落致害,学校可能承担“建筑物、构筑物或其他设施致害责任”。如体育教师带领学生在校园废弃食堂内开展体育课教学,旧建筑物悬挂物坠落致学生受伤。再审法院认为,学校未有效监管废旧食堂,从建筑物管理人职责角度,亦对事故负责。[2]

我国引例中,受伤学生为限制行为能力人,且直接原因来自校内同学侵害,应考虑围绕《民法典》第1200条(《中华人民共和国侵权责任法》以下简称《侵权责任法》第39条),认定学校责任。事实上,无论该案二审抑或再审,基本上都是以“限制行为能力学生遭受损害时的教育机构责任”为主轴,展开对学校责任的认定。

2.《德国民法典》方案

和我国类似,德国司法实践中,“体育课中的学校事故”(SchulunfallbeimSportunterricht)作为子类纳入“学校事故”(Schulunfall)范畴中予以法律调整。一般先适用《德国社会法典》第8卷有关事故保险的规定,在社会保险层面分散学校体育运动风险;《德国民法典》主要通过规制类型化侵权行为的法律规则,明确事故最终的民事责任划分。其中,学校事故民事责任认定的思路大致如下所述。

其一,公立学校的公职责任。这主要指《德国民法典》第839条第1款与《德国基本法》第34条共同构成的请求权:即受委托承担国家具体职能的任何人,行使国家权力时,出现满足前者“公职责任”规定的不法行为,经由《德国基本法》规定,将民事赔偿责任转国家或公法人承担的责任形态,即“国家赔偿责任”。[3] 学制内公办学校教师的教育监管活动,实为履行《德国基本法》第7条规定“提供公民普遍教育资源的‘给付行政’”,从而有“行使公共职责”、履行“主权任务”的侧面。[4] 故“学校关系”(Schulverhältnis)表现出显著的公法属性:教学与考试、对学生的监督管理均表现为国家主权行为。此外,大学或其他公立高等教育机构(包括博士生、高校培养的师资)的科学研究与考试,以及高校内自治组织(如学生会)活动也受公法规制。[5]《德国民法典》第839条公职责任与《德国基本法》第34条的措辞差异,使得符合公职责任构成要件的“公务员”,不仅指依《德国公务员法》任命的公务员,还包括行使公共职权的任何人,如履行公职的雇工、出借人或行政辅助人。[6] 新近判例中,私营(学制)学校雇佣的教师,作为从事学校教育给付行政的雇员,其疏忽引发的学校事故亦适用公职责任的规定。[7] 学校公职监管职责表现为:[8]一方面,校方教师负有保护托付学生免受伤害的“照顾义

[1] 河南省济源中级人民法院民事判决书(2020)豫96民终683号。

[2] 海南省高级人民法院民事裁定书(2018)琼民申287号。

[3] 福克斯:《侵权行为法》,齐晓琨译,法律出版社2006年10月版,第206页。

[4] Reich,BeamtStG,3. Aufl. 2018,BeamtStG §3 Rn. 6.

[5] MüKoBGB/Papier/Shirvani,8. Aufl. 2020,BGB §839 Rn. 220.

[6] Voßkuhle/Kaiser, Grundwissen-Öffentliches Recht: Der Amtshaftungsanspruch, JuS 2015, 1076, 1076.

[7] OLG Koblenz,NJW-RR 2019,1234,1235,Rn. 43.

[8] MüKoBGB/Papier/Shirvani,8. Aufl. 2020,BGB §839 Rn. 316.

务”(Fürsorgepflicht),如在国民小学(Volksschule)上体操课的学生从平衡木上跌落,疑似地面过滑、遭遇严重摔伤。联邦最高法院认为,承担公职责任的学校管理单位(Schulträger)对学生负有人身健康保障义务,系与公法就学义务(Schulpflicht)之核心职责——“传授知识和培育民众”伴生的附随义务,故适用《德国民法典》公职责任的相关规定。[1] 另一方面,校方对特定的第三人亦负有监护职责,如校方监护下学生行为波及的任何个人,即学生的游戏、体育活动等危及的社会交往参与者。如因在场监督的公立学校教师疏忽,原告与同伴课间疯狂追闹未被发现制止,而致其摔伤肘关节,联邦最高法院认为,教师课间监护未成年学生的职责,事关公权力的行使,属于向受监护学生行为危害的第三人(包括同学)负担的公职义务。[2] 需注意的是,教育对象为未成年人时,《德国民法典》第 832 条的监护人责任,构成(未成年)被监护人致他人损害的一般请求权基础,但因公立学校的监护职责涉及行使公共职权,故转而适用第 839 条的特殊规定。[3]

其二,违反交往安全义务的系列责任。德国通说认为,因教学楼等建筑物设施引发的安全事故,不适用公职责任;而适用有关违反交往安全义务责任:既包括《德国民法典》第 823 条第 1 款违反交往安全义务责任的一般规定,又涵盖如第 836 条第 1 款第 1 句规定的“土地占有人责任”等类型化的责任。[4] 例如,玩闹的学生尝试手扶护栏、从公立学校车库的矮屋顶跃下,因固定金属条锈蚀致屋顶护栏垮塌,原告不备坠落并遭受多部位骨折、撕裂伤与脑震荡。萨尔布吕肯的高等法院认为,原告可依违反交往安全义务责任或土地占有人责任,要求被告支付痛苦抚慰金,而不能适用公职责任的规定——不同于“学校关系”的公法属性,学校教学楼、学校场地上设施的公共安全,同任何其他土地所有人一样,适用私法上的交往安全义务,即本案中作为“公物”(öffentliche Sache)的车库,其面向公众的交往安全义务之保持,属“公物主”(öffentliche Sachherren)在私法上的职责范畴。[5]

在德国引例中,并非学校建筑物等硬件设施致害,主要肇因是公立学校体育教学过程中的人为疏忽,故围绕公职责任的法律规定展开校方责任认定。因此,《德国民法典》第 839 条第 1 款与《德国基本法》第 34 条构成本案判决的主要依据。

三、事故责任认定的争点镜鉴

中德均将“学校体育运动伤害事故”纳入“学校事故”规制,然而,因规制视角不同,两国学校事故民事责任的认定思路迥异:我国《民法典》专门设置教育机构

---

〔1〕 BGH,NJW 1963,1828,1829.

〔2〕 BGH,NJW 1954,874,874.

〔3〕 MüKoBGB/Wagner,8. Aufl. 2020,BGB § 832 Rn. 7.

〔4〕 MüKoBGB/Papier/Shirvani,8. Aufl. 2020,BGB § 839 Rn. 220.

〔5〕 OLG Saarbrücken,NJW-RR 2006,1255,1256.

侵权责任,旨在保护脱离监护的未成年人在校期间健康成长;[1]《德国民法典》强调学制内学校与学生间"学校关系"的公法属性,认可学校对未成年学生监护职责的公法属性。尽管如此,镜鉴德国法实践,有助于厘清我国司法适用争议。

(一)学校是否承担"监护职责"

在我国引例中,原审原告王某上诉提出,学校应与原审被告庞某就其损害承担连带责任;而二审法院认为,庞某父母承担的监护人责任,与学校承担的教育机构责任之间构成"分别侵权行为"。学校怠于履行的教育管理职责,若为受托取得的监护职责,依《最高人民法院关于贯彻执行〈中华人民共和国民法通则〉若干问题的意见(试行)》(以下简称《民通意见》)第22条,须与法定监护人承担连带责任。法院的判决,明显否认此观点。

1. 我国主流观点:"非监护说"及其论证

2003年《最高人民法院关于审理人身损害赔偿案件适用法律若干问题的解释》(以下简称2003年《人身损害赔偿解释》)(法释〔2003〕20号)第7条规定了处理涉及未成年学生安全事故的教育机构直接、间接责任,并明确学校不仅负有保障未成年学生的人身安全的职责,对其在校接受教育管理期间遭受的损害,承担过错责任;因监管疏失,学校还对未成年人致他人损害,承担类似监护人责任。围绕学校是否与未成年学生构成委托监护关系,学说中形成了持肯定态度的"监护说",以及"教育关系说"等"非监护说"。

我国判例与学说倾向"非监护说"。其直接原因是法律文件的佐证,如《学生伤害事故处理办法》第7条第2款早已明确否认学校承担监护职责,除非法律另有规定或学校依法接受委托监护。当然,该部门规章是否具有认定侵权责任的法源地位,颇值得探讨。此外,《侵权责任法》第38、第39条删除了2003年《人身损害赔偿解释》第7条规定的教育机构类似监护人的对外责任,更削弱"监护说"的说服力。

"监护说"驳论包括以下几种学说。其一"教育关系说"。[2] 学校若为受托监护人,须有与法定监护人的特定意思表示。仅因入学事实推定成立委托监护,会加重学校受托人负担,实属不当。此外,强调学校依《中华人民共和国教育法》(以下简称《教育法》)、《中华人民共和国未成年人保护法》(以下简称《未成年人保护法》)等法律规定,负有"管理、教育和保护未成年人"的法定义务;而2003年《人身损害赔偿解释》第7条、《最高人民法院关于肖涵诉上海市第五十四中学等赔偿一案的复函》(〔1999〕民他字第25号)以及案件判决中[3],均做出"学校负有'教育、管理和保护义务'"等符合"教育关系说"的文字表述。若承认学校委托监护人地位,学校事故需通过监护责任规制,学校或对外承担严格责任,增加了学

---

〔1〕 黄薇主编:《中华人民共和国民法典侵权责任编释义》,法律出版社2020年7月版,第109—110页。

〔2〕 王成:《学校对未成年学生的义务及责任承担》,《浙江工商大学学报》2008年第3期。

〔3〕《中华人民共和国最高人民法院公告》2006年第12期,第41—45页。

校负担。[1] 其二"法定安全保障义务说"。[2] 一方面，该学说否认"监护说"，更指出委托监护与法定监护并立，必致"双重监护"，徒增混乱。另一方面，学校的"教育、管理和保护义务"，系源于诚信原则、经《教育法》《学生伤害事故处理办法》等法定化的社会交往义务，学校因违反该社会交往义务而担责；[3]此外，不排除监护人将监护职责明示委托学校，构成委托监护，如学生入读提供有偿寄宿服务的学校。[4]

2.《民法典》新解读：教育关系说及其完善

"监护说"驳论并非无懈可击。除却细枝末节，关键在于法律确认学校负有"管理、教育和保护未成年人"的义务，亦为《民法典》第 26 条第 1 款规定的监护人职责内容。法定义务是否为监护责任的部分委托，驳论语焉不详，故不能排除此系《学生伤害事故处理办法》第 7 条第 2 款确认的"依法接受委托"。

德国主流观点承认学校对未成年学生负有公法上的监护职责。学校责任不仅体现为对学生人身安全的保障，也包括学生致害的监护责任。以往观点认为，在学校教育和职业培训（Schul- und Berufsausbildung）中，至少未成年学生在教育机构工作时间和职责范围内处于管控范围，教培者依法（如《德国职业教育法》第 14 条第 1 款第 5 项）取得监护人地位。然而，新近观点认为，教培者依法负担的特定教育与人身安全保障义务，无法与《德国民法典》第 1631 条第 1 款规定基于亲权的父母照顾义务相提并论，故不再认为是法定监护；教培者与未成年学生共同居住，承接生活照顾、住宿职责时，可依据明示（ausdrücklich）合同约定发生委托监护。[5] 学校受托取得监护职责以明示为限，与德国法对默示委托监护所持谨慎立场有关。具体而言，尽管德国法容许默示（stillschweigend）的监护移转意思表示，但为避免受托人承担无法预测（überraschend）的对外责任并确保提前设置可能的危险防范措施，法律对默示推定委托监护设置了严格认定条件，如需个案证明委托监护存在酬金、明确教育和监护责任的范围等的相关证据。在实践中，假期将子女寄托祖父母照管、继子女与继父母一起共同生活、校车司机针对车上运载的儿童、父母外出旅游将孩子托付他人照料等有限场合，构成默示的委托监护。[6]

我国《民法典》规定的监护制度，是包含未成年人父母及其他监护人在内的广义"监护"概念，并非与亲权相分离的狭义"监护"。《民法典》第 27 条规定的未成年人法定监护，即确认父母基于身份对子女享有教育、保护的权利，当父母死亡或无能力履职时，落实其他人行使该职权的制度。[7] 因此，《教育法》《未成年

[1] 王利明：《侵权责任法研究》（下卷），中国人民大学出版社 2011 年 2 月版，第 189—190 页。
[2] 马特：《学校事故责任辨析》，《学术论坛》2012 年第 7 期。
[3] 曾大鹏：《第三人侵害学生事故中的学校责任》，《法学》2012 年第 7 期。
[4] 劳凯声：《教育变迁中学校与学生关系的重构》，《教育研究》2019 年第 7 期。
[5] BeckOK BGB/Spindler，51Ed. 1. 5. 2021，BGB § 832，Rn. 9.
[6] BeckOK BGB/Spindler，51Ed. 1. 5. 2021，BGB § 832，Rn. 13.
[7] 黄薇主编：《中华人民共和国民法典总则编释义》，法律出版社 2020 年 7 月版，第 71—75 页。

人保护法》规定学校对未成年人所负教育、管理职责,与基于身份关系确立父母对子女的教育、管理和保护责任不同。另外,《民法典》第1189条规定了委托监护责任的承担。尽管法律规范未限定委托合同的形式,但从法律解释角度,宜借鉴德国法经验从严认定默示委托监护。出于减轻学校安全责任负担的特殊考虑,笔者认为应当坚持《学生伤害事故处理办法》第7条第2款立场,以明示委托为限。故借鉴德国新近学说,笔者认为应当坚持"教育关系说"立场:一方面明确学校教育监管职责的法定特殊性;另一方面,学校仅于明示委托的场合下,构成委托监护中的受托人。

需要注意的是,教育机构责任保护未成年人本人的利益;而监护责任关注未成年人侵害的他人利益。〔1〕《学生伤害事故处理办法》基于主流观点,否认学校负有监护职责,继而否认学校当然地承担监护责任。我国引例中发生的同校未成年学生致害,学校不像德国法那样,承担因受监管的施害者侵害他人利益而产生的责任,而是仅承担因疏于保护受监管的受害者人身利益而产生的教育机构责任。此时,校方的教育机构过错责任与加害方的监护人严格责任,单独不能引发损害,需结合方能导致全部损害,符合《民法典》第1172条(《侵权责任法》第12条)分别侵权按份责任适用条件。〔2〕引例判决循此思路,依照某中学与庞某法定代理人不法行为的原因力,要求承担按份责任。由此可见,法律镜鉴的同时,须明确两国法治文化差异:德国学校事故包含学生受害与学生致害两个侧面;我国基于未成年人保护、减轻学校安全责任负担考虑,学校事故旨在保障未成年学生的人身安全,从而避免学校再为未成年人致害买单。

(二)校园文体活动中的"自甘风险"

《民法典》第1176条新增了文体活动参与人"自甘风险"免责条款,《最高人民法院关于适用〈中华人民共和国民法典〉时间效力的若干规定》(以下简称《〈民法典〉时间效力规定》)(法释〔2020〕15号)第16条又赋予其溯及力。多地法院"抢鲜"适用该条排除文体活动固有风险引发事故的参与者责任。文体活动组织者,可能承担教育机构责任或违反安全保障义务责任,但其教育管理、安全保障义务,应以"合理"为限,即应当充分考虑法律法规、行业惯例、自身承诺、学校体育工作类型、文体活动固有风险(《学生伤害事故处理办法》第12条第5项)等。〔3〕文体活动固有风险,不仅因逾越"合理"安全保障义务范畴使活动组织方或对损害免责,同时也是参与者"自甘风险"免责的关键因素。然而,新制度适用中多有疑惑,具体如下。

1. 适用范围的特殊限定

我国"自甘风险"仅适用于文体活动参与者之间的固有风险,甚至被文义限

〔1〕 王利明:《侵权责任法研究》(下卷),中国人民大学出版社2014年版,第192页。
〔2〕 韩强:《"关于责任主体的特殊规定"特殊性辩驳——从"教育机构侵权责任"展开》,《政治与法律》2014年第10期。
〔3〕 韩勇:《〈民法典〉中的体育自甘风险》,《体育与科学》2020年第4期。

缩为"参与人群体'凑发'风险",即其他参与人引发的体育固有风险,不包括非人为原因引致损害,如游泳运动对视网膜的潜在损伤;也排除非参与人员引致损害,如活动组织者、场地设施管理者、案外第三人等。[1] 与此不同,在德国,"自甘风险"(Handeln auf eigene Gefahr)用于多种场合,如自愿搭乘明知酗酒者驾驶的汽车,[2]应知森林潜在典型风险(树枝自然脱落)而依然择林路散步。[3] 参加体育活动(Sportveranstaltungen)导致事故为其适例之一。

此外,我国《民法典》同时规定作为免责事由的"自甘风险"与减免责任事由的"与有过失"(第 1173 条以下)。不同的是,在德国法上,"自甘风险"被规定于《德国民法典》第 254 条第 1 款,其作为"与有过失"(Mitschulden)之子类,基于"明知自陷危险"(bewusste Selbstgefährdung)的事实,是在受害人与施害人之间设置的责任分摊制度。例如,投寄方委托某邮递公司从事运输,但投寄方知道或应当知道该公司因管理缺失货损不断。此时,当事人之间仍然设定委托,即意味着寄件人容忍此场景下的风险,但风险变为现实损害由致害者承担颇不公平,故适用"自甘风险"分散责任。[4] 德国法中适用"自甘风险",需满足两个条件:其一,风险须超出日常风险的程度;其二,知悉存在风险的相关事实。此外,冒险行为不得是法律或道义上的必要行为。[5] 由此可见,在德国法上"自甘风险"与"与有过失"系存在种属关系的同一制度;但在我国法上,两者产生不同法律效果、调整不同范围。

正是在制度移植中忽视两者区别,造成在我国《民法典》语境下出现混淆"自甘风险"与"与有过失"的判例。例如,路人应知篮球运动对抗风险,仍借道横穿正举行篮球赛的球场而被撞伤。终审法院认为,因受害者"自甘风险",致害球员免予承担赔偿责任。[6] 的确,在理论上,受害人"明知自陷危险"的客观过错,可与加害人进行过错比较而减轻或免除责任,但我国"自甘风险"制度仅调整文体活动自愿参加者之间的固有风险,其他领域"明知自陷冒险"的责任分担,鉴于其与"与有过失"理论的亲缘关系,应在"与有过失"框架内解决。[7] 前例冒险行为系参与者外第三人所为,非《民法典》"自甘风险"免责条款适用对象,应基于《民法典》第 1174 条(《侵权责任法》第 27 条)"受害人故意"免责。

2. 与"受害人同意"的区别

我国《民法典》未规定受害人同意;而理论上,"自甘风险"与"受害人同意",尤其是受害人默示同意的区别,颇为模糊。德国法对此区分较为严格:"默示的责任免除"(stillschweigender Haftungsausschluss)或者"受害人同意"(Einwilli-

---

[1] 刘铁光、黄志豪:《〈民法典〉体育自甘风险制度构成要件的认定规则》,《北京体育大学学报》2021 年第 2 期。

[2] BGH, NJW 1988, 2365, 2366ff.

[3] BGH, NJW 2013, 48, 49ff.

[4] BGH, NJW-RR 2005, 265, 265ff.

[5] BeckOK BGB/Lorenz, 58. Ed. 1. 5. 2021, BGB § 254 Rn. 26.

[6] 湖北省武汉市中级人民法院民事判决书(2021)鄂 01 民终 1941 号。

[7] 张新宝:《中国民法典释评·侵权责任编》,中国人民大学出版社 2020 年 7 月版,第 46 页。

gung in die Schädigung),共同构成“免责的意思表示”,产生完全免责或承担全部责任的法律效果。只要存在责任免除的当事人合意抑或受害人承诺等民事法律行为,即排除适用《德国民法典》第254条第1款有关“自甘风险”的规定。因判断减免责任意思表示的弹性较大,需要其他证据佐证,司法实践对默示责任免除认定采取谦抑态度,即仅在“承担不可容忍的责任风险”和“受害人明显地放弃责任保护”场合,才考虑基于默示受害人同意免除责任。[1] “自甘风险”并非如“默示的责任免除”那样,基于拟制的放弃责任保护的意思表示,而是存在“明知地自陷风险”事实,基于“禁反言”(venir contra factum proprium)规则而建立的责任分散机制,即明知或草率地接受风险的人,当风险转变为现实而遭受损害,又转而提起损害赔偿诉讼。该做法实属“前后矛盾”。[2]

不同于德国的法律规定,我国《民法典》的“自甘风险”是责任免除条款,故舍弃效果方面存在差异。这一点应从两种制度的精神实质来把握区别:“受害人同意”是贯彻意思自治原则,以民事法律行为安排民事责任分担的制度;[3]“自甘风险”则体现诚信原则,以善良诚实的道德判断规制当事人之间利益公平的制度。为维护私法自治的核心民法价值,当存在个别约定、格式合同、店堂告示等明示或默示推定有效的受害人同意免责条款时,借鉴德国法经验,笔者认为应排除适用“自甘风险”规则。另外,还应注意德国法的推论:“受害人同意”依赖民事法律行为工具,须以受害人具备完全行为能力为前提;“自甘风险”则依据“明知自陷风险”的法律事实分散责任,仅考虑被害人责任能力,故具备相应识别风险能力的未成年人亦可适用。[4]

3. 学校体育运动伤害事故中的适用

一是可预见的固有风险。体育活动中的“自甘风险”,指依据体育活动的速度、烈度和强度,以及参与者情绪状态,该比赛若被认为理应有合理的强度、不可避免的犯规,参赛即意味着接受了这些风险可能带来的伤害,甚至是严重伤害(如有危险性的赛马比赛)。为避免容忍体育活动风险决定,与嗣后损害发生的赔偿请求冲突,法律排除比赛中轻微、日常、每个参与者可预见的犯规造成的责任;而严重犯规,正如斯图加特的高等法院在足球比赛事故判决[5]中所言,不仅会遭到红黄牌的惩戒,还可能引致损害赔偿责任:[6]竞技体育(Wettkampfsport)中,要构成不法侵害,必须是运动员违反比赛规则的行为。然而,违反比赛规则是否必然引致不法侵害责任,需区分竞技体育中“对抗项目”(Kampfsportarten)和“个人或竞速项目”(Individual-oder Parallelsportarten)。于后者,构成直接原

---

[1] MüKoBGB/Oetker,8. Aufl. 2019,BGB § 254 Rn. 64,65.

[2] Schmidt/Geigel,Haftpflichtprozess,28. Aufl. 2020,§ 1. Grundlagen der Haftung,Rn. 58.

[3] 王利明:《论受害人自甘冒险》,《比较法研究》2019年第2期。

[4] 埃尔温·多伊奇、汉斯-于尔根·阿伦斯:《德国侵权法》(第5版),叶名怡等译,中国人民大学出版社2016年4月版,第82页。

[5] OLG Stuttgart,Urteil vom 9. 3 2000-7 U 166/99.

[6] Schmidt/Geigel,Haftpflichtprozess,28. Aufl. 2020,§ 1. Grundlagen der Haftung,Rn. 59,60.

因的违规行为，即可被认为有责的不法行为；而于前者，构成责任承担的犯规行为性质则需更严重。但该划分并非机械，而是因个案不同，如联邦最高法院在赛车事故案[1]中，将“对抗项目”违法行为判断标准用于“竞速项目”。究其原因，该竞速项目并非没有危险，轻微犯规（即使遵守规则）都会给对手带来较高受伤风险。[2]

二是自愿。有观点认为学生在体育课上参与文体活动并非自愿，参与者之间运动伤害不宜以“自甘风险”免责。[3] 所谓“自愿”，不仅排除欺诈（虚构、隐匿或歪曲事实）、胁迫（不法恐吓、身体强制），[4]更应借鉴德国法，要求冒险行为非出于法律或风俗的义务。体育实践课，是根据学习目标与教学内容，学生在老师的组织下，于体育场馆进行的身体练习或保健操作。[5] 义务教育阶段，学生在实践课上参与教学计划设置的体育项目，就是在履行《中华人民共和国义务教育法》第 5 条第 2 款规定的就学义务；非义务教育阶段，必须参与落实教学目标的体育课，不能定义为行政给付或民事合同履行，更多是校园学术自治中教学管理规范的要求。因此，在体育实践课上，学生在教师组织下参与文体活动很难称之为“自愿”；而学生利用学校体育设施自发组织比赛，参与自觉自愿为主的课外体育活动，因兴趣加入选拔性质的课余体育训练与竞赛，都符合“自甘风险”免责的“自愿”要件。

中国的司法实践中存在忽视“自愿”要件，生硬套用“自甘风险”规则的判决。例如，初中体育课组织的篮球赛中，未成年学生黄某与胡某在攻防中发生冲撞，并致后者骨折住院治疗。终审法院认为，黄某故意在胡某身后右侧断球，在对抗项目更宽松的体育道德与规则框架下，属于正常技术动作。通过学校体育课的学习体验，黄某与胡某应知晓篮球运动的对抗风险，仍自愿参与，加害人因“自甘风险”而免责。[6] 本案原被告双方履行就学义务，依体育课安排而参与文体活动，不符合“自甘风险”免责抗辩的“自愿”要求。而且，篮球比赛可预见的冲撞风险消解了致害行为不法性、行为人过错，应从不满足构成要件的角度，排除固有运动风险致害的有责性。

我国引例中，原被告聚集致害，系在履行法定义务的体育课场合，文体活动参与者不符合“自愿”要求。此外，候场人员、观众等并非体育实践课径赛测试的参与者，其突然闯入跑道亦为参赛者无法预料的，故不符合“自甘风险”的适用条件。在德国，无论处于何种教育阶段，体育课皆具有行政给付公法属性，并表现为就学法定义务，亦不符合“自愿”要求。德国引例中，预热训练的学生遭受损害，很大程度上源于教师急救不力，显然不构成热身活动的固有风险，亦不考虑

[1] BGH，Urteil vom 1. 4 2003-VIZR 321/02(Karsruhe).

[2] BGH，r+s 2004，518，520.

[3] 刘双玉：《体育运动人身损害司法典型案例精析》，人民法院出版社 2018 年 12 月版，第 106 页。

[4] 谭小勇：《自甘风险规则适用学校体育伤害侵权的司法价值与挑战》，《上海体育学院学报》2020 年第 12 期。

[5] 潘绍伟、于可红主编：《学校体育学》（第 3 版），高等教育出版社 2015 年 12 月第 3 版，第 227 页。

[6] 湖北省武汉市中级人民法院民事判决书(2021)鄂 01 民终 3508 号。

以“自甘风险”为由进行免责抗辩。

(三)如何适用“好人条款”免除责任

前述两个引例均有救助情节:德国引例中,体育教师现场对晕倒的原告实施急救;我国引例中,体现为案外人(同学刘某)搀扶倒地的原审原告庞某,托付给教师处置。我国引例在二审阶段,原审被告庞某在上诉理由中辩称,刘某扶起庞某加深其所受损害,原审因遗漏当事人而加重其责任。[1] 学校体育运动风险相随,如何利用《民法典》第184条免除自愿实施救助者的民事责任,成为议题。

1. 德国引例:体育教师急救不适用好人条款

原告以《德国民法典》第839条第1款、《德国基本法》第34条规定的“公职责任”为依据,将学校主管机关作为被告提起诉讼。被告则对该请求提出了抗辩:出于急救行为性质,主张适用《德国民法典》“无因管理”节以下的第680条“为避开危险而管理事务的责任”(德国版“好撒玛利亚人条款”)免责,被告仅对因重大过失或故意而导致的急救损害承担责任。联邦最高法院否认该条可适用于体育教师实施急救行为的场合。[2]

一方面,设置“好人条款”,旨在鼓励潜在的事务管理人(即“见义勇为者”)在急迫危难的情势下勇于伸出援手;同时,保护那些决定自愿提供帮助的人,并在一定范围内防止其为此遭受的损失。“好人条款”规则正是考虑到紧急情势要求果断决策,不能容忍慢条斯理的利益权衡;而在提供帮助的过程中,容易遭到“忙中出错”(Sichvergreifen)。反观引例,体育教师并非处于“好人条款”设置的情境之中——体育教师负有监管学生、提供急救措施的法定公职义务;[3]并且,被告所在的文化部门颁布的规范,亦要求体育教师接受急救培训和继续教育。因此,体育教师不像那些不负救助义务、自愿提供帮助、偶然在现场的第三人。

另一方面,如若体育教师能适用“好人条款”免责,一来,体育教师负担法定的急救职责;二来,除重大过失外,急救疏失又可免责。两个价值判断明显前后矛盾。德国联邦最高法院民事庭考虑到,体育课必定伴随一定风险,而适用本条免责将导致不公平——一方面,在德国,国家依“就学义务”,要求学生必须修习体育课;另一方面,仅在特殊情况下,教师才为其违反公职的救助不力承担法律责任。

2. 我国“好人条款”的借鉴与适用

《民法典》第184条通过豁免紧急救助者不当施救责任,鼓励见义勇为,倡导良好的社会风尚。该条编纂时正值“小悦悦事件”“老人倒地扶不扶”等社会问题集中被媒体曝光、为群众热议。在《中华人民共和国民法总则》起草阶段,为匡正

[1] 天津市第一中级人民法院民事判决书(2018)津01民终5616号。

[2] Omlor, Schuldrecht BT: Erste-Hilfe-Maßnahmen bei Zusammenbruch im Sportunterricht, JuS 2019, 715, 716.

[3] Schlick, Die Rechtsprechung des BGH zu den öffentlich-rechtlichen Ersatzleistungen, NJW 2019, 2671, 2676.

社会风气，立法者不仅引入域外的自愿紧急救助免责制度，而且为免除见义勇为者的后顾之忧，还删除“中华人民共和国民法总则草案”中重大过失不免责、举证责任配置等常见的限制性规定。[1] 例如，被告杨某进入原告仓库，发现电线冒火，将电线拽至仓库门口时，不慎点燃室外杂物，大火将库房及仓储物资烧毁。终审撤销了一审“与有过失”的判决，尽管疑似存在重大过失，仍认定杨某构成紧急救助者的不当施救，而完全免责。[2]

《民法典》第 184 条与其他相关新增规定共同构建了我国的无因管理体系：第 121 条概括规定了无因管理并细分为 3 类，即第 979 条规定的正当无因管理、第 980 条规定的不当无因管理、第 182 条至第 184 条规定的紧急救助无因管理。[3] 第 184 条与其他类型无因管理的关系可借鉴德国法实践：《德国民法典》第 680 条“好人条款”不仅适用于正当无因管理，也适用于有他人管理事务的意思但不符合受益人真实意思的不当无因管理。紧急救助中，不真正无因管理(angemaßte Eigengeschäfts-führung)，要么错误地将他人事务当作自己事务(误信管理)，要么为自己利益而不法介入管理他人事务(不法管理)，均不宜被鼓励，故不适用。[4] 我国学理亦认为，不真正无因管理的管理人没有为他人利益管理的意思，无论为自己利益管理是出于善意或恶意，管理人均有过错。此与无因管理乃适法正当行为的立法界定矛盾，故《民法典》无因管理制度不调整不真正无因管理。[5]

适用《民法典》规定的“好人条款”一般须满足以下要件：其一，救助动机的“自愿性”，若本人基于先前行为、法律规定对管理人负有特殊救助义务，不享有豁免权；其二，救助目的的“主观性”，即本人有真实的、为他人利益而行事的内心意愿，不以成功救助、救助中偶然排除危险为前提，但危险系由救助人制造的除外；[6]其三，救助行为的“无偿性”，即自行无偿地采取救助措施，或在危急、复杂情势呼叫专业人士介入(如报警、拨打急救电话等)。[7] 对此，德国司法实践的启示有如下几项。

一是专业救助力量与“自愿性”。德国司法实践否认行使救助职责的专业人员可类推适用“好人条款”。例如，接警前来救火的消防队长，为防止火势蔓延到土地所有人的其他不动产，忽视施用净化消防水的选择，选用了应知含有污染成分的“全氟辛烷磺酸盐泡沫”(PFOS-Schaum)灭火，导致土壤肥力与地下水质下降，土地所有人就该损失将消防队主管机构告上法庭。[8] 德国联邦最高法院认为，被告以排除火险为业，时刻准备排除普通火灾危险，并具备相应的职业经验，

[1] 黄薇主编：《中华人民共和国民法典总则编释义》，法律出版社 2020 年 7 月版，第 486—488 页。

[2] 辽宁省阜新市中级人民法院民事判决书(2018)辽 09 民终 237 号。

[3] 汪洋：《民法典无因管理的内外体系与规范呈现》，《学术月刊》2020 年第 11 期。

[4] MüKoBGB/Schäfer，8. Aufl. 2020，BGB § 680 Rn. 3，4.

[5] 黄薇主编：《中华人民共和国民法典合同编释义》，法律出版社 2020 年 7 月版，第 1038—1039 页。

[6] 黄薇主编：《中华人民共和国民法典总则编释义》，法律出版社 2020 年 7 月版，第 488—489 页。

[7] 王利明：《中国民法典释评 · 总则编》，中国人民大学出版社 2020 年 8 月版，第 470—471 页。

[8] BGH，NJW 2018，2723，2723ff.

其救险失误的几率远小于偶然出现紧迫危险现场的自愿救助者。此外,消防队主管机构可以获得消防税的资助,并在特定情况下可以要求支付成本补偿,相较私人更能承受责任风险。综上,“好人条款”设置的救助场景与职业救助大相径庭,不宜类推适用。〔1〕而引例判决再次印证负有特别救助义务者不适用“好人条款”。

二是深入把握“无偿性”。倘若救助人依据《德国民法典》第683条、第670条以及第1835条第5款,向本人要求支付必要费用,则不满足“无偿性”要求。此外,救助人若与第三人有基于合同关系的对价请求权,亦因不符合《德国民法典》第677条规定的无因管理要件,而不适用“好人条款”。不同于通说,有学者认为,救助人的专业身份本身并不影响“无偿性”判断,仅关涉一般过失或重大过失的判断。〔2〕为均衡救助的无偿性,适用“好人条款”,施救人可就遭受的“偶然损失”(Zufallsschaden)向本人求偿,但施救人故意、重大过失致本人损害的情形除外。〔3〕

三是凸显危险的“客观紧迫性”。德国法强调“好人条款”适用于“紧急事务管理”(Notgeschäftsführung)。紧迫危险,必须是客观存在、应当即采取措施的危险。德国通说还认为,此种危险包括危及与本人有亲密关系人(如有保护和抚养义务的亲属)的紧迫危险,但决不包括虚假危险,如在解救自认为陷入山难的登山客时,存在过错致其受伤。其理由在于“好人条款”旨在保护现实落入紧迫危险的本人,而非保护本人对危险存在的确信,故虚假危险不符合“危险”的客观解释。救助人与登山客本人内部的侵权责任,可依“与有过失”制度解决。〔4〕基于危险客观紧迫性,“好人条款”不适用无因管理通用的“等待通知义务”“移交清算义务”等规则。〔5〕

忽视《民法典》第184条关于危险的“客观紧迫性”限定,将可能导致规则适用失当。例如,王某驾驶卡车遇道路结冰而趴窝,货主齐某应王某电话求救,委派无驾驶证的雇员李某驾驶无牌铲车拖拽,因李某操作失误,铲车溜车撞到王某及其卡车。法院认为,齐某无施救法律义务,派人救助纯属“自愿”,救助目的也是为了王某利益,遂认定适用“好人条款”而完全免责。〔6〕该裁定忽视了“好人条款”适用对“危险”的要求。本案中,路面结冰、车辆无法爬坡,是客观危困,但不采取果断措施并不会立即造成严重损害,故不具紧迫性。换言之,齐某施救不构成紧急救助无因管理,故不应适用第184条规定;相反,其行为构成普通的正当无因管理,管理人因违反第981条的适当管理义务,造成本人人身与财产损失,应承担一般侵权责任。

---

〔1〕Omlor, Schuldrecht BT: Haftungsbeschränkung nach § 680 (analog) bei professionellen Nothelfern, JuS 2018, 1003, 1004.

〔2〕MüKoBGB/Schäfer, 8. Aufl. 2020, BGB § 680 Rn. 9.

〔3〕MüKoBGB/Schäfer, 8. Aufl. 2020, BGB § 680 Rn. 14.

〔4〕MüKoBGB/Schäfer, 8. Aufl. 2020, BGB § 680 Rn. 7.

〔5〕MüKoBGB/Schäfer, 8. Aufl. 2020, BGB § 680 Rn. 15, 16.

〔6〕辽宁省营口市中级人民法院民事裁定书(2021)辽08民申42号。

3. 学校体育运动事故中的适用

学生在校参加各类体育运动，不可避免地会遭遇突如其来的客观紧迫危险，如比赛冲撞造成严重人身伤害、个体体质差异造成运动性休克等。《学生伤害事故处理办法》第 9 条第 8 项明确规定，学校在发现学生突发伤病后，负有采取措施防止不良后果加重的义务。以此，校方在学校体育运动事故中紧急施救，系出于法律义务，即不符合《民法典》第 979 条“正当无因管理”有关“管理人对所管理事务没有法定或约定义务”的要件，故不构成无因管理。其也不符合《民法典》第 184 条“好人条款”有关“自愿”的要件，即施救过错导致学生损害加重不能免责。

学生之间一般不会互负救助的法定义务。在学校体育运动中，学生之间无偿互相救助适用“好人条款”免责，除了考察“自愿性”“客观紧迫危险”“无偿性”要件外，还需要考察救助者是否具有“真实的救助意愿”。例如，学生在对抗性体育项目中严重犯规造成同学身体突发严重损害，后主动施救以掩盖犯规恶意，救助过程因过错造成伤者更重损害的。此时，由于受害人所陷风险为救助人所致，使得救助目的“主观真实性”存疑，而不能免责。在我国引例中，学生王某因不可预见的侵入跑道事故严重摔伤，不采取立即医治措施会导致严重人身损害和精神折磨，故陷入了客观而紧迫的危险；救助人刘某与王某不负法定或约定救助义务而无偿施救；王某陷入危难并非由刘某所致，刘某主动上前扶起王某并托付教师照料，亦是常情之举，故具备主观为他人利益管理的真实意思；即使未成年学生刘某扶起王某的措施不当，但从责任能力与专业角度衡量施救者的应有注意义务，[1]难以认定为其存在重大过失。故该案中可适用“好人条款”免责，且不会造成不公平后果。

(四)如何应对学生方举证不能的难题

我国《民法典》处理学校体育运动事故纠纷的法律基点是教育机构责任，违反安全保障义务责任与一般侵权责任，均为过错责任；《德国民法典》中规定的体育课事故的公职责任、违反安全交往义务责任，亦是如此。除《民法典》涉及教育对象为无行为能力人的教育机构责任外，过错证明责任均遵循“谁主张、谁举证”原则，即由原告负担举证责任。然而，学校在日常管理、教学监督过程中，实际掌握着学校管理、教师履职、学生在学的海量事实材料。在现代社会中，证明案件法律要件事实的证据材料，往往集中在一方当事人掌控的密闭过程与空间中，学理上称之为“证据的偏在性”。[2] 负担举证责任的一方，面对证据材料占有现实与证明责任法律拟制的冲突，往往会陷入困境。德国引例的原告即是如此。该案中律师的诉讼策略、法院的判决意见、学界的理论反思，可以为我国司法实践提供镜鉴。

---

[1] 关涛：《救助他人行为的私法构造》，《法学》2017 年第 9 期。

[2] 张卫平：《民事诉讼法》，法律出版社 2016 年 3 月版，第 248 页。

1. 德国司法操作:类推适用过错推定的证据规则

学校事故中涉及未成年的学生,律师根据学校行使公职性质的监护职权立场,活用《德国民法典》第832条监护责任与第839条公职责任的竞合关系,试图将监护责任的举证责任倒置规则,类推适用公职责任处理涉及未成年人学校事故的场景。例如,联邦最高法院2013年审理的一起学校事故案件中,受被告(市政府)委托经营的日托所的保育员带领8名孩子在场院开展园艺劳动,其中3名儿童脱离团队到场院栅栏处,顺栅栏网眼向院外2米入口处停靠的原告(保洁公司)汽车投掷石块,造成车漆受损。原被告对适用公职责任定分止争不存异议,但双方就被告所负监管公职义务的范围和程度却各执一词。于此,涉及举证责任的承担问题——本案中,违反监护公职的责任认定能否类推适用监护责任的过错推定规则。联邦最高法院认为,从法条之间关系看,在涉及违反监管内容公职义务的场合,《德国民法典》第839条相较于第832条的一般条款仅在责任构成要件上作为特别条款优先适用;第832条中除要件外包含的特殊证明规则,并不因其一般条款而劣后,即有类推适用前提。从正义视角看,监管义务人对义务履行状况更加熟悉,由其承担举证责任更加合理。此外,不能因为监管义务在内容具有公法属性,而使举证责任产生巨大差异。故有类推适用必要。[1] 有学者对该判决的处理方法颇有微词,并认为该案实际做了两个“拆分”(Ausspaltungen):一是将《德国民法典》第832条拆分为构成要件与证明规则;二是将《德国民法典》第839条拆分为以监护为内容的公职义务与其他公职义务,仅前者类推适用过错推定原则。此举不仅没有阐明证明规则如何单独类推适用,还造成了不同场景的公职责任适用不同的证明责任分配方案,徒增法律秩序的不安定性。更重要的是,诉讼法上的“表面证据”(Anscheinsbeweis)规则亦使司法上类推适用举证责任倒置的操作显得没那么紧迫。[2]

在德国引例中,因晕厥举证困难的学生原告已成年,故没有上述判例中因监护人责任与公职责任竞合而类推适用的前提。原告律师提出,类推适用《德国民法典》第630h条第5款规定(2013年2月26日起生效),即准用医疗合同领域中医师重大治疗过失与患者遭受医疗事故损害之间存在因果关系的证明推定。然而,德国引例中联邦最高法院的态度实质上是严格限制该证据规则适用于医事领域以外的。从适用场景的相似性看,该条适用于类似医师的专门保护他人生命健康的职业的履职过程中,严重违反职业或机构义务的场合。于此情境下,基于诚信原则,不应再由受害者承担证明损害是否可以避免的不确定性。德国联邦最高法院进一步明确,虽然体育教师的公职监护责任中包含保护学生人身安全的内容,但其与医师的保护他人生命健康的专业职责相去甚远。在医疗合同中,针对病患的临床诊疗,构成医师的主要义务(Hauptpflicht);而体育课场景中,学

---

〔1〕 BGH, NJW 2013, 1233, 1235, Rn. 23-28.

〔2〕 Förster, Verschuldensvermutung bei der Amtshaftung-Aufsichtspflicht von Kindergarten-personal, NJW 2013, 1201, 1203.

校的主要义务是教学与育人,在执行前述职责中,也涉及其作为公职机构保护学生人身财产不受损害的监管义务。本案涉及的体育教师急救义务是教师执行主要职责伴生的附随义务(Nebenpflicht),故不具有类推适用的相似情形。此外,联邦最高法院也考虑适用证据推定实现"证明责任的减轻"(Beweiserleichterung)——原告除了证明违反公职的事实,还要负担证明损害发生的责任,而此后被告负责证明违反公职事实与损害之间不存在因果关系。本案多次审理,均未查明原告陷入急救困境后发生的事实,故陷入了举证困难(Beweisnot)的窘境。[1]

2. 德国学界反思与启示:慎用类推、正视局限

面对原告的举证困难,德国司法实践中出现了新的解决尝试——主要是类推适用更有利于当事人的实体法证明责任规定。运用类推适用的法律方法需要结合个案,转用具有相同法律评价的其他规定。转用过程中,更多需要法官做出价值评价而非形式逻辑的推理:积极方面,需要确定案件事实与类推规范在立法理由上具有评价相关性;消极方面,需要辨别案件事实与类推规范的差别,是否足以否定法律评价的相似性。[2] 因此,通过类推适用解决举证不能难题,需要扫清因价值判断产生的不确定性因素的障碍。前述日托所案中类推适用之所以成功,是因为该案法官更强调公职责任与监护责任因竞合所生的相似性;而德国引例类推适用之所以失败,是因为法官更在意体育教师与医师的急救性质存在差别。例如,有学者批评引例判决根据是否"以保护他人生命健康"为主要职责区分的做法,极具任意性(willkürlich):[3]理论上,一方面,将原本适用于医疗合同领域的证据规则类推于不以合意存在为前提的公职责任,忽视了两者在法律体系的异质性;另一方面,事实情节对价值判断影响的不确定性会影响教师保护学生生命健康职责是否为核心职责的判断,如教师指导的体育活动项目类型是否更具有损害风险(若本案发生在更具危险性的滑冰、体操课上,或对抗性体育项目教学过程中)。在实践中,引例判决固守的"保障他人生命健康"的价值标准并未被一以贯之地落实,如联邦最高法院的另一法庭竟然将引例中拟适用的法律条文类推适用到兽医事故责任领域。[4]

面对类推适用的不确定性,《德国民事诉讼法》为举证不能的当事人提供了如法庭依职权实施"损害评估"适用"表面证据"规则、"旁证"制度等渠道。但是,学者指出后两种制度在涉及人身损害的学校体育运动事故中适用的局限性。一方面,"表面证据"要求当事人必须提供相关案件事实,基于上述事实,足以使法官依据"经验法则"确信存在令侵权责任成立的因果关系。然而,这些案件事实要么难于提取,要么难以证明。结合引例,需要证明教师急救措施是否有可能使受害人的生理或心理状态不同于现在。而人的身体与生理反应难以基于经验法

---

〔1〕 Schlick,Die Rechtsprechung des BGH zu den öffentlich-rechtlichen Ersatzleistungen,NJW 2019,2671,2676.

〔2〕 卡尔·拉伦茨:《法学方法论》,陈爱娥译,商务印书馆2003年9月版,第258页。

〔3〕 Prütting,Grobe Pflichtverletzung und Kausalitätsnachweis,NJW 2019,2661,2663ff.

〔4〕 BGH,NJW 2016,2502,2502ff.

则通过主观想象和推理获得有说服力的证明。另一方面,提交并经过质证的“旁证”要求与主要案件事实之间存在直接的逻辑联系。然而,引例中体育教学场景下人身体行动的不确定性,再加之无法找到有医学经验的专家检验加以佐证,此亦为“旁证”策略所需的“直接逻辑联系”建立增加难度。[1]

从德国法经验来看,忽视法制安定性、系统性,类推适用并不是德国学界和实务界应对举证不能的一致首肯的策略。而学校体育运动事故主要涉及人身损害,其与不法行为之间的因果联系无法通过经验法则或单独的推理建立,故“表面证据”与“旁证”制度亦不敷使用。总之,举证不能在德国仍然是诉讼中较为棘手的难题。反思我国学校体育运动事故,可从以下两方面另辟蹊径。一方面,应当在法律上强化学校对教学管理、学生监管相关流程的文字或音视频资料的保存义务。尽管学校对可能发生的事故不负证据法上的证明责任,但是依据《最高人民法院关于适用〈中华人民共和国民事诉讼法〉的解释》(法释〔2022〕11号)第112、113条的规定,在诉讼中有协助当事人提供证据的“示证义务”;违者将产生证据法上和诉讼保障上的责任。另一方面,应当求诸多元化纠纷解决方案,尤其是商业保险、社会保险机制的完善与配套,将受害人的救济从侵权责任及其构成要件的烦琐证明中解脱出来。

四、结论

我国《民法典》与《德国民法典》均在校园学生伤害事故框架下规制学校体育运动事故,但是提供了不同的具体解决路径。德国强调学制学校与学生之间行政给付和就学法定义务,规制路径主要集中于公职责任,落实未成年的学生致他人损害和因监管疏忽致学生损害两方面的侵权责任;我国淡化学校关系的公法属性,主要保障通过教育机构责任保障未成年学生在学期间的人身安全,而成年学生在读期间人身损害由一般侵权责任与违反安全保障义务责任等综合调整。在责任认定过程中,通过镜鉴德国不同的学校事故语境与证明责任类推的经验教训,可以明确我国对于学校“教育关系说”的法律定位,以及面对“举证不能”困境的当为与不为。通过比较德国法“自甘风险”理论与实践,可以明确我国“自甘风险”案例适用前提的特殊性、与“受害人同意”的区别,以及校园体育事故中“体育固有风险”与“自愿”的判别标准。最后,从“无因管理”制度体系的角度,也可以凸显“好人条款”更强调危险的“客观紧迫性”“自愿性”与“无偿性”。

---

〔1〕 Prütting, Grobe Pflichtverletzung und Kausalitätsnachweis, NJW 2019, 2661, 2664.

有限责任公司股权转让限制价值取向的偏颇与修正〔1〕

黄晓林*

摘　要　有限责任公司股权转让制度中同意条款和优先购买权条款的“双重限制”“同等条件”“反悔权”等规则，体现了股权转让限制以公司人合性为压倒一切的价值取向，同时兼顾转让股东的利益。因过于注重对人合性的保护，股权转让限制从体系框架到具体规则设计均忽视了股权转让的商事交易属性，作为商法核心价值理念的效率未曾引起重视。为了提高股权交易效率，发挥股权转让调节资源配置的作用，本文认为在坚持以“人合性”为根本的基础之上，可以协调商法的效率价值理念，借鉴比较法上的经验，采取“单一限制”模式，设立公平的股价评估机制，不允许转让股东随意放弃转让。

关键词　股权转让；人合性；效率；限制模式

目　次

---

*　黄晓林（1973—　），山东科技大学知识产权学院副教授，法学博士，研究方向：民商法、宗教法。

〔1〕　本文系司法部法治建设与法学理论研究部级科研项目“社会企业视角下实现共同富裕的法治化保障研究”（21SFB4055）成果；“山东省专业学位研究生教学案例库”（SDYAL17030）成果。

引言

自1993年《中华人民共和国公司法》(以下简称《公司法》)颁布以来,有限责任公司股权转让限制问题一直备受学界和实务界关注。学界对该领域倾注了大量热忱。在实践中,相关诉讼在各类公司诉讼中占相当大的比重,审判实践不但解决了大量相关纠纷,还对《公司法》的适用进行解释。直到2019年11月,最高人民法院还在《全国法院民商事审判工作会议纪要》(以下简称"九民纪要")中对有限责任公司股权转让限制的个别适用问题进行了解释。由此可见,这一问题影响公司法领域的长久性和广泛性。在学界和司法界的努力推动下,股权转让制度渐臻完备,规则设计越来越具体化、精细化,2017年出台、2020年修订的《最高人民法院关于适用〈中华人民共和国公司法〉若干问题的规定(四)》(以下简称《公司法司法解释(四)》)(法释〔2020〕18号)和2019年"九民纪要"的相关规定集中体现了各界经年累月的研究成果和审判经验。针对《公司法》适用中出现的大部分问题,这两个法律文件都给予了回应。以常理推论,《公司法司法解释(四)》出台之后,纠纷应当减少。然而,事实似乎超出人们的预期。在中国裁判文书网检索到与股权转让限制有关的判例数量如下:2018年848件、2019年1109件、2020年1061件。〔1〕就目前的数据来看,2018—2020年的判例是逐年上升的。由此看来,仅对股权转让限制规则进行简单的修修补补,不能从根本上解决问题,甚至还会因为"修补过度"引发新的问题。因而需要转变思路,寻找新的突破口。

近些年,虽然很多学者致力于股权转让限制的研究,但是,鲜有人深入探讨制度背后的、具有统摄作用的法律价值理念。价值理念犹如出行的方向,只有方向明确,才能规划出清晰的路线;若方向偏了,即使付出再多的努力,只会愈走愈踯躅。众所周知,有限责任公司股权转让限制的立法目的在于维持股东之间的互信和公司秩序稳定,即公司的人合性。除此之外,作为资源配置手段的股权转让,其规则设计是否还应遵循其他法律价值、现行立法及裁判规则的价值取向是否存在偏颇,以及应当如何改造现行制度使股权转让真正发挥资源配置手段的效用等问题,都迫使我们从新的角度思考有限责任公司股权转让限制的问题。

一、股权转让限制规则价值取向的演变

自1993年《公司法》制定至2019年"九民纪要"发布的近30年间,公司实践活动发展迅速,学界对股权转让限制原理的认识不断深化,有限责任公司股权转让限制的立法规定及裁判规则几经演变。

(一)1993年《公司法》:确立维持公司人合性的价值理念

1993年《公司法》第35条共3款规定了有限责任公司股权转让限制制度,可

〔1〕 相关数据来源于"中国裁判文书网",输入关键词"《中华人民共和国公司法》第七十一条+优先购买",检索到相关数据。

以将其简要地概括为3点:①股东之间可以自由转让股权。②向外部第三人转让股权须全体股东过半数同意;不同意的股东应当购买,不购买的视为同意转让(同意条款)。③同意对外转让的,其他股东在同等条件下有优先购买权(优先权条款)。该法律条文奠定了有限责任公司股权转让限制的基本框架,即向非股东转让股权的"双重限制",即"过半数股东的同意+其他股东的优先购买权"。可以说,立法对股东向外部第三人转让股权设计了非常周全的"防范措施",力图实现"肥水不流外人田"的效果,对巩固股东之间互相信任的稳定关系表现地较为执着,维持公司的人合性成为股权转让限制制度的根本价值追求。

1993年《公司法》也关注了转让股东的利益,规定未获半数同意的,不同意转让的股东应当购买待转让股权,旨在保障转让股东能收回投资。法律还规定其他股东必须以"同等条件"购买拟转让股权,以保障转让股东能够获得不低于外部转让的收益。虽说如此,但因缺乏股东同意期限、优先购买权行使期限、同等条件的判断标准等详细规定,存续股东利用法律漏洞,故意拖延股权转让,使转让股东错失转让时机而无法顺利收回投资的纠纷频发,[1]转让股东的利益并未得到充分的实质保护。

(二)2005年《公司法》:开始关注对转让股东利益的实质保护

因1993年《公司法》规定股权转让限制中缺漏众多,为了适应公司实践的发展需求,2005年《公司法》设专章规定了有限责任公司股权转让,其中股权转让限制主要体现在第72条,2013年《公司法》修改时变为第71条,但内容没有变化。相较于1993年《公司法》,变化包括4个方面:一是将"全体股东过半数同意"修改为"其他股东过半数同意",增加了获得同意的难度,但是符合关联股东表决回避原则。二是增加了以书面方式征求其他股东同意和30天的法定同意期限,以防止存续股东故意拖延股权转让,保障转让股东顺利收回投资。三是增加了2个以上股东主张行优先购买权的处理规则,先协商处理,协商不成的按出资比例确定。一方面使主张优先购买权的股东的持股比例不受影响,另一方面也能够减少此类纠纷的发生,保障顺利完成股权转让。四是增加了公司章程的例外规定成为填补性规则,在章程没有规定时才得以适用。这一规定的目的在于扩大有限责任公司股东的自治性,是否对股权转让加以限制,以及如何限制等事项皆由公司章程自由决定。就股东之间互相信任的亲密关系而言,凡是公司都会在章程中对股权对外转让加以限制,甚至规定比《公司法》更细致而严格的限制条件。

总体而言,2005年《公司法》中,公司人合性依然是股权转让时首要的价值追求,与1993年《公司法》中股权转让限制的思路与框架一脉相承,3个方面的规定完全一样。并且,2005年《公司法》还通过同意比例、多人主张优先购买权规则和

---

[1] 深圳市平泰投资发展有限公司诉深圳紧急特区发展(集团)公司等股权转让纠纷案,引自江平、李国光主编:《最新公司法案例评析》,人民法院出版社2006年2月版,第483页。

章程自治等细节的完善,进一步强化了公司人合性。与此同时,该法也回应了股权转让实践中保护转让股东利益的需求,对其他股东的同意设置了法定期限,为转让股东顺利转让股权提供规范支持。

(三)2017年《公司法司法解释(四)》:尝试在多方之间建立利益平衡机制

这一时期的股权转让规则的变化主要集中在《公司法司法解释(四)》第17—21条和"九民纪要"第9条中,主要包括5个方面。一是明确了转让股东向其他股东发出通知的方式,包括书面或其他能够确认收悉的方式。在尊重商事交易实践的反复磋商性的同时,避免其他股东被动接受一个既定的、不利于自己的价格来维护公司的人合性。二是明确判断同等条件的考虑要素,如数量、价格、支付方式等。多重要素综合考量的目的是为了平衡转让股东、其他股东、外部第三人之间的利益。三是明确优先购买权行使的法定期间,防止其他股东拖延行使优先购买权阻碍转让股东顺利收回投资。四是允许转让股东在其他股东主张优先购买权后放弃转让股权,即"反悔权"。股东放弃转让股权意味着外部第三人无法加入公司,不违背相关法律规则维持公司人合性的目的。五是规定优先购买权受到侵害的救济,同时承认转让股东与外部第三人之间的股权转让合同有效,明确对第三人利益的保护。

《公司法司法解释(四)》中,股权转让限制的基本框架、维持公司人合性的价值理念皆沿袭1993年《公司法》,仅从法律适用的角度填补了立法漏洞,进一步加强对人合性的坚持,同时兼顾了转让股东、外部第三人的利益保护。

(四)立法价值总结:以维持公司人合性为根本、兼顾其他主体利益的价值取向

通过考察、梳理有限责任公司股权转让限制规则的发展演变可以看出,自1993年《公司法》确立了维持股东人合性的基本价值取向和"双重限制"的框架结构后,对股权转让施以严格限制的立法思维一直延续至今,最为典型的表现就是"双重限制"自始至终贯穿于规则的每次修订之中,虽然持续地受到来自各方的质疑和批评,但其地位未曾有丝毫撼动。此外,随着公司实践的发展和理论研究的深入,保护转让股东和外部第三人利益的必要性和正当性逐渐引起重视,各方利益平衡保护的观念被实务界和学界认可。[1] 例如,限定其他股东的同意期限、优先购买权的行使期限,确立"反悔权",细化"同等条件"的考量要素等,均是基于利益平衡原则,试图在利益相关者之间构筑公平的股权转让规则体系。总之,股权转让限制规则的立法理念一直处于演变之中:从最初单纯追求股东之间的人合性和公司秩序稳定,逐渐开始兼顾相关利益者之间的利益平衡,试图通过不断完善现行的股权转让限制规则来实现公平的价值理念。为此,立法者和法律解释者经过持久不懈的努力,将股权转让限制规则的条文数量从1993年《公司

---

〔1〕 杜万华主编:《最高人民法院公司法司法解释(四)理解与适用》,人民法院出版社2017年8月版,第374页。

法》中的1条，增加到2005年的专章中的5条，再到2017年《公司法司法解释（四）》中的7条，并且条文的内容也逐渐增多，越来越复杂。在近30年的辛勤耕耘中，有一点是显而易见的——维持人合性、封闭性是股权转让时首要的价值追求，兼顾其他股权转让参与者的利益位居其次。公司的人合性代表公司经营管理秩序的稳定，与企业维持原则相符，在封闭性较强的有限责任公司中，将公司的人合性作为第一价值追求是妥当的。除此之外，基于利益平衡原则，保护因人合性而遭受不利益的转让股东和第三人，体现了公平的价值理念。毋庸置疑，秩序、公平都是法律应当维护的价值。

二、股权转让限制规则中商法效率理念的缺失

有限责任公司股权转让限制的理论基础是维护公司的人合性、封闭性，对此学界和实务界已经达成共识。当然，也有学者提出维持公司控制权、持股比例的观点。[1] 其实，控制权和持股比例的变动最终打破的是股东间在公司成立之初所建构的信任关系的平衡，使人合性发生变化。因此，将维持公司的人合性作为股权转让限制的价值追求是毋庸置疑的选择，同时，尽可能地保护其他相关主体的利益也与公平理念一致。然而，不容忽视的一点是股权转让限制规则属于商法范畴。除公平价值之外，效率也是商法的基本理念之一，“商事交易的目标在于充分利用现有资源以追求最大经济效益，而资金及商品的流转效率与其所获得的效益成正比。在利益驱动下，从事经营活动的民商事主体都力求提高经营效率，整个社会经济也需要提高经济运转的效率以实现经济快速发展和繁荣，此即交易的简便性、迅捷性要求”[2]。在股权转让中，既要保护股权在法律允许限度内的流转，维护股东的正当利益，又要促进公司资源配置效率的最大化，包括资源配置的规范化和高效化。[3] 简言之，股权交易规则应当在简化交易程序、降低交易成本、促使交易确定方面表现出商法的效率性特质。然而，现行《公司法》沉溺于维持股东人合性、公司稳定性，反而忽视了股权转让作为商事交易的效率本质，顾此失彼。所以，虽然几经修改完善，依然纠纷频发，问题不断。

（一）“双重限制”使股权交易和制度适用无效率

现行《公司法》第71条设计了“同意条款＋优先购买权条款”的股权转让限制模式，股东向外部第三人转让股权时，首先必须经由其他股东过半数同意，然后其他股东主张优先购买权。同意条款是对转让的第一重限制，满足同意条款后，股权依然不能对外转让，还必须接受优先权条款的第二重限制，因而称其为“双重限制”。“双重限制”的确能够有效地阻止股权被转让给外部第三人，维护公司的封闭性，但也产生了一系列问题。

---

〔1〕 伍坚：《股东优先购买权制度之比较研究》，《公司法律评论》2004年卷。段威：《有限责任公司股权转让时“其他股东同意权”制度研究》，《法律科学》2013年第3期。

〔2〕 范健、王建文：《商法总论》，法律出版社2011年3月版，第74、94页。

〔3〕 陈立斌主编：《股权转让纠纷》（第3版），法律出版社2015年2月第3版，第22页。

第一,“双重限制”的内在逻辑矛盾。在过度重视公司人合性、封闭性的价值理念的指导下,股权转让限制规则体系设计中难免产生逻辑矛盾。当其他股东过半数同意股权对外转让时,意味着存续股东愿意接受外部第三人加入公司,股东相互之间的信任关系不会因新人的加入而被打破。就股东整体而言,既然人合性得以维护,那么通过赋予其他股东优先购买权再一次阻止外部第三人进入公司,就等于否认同意转让的意思。其他股东出尔反尔,意思表示前后矛盾,违背了禁反言原则。同时,其他股东过半数同意股权对外转让时,因立法没有明确优先购买权主体的范围,故可以推定反对的股东和同意的股东都享有优先购买权。同意的股东一旦行使优先购买权,也等于推翻了自己之前的意思表示,因而就股东个体而言,也存在前后行为矛盾的情形,违背了诚实信用原则。

第二,“双重限制”下的股权转让程序复杂,降低交易效率。一方面,“双重限制”实质上相当于全体股东一致同意。根据现行《公司法》第71条的规定,股权对外转让必须同时充足两个条件:其他股东过半数同意和其他所有股东放弃优先购买权。其他股东过半数同意后,只要有一名股东主张优先购买权,股权就不能对外转让。简言之,“双重限制”的结果是,股权对外转让实质上需要其他股东一致同意。另一方面,“双重限制”意味着两次通知与两次回应。根据《公司法司法解释(四)》第17条,转让股东需要发出两次通知,第一次根据同意条款,向其他股东发出征求是否同意的通知,第二次根据优先购买权条款,向其他股东发出同等条件的通知。相应地,其他股东也应当在法定期间内做出两次回应:是否同意股权对外转让的意思表示和是否主张优先购买权的意思表示。其实,主张优先购买权就意味着不同意股权对外转让,如果主张优先购买权的股东是在同意程序中持反对意见的股东,那么,相当于同一股东前后两次表达反对股权对外转让的意思。

综观“双重限制”框架下的整个股权转让程序,一次股权交易需要经历以下流程:①转让股东向其他股东发出通知(征求是否同意);②其他股东过半数同意(30天期限);③转让股东向其他股东发出通知(同等条件);④其他股东主张优先购买权(30天期限);⑤股权转让合同成立生效。烦琐复杂的转让程序,加之某些程序缺乏明确规定,交易参与者不得不耗费比正常交易更多的时间和精力,不但增加了股权转让成本,而且一旦某个环节出现问题,就会产生股权转让纠纷,难以顺利完成股权交易。显然,这是一种过度重视人合性而无视股权转让效率的程序设计。

第三,“双重限制”规则的适用无效率。有学者考察了“双重限制”规则的实践情况,发现该规则存在大量简化适用的情况,将“先征求其他股东同意(以及在未获过半数同意时要求反对股东“应当购买,不购买视为同意”)、后由其他股东行使优先购买权”的做法,简化为由其他股东直接表示是否行使优先购买权。“实践中常见的做法是:同意股权对外转让的股东通常会声明放弃优先购买权;不同意股权对外转让的股东可直接行使优先购买权(无须先令其“应当购买”,继而“不购买视为同意”等),如果不在一定时间内行使优先购买权即被视为同意转让并丧失先买权……”[1]可见，现行《公司法》第71条的股权转让“双重限制”规则被股权交易主体、司法实务人员改造、简化适用的事实，从侧面说明了烦琐的规定严重脱离商业交易和司法实践，致使法律规则失去应有的规范效率，耗费立法资源，部分规则成为具文。

（二）“同等条件”判断困难，徒增股权交易纠纷

根据现行《公司法》第71条，如果股权对外转让获得同意，同等条件下，其他股东有优先购买该股权的权利。因而同等条件被解释为存续股东行使优先购买权的前提。《公司法司法解释（四）》细化了同等条件的判断因素：股权的数量、价格、支付方式等。设置“同等条件”的初衷是保障转让股东从其他股东处获得的收益，不低于从外部第三人获得的收益，力求使其在股权转让自由受到限制的不利情境中获得公平保护。然而，保护公平的立法原意却引发了意想不到的后果。

第一，“同等条件”使股权转让限制规则体系不协调。在同意条款中，股权对外转让未获同意的，为了保证转让股东能顺利转让股权，不同意的股东应当购买所转让股权。不过，立法没有明确股权交易条件，也未规定股权定价机制。根据私法原理，可以理解为由转让股东和购买股东协商决定或者由第三方确定公正合理的价格。而在优先购买权条款中，立法要求其他股东必须以“同等条件”行使优先购买权。在股权交易实践中，双方协商的条件与“同等条件”可能一致，也可能不一致。股权转让的前后两个阶段的交易中，卖方相同、买方范围相同、立法规制的目的相同，立法却规定了不同的交易条件，实在令人费解。若“同等条件”的立法目的是保护转让股东的利益，那么现行立法中似乎蕴含着这样的逻辑：转让股东的利益只有在优先购买权程序中才有保护的必要。显然，优先购买权条款中“同等条件”的规定，造成了股权转让规则体系的内在矛盾，令人怀疑保护转让股东利益的立法目的的真诚性。

第二，“同等条件”增加交易成本。根据《公司法司法解释（四）》第17条第2款的规定，转让股东应当以书面或其他能够知悉的方式，将“同等条件”通知其他股东。在股权交易活动中，买卖双方的交易条件需要反复多次磋商才能最终达成，但是，第17条并没有明确“同等条件”的确定时间。最高人民法院民事审判第二庭认为，一方面，只有在转让股东和第三人之间的转让条件确定下来，转让股东将转让条件通知其他股东后，其他股东才能行使优先购买权；另一方面，“同等条件”并非一成不变的，当转让股东与第三人之间的交易条件改变时，应当通知其他股东，允许其依据新的条件行使优先购买权。[2] 根据这一解释，“同等条件”下的股权交易可能出现“拉锯”状态：转让股东与第三人之间的交易条件一旦发生变化，就必须通知其他股东，而其他股东根据新条件做出判断，并通知转让股东行使优先购买权，这意味着转让股东与第三人之间的交易条件发生多少次

[1] 王军：《实践重塑规则：有限公司股权转让限制规范检讨》，《中国政法大学学报》2017年第6期。

[2] 杜万华主编：《最高人民法院公司法司法解释（四）理解与适用》，人民法院出版社2017年8月版，第405页等。

变化,这样的交易程序就会重复多少次。在商事交易实践中,一旦其他股东接受“同等条件”,逐利的敏感性将可能使转让股东意识到股权价格存在“竞争市场”,于是转身与第三人重新谈判,形成新的“同等条件”,如此循环往复。显然,其他股东和外部第三人,无论哪一方最终成功购入股权,都付出了比正常交易更多的成本,而另一方的多次磋商成本则付之东流。

第三,“同等条件”容易引发不诚信行为,产生股权转让纠纷。为了规避其他股东以“同等条件”购买权待转让股权,转让股东可能与第三人恶意串通,签订阴阳合同,约定严苛的交易条件以掩盖真实的交易,此即不诚信的交易行为。虽然依据《公司法司法解释(四)》第21条,此类虚假行为会被法院认定为无效,其他股东有权按照真实的交易条件购买股权,但却增加了交易成本,消耗了司法资源。

(三)“反悔权”给转让股东无限违约的机会,与商事组织法的逻辑不符

《公司法司法解释(四)》第20条允许转让股东在其他股东主张优先购买权后,放弃股权转让,也就是所谓的“反悔权”。关于转让股东是否具有“反悔权”的问题,学界一直有反对[1]与支持[2]两种观点。支持“反悔权”条款的主要理由是意思自治的股权转让自由和人合性。“股权转让自由包括是否转让股权以及转让对象、时间、数量、价格等五个方面,转让股东‘反悔’的实质是不转让股权,就是在演绎‘不从事某种民事活动’的自由,是股权自由转让的内容之一。”[3]“从优先购买权的立法宗旨和行权基础看,优先权的功能仅在于防止外部人进入而影响公司的封闭性……当转让股东撤销转让意思,终止股权转让时,公司的封闭性已不复受到影响。”[4]

然而,中国裁判文书网上的相关判例显示,人合性的愿景难以实现。检索到自《公司法司法解释(四)》施行以来的与转让股东反悔有关的判例36个,约90%的纠纷进入二审程序,转让股东在二审阶段主张放弃对外转让股权,其中约95%的判决支持了转让股东的反悔请求。双方围绕标的股权优先购买问题剑拔弩张,从一审到二审,甚至个别案件进入再审程序,最后又“回归”公司,形式上维持了公司成员结构的稳定。然而,值得怀疑的是,股东之间的信赖关系经过漫长的、白热化的法庭决战后,能否恢复如初?

此外,合同法作为个体法、交易法,强调私人自治,由个人自由决定财产权的转让;作为组织法的公司法则强调尊重团体意志、团体秩序。股权转让所牵涉的

---

〔1〕 罗培新:《抑制股权转让代理成本的法律构造》,《中国社会科学》2013年第7期。赵磊:《股东优先购买权的性质与效力——兼评〈公司法司法解释四〉第20条》,《法学家》2021年第1期。

〔2〕 蒋大兴:《股东优先购买权行使中被忽略的价格形成机制》,《法学》2012年第6期。赵旭东、衣小慧:《股东优先购买权中转让股东“反悔权”的证成与构建》,《国家检察官学院学报》2021年第2期。

〔3〕 于莹:《股权转让自由与信赖保护的角力——以股东优先购买权中转让股东反悔为视角》,《法制与社会发展》2020年第2期。

〔4〕 李建伟:《有限公司股东优先购买权侵害救济研究—兼评〈九民纪要〉的相关裁判规则》,《社会科学研究》2020年第4期。

利益超出了交易双方的范畴，涉及转让股东、第三方受让人、受让股东、公司等多方利益，“转让”与“不转让”都会引发复杂的多元利益纠葛，若一味强调合同自由的自治精神，允许转让股东任意“反悔”，就会导致转让股东合法地“滥用权利”无限制地反悔，导致转让股东与第三人之间的股权交易、转让股东与其他股东之间的股权交易因“反悔权”的存在而面临不确定的风险，不但优先购买权制度被“虚置”，也造成了缔约成本的浪费、交易无效率、公司经营管理的龃龉，乃至司法资源的占用〔1〕等负面效果。“反悔权”条款虽然维护了转让股东选择交易对象的自由，却阻碍了交易机制整体的顺利运作。正如学者所言：“股权处分行为已经超越传统契约交易，呈现出契约交易属性与组织交易属性的此消彼长……商法上的组织交易至少具有交易涉他性和关系性以及合意的复杂性，分别体现出对一般契约交易的相对性、简单功利交换和一对一‘合意’内涵的突破。由于无法实现对交易的足够尊重，商事交易领域单一的合同法解释是不完整的或者有漏洞的，应当警惕合同自由主义的滥用。”〔2〕

（四）股权转让规则总结：与商法核心价值理念相悖

通过以上分析可以看出，现行有限责任公司股权转让限制规则中存在两个倾向：第一，因过度追求股东之间的人合性而设置了复杂、低效的“双重限制”。第二，受民法追求个体公平、自由思维的影响，特意为转让股东的利益而设置了“同等条件”“反悔权”等规则，增加了股权交易的不确定性，造成交易成本的增加，损害了股权的顺利流动，降低了交易效率。其实，民法是以交易的“公平性”为逻辑出发点，看重的是单个交易对于双方主体实体性的公平或平等，较少考量整体交易机制的机理、背景与要求，其特征是通过寻求个体的“绝对公平”来实现社会的“整体公平”；而商法思维却是以整个商业社会的整体交易规则为保护对象，它重视保护已达成的交易对其他交易或者当事人的影响，强调交易本身的效率、迅捷和安全，由此衍生出商法思维存在的逻辑前提是在整个交易机制效率的考量下兼顾个体的公平，其特征是通过寻求商业社会的“整体公平”来实现个体的“相对公平”。〔3〕换言之，注重效率是公认的商法的核心价值理念，商法中的很多制度是以效率优先、兼顾公平为基本原则的。当然，有限责任公司股东之间的互信关系决定了股权转让不能将效率置于首要位置，但是，在人合性得以维护的情况下，商法的效率价值应当受到重视。否则，股权转让制度就无法充分发挥调节资源配置的作用。

〔1〕例如，某公司的一位股东欲转让股权，其他 16 位股东因请求行使优先购买权而与转让股东产生纠纷，分别提起诉讼，并且均进入二审阶段，转让股东在二审中反悔，并得到法院支持。(2019)川 01 民终 5416 号、5419 号、5423 号、5424 号、5993 号、5996、6001 号、6007 号、6009 号、6011 号、6013 号、6016 号、6457 号、6458 号、6459 号、6462 号。

〔2〕冯果、段丙华：《公司法中的契约自由——以股权处分抑制条款为视角》，《社会科学》2017 年第 3 期。

〔3〕郑彧：《民法逻辑、商法思维与法律适用》，《法学评论》2018 年第 4 期。

三、股权转让限制模式之争:基于多重价值理念的分析

有限责任公司股权转让限制规则因价值取向的偏颇,存在种种不尽如人意之处。就整体而言,主要问题体现在“双重限制”的架构上。在维持公司人合性的价值取向的指导下,这一基本架构自1993年至今一直稳如磐石,《公司法》的修改、相关司法解释的制定均是对这一基本架构的修修补补。针对股权转让限制制度中存在的问题,学界也提出了一些修改思路,大致可以分为保守论和改革论两类。保守论的基本思路是,不改变“双重限制”的基本框架,对同意条款和优先购买权条款的细节加以完善,填补漏洞,使法律规则更加精细化。[1] 改革论的基本思路是,废止“双重限制”,改为“单一限制”,在此基础上,有学者主张同意条款和优先购买权条款二者任选一个保留;[2]也有学者主张保留优先购买权条款;[3]还有学者主张保留同意条款。[4]

保守论的观点无疑是对《公司法》的立法价值取向和立法思路的坚守。《公司法司法解释(四)》也秉承这一思路,填补了《公司法》中的一些规则漏洞,将通知方式、优先购买权的行使期限等事项明确化,细化了“同等条件”的判断要素。虽然《公司法司法解释(四)》竭尽所能使股权转让规则精细化,但是,本文第二部分中分析的问题在《公司法司法解释(四)》出台后依然存在,甚至“反悔权”就是《公司法司法解释(四)》创设的规则。显然,对股权转让限制规则进行保守性的修修补补无法解决根本问题,要从根本上解决问题需要彻底的革新。以下将着重介绍、分析“单一限制”的改革论的观点。

(一)“单一限制”模式的类型

“单一限制”模式的观点中,对同意条款和优先购买权条款的取舍有所不同,据此可以将其区分为两类。

1. 优先购买权条款的限制

这种观点主张删除同意条款,仅保留优先购买权条款,具体内容是:有限责任公司股东向外部第三人转让股权时,无须征得其他股东的同意,但应通知公司和其他股东,并提出载有转让方、转让价格及欲转让的出资股数的书面材料,其

---

〔1〕 陈彦晶:《有限责任公司股权转让限制制度研究》,法律出版社2017年4月版,第224—225页。段威:《有限责任公司股权转让时“其他股东同意权”制度研究》,《法律科学(西北政法大学学报)》2013年第3期。马驰骋:《我国有限责任公司股权对外转让制度研究》,《四川理工学院学报(社会科学版)》2010年第2期。石慧荣:《有限责任公司股东出资转让的若干问题》,《贵州大学学报(社会科学版)》1999年第6期等。

〔2〕 王艳丽:《对有限责任公司股权转让制度的再认识——兼评我国新〈公司法〉相关规定之进步与不足》,《法学》2006年第11期。

〔3〕 朱建军:《我国有限责任公司股份转让法定规则的立法技术分析》,《政治与法律》2014年第7期。徐琼:《论有限责任公司股东的同意权与优先购买权》,《河北法学》2004年第10期。

〔4〕 张其鉴:《我国股权转让限制模式的立法溯源与偏差校正——兼评〈公司法司法解释(四)〉第16—22条》,《现代法学》2018年第4期。

他股东应当在一定期限内行使优先购买权，经过此期间仍不行使优先购买权，则优先购买权自动消灭，转让人可以将股权转让给外部第三人。[1]

对于优先购买权的性质，学界历来争议不断，出现过多种观点，如期待权说、请求权说、形成权说、附条件形成权说等，目前主要集中于请求权说和形成权说的争论。请求权说主张，优先购买权是其他股东请求转让股东与自己订立股权转让合同的权利。形成权说则认为，只要其他股东以同等条件向转让股东请求购买待转让股权，就在双方之间成立股权转让合同。[2] 优先购买权的定性与股权转让合同的效力、转让股东能否"反悔"密切关联。《公司法司法解释（四）》第 20 条允许转让股东"反悔"，这一解释采纳了请求权说的观点。仅就优先购买权而言，这是具有普遍意义的民商法问题，除了其他股东的优先购买权外，我国法律中还规定了共有人的优先购买权、承租人的优先购买权、合伙人的优先购买权等。各种学说的论证基本是从传统民法优先购买权的角度展开的。然而，股权转让中的优先购买权属于商法领域的特殊问题，涉及商事交易和商事组织的复杂性，非单一的交易法上的问题。对于其他股东优先购买权的定性，不能脱离商法的基本价值追求和股权转让中多元利益的平衡，而仅从民法的优先购买权和意思自治绝对的角度进行判断。从商法逻辑的角度考量，笔者认为形成权说的观点更具合理性（参见本文中"反悔权""同等条件""价格机制"等部分）。

2. 同意条款的限制

通过同意条款限制股权对外转让的大致思路是：转让股东通知公司欲对外转让股权，公司或其他股东做出同意与否的决定，同意转让的，转让股东向外部第三人转让股权；不同意的，由其他股东或公司购买待转让股权。不过，对于其他股东购买待转让股权的性质，存在不同的理解。一种观点认为，当公司不同意股权对外转让时，其法律后果是产生其他股东的强制购买义务，转让股权的交易价格和内容由转让股东和其他股东协商确定。如果价格和条件不合理，转让股东可以通过司法途径解决。[3] 另外一种观点则认为，公司不同意对外转让股权的法律效力是产生优先购买权，由公司、其他股东或公司指定的第三人行使优先购买权。股权转让价格由转让股东与优先购买权人协商，协商不成的，申请法院确定。[4] 这一模式中的优先购买权不是其他股东可以主动行使的权利，是因公司反对股权对外转让股权而被动、从属地产生的，其本身没有直接限制股东转让股权的作用，与作为独立限制股权转让的优先购买权不是同一种权利。[5]

---

[1] 徐琼：《论有限责任公司股东的同意权与优先购买权》，《河北法学》2004 年第 10 期。

[2] 赵旭东：《股东优先购买权的性质和效力》，《当代法学》2013 年第 5 期。

[3] 朱建军：《我国有限责任公司股份转让法定规则的立法技术分析》，《政治与法律》2014 年第 7 期，第 87—93 页。

[4] 张其鉴：《我国股权转让限制模式的立法溯源与偏差校正——兼评〈公司法司法解释（四）〉第 16—22 条》，《现代法学》2018 年第 4 期，第 176—193 页。

[5] 葛伟军：《股东优先购买权的新近发展与规则解析：兼议〈公司法司法解释四〉》，《中国政法大学学报》2018 年第 4 期，第 95—105 页。

(二)"单一限制"模式的优越性

1."单一限制"模式既能维持人合性,又能保障股权顺利流动

在"单一限制"模式下,若获得公司同意或其他股东不行使优先购买权,转让股东就可以将股权转让给外部第三人;否则,就由其他股东、公司或公司指定的主体购买。"单一限制"模式将"双重限制"模式的同意条款与优先购买权条款分解、改造之后,选择其一而设计股权转让限制规则,这从根本上简化了"双重限制"的繁杂程序,解决了法律逻辑混乱不清的矛盾。有限责任公司股权转让限制是法律的公平价值与效率价值相互博弈的结果,代表效率价值的股权转让自由容忍代表公平价值的人合性,退而居次。倘若单一限制措施就能有效地维持公司的人合性,就没有必要耗费立法资源添加其他限制,否则,股权转让效率就不得不继续退让,直至被完全忽视。相较于"双重限制"模式,就整体限制框架而言,同意条款和优先购买权条款的任何一种限制模式,都能有效地维持公司人合性,同时又兼顾了股权的流动性,通过减少不必要的限制环节提高股权转让效率。就此点而言,"单一限制"模式更有利于兼顾、协调多种法律价值。因而,笔者认为,单一限制模式有理由成为改造有限责任公司股权转让规则的首要选择。

2."单一限制"模式的比较法经验

美、德、法、日等代表性国家的公司法均采用单一限制。[1] 英国、美国、德国允许章程自由规定股权转让限制事项,不设置法定限制,如《美国模范商业公司法》设计了若干供股东和公司选择的限制措施,被普遍采用的是类似于同意条款或优先购买权条款的两种模式,并且,两种模式二选一,即使两种模式并存,二者也不应互为适用条件。英、美、德三国情况表明,优先购买权单层架构也可以满足保护股东关系闭锁性和股权流动性两方面需求。[2] 法国、日本虽然也采取单一限制模式,但与英国、美国、德国将股权转让限制事项赋予公司自治的做法不同,两国设计了细致的法定规则。[3] 并且,两国的股权转让程序非常类似:①转让股东向公司发出对外转让股权的通知;②公司需在法定期间内答复是否同意;③同意转让或在法定期间未答复的,即可转让给外部第三人,否则由其他股东或公司购买(日本允许公司指定第三人购买)。可以明显看出,法国、日本采取的是同意条款的单一限制模式,因为"公司同意"的法律效果是"股权真正可以对外转让",不会发生内部股东购买的情形。当然,法国公司法也允许章程设定优先购权条款的限制模式,章程没有规定的,适用法定同意的限制模式。

---

〔1〕 王军:《实践重塑规则:有限公司股权转让限制规范检讨》,《中国政法大学学报》2017年第6期,第29页。徐琼:《论有限责任公司股东的同意权与优先购买权》,《河北法学》2004年第10期,第66—69页。

〔2〕 王军:《实践重塑规则:有限公司股权转让限制规范检讨》,《中国政法大学学报》2017年第6期,第29页。

〔3〕《日本公司法》第136条至第145条,《法国商法典》第L223-13条。

从比较法上的经验来看，无论是章程限制，还是法定限制，具有代表性的主要国家的公司立法都采取了单一限制模式。这一事实至少说明单一限制足以维持公司的人合性，叠床架屋的双重限制除了增加股权交易成本、降低资本流动效率之外，对维护公司人合性没有任何意义。主张单一模式的学界观点的渊源也是来自比较法上的经验。

（三）两种“单一限制”模式的比较选择

同意条款和优先购买权条款虽然均属于“单一限制”模式，但二者在规则设计的细节上存在诸多差异，在实现多方价值的效果上也就有所不同。

第一，公司意思是否介入股权转让不同。在优先购买权条款的限制模式中，由公司或其他股东直接行使优先购买权，无须公司做出同意与否的意思表示。如果公司自己行使优先购买权，就可以推定公司不同意股权转让；如果是其他股东主张优先购买权，就不需要公司参与其中。在同意条款的限制模式中，必须由公司或其他股东做出是否同意的意思表示，即使公司不购买待转让股权，公司的意志也介入了股权转让。就股权转让实践来看，公司参与股权转让有其必要性与合理性。一方面，股权转让包含有财产利益和股东资格的双重转让，如果仅是财产利益的转让，就无须其他股东或公司同意，采取隐名持股的形式即可。在股权转让中，外部第三人的目的往往不仅是获得具有财产价值的股权，还希望进入公司参与经营管理，与公司发生权利义务关系，公司将成为股东行使权利的相对人。股权转让后，转让股东与公司、受让人与公司之间的权利义务关系均会发生变化，即股东资格的变动，[1]而股东资格需经公司认可。总之，股权转让结果必然牵涉公司利益，公司不应当置身于股权转让之外。而且，在股权转让后，公司通常会办理股东名册的变更。实践中因公司拒绝办理变更手续或因延迟办理变更手续而引发的股东资格确认、股权转让纠纷的数量居高不下，成为阻碍股权交易顺利进行的重要因素。如果公司自始至终参与股权转让过程，并且转让事项经公司同意，就会顺利办理股东身份变更手续，促进股权转让效率。

由此可见，相较于优先购买权条款的限制模式，同意条款的设计在股东变动环节更加有助于提高股权转让效率。在优先购买权条款的模式下，转让股东只需要将转让事项通知其他股东或公司，询问是否行使优先购买权即可。法定期间内，其他股东不行使优先购买权，则股权可以对外转让。这种模式省略了征求公司同意的环节，前期程序比较简洁，但在股东资格变动环节容易引发纠纷，反而增加交易成本，甚至引发受让股权者与公司其他股东之间的不和谐。

第二，股权转让条件不同。在优先购买权条款的模式下，其他股东必须在“同等条件”下购买欲转让的股权。也就是说，其他股东购买股权的条件不能低

---

〔1〕 实则股权变动问题，因股权变动模式在我国尚未达成一致，故避重就轻，从股东资格角度切入。股权变动模式的观点有“债权形式主义”“纯粹意思主义”“修正意思主义”观点。李建伟：《有限责任公司股权变动模式研究——以公司受通知与认可的程序构建为中心》，《暨南学报（哲学社会科学版）》2012 年第 12 期，第 18—29 页。

于外部第三人的购买条件,“同等条件”是转让股东与外部第三人商定的条件。之所以要求其他股东以同等条件购买股权,是因为有关论者认为转让股东与第三人商定的价格条件通常不会低于客观价格,应当保护转让股东获得这一最优的转让对价。在同意条款的模式下,其他股东或者公司购买待转让股权时,可以与转让股东协商价格,而不需要按照“同等条件”购买股权。双方无法协商一致时,可以通过法院委托具有专业知识的中介机构做出客观评估,依据客观评定的价格购买股权。由此可见,同意条款的模式下确定股权转让条件不以转让股东获得最优价格为目的,而是保证其能够以客观、合理的价格获得股权对价。

显然,两种限制模式对“公正价格”的理解不同。认为转让股东获得最优的转让利益就是公平的观点并不妥当。就转让股东的本意而言,其期待能够以客观、公正的价格顺利退出公司或收回投资。所谓公平,应当是法律保障转让股东实现这一期待。如果坚持“同等条件”规则,那么“双重限制”中因同等条件造成的股权转让低效率、不诚信的弊端依然无法避免。以转让股东和其他股东或公司协商为原则,以司法介入的客观评估机制为补充,可以剔除在“同等条件”的要求下,外部第三人与转让股东协商“细致而确定的交易条件”的烦琐,并且能够防止因“同等条件”发生变化而使交易反复,导致交易不确定的情形。因而,笔者认为,同意条款的股权转让的定价机制能够更好地协调公平与效率的关系。

四、重构兼顾多方价值理念的股权转让限制规则

通过之前的分析可以看出,我国有限责任公司股权转让限制中问题频发的关键原因是价值取向不够清晰,没有树立一个统摄全局的、始终如一的立法理念。公司立法及司法实务多年来虽然不断努力地修修补补相关规定,但依然没有触及问题的核心。所以,解决问题的首要任务是确立清晰的价值理念,然后在其引导下完善具体规则。现行《公司法》第71条涵盖了法定规则和章程自治规则,后者优先适用。毋庸置疑,法定规则的完善必须与价值理念保持一致,章程设定的限制条件是否合理也需要以价值理念为标准进行判断。[1]

(一)兼顾多重价值取向,在维持人合性的基础上,注重股权转让效率

有限责任公司的股东往往是有互信关系的亲戚、朋友,而且同时又兼任董事、经理等高级管理职务,直接参与公司的经营管理,所有权与经营权不完全分离,因而股东们不希望因外人的加入而影响自己对公司的控制权。共同的经营管理理念、个人信用也是维持公司稳定、机构正常运作的关键要素。于是,维持公司的人合性就成为对股权转让自由进行限制的合理依据,也被视为符合公平的法律价值理念。然而,现行股权转让制度因过于追求人合性,将公司人合性神化,反而忽视了财产的自由流转,增加了股权交易的不确定性,造成股权转让纠

---

〔1〕对于章程能否规定高于或低于法定条件的问题,争议非常多。有的观点根据初始章程和章程修订案的区别加以分析,有的观点从章程的意思自治的本质出发进行分析。该问题超出了本文的研究范畴,在此不做深入探讨。

纷增加，扩大了股权转让交易的成本。[1] 股权转让自由是公司制度赖以存在的基础，股权转让限制是股权自由转让对公司人合性的容忍与牺牲。倘若限制转让的措施不合理，超过必要限度，甚至过分到毫无意义的程度，成为股权流转的障碍，就会造成投资人的心理恐慌，担心自己在情势发生变化时收回投资的愿望不能顺利实现，犹豫乃至不愿意采取有限责任公司这种投资形式。这样的结果与《公司法》鼓励投资兴业的立法目的严重背离。

"商法对社会关系的调整落脚于财产关系，商业伦理中的效率、安全是其核心理念，商法的独特之处在于以鼓励营利和维护市场秩序为己任。"[2]未来的股权转让限制规则应当修正过度追求公司人合性的价值倾向，重视商法的效率原则。首先，因公司的稳定和持续发展是市场秩序稳定、社会发展的基础，故在有限责任公司语境下，维持公司的人合性成为首要的价值追求，英美法系和大陆法系的公司法均认可对股权转让的限制。其次，股权转让限制应当合理，以维持公司人合性为限，超出维持人合性需要的限制应受到效率原则的检测，不符合效率原则的程序、措施应当被削减乃至废止。公平和效率都是法律的价值追求，二者犹如制度设计的双翼，缺一不可。对商事活动的规范，仅追求公平，可能会使投资和交易低效率，打击商人逐利的积极性；反之，一味追求效率，虽然会制造短期和有限范围的效益，但最终会因无视公平而使交易无效率。再次，当维持公司人合性与追求效率发生冲突时，应以人合性为重，在人合性不受威胁的条件下，重视股权转让效率。

（二）修正具体规则，提高股权交易效率

本文第三部分对股权转让限制模式进行了分析，建议采用"单一限制"模式中的同意条款。与优先购买权条款相比，同意条款的限制模式更加有助于提高股权转让效率，能够使公平与效率两种法律价值协调共处。日本、法国的公司立法是采纳同意条款限制模式的典型，详细设计了股权转让的法定规则。从我国《公司法》的历史沿革来看，股权转让限制规则依然会承继章定规则优先、法定规则补充的立法传统，而法定规则往往对章定规则的设计产生巨大影响，甚至很多章定规则会完全照搬法定规则。对于法定规则的完善，本文建议参照日本、法国的经验，修改现行立法中的一些规定，使有限责任公司的股权转让制度在价值取向、规范模式、具体规则等方面形成一个符合公平、效率理念的闭环。

1. 由公司对股权转让是否同意做出意思表示

对于公司意思应否介入股权转让之中，我国公司立法前后有所变化。1993年《公司法》第 38 条第 10 项规定，股东大会决议股东对外转让股权事项。2005年《公司法》删除了这一规定，这意味着股权对外转让事项由"公司同意"改为了

---

〔1〕 尚晨光：《有限责任公司人合性的神化——兼评北京新奥特公司诉华融公司股权转让合同纠纷案》，《公司法评论》2005 年第 4 辑。

〔2〕 赵旭东等：《中国商事法律制度》，法律出版社 2019 年 9 月版，第 74 页。

“其他股东同意”。现行《公司法》第71条第2款规定“其他股东过半数同意”而不是“公司同意”,理由是股权转让系股东处分其财产的行为,是股东之间的合同性质的问题,并非公司的内部决策问题。[1] 其实,股权转让跨行为法和组织法两个领域,不仅是转让方与受让方之间的合同关系,还与公司利益休戚相关。现行《公司法》第73条规定,股权转让后,公司应当换发出资证明书,变更股东名册和工商登记。股权转让后公司负有办理股权变更手续的义务,但是,法律没有赋予公司相应的权利。从权利义务相一致的角度,拥有独立于股东意思与利益的公司应有权利参与股权转让。

公司意思介入股权转让有利于提高公司治理效率。在股权对外转让不获同意的情况下,我国《公司法》规定由其他股东购买,日本则由其他股东、公司或公司指定的第三人购买,法国由其他股东或公司购买,虽然各国公司法规定的购买人的范围不同,但由谁购买以及购买比例等事项都会改变股权结构,影响股东对公司的控制权,可能会在存续股东之间造成矛盾冲突。因此,从公司治理效率的角度来看,由公司内部决策机制统筹,比由购买者一一做出意思表示更具效率,也更有利于公司内部关系的和谐稳定。

此外,有一点需要说明,“应当由公司做出同意与否的意思表示”意味着,原则上公司的意思表示形式是股东会决议。不过,如果没有股东会决议的形式,通过相关证据可以推导出其他股东的意思代表了公司意思,也不必拘泥于形式而认定未经过公司同意,只要符合立法目的即可。

2. 建立客观的定价机制,废止“同等条件”规则

现行《公司法》第71条第3款之所以规定“同等条件”,大概是承接了传统民法优先购买权制度中“同等条件”的理念。虽然对于股权的性质众说纷纭,但股权肯定不同于债权或物权,尤其是有限责任公司股东的股权,其转让条件更为复杂,除价格外,还涉及转让数量、履行期限、付款方式、资金组合、销售市场、职工安置等因素,与传统民法优先购买权中的“同等条件”不可等量齐观。

“同等条件”的立法目的在于确保转让股东的利益最大化。在实践中,转让股东往往会以较低的价格将股权转让给亲属、朋友等关系亲近的主体,而类似于亲近关系这样的条件是否是“同等条件”的考量要素,的确是实务判断的难题。此外,传统公司法中的股东利益最大化原则已经不被视为唯一的、绝对的价值取向,在股权转让中将转让股东获得最优价款视为公平是不妥当的。股权转让中涉及多方利益主体,立法和实务需要兼顾多种价值取向,对转让股东而言,只要其能够以公正合理的价款退出公司,就应视为符合公平原则了。

因此,笔者建议采纳法国、日本的股权定价方式,其他股东或公司不是按照“同等条件”购买待转让股权,而是由双方协商价款,协商不成则由法院指定第三方鉴定人评估股价。日本、法国公司法中的“优先购买权”是由于公司反对股权

---

[1] 王湘淳:《股权对外转让限制规则:阐释与再造——〈中华人民共和国公司法〉第七十一条之研究》,《大连理工大学学报(社会科学版)》2018年第6期。

对外转让而指定的某个购买人享有的、优先于外部第三人购买待转让股权的权利，属于同意条款的组成部分，这种权利不能独立行使。就此点而言，不同于传统民法中具有独立性的优先购买权。其实，日本、法国涉及公司法的司法实践中并未明确使用“优先购买权”这一术语，该术语只是学界的说法。由其他股东、公司或公司信任的人购买待转让股权，目的在于保证股东能够退出公司、收回投资，与其称为“优先购买权”，不如定性为“购买义务”更合乎立法目的。所以，不必僵硬地遵循传统民法中优先购买权的同等条件的限制。

3. 其他股东主张优先购买后，转让股东不得放弃转让

《公司法司法解释(四)》第 20 条规定转让股东享有“反悔权”，致使股东可以无限重复“请求转让→放弃转让”的行为，不但背离商事效率原则，也致使公司人际关系不稳定。比较法上，《日本公司法》的做法具有参考价值。

《日本公司法》第 138 条第 1 项规定，转让股东向公司提出转让申请时，应当载明以下事项：①转让股权的数量；②受让人的姓名或名称；③反对股权对外转让的，由公司或公司指定的人购买。公司股东会决议不同意股权对外转让的，第 141—143 条规定，应当在法定期间内决定由公司或公司指定的人购买。公司或指定购买人应当向转让股东通知购买的意思(接受指定的意思)、欲购买的数量。转让股东收到公司或指定购买人的通知的，不得单方撤回根据第 138 条第 1 项第 3 目发出的转让请求。学界和实务界认为，优先购买权是形成权，公司或指定购买人向转让股东发出购买意思的通知，即在二者之间成立合同关系，转让股东不能单方撤回转让意思。[1] 由于立法对转让股东向公司提出申请的内容规定得非常详细，几乎构成合同的主要条款，价格虽然由双方协商，但是，公司或指定购买人向转让股东主张购买时，应当将根据净资产计算出的股款提存，若双方不能协商一致，并且没有在公司或指定购买人主张购买之日起 20 日内申请法院估价的，提存的金额就是股权转让价额。因而股权转让价格最终是可以确定的。由此可见，无论从优先购买权的性质是形成权的角度，还是合同成立的角度，《日本公司法》都有不允许转让股东反悔的法理基础。

在我国《公司法》上，“同等条件”实则股权转让的全部条件，转让股东将“同等条件”通知其他股东就相当于发出了要约，而其他股东行使优先购买权的主张即是承诺，双方意思表示一致，合同即成立生效。因此，“同等条件”下赋予转让股东反悔权在合同成立理论上是不妥当的。

此外，我国学界对优先购买权的性质主要有请求权说和形成权说两种观点，越来越多的学者支持后者。[2] 为了解决因转让股东“反悔”而导致股权交易不确定、股东失和的问题，笔者认为立法政策应当选择后一种观点，明确转让股东向

---

[1] 江頭憲治郎.《株式会社法》，有斐阁 2015 年 5 月版。

[2] 赵旭东：《股东优先购买权的性质与效力》，《当代法学》2013 年第 5 期。胡晓静：《论股东优先购买权的效力》，《环球法律评论》2015 年第 4 期。常鹏翱：《论优先购买权的法律效力》，《中外法学》2014 年第 2 期。赵磊：《股东优先购买权的性质与效力—兼评〈公司法司法解释四〉第 20 条》，《法学家》2021 年第 1 期。

公司征求意见的通知的内容、公司或指定购买人发出购买请求的内容,以便确定合同的主要条款。此外,还需要依靠完备的股权定价机制,确定合理、公正的股权价格。日本由公司或其他指定购买人提存股款的做法,虽然安全,但过于复杂,并不适合我国的公司实践。

结语

我国有限责任公司股权转让限制制度自诞生之起,就充满争议与质疑,“同意权”“优先购买权的性质”“违反股权转让限制合同的效力”“同等条件”“章程限制的合理性”“股权变动模式”等问题不断涌现,公司法中几乎没有哪个领域能如此热闹喧嚣。造成这种情形的原因是多重的,如股权转让实践复杂多变、股权转让细节规定粗糙等。不过,这些都不是问题产生的根本原因,关键在于有限责任公司股权转让限制的价值取向有失偏颇。因过度重视公司的人合性、稳定性而设置了“双重限制”,就如同打开了“潘多拉盒子”一样,围绕股权转让的纠纷、争议不断涌现。也许受传统民法思维的影响,现行股权转让制度对公平价值有着深深的执着,在沉溺于维持人合性的同时,又努力补救财产自由受到限制的转让股东的权益,反而忽视了股权转让首先是商法调整对象的事实,致使商法的核心价值理念——效率在该领域难觅踪影。厘清股权转让限制制度的价值取向是当务之急,在坚持公司人合性为根本的前提下,重视股权转让效率,促进资源优化配置,同时兼顾相关利益者的利益。法定规则可以设计如下:

(1)转让股东向公司通知转让事项,征求公司是否同意,通知中应当载明转让股权的数量、受让人的姓名或名称。

(2)公司对股权转让事项做出股东会决议。若决议同意,股权可以对外转让;若决议不同意,由其他股东、公司或者指定购买人购买。公司应当在法定期间内将决议结果通知转让股东。未在法定期间内通知的,视为同意转让。

(3)其他股东、公司或指定购买人应当在法定期间内向转让股东发出购买申请,否则视为放弃优先权并同意股权对外转让。购买申请发出后,转让股东不得放弃转让。

(4)股权转让价格由双方协商;协商不成的,转让股东或购买方均可申请法院指定中介机构评估。自购买方发出购买申请之日起,法定期限内未完成股权转让的,股权可以对外转让。

国际博弈下的中国知识产权制度演进[1]

张志成*

摘　要　历史上的中国未发展出成文的知识产权制度。改革开放以来，我国现代知识产权制度的建立和变迁既是体制改革、自身发展需要的产物，也是经济全球化的产物。总体上看，知识产权国际保护规则有效维护了发达国家主导的经贸体制和优势，导致缺乏完整产业链、创新链和供应链的发展中国家成为经济附庸。依靠较为完整的工业体系基础和制度体制优势，我国在国际博弈背景下融入经济全球化，实现了经济发展和科学技术的突破。经济技术发展的内在需要和国际博弈共同推动我国知识产权制度向更严格的方向发展演进。围绕创新驱动战略，我国未来知识产权制度构建和完善应重点关注以下方面：知识产权保护方向的确定涉及社会主义分配原则这一根本问题，应在《宪法》这一根本大法中予以体现；要把对创新投入收益的严格保护摆在首要位置；实现保护体系向"严格保护"方向的根本性转变；实现社会治理能力提升；推动知识产权国际治理体系的整合和升级。

关键词　知识产权；国际博弈；经济全球化；严格保护

目　次

---

* 张志成（1971—），国家知识产权局保护司司长，北京大学法学博士，主要研究方向：知识产权法。

[1] 本文仅代表个人观点，与所在单位无关。

知识产权制度是人类重要的制度发明。知识产权制度不仅在于实践证明这一制度对于驱动创新、实现市场主体公平竞争、保护消费者权益有着重要作用,还在于该制度第一次实现了人类对抽象之物设定产权,[1]从而在法律制度层面对人从事创造性劳动和市场主体将新生产要素投入创新的行为予以积极评价和肯定,并在物化人类的传统封建或者新兴资本主义法权体系中为人的自由[2]而全面的发展点燃一盏明灯。由于知识产权法律制度保护的客体主要围绕创新成果,而创新成果必然是个人智慧的创造性产物,因此,就法权而言,知识产权制度的阶级色彩更加淡薄,甚至可以说,这一制度在资产阶级法权体系下赋予了部分人某种摆脱压迫的制度力量。但必须承认的是,作为一种产权制度,无一例外,其背后的驱动力必然是利益的博弈和财富的分配,而不是浪漫情怀的制度化,更不是"劳动财富论"和"法权"的完美契合。建立和选择一种制度也必然是基于利益博弈的一种实践活动和人的理性活动结合的产物。问题在于,作为一个迈向新时代、全面开启现代化强国建设的中国,应该选择和建立一个什么样的制度,以在日益激烈的国际博弈环境中实现创新发展。问题还在于,中国的制度实践可以为人类未来的发展贡献何种智慧。

一、中国知识产权制度的历史演进

中国古代不乏发明创造,甚至伟大的发明创造。这些发明创造体现在制度、文化、技术等方方面面。在技术方面,除了众所周知的"四大发明"之外,在农业技术、航海技术、建筑制造、军事技术等方面,中国都有诸多重要发明。在制度文明方面,中国发明了科举制度、文官制度,创立了皇帝(以及宰相)制度,这些都为中国数千年文明的延续乃至世界文明的发展做出了重要贡献。中国甚至自两千多年前的秦朝就形成了标准化生产[3]方式。为维系帝国统一,驰道、邮传、邸报等制度很早就建立起来。中国古代也萌生有初级形态的知识产权制度或者说"准"知识产权制度。例如,在商品上使用与商标功能接近的专门印记[4]以及对自己的技术诀窍采取保密措施等。这些措施包括但不限于遵循着"传内不传外,传子不传女"等生产诀窍代际传承方式。[5] 但直到19世纪40年代中国被迫向欧洲主导的新世界秩序打开国门之前,除了个别时间点和个别地方有官方文书涉及类似著作(版)权等保护的条文外,中国并没有成文的知识产权制度。除了

---

〔1〕"权利以有形或无形之社会利益为其内容或目的,——无形财产权之客体为精神之产物"。史尚宽:《民法总论》,中国政法大学出版社2000年3月版,第221页。转引自王泽鉴:《民法总则》(增订版),中国政法大学出版社2001年7月版,第204页。

〔2〕"财产所有权是自由的保证"。J. 布坎南:《财产与自由》,韩旭译,中国社会科学出版社2002年1月版,第4页、第59页。

〔3〕潘如丹、杨超、唐心韵:《秦兵马俑开启的历史观察——兼论标准化对社会进步的动力作用》,第六届中国标准化论坛。

〔4〕孙英伟:《商标起源考——以中国古代标记符号为对象》,《知识产权》2011年第3期。

〔5〕肖思雨:《浅论古代手工业发展对技术的创新作用》,《丝路视野》2017年第36期。

太平天国时期昙花一现的专利制度概念外，[1]直到中外贸易往来越来越深入、中国半殖民地半封建化程度越来越深的清朝末年，专利制度才引进至中国。

清政府分别于1898年颁布了《振兴工艺给奖章程》，1904年颁布了《商标注册试办章程》，1910年颁布了《大清著作权律》。“但在半殖民地半封建社会的社会背景下，清政府的知识产权立法无疑是列强重压之下的产物”。[2] 这一引进更多是被迫的，不是主动的。历史证明，这些制度很多并没有实施或者虽然实施但并不彻底。就知识产权制度，特别是专利制度而言，张之洞的认识可谓具有代表性：“自枉中国利源，自蹙中国生计。”[3]而且，这一认识的影响十分深远。围绕专利保护是否利国利民的争论一直延续到改革开放初期我国建立专利制度之时。[4] 1927年，国民党建政之初，实行了一些有利于民族经济发展的内政和外交政策，[5]其中就包括了探索和推进知识产权制度。当时的国民政府工商部长孔祥熙认为：“如不设法扶持保护（发明特许权），漫以平等互惠相夸，任其自然，将见愈益地下，永无实现平等互惠之可能。”[6]1944年，国民党政府颁布了《中华民国专利法》，后续又颁布了《专利法施行细则》。但由于国民党建政时期全国工业、科技发展水平很低，实施专利制度也仅带来年均数十件到一百来件的申请量，对推动社会进步的作用几乎可以忽略不计。但无论如何，这一时期对于知识产权制度的探索已带有一定自主性，其目的是为了发展本国工业，并且构建起了现代知识产权制度下民事权利的雏形和框架，为中华人民共和国成立后中国知识产权法律制度的探索提供了借鉴。[7] 特别是1944年《中华民国专利法》实现了对发明从行政奖励到民事权利保护的转变，同时，也实现了向统筹保护中外专

---

〔1〕 1859年，洪仁玕在其《资政新篇》中提出“倘有能造如外邦火轮车，一日能行七八千里者，准自专其利，限满准他人仿作。”“有能造精奇利便者，准其自售，他人仿造，罪而罚之。”“器小者赏五年，大者商十年，——限满准他人仿作。”这一设想包括了专利制度的基本要素。

〔2〕 如1903年清政府与美国签订《中美续议通商行船条约》，该条约第11条规定：“中国政府今欲中国人民在美国境内得获版权之利益，是以允许凡专备为中国人民所用之书籍、地图、印件、镌件者，或译成华文之书籍，系经美国人民所著作，或为美国人民之物业者，由中国政府援照所允保护商标之办法及章程，极力保护十年。”尽管该条约强调“中国人民在美国境内得获版权之利益”，且将美国在中国获得保护的作品限于“专备为中国人民所用之书籍、地图、印件、镌件”，但在当时的情形下，中国作品显然无法大量输入美国。因此，该条约的保护重点是美国作品，而非中国作品。条约原文参见周林、李明山主编：《中国版权史研究文献》，中国方正出版社1999年11月版，第77—81页。又参见曹文泽、王迁：《中国知识产权法制四十年：历程、特征与展望》，《法学》2018年第11期。

〔3〕 黄嘉谟主编：《外交部收湖广总督张之洞函》，《中美关系史料》（光绪朝五），“中央研究院”近代史研究所1968年版，第3605—3606页。转引自崔志海：《试论中美〈通商行船续订条约〉》，《中国社会科学院近代史研究所青年学术论坛》（2001年卷），社会科学文献出版社2001年11月版，第309页。

〔4〕 冯承中：《前中国专利局局长访谈录黄坤益谈我国专利制度的建立》，《电子知识产权》2002年第1期。

〔5〕 金冲及：《二十世纪中国史纲》（第一部分），社会科学文献出版社2009年8月版，第275页以下。

〔6〕 中国第二历史档案馆编：《中华民国史档案资料汇编—第五辑第一编—财政经济》，江苏古籍出版社1991年6月版，第76—81页。

〔7〕 例如，我国现行《中华人民共和国专利法》和民国时期的《中华民国专利法》框架基本一致，都是把发明、实用新型和外观设计用一部法律进行保护。

利权的重大转变,[1]是首次主动探索推动知识产权保护的制度尝试,对于我国知识产权制度的变迁具有一定价值。

习近平在十九届中央政治局第二十五次集体学习时指出,我国知识产权保护工作于中华人民共和国成立后不久就开始了。[2] 中华人民共和国成立之初,就设立了同时保护发明权和专利权的制度,以鼓励国民对生产科学之研究,促进国家经济建设之发展。但由于我国很快从事实上的市场经济转变为公有制计划经济,科研活动成为国家计划活动,科学技术成果也成为按照计划安排分配的资源,特别是随着后来不断强化的"第一人民公社规模大,第二人民公社公有化程度高"(以下简称"一大二公")政策的实施,保护私有产权的专利制度难以发挥作用成为必然。这种体制的建立在很大程度上是我国在社会主义建设中引进、模仿和学习苏联制度的结果。[3]

总体而言,和世界其他地区一样,历史上的中国社会同样是建立在私有制基础上的,但并没有发展出现代知识产权制度,特别是专利制度。[4] 虽然在漫长的历史长河中,中国也有过对相关制度的探索和观念萌芽。例如,中国对于作者的署名权以及印刷出版者的"版权"都有传统上的尊重乃至零散的制度上的规制,[5]而随着封建时代后期,特别是宋朝以后商品经济的兴起和繁荣,商业标记也随之发生发育,并形成了独特的商业标记文化,还有长期经营积累了良好口碑的"字号"等。"普天之下莫非王土、率土之滨莫非王臣"的大一统观念下的"土贡"制度多多少少都有现代地理标志产品制度的影子,更不用说中国参与世界贸易过程中基于技术和地理优势形成的大量至今声名不辍的"景德镇""大理石""龙井""瓷器"等闻名全球的地理标志名称了,甚至"中国"现在的英语名称"China"本身也是"瓷器"(china)这一产品的名称,[6]而基于中医重要传统所形成的"道地药材"认识,更是和现代地理标志制度内涵十分接近。但不可否认的是,在这些领域,中国最终并没有形成体系化的制度。"老字号"可能十分看中"道地药材",形成了只使用道地药材的优良传统,但无论如何,其仍旧停留在文化层面或者商业惯例层面,并没有上升到法律层面,极而言之,也不过是出现了和源自西

---

[1] 1902年中美商约谈判过程中,美国提出中美之间对等保护对方专利——"创制之物",遭到以张之洞为代表的满清朝廷极力反对,但最终被迫就范。不过清廷采取拖延战术,一直没有制定专利法,所以美国的目标并未实现。陈福初:《1944年民国政府〈专利法〉研究》,《福建论坛(人文社会科学版)》2012年第9期。

[2] 孙璐:《走过发展20年——我国专利制度二十年来的发展与现状》,《中国发明与专利》2005年第12期。

[3] 黄武双:《制度移植与功能回归——新中国专利制度的孕育与发展历程》,华东政法大学2006年博士学位论文。另,在社会主义建设初期,中国共产党曾经提出"学习苏联"的口号。中共中央宣传部等编:《中华人民共和国简史》,人民出版社、当代中国出版社2021年8月版,第71页。

[4] 由于中国古代商品经济发育达到了较高水平,因此,尽管中国古代商业化的主体多为坐贾,但仍然有不同形式的商标,学者已经有不少研究。同时,中国文化较为发达,也形成了包括作者权、不许覆板等习惯法。但是,就技术发明领域而言,除了商业秘密这种自发形式外,并无制度上的发育。

[5] 邓建鹏:《宋代的版权问题——兼评郑成思与安守廉之争》,《环球法律评论》2005年第1期。

[6] 尽管历史学界和语言学界对"China"的来源存在不同观点,但是在现代英语中"China"作为中国的英语国名以及"china"是英语"瓷器"是毫无疑问的,客观上表明了二者具有紧密的联系甚至一致性。

方的知识产权制度近似的习惯、观念和相关权利的内容。如果谈及引进知识产权制度,特别是专利制度,则是到了太平天国时期,而其真正成为政治和法律议题,则是在清王朝被迫对外开放、不得不面对西方列强的索求之时。

之所以形成这一历史现象,从经济基础角度分析,核心原因在于,明清以降,中国在技术发展上处于落后状态,并非技术创新的主要策源地,对于技术创新的社会资本投入不高,创新产出往往零散而不具备全局性,难以形成可以上升到法律层面予以保护的现实利益。[1] 从经济形态看,在中古时代,尽管中国在技术和文化上处于世界领先地位,但由于主要生产方式是农业而不是工业或者大规模手工业,社会为自然经济而非商品经济或市场经济主导,因此也缺乏制度创设的现实基础。从政治层面分析,总体而言,王权支配社会是中国古代历史的常态。[2] 具体而言,富有创造力的文人墨客多为士绅阶层,创作出来的诗词歌赋、文章尽管丰富多彩,但却并不是其求生所必须,其生活依赖的往往是地租或者俸禄。因此,他们往往更在意其创作品是否得到广泛传播而非通过设定某种权利来获得实在的经济利益,并没有具体的经济利益诉求。[3] 而依靠民间文艺生存的游方诗人们往往通过口耳相传来保障自己的利益,没有政治代表可以表达诉求。真正在技术领域有创新成果的则多是世代相袭的匠户,在政治上没有代理人,在士、农、工、商[4]的阶层框架下长时间处于被欺压被奴役的处境,不可能将其利益转化为政治和经济权利,只能通过"传内不传外,传子不传女"等原始的商业秘密方式保存生计诀窍。相较而言,由于欧洲大陆一直没有形成稳定的大一统政治体制,封建主和匠人、市民之间市场化的相互交换的经济关系色彩更加鲜明,其技艺和知识诀窍通过市场化方式向经济利益转化没有文化和制度上的障碍,最终借由资产阶级革命对平等贸易权的斗争而形成了知识产权制度这一民事权利制度是历史的必然。

20 世纪 70 年代,中国步入改革开放时代。伴随着改革开放的推进,中国再次全面引进了知识产权制度。1973 年,中国代表团出席了世界知识产权组织领导机构会议,代表团回国后即向中央提出了建立专利制度的建议。在主要靠"抄机"——也就是仿制为主的时代,[5]专利制度的建立遇到了强大的阻力。但在当时,科学技术是第一生产力这一观念越来越成为国人的共识,如何发挥科技人才

---

[1] 21 世纪之前仅 3 个国家(美国、日本和德国)就贡献了全球所有专利活动的 2/3。将其余西欧经济体包括在内,这一比例达到了 90%左右。江小涓、孟丽君:《内循环为主、外循环赋能与更高水平双循环——国际经验与中国实践》,《管理世界》2021 年第 1 期。

[2] "古代政治权利支配着社会的一切方面,支配着社会资源、资料和财富,支配着农、工、商业和文化、教育、科学、技术"。李文昌、林存阳:《刘泽华与"王权主义"理论建构》,《天津社会科学》2020 年第 1 期。

[3] 例如,著名的"旗亭画壁"的故事,说的就是唐代诗人王昌龄、高适、王之涣以自己的诗词是否被传唱以及传唱多少来比赛的故事,并不以经济利益为意。故事收于唐朝薛用弱所著的《集异记》中。此记载虽不是正史记载,但足以反映古人的观念。

[4] 《管子・小匡》有言:"士农工商四民者,国之石(柱石)民也。"

[5] 冯承中:《前中国专利局局长访谈录黄坤益谈我国专利制度的建立》,《电子知识产权》2002 年第 1 期。

的积极性,把他们从计划项目管理的束缚中解脱出来,已经成为十分紧迫的问题,也成为一个战略问题。同时,在通过产权制度的建立和完善使计划经济框架下的企业实现向市场化的企业转变的过程中,如何解决企业之间因技术研发和推广而产生的矛盾也成为重要课题。比较而言,企业短期的利益就显得不那么重要了。1980年,中央批准设立了中国专利局;1984年,《中华人民共和国专利法》公布;1985年,颁布了第一批专利权证书,中国专利制度正式重建。但同时必须指出,在当时,专利制度、商标制度等都保留了不少时代印记。例如,1984年《中华人民共和国专利法》对于全民所有制单位的专利权仍规定只允许"持有"。

同时,重新建立专利制度,除了改革发展的内在动力外,客观上还存在强大的外力推动。这不仅表现在中国专利法起草的过程中,国际组织以及一些发达国家不遗余力地支持和帮助,也表现在中国专利制度的建立既使国内的科研工作者欢欣鼓舞,[1]也受到了世界知识产权组织和不少发达国家的欢迎。[2]为了帮助中国尽快实施这一制度,联邦德国等国家送来专利文献,多个发达国家积极接纳中国专利审查员前往留学,甚至帮助中国专利局建立信息系统等。[3]这些历史细节表明,中国专利制度的建立在全球化时代与一些发达国家的利益相契合,因此得到了它们的支持。而从政治层面看,商标、专利、著作权制度的建立和完善,也与我国思想意识的解放,特别是把知识分子作为工人阶级——也就是领导阶级的一部分[4]以及承认个体户、中小微私人企业作为中国经济的重要补充这一重大政治改革密切相关。众所周知,作为知识分子,其参与社会分工的主要职能就是知识的创造、生产和传播。而既然允许个体户、中小微私人企业参与到社会主义建设中来,字号和商标就是必不可少的法律保障。

20世纪70年代一直到21世纪初,可谓中国知识产权制度和当时以西方主导的国际知识产权制度契合演进的"蜜月期"。这表现在以下几个方面:一是在改革不断深化的驱动下,中国法律体制发生革命性的变革,以公有制为主体、多种所有制经济共同发展的基本经济制度在探索中前进。特别是,思想解放,打破了"一大二公"的思维定式,包括知识产权在内的私有产权以及民营经济逐步发展起来。这种制度改变虽然在总体目标上、价值取向上和西方泾渭分明,但显然在特定发展阶段内、在一定程度上和西方国家主导的国际规则体系相契合。因此,在知识产权制度建设方面,中外两种力量相互交融、相互影响,推动中国建立了基本符合国际通行规则的知识产权制度。二是在开放不断扩大的背景下,引进外资、外国先进技术成为中国发展的一个重要支撑。而外资和外国先进技术

---

〔1〕 国家知识产权局组织编写、孙宏文编著:《当代中国专利制度的创建》,内部资料,第××页。

〔2〕 国家知识产权局组织编写、孙宏文编著:《当代中国专利制度的创建》,内部资料,第××页。

〔3〕 国家知识产权局组织编写、孙宏文编著:《当代中国专利制度的创建》,内部资料,第××页。

〔4〕 "我国广大的知识分子,包括从旧社会过来的老知识分子的绝大多数,已经成为工人阶级的一部分,正在努力自觉地为社会主义事业服务。"参见1979年6月15日邓小平在中国人民政治协商会议第五届全国委员会第二次会议上的开幕词。

的持有者也看中了中国的市场、低成本的劳动力以及环境，愿意在其投资和技术受到法律保护的前提下对中国输出技术以及信息等。当然，其输出资本和技术的同时必然不断要求国际法律体系向着有利于保护其利益的方向演变，其典型表现就是在关贸总协定向世界贸易组织的过渡过程中，发达国家和发展中国家围绕知识产权保护展开激烈斗争后达成了妥协，并形成了《与贸易有关的知识产权协定》这一具有历史性意义的国际法文件，确立了知识产权保护的最低标准，并推动知识产权保护与贸易制裁机制相挂钩，使知识产权保护制度的刚性明显增强。[1]

可以说，改革开放以来，中国知识产权制度的建立和变迁，既是中国政治和经济体制改革、自身发展需要的产物，也是在东西方制度文明以及经济交往驱动下的产物，同时，也是经济全球化进程的产物，具有显著的国际化特征和社会主义体制的特色。

二、国际博弈大背景与中国知识产权制度变迁

中国知识产权制度的建立是改革开放的一部分，反之，改革开放的进程也必然影响中国知识产权制度的变迁。特别是中国融入经济全球化的进程主要是通过世界贸易组织这个平台完成的，而世界贸易组织本质上是一系列贸易规则的总和，其中也包括以《与贸易有关的知识产权协定》为主要内容的多边知识产权保护规则，这必然影响我国法律制度的改革和完善，或者可以说会倒逼知识产权领域的改革不断深化。

这种影响主要表现在两个方面。一是随着改革的不断深化，知识产权制度的内容不断演进，更加突出产权的“私权”属性[2]和市场化因素，同时，也更多展现中国特色社会主义制度下产权的社会属性，表现为“放权”“赋权”和强化权利“社会责任”的统一。二是随着对外开放的不断扩大，知识产权制度演变的速度和方向不可避免地受到了他国、区域以及国际组织确定的标准的影响，表现为中国法律体系向所谓国际标准靠拢，和国际通行规则——实质上是相关国家妥协而形成的一系列规则——更加一致，以及照顾主要贸易伙伴的知识产权利益等的综合统筹。这种靠拢背后当然是中国经济发展的需要，但其具体原因、驱动力以及未来发展趋势值得深入分析。

同时必须指出，改革和开放在逻辑上是统一的，但在具体层面，改革和开放对知识产权保护制度提出的需求尽管总体上一致，如都要求进一步强化产权保护，但在节奏和时间、空间结构上却未必是步调一致的。因此在知识产权制度的改革变迁中，时常可以看到二者之间的矛盾冲突，有时甚至是很激烈的矛盾冲

[1] 乌拉圭回合谈判采取一揽子的方式进行，把知识产权保护和贸易谈判捆绑在一起。高卢麟：《对关贸总协定乌拉圭回合关于与贸易有关的知识产权谈判的初析》，《知识产权》1993年第1期。

[2] 吴汉东：《知识产权的私权与人权属性——以〈知识产权协议〉与〈世界人权公约〉为对象》，《法学研究》2003年第3期。

突,在知识产权学界持续表现为"弱保护"与"强保护"的观点冲突,[1]有时则表现为个别主要贸易伙伴国的利益诉求和国内产业界乃至大多数贸易伙伴国的利益诉求不完全一致所造成的法律对知识产权保护的强度和结构的不平衡。例如,在个别领域实现了更高的保护标准。[2] 直到进入新发展阶段,以中共中央办公厅、国务院办公厅印发《关于强化知识产权保护的意见》为标志,各界围绕知识产权保护才最终形成了"强化保护""严格保护""全面加强保护"的共识以及建设"知识产权强国"的共识。[3] 改革开放以来,知识产权制度主要是在对内深化改革和对外扩大开放这两种力量的推动下前进和发展的。只有准确把握发展趋势以及现实需求,在节奏、时间和强度上不断把知识产权的制度,特别是知识产权保护的强度这一关键指针与实践对准,才能推动我国知识产权事业科学发展。而要准确把握这一趋势,必须从经济全球化进程和国际规则的变革两个维度入手进行分析。

从经济全球化进程这一维度进行分析。1994年,随着经济全球化的发展,全球经贸体系正面临重组重构。中国在积极谈判"入关",全力冲刺加入世界贸易组织。在这个过程当中,包括发展中国家的主要诉求是发达国家开放市场,而发达国家提出的主要诉求就是要求发展中国家保护知识产权。在一揽子谈判机制的约束下,在双方的相互需求和相互妥协下,达成了《与贸易有关的知识产权协定》,[4]全球经贸体系围绕知识产权制度的变迁发生了重大变化。这一变化的核心是全球知识产权保护总体上有了最低标准,知识产权不再完全是国家主权范围内的地域性权利。除非一个国家不加入世界贸易组织体系,或者不参与国际贸易,否则必须按照最低标准来建立和实施知识产权保护制度。变化的关键则是各国对知识产权保护的承诺和义务直接与贸易纠纷解决机制挂钩,使知识产权制度在全球普及,并赋予了知识产权制度通过贸易制裁而得以实施的刚性。[5]

这一变化之所以得以实现,主要是因为经济全球化和市场经济模式在全球的普及。在发达国家拥有资本和技术优势而发展中国家富有资源和劳动力的特定结构的驱动下,南北合作成为市场发展的必然。合作能够达成,当然是因为"双赢",但"双赢"的背后实际上仍存在着激烈的利益冲突。特别是在利益分配过程中,规则的重要性十分突出。《与贸易有关的知识产权协定》实质上就是发达国家向发展中国家输出资本和技术的一个"股权证",发展中国家要输入技术,就必须付出保护知识产权、支付高昂许可费的代价。这一协议表面上看是公平

[1] 郑成思:《知识产权:弱保护还是强保护?》,《人民论坛》2006年第11期。

[2] 例如,美国对于化学药品保护的关注,加快了我国专利法的改革步伐。文希凯:《中美知识产权谈判中的专利问题》,《中国专利与商标》1995年第2期。

[3] 张志成:《知识产权强国建设初探》,《科技与法律》2015年第4期。

[4] 吴汉东:《WTO与中国知识产权的保护》,2004年8月在山东省东营市中级人民法院的演讲,www.aisixiang.com/data/11540.html,访问日期:2021年5月3日。

[5] 世界贸易组织的建立明确了知识产权的保护义务以及最低保护水平,同时建立了争议解决机制和贸易制裁机制。高卢麟:《对关贸总协定乌拉圭回合关于与贸易有关的知识产权谈判的初析》,《知识产权》1993年第1期。

的，但本质上是保护发达国家创新优势、信息以及知识资源的工具，使发达国家向发展中国家的技术扩散途径被堵塞，或者说在技术输出的道路上增设了一个“收费站”，有效维护了发达国家主导的经贸体制。从此，技术外溢从一个问题演变成了两个问题：第一个问题，发展中国家能否“学得会”先进技术；第二个问题，学到手的先进技术能否“用得上”，也就是能否合法实现技术向产品和服务的转化。发展中国家实现发展也就从过去的“免费学习”变成了“付费学习”。在这种情况下，发展中国家即便是“学得会”先进技术，如果不付费，或者即便想付费而得不到许可，也就不能利用先进技术生产，进而也无法发展本国的生产力。通过知识产权保护制度的全球化，确保了西方国家掌握“微笑曲线”[1]中的研究开发和品牌这两个高附加值的领域。发展中国家如果不能在两端实现突破，必然造成“富国越来越富，穷国越来越穷”的局面。[2]

经历了以知识产权保护制度为核心的经贸体系重构之后，经济全球化进入新的发展阶段。以国际货币基金组织、世界贸易组织、世界知识产权组织为核心的、不平衡、不公平的国际政治经济秩序更加稳固。而对于发展中国家具有优势的资源和劳动力等要素则缺乏通行的、具有全球约束力的国际规则。从资源交易看，以石油为代表的能源产品定价权基本掌握在美欧，尤其是美英两国手中。从劳动力看，其流动方式完全取决于发达国家根据其自身对劳动力的需要而实行的移民政策（以及难民政策），从而造成发展中国家的客观优势难以转变为竞争优势，甚至出现话语劣势更加突出的窘境。这种体制加上发达国家在军事、金融、司法领域[3]的优势权力，导致发达国家建立了一道不可逾越的高收入护城河。多数发展中国家虽然基于出口和外国投资取得了经济增长，但本国企业普遍缺乏市场竞争力，转变为被发达国家的主导企业控制的委托加工企业，[4]国家也缺乏完整的产业链、创新链和供应链，成为经济附庸，很难实现突破，全球经济体系所形成的利润则源源不断地流入发达国家。从实际情况来看，第二次世界大战以后只有很少的国家和地区跃升为发达经济体，[5]大型经济体就更是凤毛麟角。个别经济成功的国家和地区，如“亚洲四小龙”，既有城市经济的独特因素，如新加坡和我国香港特区，也有冷战副产品的政治因素，如韩国和我国台湾省。

反过来看，如果没有严格的知识产权保护制度，特别是如果放任发展中国家无偿或低价引进发达国家的技术成果，研发科技领域的利润必将大大降低，同样，如果在市场的品牌和销售端放任仿制甚至侵权假冒，发达国家也很难保证本国企业获得高回报。

中国正是在这样国际博弈的大背景下融入经济全球化的。中国在知识产权

---

〔1〕 施振荣：《“微笑曲线”》，《竞争力 · 三联财经》2010 年第 4 期。

〔2〕 华民：《经济全球化与中国的对外开放》，《学术月刊》2007 年第 7 期。

〔3〕 例如，美国长期以来实行的司法“长臂管辖”制度，以及利用美元在国际贸易中的地位实行的各类制裁制度，极大地强化了西方在各种制度安排中的优势地位。

〔4〕 转引自余永定：《准确理解“双循环”背后的发展战略调整》，《新华文摘》2021 年第 8 期。

〔5〕 林毅夫：《中国将在 2025 年变成发达国家》，《财经界》2018 年第 10 期。

领域面临的形势自然也不例外,总体上和广大发展中国家处于同样的境地。但是,由于中国长期以来坚持“科学技术是第一生产力”的国策,加之改革开放前就已经形成的较为完整的工业体系这一雄厚基础,这就使得中国最终脱颖而出。1995年5月6日,《中共中央、国务院关于加速科学技术进步的决定》(中发〔1995〕8号)发布,提出实施科教兴国战略。[1] 2006年,十六届中共中央政治局举行第三十一次集体学习,胡锦涛强调抓紧制定并实施国家知识产权战略;2007年,中长期科学技术发展规划被部署;2008年,国务院印发实施《国家知识产权战略纲要》,围绕知识产权的竞争,以制度建设和能力建设为根本,全面加强知识产权创造、运用、保护和管理,推动知识产权制度服务于创新型国家建设,并取得了显著成效。到2020年,我国研发投入已经达到2.4万亿元人民币,占国内生产总值(GDP)的比重和经济合作与发展组织(OECD)国家不相上下,在绝对值上已经超过了美国,处在全球领先水平,[2]我国研究机构和研究人员发表的高水平论文数量仅次于美国,国内专利申请和授权连续多年位居世界第一,通过《专利合作条约》途径申请的国际专利数量在2019年第一次超过美国。[3] 这些事实表明,中国在科技创新上已经有了很好的积累,这是其他发展中国家所不具备的条件。能够实现这些成就,一是因为有效发挥社会主义市场经济制度中市场驱动力量,二是得益于我国社会主义制度集中力量办大事的体制优势——聚焦长远目标,通过包括行政力量在内的各种手段,更好发挥政府作用,科学、理性地调配社会资源。

在这种条件下,越来越多的国内企业主张更高标准的知识产权保护,特别是一批重点龙头企业积极布局知识产权,成为以研发创新为基础的全球业内翘楚。例如,华为、中兴等企业多年来专利申请和授权数在行业内都居于领先位置。[4] 这些经济技术和市场基础也表明,我国知识产权制度必然会向更严格的方向演进。

同时,我国还面临着特殊的知识产权制度变迁的推动力,那就是由以美国为代表的发达国家和中国经贸关系的深入发展所带动的多边、双边知识产权谈判。出现这一现象的基础因素是中国既是一个制造业大国,又是一个贸易大国。贸易占据中国经济总版图的半壁江山,因此,我国必然要对贸易伙伴的关切予以必

---

〔1〕 1995年5月,江泽民在全国科学大会上的讲话中提出了实施科教兴国的战略,确立科技和教育是兴国的手段和基础方针。

〔2〕 2021年2月26日,科技部部长王志刚介绍,“十三五”以来,我国科技实力和创新能力大幅提升,实现了历史性、整体性、格局性变化,全社会研发投入从2015年的1.42万亿元增长到2020年预计2.4万亿元左右,研发投入强度2020年预计会达到2.4%左右,其中基础研究经费比2015年增长近一倍,2020年预计超过1500亿元。赵卫华、李忠明:《王志刚:“十三五”以来我国科技实力和创新能力大幅提升》,http://stdaily.com/index/sysp/2021-02/26/content_1083754.shtml,访问日期:2022年10月10日。

〔3〕 据世界知识产权组织(WIPO)2021年3月2日发布的报告显示,2020年全球专利申请量达到27.59万件。其中,中国以68 720件专利申请量排名全球第一,同比增长16.1%;美国的专利申请量则为59 230件,排名第二。

〔4〕 例如,据世界知识产权组织报告,2020年,华为通过《专利合作条约》途径提交的专利申请量达到了5464件,连续四年排名世界第一。

要的、理性的回应,这种回应当然也是国际贸易比较优势理论的具体实践。但这并非本文讨论的主要内容,不再赘述。

中国是有着伟大梦想的国家,中华民族也是有着实现民族伟大复兴强烈意愿的民族。中国人不满足于从事中低端制造业,而是要通过不断深化的改革和更高水平的对外开放,建设一个创新型国家,持续地在国际大分工的条件下向产业链、价值链和创新链的上端爬升,实现新旧动能的转换,而这一战略目标也在不断地变为现实。在这个过程中,中国必然会和发达国家在高新技术产业的主导权的争夺上产生激烈的矛盾。其表现之一就是对战略性新兴产业中所掌握的关键技术和布局的知识产权的争夺。事实表明,即便是在 2008 年金融危机之后,世界各国经济处在徘徊甚至萎缩的阶段,全球的专利申请量仍保持了持续增长。全球 2018 年提交了 332 万件专利申请,比 10 年前的 2008 年增长了 72%,和 10 年间全球整体经济增长相比,这一速度要更高。这也是各国投入更多资源去抢夺新兴技术领域经济潜在增量的重要表现。因此,世界知识产权组织认为,对知识产权的强劲需求证明了知识产权体系在驱动全球经济增长中核心作用。在这种全球性的增长中,中国贡献了大部分力量,[1]这充分表明了中国知识产权战略实施的成效和向价值链的上端攀升的事实,也证明了中国在知识产权领域争夺世界领先位置的雄心。

技术和知识产权的积累必然会转变为产业发展的优势。从知识产权密集型产业[2]的概念来分析,目前,欧盟有 353 个知识产权密集型产业,为欧盟创造了 45%的国内生产总值。[3] 美国知识产权密集型产业则创造了 38.2%的国内生产总值。[4] 而我国的专利密集型产业增加值在 10 万亿人民币以上,也占到了国内生产总值的 11.6%[5]。尽管和美欧相比还落后不少,但无论总量还是增长速度都是可观的,也必然和美欧形成更高层次的竞争。

这种竞争在两个层面上有着越来越充分的体现。一是在法律层面,纠纷显著增加。以美国为例,我国企业遭遇的美国各类知识产权侵权诉讼和美国国际

〔1〕 世界知识产权组织:《世界知识财产指标 2021》,https://www.wipo.int/edocs/pubdocs/en/wipo_pub_941_2021.pdf,访问日期:2022 年 10 月 10 日。

〔2〕 赵喜仓、刘丹:《美国知识产权密集型产业测度方法研究》,《江苏大学学报(社会科学版)》2013 年第 4 期。

〔3〕 欧盟议会:《关于支持欧盟复苏和恢复的知识财产行动计划》(On an Intellectual Property Action Plan to Support the EU's Recovery and Resilience)(2021/2007(INI)),https://www.europarl.europa.eu/doceo/document/A-9-2021-0284_EN.html,访问日期:2022 年 10 月 10 日。

〔4〕 美国商务部:《知识财产与美国经济:2016 年更新报告》(Intellectual Property and the U.S. Economy: 2016 Update),https://www.commerce.gov/data-and-reports/reports/2016/09/intellectual-property-and-us-economy-2016-update,访问日期:2022 年 10 月 10 日。

〔5〕 中国国家知识产权局、国家统计局 13 日发布联合公告显示,2018 年,全国专利密集型产业增加值为 107090 亿元,占国内生产总值的比重为 11.6%。朱英:《2018 年全国专利密集型产业增加值占 GDP 比重为 11.6%》,http://www.gov.cn/xinwen/2020-03/13/content_5491043.htm,访问日期:2022 年 10 月 10 日。

贸易委员会根据1930年《美国关税法》第337条实施之调查(以下简称"337调查")[1]的数量每年都在增加。涉及我国企业的"337调查"案件从2013年的31件增长到2020年的96件,增长了两倍之多。国家海外知识产权纠纷应对指导中心2020年发布的《2019年中国企业涉美知识产权诉讼报告》显示,2019年,中国企业涉美案件新立案496起,新结案492起,特别是商标案件量及涉案中国企业数量较去年增加一倍多。二是在经贸领域,摩擦更加激烈。从1991年开始,中美在经贸领域开展了多轮次的知识产权谈判,美国多次以美国贸易代表办公室根据1974年《美国贸易法》第301条实施之调查(以下简称"301调查")[2]为借口,向我国施压,一方面要求中国在知识产权保护的制度建设和法律实施上更加强化,另一方面企图推动中国法律的"美国化"。其中,以特朗普政府对我国的发难最为典型,也深刻地改变了中美经贸关系乃至政治关系的走势。当然,实际上美国并非仅对中国采取以上措施。在20世纪末期,美国同样对日本在知识产权领域频频发难,通过法律和经贸手段遏制日本的产业竞争力。[3]

美国之所以聚焦知识产权保护来塑造自己的竞争力并不是偶然的,而是国际政治形势和国际经济分工发展的趋势使然。在"二战"后,特别是冷战时期,美国为了战胜苏联,除了直接援助西欧和日本外,还在产业上支持西欧和日本等地发展,以经济上的优势来巩固政治上的优势。在东亚,美国向日本、韩国以及我国台湾地区转移了大量的电子、汽车等产业。但产业转移往往是单行道,一旦去制造业化,由于人才培养、供应链再造均非一朝一夕之功,一国就很难"再工业化"。此时,要实现产品在国际上保持竞争优势的目标,只能靠科技研发、设计、品牌、软件以及市场渠道等,而难以再在成本、规模等方面保持比较优势。因此,尽管冷战结束后,美国国内有人就曾经提出"美国优先"的口号,[4]反对自由贸易,但就货物贸易而言,美国长期处于逆差状态。要保住自身独特的优势不丧失、不外溢,最佳的工具和手段就是可以有效保护品牌、技术、新产品的知识产权保护制度。简言之,知识产权制度已经成为美国经济的生命线。[5]

同时,这种竞争或者摩擦并不是孤立的、中美之间的问题。中美围绕知识产权的争议只是更具有典型性和代表性而已。实际上,所有发展中国家和发达国家都在围绕这一焦点问题进行斗争。日本、英国等发达国家都制定了知识产权

〔1〕 李涛:《"中国制造"的困境与出路——美国〈贸易法〉"337条款"知识产权壁垒的挑战》,《电子知识产权》2004年第3期。

〔2〕 张玉卿、关越:《美国贸易法的"301条款"》,《国际贸易》1992年第6期。

〔3〕 倪月菊、朱铭铮:《美国对华"301调查"之应对——中日比较分析的视角》,《海外投资与出口信贷》2018年第3期。

〔4〕 美国2000年大选时,改革党候选人帕特·布坎南(Pat Buchanan)就曾使用"美国优先"作为竞选口号。袁征:《美国优先论及其国际影响》,http://ex.cssn.cn/gjgxx/gj_mgwj/201912/t20191203_5052766_3.shtml,访问日期:2021年9月27日。

〔5〕 单晓光:《中美贸易战中的知识产权问题分析》,《人民论坛·学术前沿》2018年第17期。文章指出,中美贸易战实质上是一场知识产权之战,是美国试图通过知识产权打击中国在新科技革命中表现出的科技竞争力。实际上也表明,当前,无论对于美国还是中国而言,知识产权都已经成为生命线。只是由于美国经济"脱实向虚",其对知识产权的依赖程度更高,知识产权已经成为美国经济的基石。

发展战略，[1]发展中国家也从不同侧面重视知识产权问题。例如，创新领域发展较好的国家更加注重运用知识产权制度支撑创新，而仍然落后的国家则比较关注技术转移。围绕知识产权的各种矛盾在不断分化、发展。发达国家持续推动扩大和强化知识产权保护的动能仍然强大，而新兴国家在维护自身利益的同时，出于自身创新发展的需要以及扩大自由贸易圈的需要，也在向严格的知识产权保护立场上靠拢。《与贸易有关的知识产权协定》由于是在世界贸易组织多边框架下的规则，加之国际政治力量的"东升西降"和不同国家集团利益诉求的碎片化，因此，其无论是向哪个方向上实现变革都极为困难，面临丧失活力的危险。当然，这是世界贸易组织整体上面临的困境，并非知识产权领域所独有。

由于美国实力的相对下降，在国际上已经很难做到"一呼百应"。[2] 因此，从奥巴马政府时期，围绕贸易规则以及知识产权规则，美国政府实现了战略战术的转变，逐步从多边主义撤退，转而以小多边和双边的谈判机制来实现自己的目标，以更好发挥美国的比较优势，试图通过主导双边或者小多边机制规则的谈判建立美式标准，然后包装成所谓的"国际规则"。

进入 21 世纪以来，美国在国际上积极推动 3 个协议，分别是《反假冒贸易协定》(ACTA)、《跨太平洋伙伴关系协定》(TPP)以及《跨大西洋贸易与投资伙伴关系协定》(TTIP)。在这三个协定中，特别是在 ACTA 和 TPP 中，美国可谓不遗余力地强化知识产权的跨境保护。例如，在 TPP 中，各缔约方同意，"打造强有力的执法体系，包括民事程序、临时措施、边境措施、以及针对伪造商标和版权剽窃等等行为的刑事程序和刑罚。尤其是 TPP 各方将提供法律手段，防止非法占有商业秘密，并设立刑事程序和刑罚以制裁窃取商业秘密(包括网上窃取)和(对电影、表演等的)偷拍"。[3] 这一协定由于特朗普政府的上台而遭受重大挫折，[4]后由日本主导，演变为现在没有美国参加的《全面与进步跨太平洋伙伴关系协定》(CPTPP)。

而 ACTA 始于 2008 年 6 月，整个谈判过程很短，主要由欧美日主导，形成了包括澳大利亚、加拿大、墨西哥、摩洛哥、新西兰、新加坡、韩国等国的小多边协议。相关方试图在短期内建成一个远超世界贸易组织《与贸易有关的知识产权协定》水平的知识产权保护国际框架。但由于过于强化知识产权权利人的利益，

---

〔1〕 李名家、杨俊：《美国和日本高校知识产权战略研究》，《武汉大学学报(哲学社会科学版)》2005 年第 6 期。徐红菊：《英国国家知识产权战略于我国立法的价值》，《社会科学辑刊》2015 年第 3 期。

〔2〕 美国国民生产总值占全球的比例在进入 21 世纪以后逐年下降。同时，整个西方国家(包括美日欧英)在全球经济总量的占比也在下降。

〔3〕 美国贸易代表办公室：《〈跨太平洋伙伴关系协定〉概要》(Summary of the Trans-Pacific Partnership Agreement)，https://ustr.gov/about-us/policy-offices/press-office/press-releases/2015/october/summary-trans-pacific-partnership，访问日期：2022 年 10 月 10 日。

〔4〕 特朗普退出 TPP 的原因是因为其认为美国利益没有得到很好体现。而这一结果的原因实际上是因为 TPP 虽然是小多边协议，但仍属于多边，美国必须照顾各方面利益，造成在医药数据保护等方面的妥协。事实证明，这不意味着特朗普从强知识产权保护的立场上后退，而是从小多边机制后退，试图以双边取代多边来达到自己的目的。这包括《美加墨协定》(USMCA)的谈判，中美经贸谈判等。

遭到了欧盟消费者等各方的普遍反对,因此尽管日本已经批准了该协定,但实际上该协定已经"胎死腹中"。

以上两个协定尽管目前看似都以失败而告终,但以美国为代表的西方发达国家对知识产权强保护的尝试仍然抬高了知识产权保护的国际标准。这些尝试最重要的后果是,知识产权国际规则的建构进入了"碎片化"的新时代。不过,尽管如此,知识产权国际规则发展的总体趋势仍然是明显的:知识产权保护覆盖的客体范围越来越大,各类知识产权保护的期限越来越长,执法力度越来越大。软件、基因工程、商业方法、实验数据、大数据、人工智能产出物等,都已经或者正在成为知识产权保护的对象。中国知识产权制度的变迁、治理体系的完善都必须在以上维度中予以思考和建构。

还有一个必须提到的影响因素,那就是新型冠状病毒的流行给知识产权制度也带来了更多的挑战。公共健康问题本来是知识产权领域的老问题,但由于新型冠状病毒的全球大流行,治疗药物和疫苗成为关键,这也加剧了各国既有的不平等,专利保护与公共健康的矛盾形态有了新形式。南非和印度等国向世界贸易组织提出建议,"寻求放宽知识产权协定限制的豁免提议",不少卫生领域专业人士也呼吁强制企业公布疫苗配方以及分享专有技术,但发达国家多数持反对态度,美国政府尽管表态可以讨论"疫苗豁免"问题,但遭到了国内药企的强烈反对。[1]

三、创新驱动与中国知识产权制度的历史选择

在中国改革的进程中,实现了多次观念的突破,从计划经济到有计划的商品经济,从社会主义商品经济到有中国特色的社会主义市场经济,产权始终是其中的核心问题。知识产权作为产权制度的重要组成部分,必然受到观念革命的重大影响。在计划经济向商品经济过渡时代,专利权只能由国有企业"持有",单位不能独立处置。商标权也并不属于纯粹意义上的私权,而要从属于质量管理和质量控制。在制度变迁的过程中,知识产权的民事权利性质愈加清晰,特别是在2020年公布的《中华人民共和国民法典》(以下简称《民法典》)中,更是明确地规定了知识产权的类型,从民事基本法的角度确定了知识产权的民事权利属性。知识产权制度的演化也必然伴随着观念的革新前行。在迈向社会主义现代化国家建设的新征程中,知识产权保护是"完善产权保护制度最重要的内容,也是提高中国经济竞争力最大的激励"[2]的角色必将越来越清晰。围绕创新驱动战略,中国未来知识产权制度的建构和完善应该重点关注以下四个方面。

---

[1] "拜登政府当地时间5月5日发表一项决定,表示美国将放弃新冠肺炎疫苗的知识产权专利。美国贸易部部长戴琪(Katherine Tai)5日在一份声明中宣布了美国政府的这一决定。此前,美国制药商曾就此事进行了激烈的内部辩论和大力反击。"中国新闻社:《拜登政府:美国将放弃新冠肺炎疫苗的知识产权专利》,https://vs.cns.com.cn/video/detailTemp/297853.html?id=297853,访问日期:2022年10月10日。

[2] 习近平:《开放共创繁荣 创新引领未来》,https://www.ccps.gov.cn/xxsxk/zyls/201812/t20181216_125691.shtml,访问日期:2022年10月10日。

其一,制度建设要立足于知识产权制度的根本宗旨,把对创新投入收益的保护摆在首要位置,通过保护使创新者获得应有的市场收益。只有这样才能充分发挥知识产权制度的作用。从立法制度的宗旨看,知识产权制度——特别是专利、著作权等制度——的首要功能是保护对创新的投入,这里的投入必然包括对创新行为的投资,也包括创新行为中个体的智力投入,以及市场主体投资和智力的双重投入。在确定这个宗旨的基础上,按照社会主义的分配原则,合理划分投资方和智力创新者之间的利益,体现我国社会主义制度更充分尊重智力劳动的原则,既不能过于偏向投资方利益,也不能过于偏向智力劳动者的利益,这样才可以更有力地激发社会创新活力。知识产权保护方向的确定涉及社会主义分配原则这一根本问题,应在国家的根本大法中予以体现。就《中华人民共和国宪法》(以下简称《宪法》)的有关规定而言,目前并没有明确的保护知识产权的相关规定。涉及知识产权的相关规定散见在《宪法》第13条的"公民的合法私有财产不受侵犯",第11条的"国家保护个体经济、私营经济等非公有制经济的合法的权利和利益"等中。尽管《民法典》已经明确了知识产权属于公民和法人的"合法的权利和利益"以及"私有财产",但这种规定仍然是间接的,一方面,可能会因为民事法律的变动而引起具体权益的变动,引发市场主体的不安,另一方面,也不足以彰显在现行国际博弈条件下知识产权制度对我国实施创新驱动发展战略的重要支撑保障作用。从国际经验看,美国、加拿大、俄罗斯等国也都在宪法或宪法性文件中对保护知识产权予以明确的规定。笔者认为,立足于未来发展需要,在《宪法》中增加保护知识产权的内容具有内在的必要性。例如,可在现行《宪法》第20条"国家发展自然科学和社会科学事业,普及科学和技术知识,奖励科学研究成果和技术发明创造"后增加一款:"国家保护知识产权"。在这个前提下,研究制定知识产权基本法,明确知识产权法律的根本宗旨、基本原则以及制度规则的框架,构建完整的"宪法—知识产权基本法—知识产权专门法—规章"的中国特色知识产权法律体系,从根本上完成中国知识产权法律从移植到本土化发展的历史任务,从而将移植和发展的知识产权法律制度成果整体融入中国特色社会主义法治建设的框架中,进一步提升我国知识产权保护的法治化水平。同时,以独立的制度建构应对日趋碎片化的国际治理体系,[1]有利于争取在知识产权制度发展的下一个历史阶段实现从被动应对到主动建构的转变。

其二,坚定不移地推动中国知识产权制度实现向严格保护方向的根本转变,并立足于发展需要,在严保护的前提下促进知识产权的普遍实施。对知识产权制度的建构向严格保护转变决定于我国所处的历史发展阶段,也决定于我国在全球创新链所处的相对位置。从历史发展阶段看,中国已经迈入高收入国家的门槛,已不能单纯依靠要素投入实现国民收入的增长。这不仅是因为环境容量

〔1〕 碎片化表现为在知识产权多边磋商机制停滞不前的情况下,区域或双边机制却日益活跃,世界贸易组织的一些缔约方签署了若干区域自由贸易协定,如《跨太平洋伙伴关系协定》(TPP)、《区域全面经济伙伴关系协定》(RCEP),以及300多个双边自由贸易协定。吴汉东:《中国知识产权法律变迁的基本面向》,《中国社会科学》2018年第8期。

不允许,也是因为低端过剩产能的膨胀只会带来供给过剩,陷入可持续发展的陷阱,使经济发展不可持续。未来必须依靠技术创新以及品牌建设,从研究开发和品牌营销两端发力,提高制造业和服务业的附加值。从我国在全球创新链的位置看,中国已经成为一个创新大国。尽管在技术供给上,我们还有不少短板,和一流创新国家相比还有差距,但从创新的各种表征看,中国都在大踏步前进,无论是从高被引论文数、专利数还是研发投入强度看,中国都已经进入第一方阵。[1] 特别是企业的研发投入不断增加,相应必然带来企业对其投入所形成的产权予以保护的强烈诉求。[2] 进一步严格保护知识产权已经成为历史的必然。具体而言,严格保护应当包括根据技术进步和市场发展而对保护客体的适应性扩大,如对于数据等的知识产权保护,也包括对知识产权权利内容的适度扩张,以及保护的时间、领域的扩大等。需要指出的是,严格保护和促进技术的普及并不必然矛盾。有学者称:“激励创新、保护创新应当成为我国知识产权法治体系的核心价值,这要求我们对知识产权法固有的严格保护知识产权和促进知识产权运用双重功能之间的关系有进一步的认识,并注重知识产权权利行使与公共利益相协调。”[3]实际上,严格的产权制度必然带来更广泛的社会性诉求,严格的知识产权保护必然伴以更严格的权利限制。“随着商品经济和科学技术的发展,各国立法者始终围绕着保护创造者私权和促进知识传播的二元目标来规制知识产权”。[4] 也就是说,严格保护和促进知识传播并不矛盾,但对于知识产权领域的反垄断法治建设乃至一体化建设会提出更高的诉求。

其三,推动知识产权保护从单纯的“权利行使”或“执法”[5]向有效的社会治理能力提升转变。习近平总书记指出:“知识产权保护是一个系统工程,覆盖领域广、涉及方面多,要综合运用法律、行政、经济、技术、社会治理等多种手段,从审查授权、行政执法、司法保护、仲裁调解、行业自律、公民诚信等环节完善保护体系,加强协同配合,构建大保护工作格局。”[6]在知识产权的重要性日益突出的现在以及未来,知识产权保护状况影响一个国家的核心竞争力越发明显,知识产

---

[1] 例如,2020年,中国发明专利申请受理量超过120万件,授权超过50万件,居世界首位。佚名:《对中国持续优化营商环境充满信心》,《人民日报》2021年05月01日03版。世界知识产权组织发布的“全球创新指数”显示,中国排名从2015年的第29位跃居到2020年的第14位。

[2] 例如,2021年2月23日,英国伦敦全球领先的专业信息服务提供商科睿唯安发布了《2021年度全球百强创新机构》报告,华为、腾讯、小米、电信科学技术研究院(现隶属于中国信息通信科技集团有限公司)等四家中国企业入选了今年的全球百强创新机构。另据科睿唯安2021年11月16日发布的2021年度“高被引科学家”名单,中国内地排名第二,共有935人入选,占比14.2%。

[3] 中国法学会副会长甘藏春在远集坊第三十六期“加强知识产权保护,促进创新发展”论坛上的发言,https://baijiahao.baidu.com/s?id=1698090237154448444&wfr=spider&for=pc,访问日期:2021年9月29日。

[4] 吴汉东:《关于知识产权私权属性的再认识——兼评“知识产权公权化”理论》,《社会科学》2005年第10期。

[5] 执法(enforcement)也称为权利的“行使”,指的是权利人在法律的保护下行使自己的知识产权的行为。无论是司法裁判还是行政执法以及裁决或者其他途径,都可以帮助权利人实现自己的权利。

[6] 习近平:《全面加强知识产权保护工作 激发创新活力推动构建新发展格局》,https://www.12371.cn/2021/01/31/ART11612077160804909.shtml,访问日期:2022年10月10日。

权已然成为核心利益。知识产权保护制度建设不能仅仅着眼于权利人权利的“行使”程度的高低，而应在关注权利人权益实现程度的同时，实现创新目标、经济发展目标、社会福利目标和治理成本目标的综合平衡。也就是说，知识产权制度要在产权保护的基础上，通过一系列的公共政策对涉及知识产权的各类主体的利益进行微妙的平衡。这其中包括：①降低中小微企业获得和维护自身知识产权的门槛和成本，积极促进企业运用知识产权实现其市场目标。再如，尽可能广泛地、有效地推广和传播标准化的知识产权信息，降低信息不对称带来的交易成本；②支持企业通过司法裁判、行政执法、行政裁决、仲裁调解等在内的各种渠道和手段解决涉及知识产权的纠纷，以实现帕累托最优的原则，在维护产权收益的同时，促进交易以及化解社会矛盾，实现道德评价、权利保护、产业政策、竞争政策、利益平衡、社会交易成本降低的最优化安排；③遏制知识产权的泛滥，避免形成知识产权的丛林，让真正的创新成果在市场上脱颖而出等。这些都要求知识产权保护必须建立在以战略目标引领的完善的公共政策体系的基础上，而不能单纯依靠司法保护或者其他孤立的治理主体或者治理手段。要通过一系列公共政策的战略性整合以及治理机制的完善，在各类治理主体之间建立有效的信息链路，实现各类目标的统一。

其四，推动知识产权保护国际治理体系的整合和升级。知识产权不仅是权利人的“民事权利”或者“私权”，也对发展有重要影响。[1] 具体到我国而言，实际上，这对“十四五”期间高质量发展以及“形成以国内大循环为主体、国内国际双循环相互促进的新发展格局”具有重要影响。也就是说，对全球治理乃至大国博弈而言，知识产权保护未来可能会越来越成为焦点问题。维护竞争优势，以创新引领发展需要知识产权保护；普及科学技术，促进普遍发展也需要知识产权保护。关键在于如何在中国的立场上取得二者之间适当的平衡。从中国发展阶段看，作为崭露头角的创新型国家，必须站稳严格保护知识产权的立场，为中国企业的创新创造更加有利的国际环境。从中国当前发展的国际环境来看，全球知识产权保护规则在碎片化的同时，也在不同区域持续的竞争中升级保护标准。无论是已经夭折的《跨太平洋伙伴关系协定》这种小多边协定，还是《美加墨协定》这种美国单边主导的贸易协议，以及中国参与的《区域全面经济伙伴关系协定》乃至中美第一阶段经贸协议和《中欧地理标志保护与合作协定》，都把知识产权保护作为重要内容或者本身就是知识产权协定，在民事、行政、刑事等方面升级了各项保护措施。中国只有跟上这个潮流，打造知识产权保护的高地，才能引领时代，取得战略主动。从未来发展看，全球企业对于降低知识产权领域的治理成本具有共同诉求。这些诉求包括并不限于便利的授权确权措施，快捷的信息交换和维权通道以及更加一致的标准等。目前的专利商标体系均是基于国家主权原则，通过便利性安排来部分满足企业知识产权保护便利化需求。《与贸易有

---

〔1〕 英国知识产权委员会：《整合知识产权与发展政策》，http://www.cipr.org.uk/papers/pdfs/final_report/CIPRfullfinal.pdf，访问日期：2022年10月10日。该报告认为，对发展中国家来说，保持知识产权保护与保证充分获取知识及知识产品之间必须取得恰当的平衡。

关的知识产权协定》尽管要求对知识产权均须予以最低限度的保护,但并没有对实体问题进行规定,这导致企业在不同国家获得知识产权保护的资金和时间成本居高不下。在中国企业普遍跨国化发展和经济全球化分化的当代,这些制度亟须改革。特别是对于审查授权这类技术性很强的程序,探索推动合作、互认、技术支持等制度变革,帮助相关国家提高能力,有助于全球治理体系的完善。中国还应基于自身客观能力,提供更多的全球公共产品。这些产品包括但不限于合作交流的新型平台,新型的、可以有效平衡强保护与知识产权限制的国际条约,国际化的技术平台等。对于特定领域的知识产权保护,特别是涉及公共健康等领域,一方面要严格保护,如《中华人民共和国专利法》最新一次修改已经明确采用了新药专利延长保护等规则;另一方面,要推动建立相关"公共产品"[1]的分享机制,在严格保护知识产权的同时,建立惠及更多民众的合理价格机制,实现知识产权保护制度的新平衡。

---

[1] 习近平2020年11月21日晚在北京以视频方式出席二十国集团领导人第十五次峰会第一阶段会议并发表重要讲话。习近平强调,中国积极支持并参与新冠肺炎疫苗国际合作,已经加入"新冠肺炎疫苗实施计划",愿同各国在开展疫苗研发、生产、分配等各环节加强合作。我们将履行承诺,向其他发展中国家提供帮助和支持,努力让疫苗成为各国人民用得上、用得起的公共产品。习近平:《勠力战疫 共创未来——在二十国集团领导人第十五次峰会第一阶段会议上的讲话》,https://www.ccps.gov.cn/xxsxk/zyls/202011/t20201121_145061.shtml,访问日期:2022年10月10日。

商事仲裁庭审规则的反思与重塑

林　洋*

摘　要　我国商事仲裁实践中存在两种庭审构造：一是先辩论后证据调查；二是先证据调查后辩论。前一种属于规范出发型庭审构造，后一种属于事实出发型庭审构造。事实出发型庭审构造存在庭审内容重复、进度拖沓和效率低下等问题，不符合商事仲裁的目的和基本构造；规范出发型庭审构造则不存在庭审拖沓和重复等问题，其符合围绕仲裁请求设计的规范出发型商事仲裁构造。《中华人民共和国仲裁法》应建构规范出发型庭审构造，围绕仲裁请求设计。首先，仲裁庭围绕仲裁请求进行辩论，根据辩论整理出的争点进行证据调查。其次，商事仲裁庭审交流顺位根据诉讼负担确定，其中的辩论顺序是先请求后抗辩，即由负主张责任和证明责任的当事人先行陈述事实和证据，非负担相应责任的当事人后置陈述，证据调查按照先本证后反证的顺序交流。最后，商事仲裁庭审的交流方式包括纯粹口头审理方式、纯粹书面审理方式、口头和书面混合的审理方式等。其中，辩论程序因属任意口头辩论可由双方当事人合意确定，证据调查因属必要口头辩论只能采用口头审理方式，不能由双方当事人合意变动。

关键词　商事仲裁庭审构造；辩论；证据调查；合意变动

目　次

---

* 林洋（1991—），西华大学法学院副教授（校聘）、讲师，法学博士研究生，主要研究方向：仲裁法学、民事诉讼法学。

一、问题的提出

(一)商事仲裁庭审规则现状的梳理

相对于《中华人民共和国民事诉讼法》(以下简称《民诉法》)对民事庭审程序的规定,《中华人民共和国仲裁法》(以下简称《仲裁法》)对于商事仲裁庭审的规定较为简单。其中,《民诉法》第136条规定了民事审前准备程序,第141条和144条较为详细规定了民事诉讼庭审中法庭调查和法庭辩论进行的程序规则。相对来讲,《仲裁法》第45条规定了商事仲裁庭审中的证据出示,第47条规定仲裁程序中的辩论。虽然其中并未指明具体庭审规则能否由双方当事人自行约定或各仲裁机构自主确定,但从《仲裁法》的相应规定可以看出,其已然授权各仲裁机构制定仲裁规则。此外,司法部于2021年7月在官方网站向社会公开征求《仲裁法》修改意见,并公布了《中华人民共和国仲裁法(修订)(征求意见稿)》(以下简称《征求意见稿》)的具体内容和修改说明。其中,《征求意见稿》第30条[1]第1款、第2款、第4款规定仲裁程序的规则可由当事人合意确定,如果约定不明确可由仲裁机构裁量确定,但前述合意内容不能违反强制性规定和造成仲裁拖延,第3款规定仲裁程序可通过网络方式进行。

分析《北京仲裁委员会仲裁规则》[2](以下简称《北仲规则》)可知,第36—40条为商事仲裁庭审规则,第36条[3]规定商事仲裁前准备规则,第37条和第38条[4]为商事仲裁中证据审查和认定规则,第39条[5]为商事仲裁庭审辩论规则,第40条是商事仲裁当事人最后陈述规则。从相关内容分析来看,《北仲规则》虽然在商事仲裁审理地点、审理方式选择方面赋予了仲裁当事人自主权,[6]但在商

---

〔1〕 条文原文为"当事人可以约定仲裁程序或者适用的仲裁规则,但违反本法强制性规定的除外。当事人没有约定或者约定不明确的,仲裁庭可以按照其认为适当的方式仲裁,但违反本法强制性规定的除外。仲裁程序可以通过网络方式进行。仲裁程序应当避免不必要的延误和开支。"

〔2〕 需要特别指明的是北京仲裁委又称北京国际仲裁中心。

〔3〕 条文原文为"审理措施　仲裁庭有权根据审理需要采取制作案件审理日程表、发出问题单、举行庭前会议、制作审理范围书等各项审理措施。首席仲裁员可以接受仲裁庭委托采取上述审理措施。"

〔4〕 条文原文为"第三十七条　质证　(一)仲裁庭可以根据案件审理需要,安排当事人自行就证据材料原件与复印件是否一致进行核对。仲裁庭可以委托秘书组织当事人进行上述核对工作。(二)开庭审理的案件,在开庭前已经交换的证据应当在开庭时出示,由当事人质证。当事人已经认可的证据,经仲裁庭在庭审中说明后,可以不经出示,直接作为认定案件事实的依据。(三)对于当事人当庭或者开庭后提交的证据材料,仲裁庭决定接受但不再开庭审理的,可以要求当事人在一定期限内提交书面质证意见。""第三十八条　证据的认定　(一)证据由仲裁庭认定;鉴定意见,由仲裁庭决定是否采纳。(二)仲裁庭在认定证据时,除依照相关法律、行政法规,参照司法解释外,还可以结合行业惯例、交易习惯等,综合案件整体情况进行认定。"

〔5〕 条文原文为"第三十九条　辩论　当事人在审理过程中有权进行辩论。仲裁庭也可以根据审理情况要求当事人提交书面辩论意见。"

〔6〕 《北仲规则》第25条规定双方当事人可以合意选择书面审理或口头审理方式,第27条规定仲裁开庭点可由双方当事人选择,第4章规定仲裁庭的人员组成,其也赋予双方当事人合意选择仲裁员的权利。

事仲裁庭审规则方面与《仲裁法》和《民诉法》并没有实质区别，都是先证据后辩论的总体设计，且当事人不能合意变动商事仲裁庭审规则。分析《中国国际经济贸易仲裁委员会仲裁规则》(以下简称《贸仲规则》)可知，其第35条[1]较为详细地规定了商事仲裁审理方式、合议地点、审前程序等内容，第36条[2]规定商事仲裁庭审地点，仅第42条[3]规定商事仲裁庭审中的质证规则。从相关内容分析来看，《贸仲规则》对商事仲裁审理方式、审理地点、审前准备程序都是先由当事人合意确定，后由仲裁庭裁量确定，双方当事人程序自主权范围较小，且《贸仲规则》并未规定除了庭审之外的庭审规则，特别是辩论和当事人最后陈述等庭审规则的内容。[4] 分析《上海仲裁委员会仲裁规则》(以下简称《上仲规则》)、《广州仲裁委员会仲裁规则》(以下简称《广仲规则》)等规则，其与《北仲规则》内容大同小异，分析《深圳国际仲裁院仲裁规则》(以下简称《深仲规则》)、《上海国际仲裁中心仲裁规则》国际商事仲裁规则，其与《贸仲规则》大同小异。

其中，商事仲裁庭审规则包括直接内容和间接内容，前者包括商事仲裁庭审审理方式、[5]开庭地点和合议地点、质证和认证、庭审调查、辩论和当事人最后陈述等内容，[6]后者包括商事仲裁的仲裁申请、答辩与反请求、变更请求、追加和变

---

[1] 条文原文为“第三十五条 审理方式 (一)除非当事人另有约定，仲裁庭可以按照其认为适当的方式审理案件。在任何情形下，仲裁庭均应公平和公正地行事，给予双方当事人陈述与辩论的合理机会。(二)仲裁庭应开庭审理案件，但双方当事人约定并经仲裁庭同意或仲裁庭认为不必开庭审理并征得双方当事人同意的，可以只依据书面文件进行审理。(三)除非当事人另有约定，仲裁庭可以根据案件的具体情况采用询问式或辩论式的庭审方式审理案件。(四)仲裁庭可以在其认为适当的地点以其认为适当的方式进行合议。(五)除非当事人另有约定，仲裁庭认为必要时可以就所审理的案件发布程序令、发出问题单、制作审理范围书、举行庭前会议等。经仲裁庭其他成员授权，首席仲裁员可以单独就仲裁案件的程序安排作出决定。”

[2] 条文原文为“第三十六条 开庭地 (一)当事人约定了开庭地点的，仲裁案件的开庭审理应当在约定的地点进行，但出现本规则第八十二条第(三)款规定的情形的除外。(二)除非当事人另有约定，由仲裁委员会仲裁院或其分会/仲裁中心仲裁院管理的案件应分别在北京或分会/仲裁中心所在地开庭审理；如仲裁庭认为必要，经仲裁委员会仲裁院院长同意，也可以在其他地点开庭审理。”

[3] 条文原文为“第四十二条 质证 (一)开庭审理的案件，证据应在开庭时出示，当事人可以质证。(二)对于书面审理的案件的证据材料，或对于开庭后提交的证据材料且当事人同意书面质证的，可以进行书面质证。书面质证时，当事人应在仲裁庭规定的期限内提交书面质证意见。意见的机会。”

[4] 未予以规定的原因不得而知，但可以明确的是双方当事人合意确定审理方式并不包括确定庭审程序规则，贸仲庭审内容可否由双方当事人合意确定并不能明确。

[5] 其中，以《贸仲规则》《深仲规则》《上仲规则》代表的仲裁规则类型，其将审理方式作广义理解，审理方式不仅指以书面或口头方式审理案件，更包括合议地点选择、是否公开审理的选择、口头交流方式的选择、审理措施等内容，其中的审理措施更是包括了案件发布程序令、发出问题单、制作审理范围书、举行庭前会议等内容，其中，案件发布程序令、发出问题单、制作审理范围书属于商事仲裁庭审进行的辅助程序规则，庭前会议属于商事仲裁庭审的准备程序。相反，以《北仲规则》《广仲规则》代表的仲裁规则类型，其将审理方式与民事诉讼中的审理方式等同，仅指选择书面或口头方式审理案件，与商事仲裁庭审的审理地点、合议地点等内容并没有关系。此外，该类仲裁规则之中也包括案件发布程序令、发出问题单、制作审理范围书、举行庭前会议等内容，并将其总结为审理措施。总体来讲，仲裁规则的术语与民事诉讼的术语体系即有等同部分，也有相异部分，相关关系显得极为复杂，特此说明。

[6] 其中，以《北仲规则》第35条、《广仲规则》第55条为例，这里基于篇幅原因就不再一一列举明示相关条文的内容。

更当事人等内容。此外,商事仲裁相对于民事诉讼来讲,当事人对程序规则具有较大的程序自主权,所以当事人关于商事仲裁规则的合意内容亦是商事仲裁庭审需要遵循的规则,也是属于商事仲裁庭审规则法源。《仲裁法》第15条第2款、第3款明确规定中国境内的商事仲裁都应该由中国仲裁协会依照《仲裁法》和《民诉法》的相关内容制定,[1]《仲裁法》第75条规定中国仲裁协会在颁布统一商事仲裁规则前,暂由各仲裁委员会制定。[2] 综合浏览《北仲规则》《贸仲规则》等各个仲裁委员会的商事仲裁规则相关内容,[3]每个仲裁委员会的规则都明确规定当事人就仲裁程序事项或者仲裁适用规则另有约定的,从其约定,但该约定无法执行或者与仲裁地强制性法律规定相抵触的除外,当事人约定适用其他商事仲裁规则的,由各仲裁委员会履行相应的管理职责。

(二)商事仲裁庭审实践现状的梳理

相比于民事诉讼裁判文书的上网公开性,商事仲裁裁决文书并没有上网公开。另外,又因仲裁员来源的复杂性,各仲裁机构审理具体案件都具有较大差异性。加之笔者通过咨询参与过国内商事仲裁审理的各种仲裁角色的法律人,得知后者多认为国内商事仲裁程序的庭审与民事诉讼并没有实质区别。所以,笔者无法就商事仲裁庭审的微观实践现状进行梳理,仅能从各个仲裁机构的年度工作报告或其他相关数据统计中总结分析各仲裁机构庭审的宏观实践现状,特别是各仲裁机构仲裁民事案件所需期限。因为《仲裁法》并未明确规定相应的仲裁审理期限,各仲裁机构的仲裁规则规定的审理期限并不一致,如《北仲规则》第48条规定北京仲裁委审理案件应在4个月内裁决,《贸仲规则》第48条规定6个月,《上仲规则》规定5个月,《广仲规则》第85条规定4个月,《深仲规则》第50条规定6个月,《自贸仲规则》规定6个月。此外,笔者通过查阅各个仲裁机构的工作报告发现,各仲裁机构都并未明确公布相应的审理期限,多作为内部统计报告。所以,笔者只能粗略估算各仲裁机构的庭审时间都能符合其规则要求的期限。[4] 此外,笔者查阅到国外的国际仲裁机构平均仲裁期限为13个月,[5]比国内仲裁时限要长。

---

[1] 条文原文为"中国仲裁协会是仲裁委员会的自律性组织,根据章程对仲裁委员会及其组成人员、仲裁员的违纪行为进行监督。中国仲裁协会依照本法和民事诉讼法的有关规定制定仲裁规则。"

[2] 条文原文为"中国仲裁协会制定仲裁规则前,仲裁委员会依照本法和民事诉讼法的有关规定可以制定仲裁暂行规则。"

[3] 如《北仲规则》第2条、《贸仲规则》第4条、《上仲规则》第4条等相关条文,条文内容基于篇幅原因不再一一列举明示。

[4] 笔者曾咨询多个地方仲裁委员会的秘书长或者办案秘书发现,大多数仲裁委员会都会通过对仲裁员进行一定的约束,以保证仲裁审理在个案审理中遵循其仲裁规则规定的裁决期限。因多数仲裁委员会的秘书长或办案秘书都表示匿名提供信息,笔者就对这些提供资料和信息的朋友表示感谢。

[5] Wei Ming Tan, Shriram Jayakumar & Jolyn Khoo, "Costs and Duration: A Comparison of the HKIAC, LCIA, SCC and SIAC Studies", https://singaporeinternationalarbitration.com/2018/03/13/costs-and-duration-a-comparison-of-the-hkiac-lcia-scc-and-siac-studies/,访问日期:2020年4月9日。

（三）商事仲裁庭审存在的问题

《贸仲规则》《深仲规则》《自贸仲规则》等仲裁国际商事纠纷的仲裁规则，都没有规定辩论和当事人最后陈述，均是在仲裁庭进行质证后便进行裁决，只不过证据的提交和审查认定都规定在"证据"这一编中，并没有特别明确其与商事仲裁庭审规则的关系。本文无意去深究此种商事仲裁庭审构造确立的根本原因，但其与先证据后辩论之商事仲裁庭审构造相异，属于两类不同的庭审构造。其中，前一种庭审构造是否能够直接与我国民事诉讼中事实出发型诉讼庭审构造相对应，以及其与规范出发型诉讼之间的关系等问题都还有待分析。此外，后一种庭审构造的相关法理还有待研究，但起码明确了我国现有商事仲裁庭审存在两类构造。

1. 先调查后辩论之商事仲裁庭审构造的低效性

已有研究多指出，我国民事诉讼庭审构造属于事实出发型，其将法庭调查置于法庭辩论之前会导致拖沓、重复、效率低等问题。[1] 同理，同样问题在商事仲裁庭审中也存在，各仲裁委员会的审理周期与民事诉讼相同这一点也可间接反映出商事仲裁庭审存在审案周期过长的问题，并没有很好实现仲裁相对于诉讼的高效解决纠纷优势。当然，以《贸仲规则》代表的另外一种庭审构造是否也存在同样问题并不是非常明确。此外，这两类庭审构造是否符合我国仲裁实际需求，特别是能否解决我国商事仲裁的两类庭审构造中如溯源、机理等方面的问题，都有待分析。

2. 当事人可自由约定的商事仲裁庭审事项范围不明

商事仲裁直接将当事人关于程序事项合意的内容作为其程序规则的直接来源，虽然我国《仲裁法》没有直接规定，但从第 15 条及第 75 条的相关内容分析可知前述观点的合理性。另外，从《征求意见稿》第 30 条和各地区的仲裁规则的具体内容也可看出这一点。具体来讲，《征求意见稿》第 30 条只是规定仲裁程序可由当事人合意确定，并未就合意确定的具体范围进行具体规定，且不违反强制性规定的表述过于抽象，无法明晰具体可由当事人合意确定具体仲裁庭审规则的相关范围。从各仲裁规则明晰规定当事人可以合意确定仲裁程序规则的具体条文分析来看，仲裁当事人关于程序的合意作为仲裁规则的重要法源，在该程序性合意合法有效的情况下当然拘束双方当事人、仲裁庭及仲裁机构，除非其违背了仲裁的强制性规定不具有合法性应做无效处理，但该种抽象规定无法明晰具体可由当事人合意确定具体仲裁庭审规则的相关范围。按照基本程序法理分析可知，商事仲裁程序事项契约本质与诉讼契约一样也是一种不同于实体契约的程序性契约，只有在违背程序的强制性规定或者侵害程序的效率或公平时方做不合法处理，只不过诉讼契约的合法性需要《民诉法》明确规定而作为民事诉讼程

〔1〕 相关问题介绍的详细论述请参见段文波：《我国民事庭审阶段化构造再认识》，《中国法学》2015 年第 2 期。

序规则的例外考虑,而商事仲裁程序事项契约则作为仲裁规则的重要法源,需要探讨程序事项契约是否侵害了仲裁所在地的强制性规定,有无侵害程序的效率和公正要求。基于此分析,商事仲裁程序中可以由当事人自由约定的程序事项范围亟待明确。

二、商事仲裁庭审的两种构造及选择

(一)先证据后辩论之商事仲裁庭审构造的批判

先证据后辩论的商事仲裁庭审构造的实质是在请求和答辩之后先进行关于证据的质证及认证等事实认定活动,之后进行法律适用方面的辩论,最后由当事人最后陈述。该种庭审构造的依据是《仲裁法》,仿照我国民事诉讼程序中先法庭调查后法庭辩论的庭审构造设计而成。其中,现有研究已然指出我国民事诉讼庭审构造存在庭审重复、拖沓和效率低等问题,以此逻辑分析此种商事仲裁庭审构造亦存在同样问题。下文将结合德国和日本等大陆法系国家和地区的仲裁庭审构造的相关规定,分析我国商事仲裁庭审构造的应然模式。

从已有研究看,我国民事诉讼庭审构造最大问题是将法庭辩论置于法庭调查之后,法庭辩论与审前程序中争点整理程序功能大致相同,从而导致庭审重复、拖沓等问题。[1] 同时,以发现事实为核心的庭审构造中,不断的证据提交可能导致庭审不断开启,所以,我国庭审过程呈现出一种低效状态。[2] 原因是我国的民事诉讼庭审构造属于事实出发型,起源于前苏联,与成文法国家本应采规范出发型庭审构造不符。因为规范出发型庭审构造围绕诉讼请求设计整个民事诉讼庭审程序,而非围绕事实发现。也就是说,民事诉讼构造理论是决定民事诉讼庭审构造的基础理论,采成文法的大陆法系国家和地区,其民事诉讼必须采用规范出发型诉讼构造,采判例法的英美法系国家和地区,必须采用事实出发型诉讼构造。[3] 该种民事诉讼庭审构造和民事诉讼构造理论可否当然应用在商事仲裁程序之中,商事仲裁庭审构造是否也分为规范出发型和事实出发型,商事仲裁程序是否也存在两种构造等问题还有待分析。

对比分析仲裁和民事诉讼审理案件的方式和方法基本一致,即中立裁判者客观独立地组织庭审和裁判案件。那么,民事诉讼中的法庭调查与商事仲裁中的证据审理活动并没有实质区别,二者的辩论也没有实质区分,特别是对于当事人最后陈述的用语都一致。那么,民事诉讼中法庭辩论与审前程序中争点整理程序功能相同,在商事仲裁之中也是如此。商事仲裁在庭前准备活动中,包括请求和答辩以及庭前会议等一系列的争点整理活动与审理中的辩论活动基本功能亦等同。同理可以推断,在仲裁庭进行相关证据审理之前,争点整理和固定已经完成,而之后的辩论就是重复争点的整理和固定而已。从庭审构造的基本理论

---

〔1〕 段文波:《我国民事庭审阶段化构造再认识》,《中国法学》2015年第2期。

〔2〕 段文波:《我国民事庭审阶段化构造再认识》,《中国法学》2015年第2期。

〔3〕 中村英郎:《新民事诉讼法讲义》,陈刚等译,法律出版社2002年4月版,第18—23页。

推理来看，我国民事诉讼庭审构造之所以被称为事实出发型，原因在于庭审核心是法庭调查发现案件真实，[1]并不在于回复当事人提出的诉讼请求。如果基于新证据或新事实的主张，法庭调查将无限制地开启，后续的法庭辩论亦会重复进行。同样分析先证据后辩论的仲裁庭审构造，其证据审理阶段也是整个仲裁审理的核心，在审理中发现新事实或新证据，相关证据审理程序也需要重新开启，后续仲裁辩论也需要重复进行。所以，先证据后辩论的商事仲裁庭审构造也可称之为事实出发型庭审构造。相反地，商事仲裁中的规范出发型庭审构造从德国和日本等大陆法系国家和地区的仲裁法规定也可推演出来，这进一步验证了民事诉讼中的诉讼构造理论可准用于商事仲裁程序之中。

分析《德国民事诉讼法》第 10 编仲裁程序的相关内容可发现，其 1046 条[2]规定仲裁请求和答辩的陈述实质是仲裁争点整理程序，第 1048、第 1049 条[3]规定的证人询问、鉴定人出庭等证据调查[4]内容，该种仲裁庭审构造与德国民事诉讼中庭审构造中先进行诉答等类型争点整理程序，后进行法庭证据调查程序的民事诉讼庭审构造并没有实质区分。分析《日本仲裁法》涉及庭审规则的相关内容可知，第 31 条[5]规定庭审前当事人对争议焦点陈述目的在于整理仲裁争点，第 35 条[6]规定仲裁庭审中证据调查是围绕争点进行证据的审查和认定。也就是说，日本仲裁庭审构造也是先进行仲裁庭审的请求、事实和证据的主张，然后进行仲裁证据调查，其与日本民事诉讼庭审构造中先进行诉答等类型的争点整理程序，后进行证据调查程序并没有实质区分。同样分析我国台湾地区所谓的“仲裁法”相关庭审规则，第 18 条第 1、2 款[7]也是先进行仲裁请求及答辩，第 23 条[8]后进行相关的仲裁证据调查。因为德国、日本、我国台湾地区等大陆法系国家和地区的民事诉讼庭审构造中先争点整理程序后证据调查程序属于规范出发型，所以，这些国家和地区的仲裁庭审构造也属于规范出发型。结合上文对我国先证据后辩论的商事仲裁庭审构造的分析来看，大陆法系国家和地区的规范出发型的仲裁庭审构造与我国商事仲裁中的事实出发型庭审构造相对立，即民事诉讼中的诉讼构造理论和庭审构造理论可以适用于商事仲裁程序之中，但具体

---

〔1〕 段文波：《我国民事庭审阶段化构造再认识》，《中国法学》2015 年第 2 期。

〔2〕 条文是第 1046 条第 1 款，条文内容详见《德国民事诉讼法》，丁启明译，厦门大学出版社 2015 年版，第 232 页。

〔3〕 条文是第 1048 条第 3 款和第 1049 条，条文内容详见《德国民事诉讼法》，丁启明译，厦门大学出版社 2015 年 1 月版，第 233 页。

〔4〕 关于证据调查的含义与我国传统学理使用的内涵不太一致，请参见段文波：《我国民事庭审阶段化构造再认识》，《中国法学》2015 年第 2 期。

〔5〕 条文是第 31 条，条文内容详见《日本民事诉讼法典》，曹云吉译，厦门大学出版社 2017 年 2 月版，第 403 页。

〔6〕 条文是第 35 条，条文内容详见《日本民事诉讼法典》，曹云吉译，厦门大学出版社 2017 年 2 月版，第 405 页。

〔7〕 条文原文为“当事人将争议实践提付仲裁时，应以书面通知相对人。争议事件之仲裁程序，除当事人另有约定我，自相对方人受到提付仲裁之通知时开始。”

〔8〕 条文原文为“仲裁庭应予当事人充分陈述机会，并就当事人所提主张为必要之调查。”

准用的理论分析还有待展开。

已有研究论述两种民事诉讼构造分别以德国与美国两个法系主要国家的民事诉讼制度为例,差异体现在多个方面,相关研究并未指明差异的根本原因。[1]在美国的事实出发型诉讼构造中,民事诉讼的目的是发现案件真实,纠纷事实就是诉讼标的,证据开示程序作为核心程序,民事诉讼仅存在辩论原则的作用空间,并无处分原则,陪审团可以超过当事人诉求裁判。[2] 在事实出发型诉讼构造之中,美国庭审构造采证据分离主义和阶段化,阶段化构造与陪审制密不可分,因陪审团必须集中进行庭审,故而构成了事实出发型的民事诉讼庭审构造。但该种庭审构造形成的根源并不是陪审制度,因为美国不采用陪审审判时,其庭审也是在通知诉答和证据开示程序之后,由法官单独进行事实认定和法律适用。[3]此外,从大陆法系国家和地区的刑事诉讼构造和庭审构造分析来看,[4]两种诉讼构造和庭审构造的分类与是否采用成文法没有必然联系。具体来讲,以诉讼构造理论分析大陆法系国家和地区的刑事诉讼构造,刑事诉讼目的在发现犯罪事实,犯罪事实是诉讼标的,仅有辩论原则,并没有处分原则应用空间,属于事实出发型诉讼构造,以德国、日本和我国台湾地区的刑事诉讼庭审规则来看,都是先证据调查后法庭辩论。综合观察英美法系的非陪审团审判和大陆法系刑事诉讼构造,成文法不是决定诉讼构造类型的关键因素,诉讼制度目的方是关键因素。其中,事实出发型诉讼构造以发现案件真实为目的,则仅适用辩论原则,没有处分原则作用的空间,庭审构造是先证据调查后法庭辩论;规范出发型诉讼构造以适用实体法和保护民事权利为目的,先适用处分原则后适用辩论原则,庭审构造则是先法庭辩论后证据调查,法庭辩论与争点整理程序的功能相重合而应合意设置。

基于对两种诉讼构造和庭审构造差异的本质分析可知,以德国为代表的大陆法系国家的仲裁程序系以保护实体权利和适用实体法律为目的,民事诉讼中的处分原则和辩论原则也当然在其商事仲裁程序中被遵守。所以,德国等大陆法系国家的仲裁规则属于规范出发型商事仲裁构造,其先争点整理后证据调查的庭审构造属于规范出发型的商事仲裁庭审构造。结合上文分析先证据后辩论属于事实出发型商事仲裁庭审构造,该种程序构造缺乏处分原则和辩论原则的应用,目的是发现案件真实,明显与商事仲裁设置的目的背离。因此,我国以《北仲规则》为代表的商事仲裁规则中先证据后辩论的庭审构造并不合理,其与我国民事诉讼中事实出发型庭审构造一样存在庭审拖沓和重复、低效等问题。因此,先证据后辩论的庭审构造并不适合商事仲裁的设置目的。

---

〔1〕 中村宗雄、中村英朗:《诉讼法学方法论》,陈刚等译,中国法制出版社2009年5月版,第193—218页。

〔2〕 林洋:《美国民事诉讼中超额判决的特点》,《人民法院报》2018年5月25日第8版。

〔3〕 理查德·D. 弗里尔:《美国民事诉讼法》第2版,张利民等译,商务印书馆2013年8月版,第501—502页。

〔4〕 对大陆法系刑事诉讼构造的分析笔者准备另文探讨,这里仅引用相关分析结论用以论证诉讼构造与法系系别之间的关系,特此说明。

(二)采规范出发型商事庭审构造之证成

大陆法系国家和地区的仲裁庭审规则差异较大,无法形成统一的、可以直接借鉴的规则。因此,我国商事仲裁的庭审规则如何完善还需另行设计。其中,利用规范出发型商事仲裁构造和庭审构造理论分析《贸仲规则》代表的商事仲裁规则,笔者认为其属于规范出发型商事仲裁庭审构造,应是我国未来完善的方向。

以《北仲规则》代表的商事仲裁庭审构造不合理,以《贸仲规则》为代表的请求和答辩之后仅进行证据调查的庭审构造,其合理性还有待分析。在规范出发型民事诉讼庭审构造中,法庭辩论的功能是争点整理,庭前准备中的争点整理程序在实质上发挥了辩论的功能。同理可以推断,在商事仲裁庭审前的请求和答辩,抑或庭前会议等争点整理程序在实质上与仲裁辩论程序的功能等同。也就是说,以《贸仲规则》为代表的商事仲裁规则中是规定了证据调查程序而没有规定仲裁辩论并不意味着争点整理功能的缺失,其已然通过庭审前的请求和答辩抑或庭前会议等争点整理程序实现。申言之,以《贸仲规则》为代表的商事仲裁规则其实完整规定了仲裁辩论和证据调查,与德国等大陆法系国家和地区的仲裁庭审规则并没有实质区别,隶属于规范出发型仲裁庭审构造。笔者认为,之所以应选择规范出发型商事仲裁庭审构造,具有以下原因。

第一,商事仲裁程序设置目的决定其必须采用规范出发型仲裁构造和庭审构造。犹如民事诉讼目的,商事仲裁程序的目的也呈现出多元化特征,但作为解决民商事纠纷的程序,其核心日的是保护商事纠纷中当事人的民事权利,而解决商事纠纷则是其追求的其他多元目的之一。以我国《仲裁法》为例,其第 1 条明确规定的两个任务之中,保护申请人的民事权益是启动商事仲裁程序的前提,商事仲裁程序利用民事实体法来实现合法、合理、高效地解决经济纠纷的作用。换言之,依据民事实体法维护申请人的民事权利是商事仲裁的根本目的。在此种商事仲裁程序的目的定位下,商事仲裁程序当然应该选择规范出发型仲裁构造和庭审构造。

第二,当事人就商事纠纷申请仲裁并不能改变当事人对其民事权利的实体和程序处分权,该种处分权必须通过处分原则实现,即商事仲裁程序与民事诉讼一样必须遵循处分原则,该处分原则体现在两方面:[1]一是界定审理范围,审理范围必须依据仲裁请求或诉讼请求确定,不能超过请求范围进行审理和裁判。二是仲裁请求和诉讼请求中主张的民事实体法必须拘束仲裁庭或法官。其中,在民事诉讼中因为处分原则的要求必须采用规范出发型诉讼构造,整个诉讼必须围绕诉讼请求设计。所以,商事仲裁程序遵循处分原则也要求其应该采用规范出发型仲裁构造,其庭审应该采用规范出发型庭审构造。相反,事实出发型仲裁构造和庭审构造并不存在处分原则的适用,仅当事人主张的事实根据辩论原则拘束裁判范围,其与事实出发型诉讼构造一样。

---

〔1〕 这里仅引用与诉讼构造相关的处分原则的内涵和作用范围,关于处分原则的其他内容,请参见林洋:《职权确认合同无效之程序和实体问题研究》,《新疆大学学报(社会科学版)》2019 年第 4 期。

(三)商事仲裁庭审构造不能由当事人合意变动

从《北仲规则》《贸仲规则》等的条文来看,其都明确仲裁规则可由当事人合意确定,否则应该遵循各仲裁委的仲裁规则,但前述内容都不能存在无法执行或者与仲裁地强制性法律规定相抵触的情况。实质分析大陆法系国家和地区的仲裁立法也可发现类似规则,如《德国民事诉讼法》第1042条、[1]《日本仲裁法》第26条[2]及我国台湾地区所谓的"仲裁法"第19条[3]等。

从大陆法系国家和地区仲裁规则的法源规定可知,仲裁规则应先来源于当事人约定,约定不能违反法律强制性规定,也不能侵害仲裁当事人最低的程序保障。当仲裁双方当事人未约定仲裁规则时,仲裁庭有权力直接援引合适的民事纠纷解决规则,主要是仲裁所在地的民事诉讼程序规则,虽然德国和日本并未明确本国民事诉讼规则在仲裁规则确定中的法源地位,但我国台湾地区和我国大陆地区都直接将民事诉讼规则作为仲裁规则的重要法源。正如民事诉讼中诉讼契约,当事人合意确定的程序事项可变动民事诉讼规则,但该合意不能违反强制性的程序规定,亦不能侵害当事人最低程度的程序保障。最典型的例子是,如果一项程序规则属于法官职权范畴,当事人合意变更该程序事项的诉讼契约不具有合法性。只不过相对于仲裁规则首先依据当事人合意方式确定,民事诉讼的诉讼契约仅作为程序刚性原则的例外存在。相对于民事诉讼中的法官,商事仲裁中的仲裁庭并没有固定的职权范围。也就是说,在民事诉讼中的程序契约,其合法性的判断标准是不能违反强制性规定和侵害当事人最低的程序保障,也不能侵害法官固有的职权范围。但在商事仲裁程序之中当事人确定仲裁规则的合意,其合法性判别标准是不违反强制性规定和侵害当事人最低程序保障。笔者认为可以通过此种仲裁中当事人程序合意的合法性判别标准来具体判断庭审规则的哪些内容属于强制性规定,哪些属于当事人最低程序保障,哪些可由当事人合意确定。

从民事诉讼庭审规则来看,相关庭审规则的内容主要包括3个方面:宏观庭审构造、庭审中交流顺序、庭审中交流方式。其中,关于商事仲裁庭审中的交流方式和交流顺序会在下文详细探讨,这里仅就双方当事人可否合意变动商事仲裁庭审中的庭审构造进行探讨。从逻辑上分析,在该种商事仲裁庭审构造之中,

---

[1] 条文原文为"(1)各方当事人应得到平等对待。每一方应得到充分陈述案情的机会。(2)不得禁止授权律师担任代理人。(3)除本编有强制性规定外,当事人可以自由决定或援引一套仲裁规则以决定程序规则。(4)如当事人没有约定,且本编也没有规定,则仲裁庭应以其认为适当的方式进行仲裁。仲裁庭有权决定取证的可采纳性,有权取证并自由裁量此类证据。"

[2] 条文原文为"(1)仲裁应遵守的仲裁程序准则依当事人合意确定。但是不得违反本法律关于公共秩序的规定。(2)无前项合意时,仲裁庭于不违反本法律规定的限度内,依其认为适当的方法实施仲裁程序。(3)无第(1)项合意的情形中,仲裁庭关于证据的权限包括判断证据容许性的权限、判断证据调查必要性的权限以及判断证据证明力的权限。"

[3] 条文原文为"当事人就仲裁程序未约定者,适用本法之规定;本法未规定者,仲裁得准用民事诉讼法或依其认为适当之程序进行"。

当事人可以合意变更争点整理程序和仲裁辩论的先后顺位，也可合意取消争点整理程序或仲裁辩论两个子部分中的一个。首先，规范出发型商事仲裁庭审构造中的子程序顺位不能变动。因为调整子程序顺位的后果就是以《北仲规则》为代表的庭审规则是先证据后辩论，其属于事实出发型庭审构造，上文指出其会导致庭审重复和拖沓。所以，当事人不能合意变动商事仲裁庭审中子程序的顺位。其次，当事人不能合意取消争点整理程序。争点整理程序是进行证据调查的前提，根据辩论主义要求，没有争议的事实或众所周知的事实无须进行证据调查。当商事仲裁庭审缺乏争点整理程序时，整个庭审将陷入混乱，双方当事人的攻击防御行为缺乏靶心。所以，为了维持正常的庭审秩序，争点整理程序不能合意取消。最后，当事人不能合意取消商事调查程序。因为民事纠纷的解决必须依靠证据，即任何民事纠纷解决程序必须遵循证据裁判原则，而不能任由纠纷裁判者肆意认定事实或当事人合意确定事实。

三、商事仲裁庭审的当事人交流顺位

（一）商事仲裁庭审交流顺位的问题

从大陆法系民事诉讼审理方式的发展历程来看，民事诉讼中攻击防御方法的提出由法定顺序主义发展到自由顺序主义，其中，法定顺序主义是指“严格要求当事人必须同时提出攻击防御方法，或严格限定提出攻击防御方法之时间前后顺序阶段，违者，丧失提出之权利”，〔1〕又称为同时提出主义。〔2〕法定顺序主义出现在德国普通法时期，此时民事诉讼严格区分为辩论阶段和证据调查阶段，辩论又分为主张、抗辩、再抗辩等阶段，证据申请必须在证据调查阶段提出，证据调查按照本证及其陈述、反证及其陈述等顺序进行，民事诉讼必须严格按照阶段顺序推进，逾期提交的攻击防御方法必须失权处理。〔3〕其中，辩论阶段的陈述也必须按照先原告主张事实，后被告主张事实。〔4〕在这一阶段确立了书面审理方式严格区分诉讼阶段，〔5〕导致当事人因害怕失权尽量提出各种攻击防御方法，〔6〕特别是提出各种假定性主张或假定性抗辩，反而造成了法院诉讼资料膨胀及诉讼迟延。〔7〕其中，法定顺序主义因为采用严格的阶段限制，其出现时伴随着证据分离主义。〔8〕因诉讼审理拖延、审判效率低下等原因，1877年《德国民事诉讼法》采用言辞公开审理的基础上，废除法定顺序主义，将其改为自由顺序主义

---

〔1〕陈荣宗、林庆苗：《民事诉讼法》（第六版），三民书局2016年10月版，第56页。

〔2〕陈荣宗、林庆苗：《民事诉讼法（第六版）（上）》，三民书局2016年10月版，第56页。

〔3〕新堂幸司：《新民事诉讼法》，林剑锋译，法律出版社2007年4月版，第323—324页。

〔4〕陈荣宗、林庆苗：《民事诉讼法（第六版）（上）》，三民书局2016年10月版，第56页。

〔5〕新堂幸司：《新民事诉讼法》，林剑锋译，法律出版社2007年4月版，第324页。

〔6〕陈荣宗、林庆苗：《民事诉讼法（第六版）（上）》，三民书局2016年10月版，第56页。

〔7〕新堂幸司：《新民事诉讼法》，林剑锋译，法律出版社2007年4月版，第324页。

〔8〕陈荣宗、林庆苗：《民事诉讼法（第六版）（中）》，三民书局2016年3月版，第169页。

和证据结合主义。[1] 自由顺序主义又称为随时提出主义,其不再严格要求当事人按照诉讼阶段提出攻击防御方法,而是使其在言辞辩论终结之前都可以提出。[2] 此时的民事诉讼虽然还区分辩论和证据调查阶段,但辩论阶段可提出证据申请,证据调查阶段亦可提出新的事实主张,证据和事实的攻击防御方法不再严格按照诉讼阶段分别提出,此时采用证据结合主义。但因为自由顺序主义亦会造成庭审拖延,所以德国和日本的民事诉讼法将随时提出主义改为适时提出主义。[3] 但自由提出主义和适时提出主义的民事诉讼庭审顺序是否发生变动,现有研究缺乏关注。从德国和日本现有的民事诉讼庭审构造来看,其仍然遵循基本的先法庭辩论后证据调查,只不过法庭辩论和争点整理程序相互融合。除民事诉讼庭审宏观构造外,争点整理和证据调查阶段各自陈述的顺序都没有规定,也缺乏相关研究,辩论阶段是否仍然遵循原告先陈述、被告后陈述的顺序,证据调查是否仍然遵循先本证后反证的顺序等问题仍有待探讨。

从法定顺序主义的本体结构及相关论述来看,其原本包括3个层面的含义:第一,民事诉讼程序先辩论后证据调查;第二,辩论阶段的主张、抗辩、再主张;第三,证据调查阶段先本证后反证。其中,要求这三阶段都有对应的攻击防御手段,且所有可能的攻击防御手段必须一次性提出,否则逾期失权。所以,同一阶段所有可能的攻击防御方法一次性提出是法定顺序主义之所以被称为同时提出主义的原因。在同时提出主义变为随时提出主义,又演变成适时提出主义的历史阶段中,可以发现除三个阶段对应的攻击防御方法不再限制阶段提出外,即由证据分离主义变成证据结合主义外,法定顺序主义中3个层面的基本含义没有实质变化,相反地,自由顺序主义名不符实。换言之,自由顺序主义仅变更了攻击防御方法提出的阶段限制,并没有改变民事诉讼本来的阶段划分。所以,法定顺序主义被简称为同时提出主义不能涵盖法定顺序主义的本质,自由顺序主义也仅是被简称为随时提出主义,并没有表述民事诉讼阶段中的顺位内容,民事诉讼构成阶段的顺序并没有发生实质变化。法定顺位主义构成了民事诉讼审理顺序的本质,其背后隐藏着诉讼责任发挥作用的机理,可分为两方面论述。一是法庭辩论阶段。整理诉求、事实和证据方面的争点,在诉求层面表现为诉讼请求主张和实体抗辩,两者都受到处分主义约束,先主张后抗辩的顺序要求始终不会发生变动。对事实和证据争点的整理来讲,在诉求和抗辩援引实体法规基础上明晰主要事实证明责任和主张责任,由负担证明责任和主张责任的当事人进行事实主张和证据申请,相对方当事人进行反驳性陈述。[4] 其中,除了消极确认之诉和少数否定要件的证明责任和主张责任相互分离,多数情况主张责任的分配都

---

〔1〕 陈荣宗、林庆苗:《民事诉讼法(第六版)(中)》,三民书局2016年版,第169—170页。

〔2〕 陈荣宗、林庆苗:《民事诉讼法(第六版)(上)》,三民书局2016年版,第56页。

〔3〕 陈荣宗、林庆苗:《民事诉讼法(第六版)(上)》,三民书局2016年版,第57页。

〔4〕 需要注意的是此处的证据申请仅是证据提出的主张和对方当事人的简单反驳,目的是整理证据争点,为下文证据调查准备,其并没有针对证据内容进行实质的辩论,包括进行质证和证据资格和证明力审查活动。

依附于证明责任分配。所以，多数情况下的辩论阶段都是先由负有证明责任和主张责任的当事人进行陈述，后由不负担证明责任和主张责任的当事人进行陈述。此种负担证明责任和主张责任与当事人的诉讼地位没有必然联系，特别是被告提出实体抗辩后，先由被告进行事实和证据的主张，再由原告进行反驳性陈述。所以，法定顺序主义中的先原告陈述后被告陈述并不恰当。[1] 二是证据调查阶段。证据调查目的是根据争点整理结果，判断相关事实和诉求等争点如何裁判。证据调查阶段的陈述顺序则是证明责任发挥作用，先本证后反证是负担主要事实证明责任的当事人先行陈述，非负担证明责任的当事人后置陈述。此种陈述顺序与当事人诉讼地位并没有关系，其是通过举证责任和证明标准在当事人之间连续转移。所以，法定顺序主义在证据调查中先本证后反证的顺序要求并没有问题。

转向我国《民诉法》中法庭辩论和法庭调查的陈述顺序，都是依据当事人诉讼地位设计——先原告、再被告、最后第三人陈述。此顺序违背最基本的诉讼责任作用机理，与规范出发型诉讼构造中法定顺序主义的基本要求并不相符，会导致整个口头辩论过程中出现无序和混乱等问题。上文指出我国《仲裁法》的庭审规则过于简单，各仲裁委员会的仲裁规则也仅是简单规定了各自庭审构造，并未就各庭审阶段的当事人交流顺序进行规定。从我国《仲裁法》准用《民诉法》及上文对各地商事仲裁规则的分析来看，我国商事仲裁庭审各阶段的陈述顺序与我国民事诉讼并没有实质区别。另外，笔者通过咨询各地仲裁机构的实践发现，仲裁庭审也多是按照民事诉讼中先原告、后被告、最后第三人的顺序进行。所以，我国商事仲裁庭审中交流顺序也存在同样问题。

(二)商事仲裁庭审交流顺位的明晰

我国商事仲裁庭审交流顺位应该在《民诉法》庭审交流顺位完善的基础上，结合商事仲裁的特殊性进行探讨，具体明确商事仲裁庭审交流顺位的规则。

《民诉法》第 141 条[2]规定了法庭调查顺序，第 144 条[3]规定了法庭辩论顺序。整体分析第 141 条内容可知，第 141 条其是按照先人证后书证和物证的证据种类设计，当事人陈述既有事实主张内容，又同时作为当事人陈述这一补充适用的证据种类，此种法庭调查顺序设置中都隐含先原告后被告及第三人的交流顺位。其中，上文指出第 141 条和 144 条中先原告、再被告、最后第三人的交流顺位违背了基本的诉讼责任作用机理，且我国民事诉讼庭审构造属于事实出发

---

[1] 关于此观点的详细介绍请参见陈荣宗、林庆苗：《民事诉讼法(第六版)(上)》，三民书局 2016 年版，第 56 页。

[2] 条文原文为"法庭调查按照下列顺序进行：(一)当事人陈述；(二)告知证人的权利义务，证人作证，宣读未到庭的证人证言；(三)出示书证、物证、视听资料和电子数据；(四)宣读鉴定意见；(五)宣读勘验笔录。"

[3] 条文原文为"法庭辩论按照下列顺序进行：(一)原告及其诉讼代理人发言；(二)被告及其诉讼代理人答辩；(三)第三人及其诉讼代理人发言或者答辩；(四)互相辩论。法庭辩论终结，由审判长或者独任审判员按照原告、被告、第三人的先后顺序征询各方最后意见。"

型,也应该予以完善。也就是说,在调换我国法庭辩论和法庭调查顺序的基础上,应该改变法庭调查和法庭辩论中当事人交流顺序,具体包括两个方面。第一,法庭辩论中交流顺序的改善。法庭辩论的目的是整理争点,其整体是先诉求后抗辩,在诉求和抗辩援引实体法规基础上明晰主要事实的证明责任和主张责任之分配,由负担证明责任和主张责任的当事人进行事实主张和证据申请,相对方当事人进行反驳性陈述。第二,法庭调查中交流顺序的改善。法庭调查实质是证据调查,并不包括事实主张和证据申请的相关内容,后者应设置在法庭辩论之中。同时,法庭调查整体设计不能按照证据种类整体设计,因为这样设计不能体现证明责任的作用机理,并且会导致同一证明对象所有可能的证据手段分阶段提交,不利于集中质证和认证。也就是说,法庭调查必须按照本证和反证的要求一次性提交所有相关证据,在质证和证据审查中必须按照提供证据责任的承担主体进行陈述。因此,我国《仲裁法》和各地仲裁规则中庭审交流顺序在建立规范出发型商事仲裁庭审构造上,辩论和证据调查中的交流顺序必须依据上述民事诉讼庭审交流顺序进行设计。当然,商事仲裁与民事诉讼的法源不同,所以,此时还需要明确此种商事仲裁庭审交流可否根据当事人合意变更。

商事仲裁庭审架构之所以不能由当事人合意变更,是因为规范出发型庭审构造最符合处分主义和辩论主义的基本要求,而辩论主义和处分主义不能由当事人合意变动。但是,商事仲裁庭审交流顺序也不能由当事人合意变动,因为商事仲裁和民事诉讼中的庭审交流顺序一样。一是商事仲裁程序中的辩论必须先请求后抗辩,证据调查先本证后反证。二是辩论和证据调查中交流顺序都是建立在当事人负担相应的主张责任和证明责任基础上,负担相应责任当事人先行陈述,非负担责任的相对方当事人后置陈述。其中,第一个方面中的请求和抗辩顺序并不能由当事人合意变动,因为请求抗辩顺序建立在实体请求权享有的主体方面,即便当事人合意变更也是变更的当事人之间的实体法律关系,即当事人没有合意变动请求和抗辩顺序的必要,其实质仅是变更实体权利义务关系的实体契约而已。此外,第一个方面中本证和反证的顺序原则上也不能由当事人合意变动,因为证明责任分配由民事实体法确定,并不受仲裁或诉讼程序的影响。当然,当事人之间具有证明责任分配的契约,那么,此种合意变动的实质也是一种实体契约,并不属于实质变更商事仲裁交流顺序的程序性契约。同理,第二个方面中的交流顺序也无法通过当事人合意变更。

四、商事仲裁庭审的交流方式

(一)商事仲裁庭审交流方式的问题

以《贸仲规则》《深仲规则》《自贸仲规则》《上仲规则》为代表的商事仲裁规则类型中,其将审理方式作广义理解,不仅指以书面或口头方式审理案件,更包括合议地点选择、是否公开审理的选择、口头交流方式的选择、审理措施等内容,其中的审理措施还包括案件发布程序令、发出问题单、制作审理范围书、举行庭前会议等内容。案件发布程序令、发出问题单、制作审理范围书属于商事仲裁庭审进行的辅助程序规则,庭前会议属于准备程序。相反,以《北仲规则》《广仲规则》为代表的商事仲裁规则类型中,其将仲裁中的审理方式与民事诉讼中的审理方式等同,仅指选择书面或口头方式审理案件,与审理地点、合议地点等内容没有关系。此外,该类仲裁规则之中也包括案件发布程序令、发出问题单、制作审理范围书、举行庭前会议等内容,并将其总结为审理措施。其中,商事仲裁庭审中交流方式仅是狭义的商事仲裁审理方式,其指仲裁庭采用书面或口头方式与当事人交流,以达到商事仲裁庭审之目的。从各商事仲裁规则关于狭义审理方式的规定来看,在仲裁庭保障当事人基本的程序听审权的基础上,首先由当事人合意确定采用口头、书面抑或其他合理的审理方式,若无规定则由仲裁庭采用合理的审理方式。该种庭审交流方式是否合理,特别是当事人合意确定全程采用书面审理是否恰当,都有待分析。我国学理对商事仲裁审理方式的研究较为缺乏,[1]相反,对民事诉讼审理方式的研究较为深入。因此,利用现有民事诉讼审理方式的最新研究成果分析商事仲裁庭审方式,方可解决前述问题。

在民事诉讼中,直接言辞原则一般作为民事诉讼庭审的基本原则,又称为直接审理主义和言辞主义。其中,言辞主义是指诉讼程序的进行必须由法官及双方当事人采用言辞为之,又称为口头审理方式,具有利于沟通、利于心证形成、契合公开主义及直接主义等优点,也具有不宜保存、不宜表述复杂事项、拖沓诉讼等缺点。[2] 书面审理方式又称为书面主义,是指当事人及法院进行诉讼行为以书面方式为主,口头审理的优点和缺点分别是书面审理的缺点和优点。[3] 从审理方式发展历程来看,口头审理方式代替德国普通法时期的书面审理方式成为现代民事诉讼审理方式的基本要求,[4]体现在民事诉讼中就是言辞辩论程序,包括必要的言辞辩论和任意的言辞辩论。其中,前者适用于对抗性的诉讼判决程序,否则相关诉讼资料和证据资料因具有重大程序瑕疵而无法作为裁判基础;后者则适用于此外的诉讼审理活动,包括引述书状等需采书面形式所为的诉讼行为、书面程序、法官职权免除言辞辩论等情况,言辞辩论具有整体性和同质性,同步电视会议并不影响言辞主义的落实。[5] 从《德国民事诉讼法》和《日本民事诉讼法》的相关规定来看,大陆法系国家法律中关于口头审理方式的具体规定并不完全一致。《德国民事诉讼法》第 128 条[6]规定德国民事诉讼判决程序必须进行言辞辩论,但法官在征得双方当事人同意后可以不经过言辞辩论做出裁判,但特

---

[1] 以"仲裁审理方式"为主题搜索中国知网,并没有发现相关研究成果(搜索日期 2020 年 5 月 17 日)。

[2] 姜世明:《民事诉讼法》(上册),新学林出版股份有限公司 2013 年 10 月版,第 44 页。

[3] 陈荣宗、林庆苗:《民事诉讼法(第六版)(上)》,三民书局 2016 年 10 月版,第 51—52 页。

[4] 陈荣宗、林庆苗:《民事诉讼法(第六版)(中)》,三民书局 2014 年 3 月版,第 169—170 页。

[5] 罗森贝克等:《德国民事诉讼法》,李大雪译,中国法制出版社 2007 年 11 月版,第 544—560 页。

[6] 条文原文为"(1)当事人应在作出判决的法院就诉讼案件进行言辞辩论。(2)法院在得到双方当事人同意后,可以不经言辞辩论作出裁判……",详见《德国民事诉讼法》,丁启明译,厦门大学出版社 2015 年版,第 32—33 页。

殊情况下可以突破。《日本民事诉讼法》第 87 条[1]规定日本民诉法的诉讼中裁判必须采用言辞辩论,除非是第 158 条和 277 条的特别规定。[2] 此外,我国台湾地区仅规定陈述必须采用口头陈述及言辞辩论开始于诉之声明。[3] 也就是说,理论观点并没有在大陆法系国家和地区的立法中体现,特别是必要言辞辩论在德国可以通过当事人合意取消,在日本和我国台湾地区却没有规定。此种区别的实质是必要言辞辩论是否真实存在、真实存在的适用范围等。

现有研究仅泛泛指出判决程序属于必要言辞辩论,非判决的审理程序都属于任意言辞辩论。其中,违背必要言辞辩论要求属于重大程序瑕疵,任意言辞辩论则没有此种要求。从概念用语的文义解释来看,必要言辞辩论并不能由当事人合意取消,因为"必要"表述了一种强制性程序规定。从主流理论来看,口头审理方式作为现代民事诉讼的基本要求,[4]必要言辞辩论也不能由当事人合意取消,法官对于必要言辞辩论没有取舍空间。反之,其只能称之为任意言辞辩论。所以,德国的相关规定并不合理,是否所有的民事诉讼庭审都必须要进行言辞辩论还有待探讨。从现有言辞辩论适用民事诉讼庭审范围来看,既适用于法庭辩论,又适用于证据调查。法庭辩论实质是争点整理程序,从德国和日本的立法规定来看,争点整理程序整体分为 3 种类型:[5]简单的诉辩型、书面型以及言辞辩论型。适用三者的判断标准是案件复杂程度,越复杂案件越需要利用口头审理方式整理争点,简单案件仅通过书面审理方式整理争点。从大陆法系通行的立法体例来看,争点整理程序中的交流方式并不属于必要言辞辩论,而是复杂案件属于必要言辞辩论,简单案件属于任意言辞辩论。也就是说,法庭辩论中的言辞辩论属于任意言辞辩论,证据调查属于必要言辞辩论。其理由有二:第一,自由心证的需要。证据调查目的是为法官自由心证提供诉讼资料,法官的自由心证必须结合言辞辩论的全趣旨。[6] 趣旨本意就是口头审理中的说话表情、语态等内容,特别是对人证的证据调查原则必须采用口头审理方式,书面证人证言等人证的证据形式仅能作为例外。心证鲜活性的基本要求是保证事实裁判者公正认定事实的客观基础,书面审理方式无法满足该要求。第二,符合必要言辞辩论的最低程度要求,特别是采用书面型争点整理程序为了落实言辞辩论的基本要求,证据调查必须采用口头审理方式。

民事诉讼庭审构造与商事仲裁庭审构造并没有实质区分,所以商事仲裁中的证据调查属于必要言辞辩论,不能由当事人合意变动。然而,我国《仲裁法》并

---

[1] 条文原文为"当事人对于提起的诉讼必须于裁判所进行口头辩论……(3)前两项规定,于有特别规定时,不适用。"详见《日本民事诉讼法典》,曹云吉译,厦门大学出版社 2017 年 2 月版,第 30—31 页。

[2] 新堂幸司:《新民事诉讼法》,林剑锋译,法律出版社 2007 年版,第 334 页。

[3] 条文原文详见我国台湾地区所谓的"民事诉讼法"第 192 和 193 条。

[4] 新堂幸司:《新民事诉讼法》,林剑锋译,法律出版社 2007 年版,第 341—343 页。

[5] 关于争点整理程序请参见段文波:《庭审中心视域下的民事审前准备程序研究》,《中国法学》2017 年第 6 期。

[6] 关于言辞辩论全趣旨的介绍,请参见新堂幸司:《新民事诉讼法》,林剑锋译,法律出版社 2007 年版,第 388—389 页。

没有对商事仲裁庭审交流方式予以规定，各商事仲裁规则都规定当事人合意确定庭审交流方式，可以合意确定整个庭审都采用书面审理方式。虽然各地仲裁规则同时规定了仲裁庭在当事人合意内容违反仲裁地强制性法律可以自行确定，但因仲裁员对言辞辩论程序缺乏认知，仲裁庭通常习惯性地选择遵守当事人对审理方式的约定。据此，笔者认为我国商事仲裁的规则和实践有可能侵害了证据调查中口头审理方式的最低要求。

(二)商事仲裁庭审交流方式的明确

我国现行的各地商事仲裁庭审交流方式完全由当事人合意确定，侵害了证据调查中必须采用口头审理方式的强制性规定，商事仲裁庭审交流方式需要根据商事仲裁庭审架构进行重新审定。其中，先确定商事仲裁庭审的交流方式范围，然后确定庭审不同架构是否存在必须采用某种交流方式，方可明确庭审交流方式的规则。

从民事诉讼审理方式的发展历史来看，审理方式只存在口头和书面两种基本方式，电视视频会议也仅是口头审理方式的变种。只不过现在民事诉讼普遍要求以口头审理为原则，以书面审理为例外。但该种原则在商事仲裁程序却不能直接适用，因为商事仲裁程序规则有独特的法源。具体来讲，商事仲裁的程序规则首先来自于当事人的合意，其次才是仲裁机构的仲裁规则，当事人合意确定仲裁规则，其实质属于程序性契约，该契约不能违反仲裁地的强制性规定，否则仲裁庭可以依职权变动，并且裁量选择合适的仲裁规则及保证双方当事人的听审权。商事仲裁庭审也包括口头和书面两种基本方式，具体交流方式包括 3 种：第一，单纯的口头审理方式；第二，单纯的书面审理方式；第三，口头和书面混合的审理方式。那么，庭审交流方式首先由双方当事人在这 3 种具体方式中选择，但相应选择的内容不能违反仲裁地的强制性规定，否则仲裁庭可以依职权变动，进而裁量选择合适的仲裁规则以此保障当事人的听审权。在商事仲裁庭审采用的交流方式之中，首先应该确定哪些方式可以由当事人合意确定，哪些属于强制性规定而不能由当事人合意变动，前者需要特别在商事仲裁规则中明确当事人的程序处分权限，后者亦应该明确不能由当事人合意处分。基于商事仲裁庭审与民事诉讼庭审没有实质区分，所以商事仲裁庭审中的证据调查必须采用口头审理方式，而其中的辩论阶段则不做硬性要求。所以，商事仲裁庭审的交流方式分为两个方面：一是庭审辩论阶段的交流方式应该由双方当事人在前述 3 种交流方式中选择；二是证据调查阶段的交流方式只能是口头审理方式，不能合意变动。此外，还需要明确仲裁庭具有最终规则判断权，在当事人合意违反仲裁地强制性规定或不当侵害当事人的听审权时，仲裁庭可裁量选择合适的商事仲裁交流方式。

五、结语

商事仲裁的程序规则具有独特的法源，其首先来自于双方当事人的合意，其次才来自仲裁机构的仲裁规则。双方当事人合意确定仲裁规则，本质上属于程序性契约,该契约不能违反仲裁地的强制性规定,否则商事仲裁庭可以依职权变动,并且裁量选择合适仲裁规则及保证双方当事人的听审权。在商事仲裁庭审规则之中,各地仲裁委员会的现行商事仲裁规则存在或这或那的问题。通过对比分析相关民事诉讼庭审规则和理论,本文为解决我国商事仲裁庭审中的问题提出完善建议,即我国商事仲裁庭审规则以建构规范出发型商事仲裁庭审构造为基础,完善商事仲裁庭审的交流顺位和交流方式等具体程序规则。当然,本文的相关内容多是进行理论探讨,对相关完善建议的可行性还有待理论和实践的进一步检验,期望能够起到抛砖引玉之效。

编后记

我国地理标志保护模式*

易继明[1]

各位领导、各位专家、各位朋友：

大家好！我今天汇报的主题是《我国地理标志保护模式》。

《知识产权强国建设纲要（2021—2035年）》提出了探索制定地理标志专门法律法规，健全专门保护与商标保护相互协调的统一地理标志保护制度。《“十四五”国家知识产权保护和运用规划》也明确提出加强地理标志等领域立法，国家知识产权局也在紧锣密鼓地推行地理标志立法工作。这里，我就相关问题跟大家做一个简单的汇报。

何为地理标志？《巴黎公约》首次提出了“货源标记”和“原产地名称”的概念。但是，《巴黎公约》对地理名称的保护是从反不正当竞争的角度出发，这与早期商标保护的逻辑是相同的。早期，人们并没有把商标专用权作为财产性权利，商标只是被当作在市场上保护消费者、打击假冒行为及反不正当竞争行为的工具。《制止商品产地虚假或欺骗性标记马德里协定》是最早对“货源标记”予以保护的国际公约。这里的“货源标记”，是指用以表示产品来自某一国家、地区或特定地方的名称或标记，而与产品的质量、特点无关。《保护原产地名称及其国际注册里斯本协定》采用“原产地名称”这一术语，并首次对其作出明确定义。所谓“原产地名称”，系指一个国家、地区或地方的地理名称，用于指示一项产品来源于该地，其质量或特征完全或主要取决于地理环境，包括自然和人文因素。TRIPS《与贸易有关的知识产权协定》首次提出了“地理标志”的规范概念。与《里斯本协定》不同，TRIPS除了强调货物的特定质量、主要特征归因于地理来源之外，还强调了“声誉”这一要素——我国商标法上称之为“信誉”。也就是说，产品的声誉源于其特殊的地理来源，也构成地理标志保护的因素。自此，地理标志才真正地被纳入国际框架、全球性多边框架之中。

地理标志的名称的变化——从《马德里协定》下货源标记与质量特征没有关系，到《里斯本协定》下原产地名称明确了产品的质量特征与自然人文环境相关，再到TRIPS增加了声誉要素，由此产生了以下几个问题：

一是地理标志是否适用于服务？地理标志传统的考虑是基于产品、商品，不涉及服务。美国采用集体商标、证明商标保护地理标志的模式并没有排斥服务。像中国饮食文化中的茶文化，包括倒茶、吃茶等一整套综合服务，其中可能与某

---

* 本文是作者在第五届粤港澳大湾区知识产权交易博览会暨国际地理标志产品交易博览会上的讲话内容。

[1] 易继明，北京大学国际知识产权研究中心主任、法学院教授。

一特定地区的水土、冷热干湿等相关。

二是地理标志能否脱离地理标志所标示的地域而存在?比如安吉有安吉白茶,那么安吉附近的长兴县进行移植后,还能不能叫安吉白茶?长兴县与安吉的地理环境相差不大,白茶品质也差不多,那么能否在安吉白茶主产区安吉之上进行拓展,形成地理标志的附属产区。在美国主张的地理标志保护模式下,认为法国勃艮第红酒、波尔多红酒的质量、味道特征主要来自葡萄,那么在美国加利福尼亚海岸线上总能找到适合生产勃艮第、波尔多红酒的葡萄产区,如果再采用相同的酿造工艺,它能否在美国生产勃艮第红酒、波尔多红酒?这涉及新世界国家和传统农业国家对于地理标志保护的不同理念:新世界国家想通过纯粹的产品质量控制,"窃取"传统农业国家依赖于历史文化所形成的地理标志、名称,并享受它的溢价收益。

三是地理来源是否涉及纯粹的人文因素?如果人文因素可以独立存在,那么很多像杨柳青年画这样的工艺品都可以通过地理标志保护。

地理标志的功能,一方面是标示来源,在早期标记货源可能有助于税收,如中美贸易战中关税区的问题,货物标志可能对税收、质检等都有意义。另一方面是质量保障,质量保障涉及是产品保护还是标志保护的问题。《民法典》明确了地理标志是独立的知识产权客体,这是否意味着地理标志应该单独立法?或者说,地理标志虽然是标志,但它也有异于传统意义上的一般性的地理商标,也区别于纯粹的地理名称。地理标志第一案件是金华火腿案,1979年浙江省浦江县食品公司经过申请获得"金华火腿"注册商标,1983年,浙江省食品公司受让成为该商标的专用权人。2002年,原国家质检总局通过了对"金华火腿"原产地域产品保护申请的审查,批准对金华火腿实施原产地域产品保护。这样,在地理标志商标保护和地理标志产品保护之间,就产生了权利冲突。法院也很为难,最终判决二者可以共存。中国目前还未建立完全的避让制度,地理标志和商标共存也成为中国目前的一个特点。地理标志申请时必须要考虑是否存在在先权利,如果存在在先权利的冲突,地理标志申请人需要得到在先商标权人的允许。这是因为过去工商部门采纳了美国法模式,加入世界贸易组织时把地理标志纳入集体商标和证明商标的体系中。但是,后来质检部门认为这属于产品质量问题,所以制定了《地理标志产品保护规定》。而农业部又认为农产品地理标志由它管理,也出台了《农产品地理标志保护管理办法》。由此,地理标志形成了多头管理、多重保护的局面,导致权利冲突。2018年国务院机构改革之后,将地理标志管理职责划归国家知识产权局统一署理,但是农产品地理标志仍由国家农业农村部负责。去年9月下旬,我写的一份材料受到了领导的重视,转批到中央编办,中央编办对农业农村部立案,让他们做出解释。于是,今年3月开始农业农村部就不再受理农产品地理标志,并于9月份正式公告废止农产品地理标志的登记程序。

现在,在国家知识产权局下形成了对地理标志的归口管理模式。这是目前比较好的一个行政统一管理局面。此外,《中欧地理标志保护与合作协定》已经深度展开,《区域全面经济伙伴关系协定》已经进入实施阶段,广东省率先开展了地理标志方面的地方立法工作,同时承接《区域全面经济伙伴关系协定》中的一些保护的任务。目前粤港澳大湾区知识产权交易博览会与国际地理标志产品交易博览会开展得如火如荼,为地理标志立法保护模式的选择带来了较好的实践基础。

从世界范围来看,地理标志的保护方式大体上可以分为三类:

一是商业行为法保护。即不专门就地理标志的保护作出规定,但就所规制的商业行为中,可能包含涉及地理标志的行为规则,在反不正当竞争法、消费者保护法以及涉及产品标签、食品安全等相关内容的法律中,规定涉及地理标志的相关行为规范。

二是商标法保护模式。美国是典型代表。美国一般性的禁止将地理标志注册为商标,但可以将其注册为集体商标和证明商标,但对于产地做虚假描述的标识不允许注册为商标。美国也通过反不正当竞争法对地理标志进行保护。对于葡萄酒、烈酒地理标志,美国存在特殊的保护,即由美国烟酒税务与贸易管理局设置的保护措施。此外,在普通法下,美国还能通过司法创造性地对地理标志进行保护。

三是专门法模式。这是欧盟采用的与美国商标法模式相互竞争的另一典型模式。欧盟通过专门条例对农产品、食品地理标志进行专门保护,同时对于酒类地理标志也有专门条例进行保护。这种专门保护与欧洲传统国家的农业文明息息相关,欧洲历史悠久,形成了精细化的农业种植模式,固化了农产品、农业对环境的依赖,这对于环境保护、文化输出、增加农产品的附加值都有帮助。欧洲模式也有严格的品质和特征要求,同时也区分了"受保护的原产地名称"(protected designations of origin,PDO)与"受保护的地理标志"(protected geographical indications,PGI)两个并行的概念。前者不要求声誉要素,而后者则包含了声誉要素。PDO 的模式对地理环境的要求更特殊,即要求产品的全部生产步序都在地理名称所指示的地区完成;PGI 则只要求一个生产步序在特定地区完成。这两种模式,在欧洲也有一些分歧。但总体上讲,都比美国法的保护模式要求更加严格地认证与授权。当然,欧盟 PDO 和 PGI 模式本身存在的基础就是因为欧洲南北气候差异,对种植业的影响不同;欧洲南方的气候有利于种植业的发展,而北方相对来说则受到了一些限制。但这两种模式强调产品质量和品质的观念,都体现了欧盟加强地理标志保护的形象和立场。

在过去工商、质检和农业"三足鼎立"的格局下,我们国家不同部门根据不同的法律或者部门规章对地理标志进行授权,缺乏整体审查和统一标准,导致了市场的混乱和权利的冲突。其实,地理标志的保护除了增加农产品附加值、保证产品的质量外,附带的是对农业生态、饮食文化弘扬,甚至地理标志产品"走出去"后的传播,对国家形象都有很大的帮助。今天,我们对法国、意大利的理解、感受和尊敬,可能就是在喝他们的红酒时产生的。如果全世界的人吃喝都用着带有我们中国地理标志的产品,这对弘扬中华文化的意义,甚至要大于建立世界各地的孔子学院,因为这种生活方式直接影响了人们的具体生活,更容易被感知。为了加入世界贸易组织，当时我们接受了美国法模式，但是，这一模式忽视了对我国基本国情的考查，而且当时地理标志专门保护也缺乏独立的基础。这里就反映出了符号视角下地理标志的博弈，最终回归于产品保护还是标志保护。

我认为，应当回归标志保护为主，同时兼顾产品保护。因为标志保护需要审查产品与地域之间的关联性、特色以及质量等，这反映了国际贸易中的利益博弈。以法国、意大利为代表的欧洲国家专门立法保护有其文化传统，而美国等新世界国家则代表了新型工业化，通过商标法保护符合其利益。这种传统生产模式和工业化生产模式之间的分歧，其实也在地理标志保护的相关产业政策中有所反映，这也是开发旅游资源和增加收入的重要取向。我国地理标志保护的主导价值应该是“富农”。在扶农、富农和强农的过程中，地理标志在扶贫攻坚中，都发挥了很大的作用。

在地理标志保护的国际博弈中，欧洲积极推动地理标志纳入 TRIPS。在美国的影响下，地理标志保护问题经历了多轮谈判，目前还没有一个较好的方案。在美国特朗普政府时期，我国与欧洲的地理标志谈判早就已经启动。在美国打压之际，这时我们正好可以通过平台转换，转向效仿欧盟保护模式。马克龙总统和习近平主席共同见证了谈判达成一致。现在《中欧地理标志保护与合作协定》进入了深度实施阶段。在这一过程中，我们的知识产权立法逐渐走向成熟：一方面，我们借鉴世界各国经验，特别是借鉴美国法上的实践，快速建立起了相关制度；但另一方面，经过实践后，我们开始反思，在结合我国国情，参与国际秩序建构，通过平台转化，即从美国模式转向与欧洲合作，参与国际竞争和国际秩序的构建。

中国到底应该采取何种模式？中国的选择之一是将地理标志完全纳入《商标法》。我国现行《商标法》以注册为基础，虽然最近的修法活动在扭转这一“注册商标法”立法模式，但这种注册商标制度延续下来，难以有效地契合地理标志保护的现实需求。另一选择是建立商业标识法，统合商标、地理标志、商号、知名商品特有名称、包装、装潢等商业标识规范。但是，这种统合“商业标识”的方式，对现行的商标法冲击比较大。所以，我认为，合适的方式是制定单独的地理标志法。而且，这种单独制定地理标志法，有助于我们走出美国模式、欧盟模式的框架，形成大一统的地理标志保护模式。美国模式、欧盟模式提供的经验教训，以及我国的国情和现状，能够为我们形成自己独立特色的地理标志保护模式提供认知上的资源。

总的来说，地理标志本质上是私权。但是，由于地理名称附带的公共属性，它又具有较强的社会性和公共产品性质。因此，要从私法的进路去平衡私人性和社会性之间的关系。一方面，避免地理标志被某一利益集团裹挟，造成私权的滥用，就需要建立健全地理标志集体管理制度。但另一方面，如果过分强调公权力的把控和干预，也可能产生公权力的寻租问题。总体上，需要对地理标志的本质属性，即私权进行思考，同时探讨其社会性，进而设计符合中国国情的制度。我认为，制定中国特色的地理标志法，我们是有条件的。

以上是我的汇报内容，敬请批评指正。谢谢大家！